Societas

Wiener Studien zu Geschichte, Recht und Gesellschaft
Viennese Studies in History, Law, and Society
Herausgegeben von Nikolaus Benke

Band/Vol. 3

PETER LANG
Frankfurt am Main · Berlin · Bern · Bruxelles · New York · Oxford · Wien

Franz-Stefan Meissel

Societas

Struktur und Typenvielfalt des römischen Gesellschaftsvertrages

PETER LANG
Europäischer Verlag der Wissenschaften

Bibliografische Information Der Deutschen Bibliothek
Die Deutsche Bibliothek verzeichnet diese Publikation in der Deutschen Nationalbibliografie; detaillierte bibliografische Daten sind im Internet über <http://dnb.ddb.de> abrufbar.

Der Umschlag wurde unter Verwendung einer Zeichung von Veronika Dirnhofer gestaltet.

Gedruckt mit Unterstützung des Bundesministeriums für Bildung, Wissenschaft und Kultur in Wien und des Vereins der Freunde der Rechtswissenschaftlichen Fakultät der Universität Wien.

ISSN 1432-7422
ISBN 3-631-51749-1

www.peterlang.de

Vorwort

Die vorliegende Arbeit bildete im Wintersemester 1999/2000 die Basis meines Habilitationsverfahrens an der Rechtswissenschaftlichen Fakultät der Universität Wien. Die Drucklegung verzögerte sich einige Jahre aufgrund eines größeren Forschungsprojekts für die Historikerkommission der Republik Österreich, welches mich vom klassischen römischen Recht in die juristische Zeitgeschichte entführte, mittlerweile aber ebenfalls abgeschlossen wurde.

Zu danken gilt es vor allem jenen Kollegen und Freunden, die mich bei meiner Tätigkeit am Institut für Römisches Recht und Antike Rechtsgeschichte seit vielen Jahren begleiten, motivieren und fördern: Besonders nennen möchte ich *Peter E. Pieler*, der mich für die Romanistik begeistert und mir eine akademische Laufbahn ermöglicht hat, *Nikolaus Benke*, mit dem ich unzählige gemeinsame Projekte realisieren durfte, *Richard Gamauf*, *Verena Halbwachs*, *Birgit Forgó-Feldner* und *Niki Forgó*, die jahrelangen guten Freunde und Mitstreiter, *Claudia Kreuzsaler*, die mir wertvolle papyrologische Hinweise gab.

Dankbar gedenke ich auch der wissenschaftlichen Impulse, die ich im Laufe des Studiums und danach unter anderem bei *Gerhard Luf*, *Werner Ogris*, *Walter Selb*, *Herbert Hausmaninger*, *Helmut Koziol* und *Franz Bydlinski* erhalten habe. Eine externe Quelle der Inspiration waren mir viele romanistische Kolleginnen und Kollegen, von denen ich *Alfons Bürge* hervorheben will, der den Fortgang dieser Studien zur Societas von Anfang an konstruktiv begleitet hat. Die Wahl des Themas geht auf eine Anregung *Theo Mayer-Malys* zurück.

Es ist mir eine besondere Freude, dieses Buch im Rahmen der von *Nikolaus Benke* herausgegebenen Reihe veröffentlichen zu können. Für die Einrichtung des Manuskripts und die Hilfe bei der Erstellung der Register danke ich meiner Mitarbeiterin *Elisabeth Kossarz* ganz herzlich.

Wien, im Sommer 2003 *Franz-Stefan Meissel*

für Irene

SOCIAE VITAE
CONSORTI OPTIMAE

Inhaltsverzeichnis

Zur Einführung

Bei der Beschäftigung mit römischem Recht bewegt man sich als Rechtshistoriker heute in einem komplexen und spannungsreichen Feld, welches von der Privatrechtsdogmatik und Privatrechtsgeschichte über die (historische) Rechtsvergleichung bis hin zur Altphilologie und Alten Geschichte reicht. Ein fast zwingend auch gegenwartsbezogenes juristisches Interesse an dogmatischen Problemen verbindet sich dabei mit Fragestellungen, welche in den Augen mancher als „bloß historisch" oder „antiquarisch" erscheinen mögen. Auch die vorliegenden Untersuchungen zur *societas* verdanken ihre Entstehung einer Kombination mehrerer Motive.

a) Einen ersten Anlaß bot die Tatsache, daß das Recht der *societas* in der deutschsprachigen Romanistik zuletzt in umfassender Weise von WIEACKER in seinem 1936 erschienenen Buch „Societas. Hausgenossenschaft und Erwerbsgesellschaft" sowie in einigen weiteren damit in Zusammenhang stehenden Beiträgen[1] behandelt wurde. WIEACKERS Konzeption der *societas* besteht im wesentlichen darin, daß er die klassische *societas* im Lichte des altrömischen gesamthandartigen Verbands der Hauserben (des *consortium ercto non cito*) interpretiert. Die *societas* erscheint WIEACKER nicht nur vom altrömischen *consortium* hergeleitet - eine These, die man durch den kurz darauf erfolgten Fund des sogenannten Gaius von Antinoe bestätigt sehen konnte - sondern weiterhin vom genossenschaftlichen Gedanken der Hausgemeinschaft getragen zu sein. Die in den Quellen zu Tage tretende konsensualvertragliche Ausprägung der *societas* wird von ihm demgegenüber nicht als Bestand des klassischen römischen Rechts angesehen, sondern weitgehend nachklassischen (byzantinischen) Bearbeitern zugeschrieben.

Die zweifelsohne originellen Thesen WIEACKERS erscheinen heutzutage freilich unter mehreren Aspekten fragwürdig[2], worauf im ersten Abschnitt der vorliegenden Arbeit ausführlicher eingegangen werden wird: Zum einen stand zur Zeit der Erarbeitung seiner Thesen die Textkritik in ihrer Blüte, sodaß bei der Interpretation der Texte aufgrund von häufig äußerst spekulativen

---

1 WIEACKER, Haftungsformen des römischen Gesellschaftsrechts, ZRG-RA 54 (1934) 35; DERSELBE, Das Gesellschafterverhältnis des klassischen Rechts, ZRG-RA 69 (1952) 302; vgl auch WIEACKERS Rezension von Arangio-Ruiz, Il contratto di società in diritto romano, ZRG-RA 69 (1952) 488, sowie seine Rezension zu Guarino, Societas consensu contracta, IVRA 24 (1973) 243.

2 In der Sache hat bereits ARANGIO-RUIZ, Il contratto di società in diritto romano (1950) eindrucksvoll die Klassizität vieler der von WIEACKER angegriffenen Fragmente verteidigt. Freilich ist auch seine Darstellung noch nicht frei von einer - aus heutiger Warte - übertriebenen textkritischen Tendenz.

Prämissen über angebliche klassische Vorstellungen einer Manipulation der Texte Tür und Tor geöffnet war. WIEACKER war damals ein Anhänger dieser später von ihm selbst[3] als problematisch angesehenen Methode. Des weiteren ist wissenschaftsgeschichtlich anzumerken, daß das damalige besondere Interesse am frührömischen Recht, das sich auch in WIEACKERS Buch zur *societas* zeigt, eine zeitgenössische Färbung hatte, die nicht frei von ideologischen Gesichtspunkten war. Es spiegelt sich darin nicht nur die Begeisterung einer jungen Forschergeneration für eine stärker altertumsgeschichtlich-historisierende und weniger pandektistisch-dogmatisch ausgerichtete Romanistik, sondern auch die Apologetik gegenüber der nationalsozialistischen Kritik am römischen Recht, der viele mit einer vermehrten Beschäftigung mit dem „altrömisch-arischen Ius" entgegenzutreten suchten.[4]

Sieht man von der Behandlung der *societas* in den Lehr- und Handbüchern sowie eines umfangreicheren Besprechungsaufsatzes KASERS Mitte der Siebziger Jahre ab[5], so haben Probleme der *societas* die deutschsprachige[6] Forschung der letzten Jahrzehnte eher nur am Rande[7] oder punktuell beschäftigt.[8] Unter diesem Gesichtspunkt erschien es gerechtfertigt, sich der

---

3 Vgl nur WIEACKER, Römische Rechtsgeschichte I (1988) 154 ff.

4 Dazu ausführlicher unten im Ersten Abschnitt.

5 KASER, Neue Literatur zur Societas, SDHI 41 (1975) 278 ff.

Weitaus intensiver hat sich demgegenüber die italienische Romanistik in den letzten Jahrzehnten mit dem Recht der *societas* beschäftigt. Hervorzuheben sind hier va ARANGIO-RUIZ, La società in diritto romano (1950); BIANCHINI, Studi sulla societas (1967); GUARINO, Societas consensu contracta (1972); BONA, Studi sulla società consensuale in diritto romano (1973); SERRAO, Impresa collettiva e responsabilità (1989); DI PORTO, Impresa collettiva e schiavo „manager" in Roma antica (1984); TALAMANCA, Società, in: Enciclopedia del diritto 42 (1990) 814; MARRONE, Impreditorialità e diritto nell'esperienza storica (1992); sowie zuletzt SANTUCCI, Il socio d'opera (1997).
An rezenten spanischen Monographien zur *societas* sind VELASCO, La posicion del obligado en la societas consensual (1986); GUTIÉRREZ-MASSON, Del „consortium" a la „societas", Bd 1 (1987), Bd 2 (1989) und HERNANDO LERA, El contrato de sociedad. La casuistica jurisprudencial clasica (1992) hervorzuheben.

7 Etwa KNÜTEL, Contrarius consensus (1968) 124 ff; HORAK, Rationes decidendi (1969) 158 ff.

8 Etwa MISERA, Der Nutzungstausch bei Nachbarn und Miteigentümern, ZRG-RA 94 (1977) 267; STURM, Gesellschafterausgaben für Weib und Würfel, IVRA 1979, 78; MISERA, Zur Gefahrtragung bei der römischen societas, Iuris professio. FG Kaser (1986) 201; DERSELBE, Liquidation einer Gesellschaft mit einem Scheinerben – Zur Veräußerung gemeinschaftlicher Sachen, FS Niederländer (1991) 107; DERSELBE, Klagen manente societate. Zu Klagemöglichkeiten der Gesellschafter bei bestehender Gesellschaft im klassischen römischen Recht, FS Nirk (1992) 697 = SDHI 60 (1994) 395; BÜRGE, Fiktion und Wirklichkeit: Soziale und rechtliche Strukturen des römischen Bankwesens, ZRG-RA 104 (1987) 465.

societas erneut in einer umfassenderen Form zu widmen.[9] Auch in der Rechtsgeschichte geht es schließlich darum, die Quellen immer wieder unter neuen Blickwinkeln zu erforschen und darzustellen.

b) Juristische Aktualität kann die Bearbeitung der römischen *societas* insofern beanspruchen, als sich in den letzten Jahren sowohl in Deutschland als auch in Österreich die rechtswissenschaftliche Literatur stark mit Fragen der BGB- bzw ABGB-Gesellschaft beschäftigt hat. Häufig wurde dies unter dem Gesichtspunkt einer legislativen oder doktrinellen Reform bzw Weiterentwicklung der gesellschaftsrechtlichen Bestimmungen in den Zivilgesetzbüchern getan, die angeblich den modernen Erfordernissen nicht mehr entsprächen.

Im rechtswissenschaftlichen Diskurs der Gesellschaftsrechtslehre kommt dabei den Fragen der Vermögens- und Haftungsordnung der Gesellschaft bürgerlichen Rechts, welche bekanntlich ihre Wurzeln (auch) in der römischen *societas* hat, eine hohe Brisanz zu. Vor allem im Hinblick auf unternehmenstragende Gesellschaften werden *de lege lata* immer wieder kühne Versuche der Neuinterpretation unternommen bzw *de lege ferenda* entsprechende Reformvorschläge[10] unterbreitet, sodaß zurecht von der „GesbR im Umbruch“ die Rede ist.[11] Im Kern geht es dabei meist darum, innerhalb des weiten Anwendungsfeldes der GesbR unternehmenstragende Erwerbsgesellschaften von „schlicht zivilistischen“ zu trennen und für erstere analog die Regeln des OHG-Rechts nutzbar zu machen.[12]

In Deutschland, wo gesetzlich für die BGB-Gesellschaft das Gesamthandstatut (§ 719 BGB) festgelegt ist, entzündete sich die Diskussion der letzten

---

9 Eine umfassendere Darstellung bietet freilich jüngst auch DROSDOWSKI, Das Verhältnis von actio pro socio und actio communi dividundo im klassischen römischen Recht (1998). Auf die Arbeit DROSDOWSKIS, dessen Fragestellungen zu jenen der vorliegenden Arbeit weitgehend komplementär sind, wird im Kapitel E. im Dritten Abschnitt ausführlicher eingegangen.

10 K. SCHMIDT, Gesellschaften bürgerlichen Rechts, welche Änderungen und Ergänzungen sind im Recht der BGB-Gesellschaft geboten?, in: Gutachten und Vorschläge zur Überarbeitung des Schuldrechts, Band III (1983) 413 ff; KREJCI, Empfiehlt sich die Einführung neuer Unternehmensformen? - Partnerschaft, Verein, Konzern, Gutachten für die Verhandlungen des 10. Österreichischen Juristentages (1988) bes 55 ff (im folgenden kurz KREJCI, Partnerschaft).

11 ALBERTS, Die Gesellschaft bürgerlichen Rechts im Umbruch (1994).

12 Vgl insbesondere K. SCHMIDT, Gesellschaftsrecht (3. Aufl.1997); GROTH, Die analoge Anwendung von OHG-Recht auf BGB-Gesellschaften (1994); in Österreich etwa (K. SCHMIDTS Ansatz folgend) THIERY, Die Gesellschaft bürgerlichen Rechts als Unternehmer (1989).

Jahre vor allem an der Frage der allfälligen „Rechtsträgerschaft" bzw „Rechtssubjektivität" der GesbR.[13]

Für das österreichische Recht – in dem die Rechtssubjektivität nur von WAHLE[14] in einer vereinzelt gebliebenen Mindermeinung vertreten wurde – stand dagegen vor allem die Frage nach der sachenrechtlichen Qualifikation des Gesellschaftsvermögens bei der GesbR im Vordergrund. Dabei gab es verschiedene Ansätze, für die (unternehmenstragende) ABGB-Gesellschaft Gesamthandeigentum[15] am Gesellschaftsvermögen oder zumindest etwas diesem Nahekommendes[16] zu postulieren, welche sich aber zurecht[17] nicht durchsetzen konnten.[18] Immerhin schuf der Gesetzgeber mit den neuen Gesellschaftsformen der Eingetragenen Erwerbsgesellschaft und der Kommanditerwerbsgesellschaft insofern eine Abhilfe, als diese eine der Offenen

---

13 Mittlerweile hat der BGH in seinem Urteil vom 29.1.2001, Az: II ZR 331/00, die Rechts- und Parteifähigkeit der GesbR, soweit sie als Teilnehmerin am Rechtsverkehr eigene vertragliche Rechte und Pflichten begründet, bejaht; vgl dazu etwa JZ 2001, 655 (Anm WIEDEMANN). Für das Verständnis der Gesamthandgemeinschaft der BGB-Gesellschaft als „Wirkungsgemeinschaft" bahnbrechend FLUME, Allgemeiner Teil des Bürgerlichen Rechts I/1: Die Personengesellschaft (1977) 68 ff.

14 WAHLE in KLANG^2 V 513 ff. WAHLES Thesen wurden, was ihre historische und dogmatische Fundierung anbelangt, von OSTHEIM, Zur Rechtsfähigkeit von Verbänden (1967) 39 ff, eindrucksvoll widerlegt, der allerdings seinerseits (aaO 172 ff) davon ausgeht, daß einer körperschaftlich organisierten GesbR Rechtspersönlichkeit zukommt. Von der hL wird dies aber unter Hinweis auf das Normativ- bzw Konzessionssystem für die Gründung juristischer Personen abgelehnt (KASTNER/DORALT/NOWOTNY, Gesellschaftsrecht (5. Aufl. 1990) 57). Zu dieser Problematik siehe auch KREJCI, Gesellschaftsrechtliche Probleme der Bau-Arge, in: KREJCI, Das Recht der Arbeitsgemeinschaften in der Bauwirtschaft (1979) 34 ff; KREJCI, Partnerschaft (1988) 58 ff; KREJCI, Erwerbsgesellschaftengesetz (1991) 16 ff.

15 THIERY, Die Gesellschaft bürgerlichen Rechts als Unternehmer (1989); K. SCHMIDT, Der Partnerschaftsgesetzentwurf, JBl 1988, 749; HOLZHAMMER, Die Parteifähigkeit der Gesellschaft bürgerlichen Rechts, FS Strasser (1993) 132.

16 Vgl WELLSPACHER, Das Naturrecht und das ABGB, ABGB-FS I, 173 (192 ff); BETTELHEIM in KLANG III 465 ff; CIGOJ, Das Recht am Anteil des Gesellschaftsvermögens, ÖJZ 1976, 141 ff; in jüngerer Zeit KREJCI, Bau-Arge (1979) 47 ff; KREJCI, Partnerschaft (1988) 61 ff; KREJCI, EGG (1991) 20 ff.

17 Ausführlicher dazu MEISSEL, Miteigentum und ABGB-Gesellschaft, GedS Hofmeister (1996) 419; OBERHAMMER, Die Gesellschaft nach bürgerlichem Recht – eine Gesamthandgesellschaft? JBl 1997, 624.

18 Die herrschende Auffassung nimmt für das österreichische Recht (bloß schuldrechtlich gebundenes) Miteigentum der Gesellschafter am Vermögen der GesbR an: STRASSER in RUMMEL^2, Rz 4 zu § 1183 ABGB; JABORNEGG/RESCH in SCHWIMANN^2, Rz 20 zu § 1175 ABGB; KASTNER/DORALT/NOWOTNY, Grundriß des österreichischen Gesellschaftsrechts (5. Aufl. 1990) 58; HÄMMERLE/WÜNSCH, Handelsrecht, Bd 2: Personengesellschaften (4. Aufl. 1993) 67.

Handelsgesellschaft bzw der Kommanditgesellschaft entsprechende Organisationsform für nichtkaufmännische Gesellschaften (wie zB Partnerschaften) zur Verfügung stellen.[19] Bezüglich der Haftungsordnung der GesbR wiederum wird nach wie vor um eine historisch und dogmatisch befriedigende Interpretation des § 1203 ABGB gerungen.[20]

Für den Rechtshistoriker auffallend ist dabei, daß einige der als nicht zufriedenstellend angesehenen Bestimmungen des Gesellschaftsrechts mit ihrer Herkunft aus dem römischen Recht in Zusammenhang gebracht wurden. Hier ist eines der Ziele der vorliegenden Arbeit, diesen Hintergrund zu erhellen und aufzuzeigen, daß das Bild der römischen *societas* als „reiner Innengesellschaft" ein wenig zu eng ist.

c) Die Aufarbeitung des romanistischen Ursprungs der Gesellschaftsbestimmungen der modernen Kodifikationen mag aber nicht nur helfen, so manche Mißverständnisse rechtshistorischer Gegebenheiten aufzuklären, sondern - und darin liegt wohl der tiefere Sinn der Privatrechtsgeschichte überhaupt - die Grundlage für ein historisches Verständnis des geltenden Rechts zu bieten. Dabei geht es nicht so sehr darum, im Sinne einer historisch-subjektiven Interpretation in Zweifelsfällen der „historisch richtigen" Interpretation zum Durchbruch zu verhelfen, sondern die eigentliche Aufgabe besteht darin, den zum Teil aus dem bloßen Gesetzestext nicht erfaßbaren dogmengeschichtlichen Zusammenhang der Regelungen des geltenden Rechts klar zu machen. Steht dieser historische Zusammenhang aber einmal fest, so obliegt es der heutigen Dogmatik, unter Berücksichtigung des objektiven Rechts (mag dieses legislativen, judikativen oder doktrinellen Ursprungs sein) einerseits, sowie der individuellen Rechtsbeziehungen in der Privatrechtspraxis (als Ausdruck der Privatautonomie, wie sie sich schon im römischen Recht in den *leges contractus* zeigt) andererseits, die Rahmenbedingungen und konkreten Inhalte privatrechtlicher Gesellschaftsverhältnisse zu bestimmen.

d) Schließlich bietet der Rückblick auf die romanistische Tradition der bürgerlichrechtlichen Gesellschaft aber auch eine interessante Perspektive im Rahmen der (in den letzten Jahren immer bedeutsamer gewordenen) Beschäftigung mit dem Europäischen Privatrecht. Dieses umfaßt ja keineswegs

---

19 KREJCI, EGG (1991); MÜLLER/RIEF/THIERY, Die eingetragene Erwerbsgesellschaft (1994).

20 Vgl dazu va WELSER, Die Gesellschaft bürgerlichen Rechts als Gläubiger und Schuldner, GesRZ 1978, 145 ff; OBERHAMMER, Zum Anwendungsbereich der Solidarhaftung von „Handelsleuten" gem § 1203 ABGB, RdW 1996, 572; RIEDLER, Teil- und Gesamtgläubigerschaft im österreichischen Recht (1998) 93 ff, sowie DERSELBE, Gesellschafterkompetenz bei Forderungen einer Gesellschaft bürgerlichen Rechts (§ 1203 S 2 ABGB), JBl 1999, 638 ff mwN.

nur die - noch eher spärlichen - positiven Regelungen des EU-Rechts auf dem Gebiet des Privatrechts[21], sondern vor allem ein internationales wissenschaftliches Projekt der Erforschung von Gemeinsamkeiten und Unterschieden in den europäischen Privatrechtsordnungen[22], welches im Schnittpunkt von Zivilrechtsdogmatik, Rechtsgeschichte, Rechtsvergleichung und Rechtspolitik angesiedelt ist.

Im Unterschied zum Kapitalgesellschaftsrecht, bei dem es - etwa jüngst mit der Schaffung der Societas Europaea (SE) als Aktiengesellschaftsform - EU-Regelungen durch Richtlinien und Verordnungen gibt, ist die Vereinheitlichung und Harmonisierung im Bereich der bürgerlichrechtlichen Gesellschaft bislang weitgehend ausgeblieben.[23] Gerade deshalb erscheint aber eine historisch-rechtsvergleichende Analyse unter besonderer Berücksichtigung der römischrechtlichen Wurzeln[24] des europäischen Personengesellschaftsrechts[25] besonders gewinnbringend.

---

21 Vgl etwa die in der Textausgabe SCHULZE/ZIMMERMANN, Basistexte zum Europäischen Privatrecht (2. Aufl. 2002) zugänglichen EU-Normen.

22 Aus der umfangreichen Literatur vgl etwa KRAMER, Europäische Privatrechtsvereinheitlichung, JBl 1988, 477; COING, Europäisierung der Rechtswissenschaft?, NJW 1990, 937; MÜLLER-GRAFF, Privatrecht und Europäisches Gemeinschaftsrecht (2. Aufl. 1991); REMIEN, Möglichkeiten und Grenzen eines europäischen Privatrechts, JbJgZ 1991, 11; HOMMELHOFF, Zivilrecht unter dem Einfluß europäischer Rechtsangleichung, AcP 192 (1992), 71; MENGONI, L'Europa dei codici o un codice per l'Europa? (1993); MÜLLER-GRAFF, Gemeinsames Privatrecht in der Europäischen Gemeinschaft (1993, 2. Aufl. 1999); BLAUROCK, Europäisches Privatrecht, JZ 1994, 270; SCHMIDLIN, Vers un droit privé européen commun? - Skizzen zum gemeineuropäischen Privatrecht (1994); HARTKAMP ET AL, Towards a European Civil Code (1994, 2. Aufl. 1998); LANDO/BEALE, The Principles of European Contract Law (2000); KÖTZ, Europäisches Vertragsrecht (1996); BASEDOW, Anforderungen an eine europäische Zivilrechtsdogmatik, in ZIMMERMANN, Rechtsgeschichte und Privatrechtsdogmatik (1998) 79.
Darüberhinaus ist allgemein auf die Beiträge in der seit 1993 erscheinenden ZEuP, eine Reihe von rezenten Untersuchungen in RabelsZ, aber auch etwa in der European Review of Private Law zu verweisen.

23 Zu erwähnen ist freilich die durch Verordnung Nr.2137/85 des Rates vom 25. Juli 1985 vorgesehene Europäische Wirtschaftliche Interessen-Vereinigung (EWIV), welche allerdings nur für eingeschränkte Zwecke (vgl Art 3 der genannten Verordnung) einsetzbar ist. Zur Diskussion um die Schaffung einer kapitalmarktfernen europäischen Gesellschaftsform einer Societé Privée Européenne („Europäische Privatgesellschaft") vgl BOUCOURECHLIEV/HOMMELHOFF, Vorschläge für eine Europäische Privatgesellschaft (1999) sowie HOMMELHOFF/HELMS, Neue Wege in die Europäische Privatgesellschaft (2001).

24 Zum spezifischen Beitrag der Wissenschaft vom Römischen Recht und der Rechtsgeschichte zum Europäischen Privatrecht siehe etwa ZIMMERMANN, Das römisch-kanonische ius commune als Grundlage europäischer Rechtseinheit, JZ 1992, 8; ZIMMERMANN, Römisches Recht und Europäische Rechtseinheit, in: LUDWIG, Die Antike

e) Als zeitgemäßer Zugang zu den römischen Quellen bietet sich dabei weder ein rein (neo-)pandektistischer noch ein historisierend-spekulativer an. Auf der Grundlage der gegenwärtigen romanistischen Methodologie[26] sollen vielmehr einige zentrale Problempunkte der *societas* erörtert werden.

Im Besonderen geht es dabei darum, das Spektrum und die Vielfalt des römischen Gesellschaftsvertragsrechts und seinen Kontext im Rahmen des „Römischen (Privaten) Wirtschaftsrechts" - um den umstrittenen Begriff des „Römischen Handelsrechts"[27] zu vermeiden - darzustellen.

---

in der europäischen Gegenwart (1993) 151; KNÜTEL, Römisches Recht und deutsches Bürgerliches Recht, in: LUDWIG, Die Antike in der europäischen Gegenwart (1993) 43; STURM, Droit romain et identité européenne, RIDA 3e série 41 (1994) 147; KNÜTEL, Rechtseinheit in Europa und römisches Recht, ZEuP 1994, 244; KNÜTEL, Ius commune und Römisches Recht vor den Gerichten der Europäischen Union, JuS 1996, 768; JOHNSTON, The Renewal of the Old (1996); BRAUNEDER, Europäisches Privatrecht: historische Wirklichkeit oder zeitbedingter Wunsch an die Geschichte? (1997); LUIG, The History of Roman Private Law and the Unification of European Law, ZEuP 1997, 405; ZIMMERMANN, Savignys Vermächtnis - Rechtsgeschichte, Rechtsvergleichung und die Begründung einer Europäischen Rechtswissenschaft, JBl 1998, 273; BÜRGE, Vom Beitrag des römischen Rechts zur Entwicklung des französischen und europäischen Privatrechts im 19. Jahrhundert, in: Recht und Gesetz im deutsch-französischen Dialog (1998) 33; sowie die Beiträge in: CARONI/DILCHER, Norm und Tradition (1998).

25 Vgl dazu etwa KALSS/MEISSEL, Der europäische Gedanke im Gesellschaftsrecht, in: KALSS/MEISSEL, Zur Geschichte des Gesellschaftsrechts in Europa (2003) 1.

26 Vgl va KASER, Zur Methodologie der römischen Rechtsquellenforschung Römische Rechtsquellen und angewandte Juristenmethode (1986); WIEACKER, Römische Rechtsgeschichte I (1988) 61 ff; KNÜTEL, „Nicht leichter, aber umso reizvoller" - Zum methodologischen Vermächtnis Max Kasers, ZRG-RA 115 (1998) 33; BÜRGE, Der Text als Problem des Kontextes, ZRG-RA 115 (1998) 150.

27 Durchaus unbefangen von einem „Handelsrecht" („diritto commerciale") spricht etwa BRETONE, Geschichte des römischen Rechts (1992) 93 f, wobei er freilich die Unterschiede zwischen mittelalterlicher und moderner Rechtspraxis einerseits (mit einem Sonderprivatrecht der Kaufleute) und der antiken Rechtspraxis andererseits hervorhebt. Kritisch zur Verwendung dieses Ausdrucks für das römische Recht hingegen etwa LABRUNA, Römisches Marktrecht und Expansionspolitik, Mélanges Ankum I (1995) 223, bes 231 ff = Il diritto mercantile dei Romani e l'espansionismo, in: CORBINO, Le strade del potere (1994) 115 ff; der von LABRUNA bevorzugte Ausdruck *diritto mercantile* ist meines Erachtens mit Marktrecht eher mißverständlich übersetzt (da es primär an den Jurisdiktionsbereich der kurulischen Ädile denken läßt) und zudem auch sachlich wenig weiterführend: *mercante* bezeichnet den Händler, ein spezifisches „Händlerrecht/Kaufleuterecht" als „Sonderrecht des Handels" ist aber im römischen Recht gerade nicht vorhanden. Vgl weiters GALLO, Negotiatio e mutamenti giuridici nel mondo romano, in: MARRONE (Hg), Imprenditorialità e diritto nell'esperienza storica (1992) 133 ff; DI PORTO, Il diritto commerciale romano, FS Gallo III (1997) 413; sowie - wohltuend ausgewogen - GUARINO, Romanorum Phoenices, Labeo 44 (1998) 360 ff.

Den Kernpunkt der Untersuchung bildet dabei die Vermögens- und Haftungsordnung der *societas*; in diesem Zusammenhang geht es vor allem um das Ineinandergreifen von *societas* und Miteigentum sowie die Fragen der Beziehungen zwischen Gesellschaftern und Dritten.

Die spezifische Quellensituation des klassischen römischen Rechts legt allerdings im Hauptteil der Arbeit (dem Zweiten Abschnitt) anstelle einer abstrakten dogmatischen Analyse eine Differenzierung nach den unterschiedlichen Gestaltungsmöglichkeiten der Gesellschaften nahe. Innerhalb der dabei erstellten, an Ulpian D 17.2.5 pr orientierten Typologie der Erscheinungsformen der *societas* ist – insbesondere bei den Universalgesellschaften – auch die Entwicklungsgeschichte (vom altrömischen *consortium ercto non cito* hin zur *societas omnium bonorum* des klassischen Rechts) entsprechend herauszuarbeiten. Die bei der Analyse der unterschiedlichen Gesellschaftsformen angewandte Perspektive orientiert sich vornehmlich an jenen Quellen, die Rückschlüsse auf konkrete Gesellschaftsverträge erlauben. Dabei ergeben sich interessante Einsichten in das Verhältnis von römischer Vertragspraxis und Jurisprudenz, welche in der traditionellen „pandektistischen" Sichtweise, welche das *corpus iuris* primär als Privatrechtskodifikation (oder wie eine solche) interpretierte, tendenziell verdeckt wurden. Indem die einschlägigen Juristentexte (denen häufig Responsen der Klassiker auf konkrete Anfragen zugrundelagen) in ihren ursprünglichen fallbezogenen Kontext gestellt werden, ergeben diese ein anschauliches Bild der Vertragsgestaltungsmöglichkeiten. Im Zusammenhalt mit den Daten aus der nichtjuristischen Literatur, der Papyrologie und der Epigrafik lassen sich somit aus den juristischen Quellen auch Beiträge zur Sozial- und Wirtschaftsgeschichte der römischen Antike gewinnen.

Erster Abschnitt

OLIM ENIM ERAT

Mit Wieacker auf der Suche nach der societas

A. Einleitung[1]

Überblickt man das reiche und vielfältige Oeuvre von FRANZ WIEACKER (1908 - 1994)[2], so erweist sich im Rahmen seiner romanistischen Arbeiten die Geschichte der *societas* als eines seiner frühen Schwerpunktgebiete. Nachdem WIEACKER über die *lex commissoria* beim Kaufvertrag dissertiert hatte, habilitierte er sich 1933 in Freiburg mit einer Arbeit zur *societas*. 1936 publizierte er Teile davon als Monographie unter dem Titel: „Societas. Hausgemeinschaft und Erwerbsgesellschaft".[3] Das Buch enthält - wie es im Untertitel heißt - „Untersuchungen zur Geschichte des römischen Gesellschaftsrechts".

Ein zweiter Band mit näheren Ausführungen zu den Strukturmerkmalen der klassischen *societas* hätte folgen sollen, erschien aber nie, da zu Kriegsende die Materialien und der Rohentwurf zerstört wurden.[4] WIEACKERS Konzeption der *societas* ist aber in der Einleitung seines Societas-Buches, sowie seinem 1952 publizierten Aufsatz „Das Gesellschafterverhältnis des klassischen Rechts"[5] näher ausgeführt und damit in ihren wesentlichen Zügen rekonstruierbar.

---

1 Die Teile A., B., C., F. und G. dieses Abschnittes stellen die etwas erweiterte Fassung eines Vortrages dar, den ich 1997 beim Europäischen Forum Junger Rechtshistoriker in Graz gehalten habe und der unter dem Titel: „Fossile Zeugnisse einer gemeinsamen Urform" - Wieackers Beitrag zur Geschichte der societas, in: POLASCHEK/ZIEGERHOFER, Recht ohne Grenzen - Grenzen des Rechts (1998) 43 ff, erschienen ist.

2 Zu Leben und Werk WIEACKERS siehe va die ausführlichen Nachrufe von SIMON, Franz Wieacker, Rechtshistorisches Journal (im folgenden: RJ) 13 (1994) 1 ff; J. G. WOLF, Franz Wieacker, Studia et Documenta Historia Iuris (im folgenden: SDHI) 60 (1994) 763 ff = Göttinger Universitätsreden (1995) 17 ff; sowie BEHRENDS, Franz Wieacker, Zeitschrift für Rechtsgeschichte - Romanistische Abteilung (im folgenden: ZRG-RA) Bd 112 (1995) XIII ff. Eine Bibliographie der Schriften WIEACKERS findet sich in ZRG-RA 112 (1995) 744 ff. Weitere Nachweise zu Nachrufen finden sich bei BEHRENDS, Franz Wieacker, in: Jahrbuch der Akademie der Wissenschaften in Göttingen 1995, 254 ff (255 Fn 1 - 3).

3 WIEACKER, Societas. Hausgemeinschaft und Erwerbsgesellschaft - Untersuchungen zur Geschichte des römischen Gesellschaftsrechts. Erster Teil (1936). Zuvor hatte er bereits einen Artikel über „Haftungsformen des römischen Gesellschaftsrechts", ZRG-RA 54 (1934) 35 ff, publiziert. Auch der Beitrag über „Die Struktur der Sabinusmasse", ZRG-RA 55 (1935) 292 ff, steht in einem inneren Zusammenhang mit den Forschungen zum Gesellschaftsrecht.

4 So WIEACKER, ZRG-RA 69 (1952) 302 Fn 1.

5 WIEACKER, ZRG-RA 69 (1952) 302 ff; vgl auch WIEACKERS Rezension von ARANGIO-RUIZ, Il contratto di società in diritto romano, ZRG-RA 69 (1952) 488 ff, sowie seine Rezension zu GUARINO, Societas consensu contracta, IVRA 24 (1973) 243 ff.

Welche Gründe kann es heute geben, sich mit diesen Forschungen des jungen WIEACKER zu beschäftigen? Erstens war WIEACKER unbestritten einer der bedeutendsten Rechtshistoriker dieses Jahrhunderts, man darf also erwarten, aus der Beschäftigung mit ihm zu profitieren; zweitens sind im deutschsprachigen Raum seither keine umfassenderen monographischen Arbeiten zur *societas* erschienen[6] – woraus man freilich nicht vorschnell auf eine glatte Rezeption der WIEACKERSCHEN Thesen schließen darf. Drittens aber spiegeln sich in WIEACKERS Gegenstandswahl, seiner Methodik und seinen Schlußfolgerungen einige der zentralen Aspekte der Wissenschaftsgeschichte der Romanistik im Zwanzigsten Jahrhundert.

Die Auseinandersetzung mit WIEACKERS Societas-Buch an den Beginn der Untersuchung zu stellen, verfolgt somit ein zweifaches Ziel: zum einen der Frage der Aktualität seiner Thesen für das heutige Bild der römischen *societas* nachzugehen; zum zweiten aber zu fragen, welche methodologische Einsichten aus ihnen als Exempel romanistischer Arbeit für die weiteren Fragestellungen gewonnen werden können.

Meine Ausführungen gliedern sich folgendermaßen: Zunächst werden die wesentlichen Thesen WIEACKERS zu Geschichte und Struktur der römischen *societas* aus seinen Arbeiten der 30er Jahre dargelegt (B.); darauf folgen Überlegungen zur zeitgeschichtlichen Bedingtheit und zum wissenschaftsgeschichtlichen Kontext dieser Studien WIEACKERS (C.). Anschließend ist auf die teilweise Revidierung seiner Thesen in späteren Stellungnahmen WIEACKERS zur *societas* (D.) einzugehen, bevor der Versuch einer Würdigung von WIEACKERS Beitrag zum römischen Gesellschaftsrecht aus heutiger Sicht (E. und F.) unternommen wird.

---

6 Vgl freilich – neben den Arbeiten MISERAS – die umfassende Abhandlung von KASER, SDHI 41 (1975) 278 ff, sowie jüngst DROSDOWSKI, Das Verhältnis von actio pro socio und actio communi dividundo im klassischen römischen Recht (1998). Zu letzterem siehe MEISSEL, Zur Konkurrenz von actio pro socio und actio communi dividundo, Orbis Iuris Romani V (1999) 142 ff. sowie unten im Dritten Abschnitt.

B. Wieackers Fragestellungen und Thesen

1. Die Fragestellung nach der Entwicklungsgeschichte

In den römischen Quellen begegnen im Zusammenhang mit der *societas* die unterschiedlichsten Erscheinungen: Universalgesellschaften, dh Gesellschaften wie die *societas omnium bonorum* und die *societas omnium quae ex quaestu veniunt* (die das gesamte Vermögen oder das gesamte aus Erwerb herrührende Vermögen der *socii* umfassen), Partikulargesellschaften wie die *societas unius negotiationis* und die *societas unius rei* (die sich auf das gemeinsame Betreiben eines Gewerbebetriebes oder auf ein einzelnes Geschäft beziehen); aber auch verbandsmäßig organisierte Gesellschaftsformen wie die *societas publicanorum* bzw *societas vectigalis* (bei denen es um Steuerpacht und die Vergabe öffentlicher Aufgaben an private Bietergemeinschaften geht).[7] Zusammenhänge ergeben sich auch zwischen *societas* und Erbengemeinschaft einerseits sowie der *communio pro indiviso* andererseits (bekanntlich begegnen *socius* bzw *socii* in den Quellen synonym ua für Gesellschafter und Miteigentümer[8]).

Schließlich sind noch Phänomene wie die *societas cum liberto contracta* (D 38.2.1) sowie verschiedene partiarische Verträge (wie die *politio*, dh der Landkultivierungsvertrag, die Teilpacht, der Weidevertrag etc) zu nennen, die zumindest im Umkreis der *societas* anzusiedeln sind.

Schon ca 50 Jahre vor WIEACKERS Forschungen begann die deutsche Romanistik sich der Frage zuzuwenden, wie in dieses mannigfache Bild der Quellen zur *societas* eine historische Ordnung zu bringen sei, wie man sich also die Entwicklungsgeschichte dieser Phänomene vorzustellen habe. So beschäftigen sich etwa Autoren wie PERNICE[9], LASTIG[10], LEIST[11] und TRUMPLER[12] ausführlich mit der Frage, was denn als Wurzel der *societas* anzusehen sei: Die erwerbswirtschaftlich ausgerichtete *societas publicanorum* in Verbindung mit den Bedürfnissen des Handelsverkehrs? Die Erben-

---

7 Vgl etwa Gaius Inst 3.148; Ulpian D 17.2.5 pr.

8 Zu den verschiedenen Bedeutungsvarianten in der römischen Literatur allgemein vgl WEGNER, Untersuchungen zu den lateinischen Begriffen socius und societas (1969).

9 PERNICE, Marcus Antistius Labeo. Das Privatrecht im ersten Jahrhundert der Kaiserzeit, Bd 1 (1873) 443 ff; Bd 2 (1878) 282 Anm 3; DERSELBE, Parerga - Zum römischen Gesellschaftsvertrage, ZRG-RA 3 (1882) 48 ff, bes 87 - 89.

10 LASTIG, Beiträge zur Geschichte des Handelsrechts, Zeitschrift für die gesamte Handelsrechtswissenschaft (im folgenden: ZHR) 24 (1879) 387 (409 ff).

11 LEIST, Zur Geschichte der römischen societas, (1881) bes 20 - 46.

12 TRUMPLER, Die Geschichte der römischen Gesellschaftsformen. Untersuchungen über die Anfänge des modernen Gesellschafts- und Korporationsrechts (1906).

gemeinschaft, bei der das gemeinsame Weiterwirtschaften der Familienmitglieder maßgeblich erscheint? Die partiarischen Abreden? Oder eine Kombination der genannten Faktoren?

Meist wird für eine Kombination von verschiedenen Faktoren plädiert; die dabei von den Autoren als maßgeblich angesehenen sind aber jeweils unterschiedliche. So sieht LASTIG den Ursprung in „einseitigen Gesellschaften", und zwar „einseitigen Arbeitsgesellschaften" (bei denen jemand für die Erbringung einer Arbeitsleistung kein fixes Entgelt, sondern einen Gewinnanteil erhält) sowie „einseitigen Kapitalgesellschaften" (bei denen jemand für das Einbringen einer Kapitaleinlage in das Unternehmen eines anderen einen Gewinnanteil erhält).[13]

PERNICE hingegen führt die *societas* (gemeinsam mit Mandat und Tutel) auf die *fides* zurück, wobei erst allmählich Klagbarkeit ursprünglich bloß moralischer Verpflichtungen entstanden sei.[14] Für die Ausgestaltung der Regeln der *societas* geht er dann von drei maßgeblichen Entwicklungssträngen aus: a) von der aus dem *consortium* hervorgegangenen *societas omnium bonorum*; b) von der aus der Handelspraxis des *ius gentium* kommenden Erwerbsgesellschaft sowie c) vom Kultivierungsvertrag (*politio*).[15] LEIST hingegen möchte die *societas* auf das *obsequium* (Gefolgschaftsverhältnis) zwischen Eltern und Kindern sowie zwischen Patron und Freigelassenem zurückführen und sieht so den Ursprung in einer Kombination von *consortium* (fortgesetzter Hausgemeinschaft der Nachkommen des *pater familias*) sowie der sog Strafsocietät (*societas Rutiliana*; D 38.2.1.1), bei der für den Fall der Nichtleistung des *obsequium* eine *pars bonorum liberti* versprochen wird, zu deren Durchsetzung ein *iudicium societatis* dient.[16] TRUMPLER schließlich sieht als älteste Stufe der *societas* die Gütergemeinschaft der agnatischen Erben (die er mit der

---

13 LASTIG, ZHR 24 (1879) 409 ff. Zurecht kritisch dazu PERNICE, SZ-RA 3 (1882) 49 ff, der erstens darauf hinweist, daß die beiden von LASTIG unterschiedenen Formen der „einseitigen Gesellschaft" in den römischen Quellen nicht unterschieden werden, und zweitens diesen partiarischen Abreden das Element der Gleichberechtigung der Partner fehle (aaO 55), welches den *animus contrahendae societatis* ausmache. Folglich seien diese Fälle auch von den römischen Juristen als *locatio conductio*, und gerade nicht als *societas* qualifiziert worden (aaO 57). Eine Nahebeziehung der partiarischen Abreden zur *societas* läßt sich aber in der spätklassischen Diskussion (insbes bei Ulpian) feststellen. Dazu ausführlicher unten im Zweiten Abschnitt.

14 PERNICE, Labeo I (1873) 443 ff, bes 446 f.

15 PERNICE, ZRG-RA 3 (1882) 48 ff. PERNICE weitgehend folgend FERRINI, Le origini del contratto di società, Archivio Giuridico 38 (1887) 3 ff = Opere III (1929) 17 ff.

16 LEIST, Geschichte der societas (1881) 28 ff. Kritisch zum angeblichen Einfluß der „Strafsocietät" hingegen schon PERNICE, ZRG-RA 3 (1882) 101 ff, sowie TRUMPLER, Geschichte der römischen Gesellschaftsformen (1906) 16 ff.

societas omnium bonorum gleichsetzt), an die sich sodann die Gemeinschaften zum Zweck des Erwerbes anschlossen; die weitere Entwicklung sei infolge der „plötzliche(n) politische(n) und wirtschaftliche(n) Macht des römischen Staates“ dadurch gekennzeichnet gewesen, daß „an Stelle der Familiengesellschaft die spontane, lediglich auf dem gemeinsamen Streben nach Erwerb beruhende Gesellschaft des Handelsverkehrs die Führung übernahm“, wobei es vor allem die *societates publicanorum* gewesen seien, „die dem römischen Gesellschaftsvertrag sein eigenartiges Gepräge gaben“.[17]

WIEACKERS Fragestellung nach dem Ursprung der *societas* ist als solche also keineswegs neu, wohl aber ist die Methode neu, mit der er sich dem Problem zu nähern gedenkt. Als Schüler LENELS und PRINGSHEIMS setzt er systematisch die textkritische Methode ein, um mit dem Instrumentar der Interpolationenkritik das Quellenmaterial neu zu strukturieren.

WIEACKERS Kernthese ist dabei, daß die römische Erwerbsgesellschaft als „Ergebnis eines einheitlichen Differenzierungsvorganges aus der vermögens- und personenrechtlichen Verbandseinheit der Hausgemeinschaft“ zu verstehen sei. Die Rechtsstellung des Gesellschafters sei demgemäß (noch im frühklassischen Recht) ein Status, dessen Erwerb und Verlust sich in den Formen personenrechtlichen Vermögenseintritts vollzieht.[18]

2. Wieackers Rekonstruktion der Sabinusmasse in D 17.2

Zum Beweis dieser These liefert WIEACKER im ersten Kapitel eine „kritische Palingenesie“ des Digestentitels 17.2.

War es LENEL mit seiner *Palingenesia iuris civilis*[19] darum gegangen, die in den Digesten überlieferten Fragmente ausgehend von ihrer *inscriptio* in die (vermutlich) ursprüngliche Ordnung zu bringen, so geht WIEACKER bei seinem Versuch der Textrekonstruktion noch einen Schritt weiter. Er

---

17 TRUMPLER, Geschichte der römischen Gesellschaftsformen (1906) 2 f. Dabei nimmt er an, daß die Erwerbsgesellschaften zunächst als Realkontrakte einen klagbaren Anspruch erst erzeugt hätten, wenn der klagende *socius* selbst seiner Verpflichtung, etwas in die Gemeinschaft einzubringen, nachgekommen sei und sich erst allmählich in einen Konsensualvertrag gewandelt habe, bei dem bereits das Versprechen, eine Gemeinschaft zu begründen, verbindlich war. Selbst für die konsensuale *societas* ist für TRUMPLER der *animus societatis contrahendae* darauf gerichtet, eine (sachenrechtliche) Gemeinschaft zu begründen.

18 WIEACKER, Societas (1936) 7. Er wähnt sich dabei (aaO 238 f) mit LEIST in Einklang, welcher aber – anders als WIEACKER – auch der sog Strafsocietät zwischen Patron und Freigelassenem eine maßgebliche Rolle in der Entwicklung zuerkannt hat.

19 LENEL, Palingenesia iuris civilis, Bde I und II (1889).

versucht aus den im Digestentitel 17.2 vorhandenen Texten der sogenannten Sabinusmasse, dh den (spätklassischen) Kommentarwerken zum *ius civile* des Sabinus sowie den zur Sabinusmasse gehörigen Büchern des Ediktkommentars, jene Aussagen herauszudestillieren, die dem - direkt ja nicht bzw nur viel schmäler überlieferten - *ius civile* des Sabinus zuzuschreiben sind.[20]

1) Bei seiner Analyse der Struktur der Sabinusmasse im Titel D 17.2 kommt er zunächst zu einem Ergebnis, welches weniger das Recht der *societas* selbst, als vielmehr die allgemeine Fragestellung nach der Vorgangsweise bei der Herstellung der Digesten betrifft.[21] Ausgehend von der Massentheorie BLUHMES zeigt sich im Titel D 17.2 ein eigentümliches Bild: Die Fragmente 1 - 52 sind in ihrem Aufbau am System des Sabinus (bzw der Sabinusmasse) orientiert, die zur Ediktsmasse zählenden Kommentare finden sich hier bloß vereinzelt (und nicht in der zu erwartenden fortlaufenden Reihenfolge). Das Material der Sabinusmasse ist dabei in einer Art angeordnet, die WIEACKER an einer bloß mechanischen, chronologischen Exzerption der Sabinuskommentare durch die entsprechende Sabinuskommission der Kompilatoren zweifeln läßt. Vielmehr sieht er in der Anordnung der Fragmente eine systematische Arbeitsweise gespiegelt, bei der sachlich zusammengehörige Schriften der Sabinusmasse gleichzeitig exzerpiert wurden und auch in diesem Stadium bereits (und nicht erst bei der Schlußredaktion) die sogenannten „Katenen"[22] geschaffen wurden.[23] Während das Material der Sabinusmasse, weitgehend in den Titel D 17.2 (*pro socio*) einfloß, finden sich in den Titeln D 10.2 (*familiae erciscundae*) und D 10.3 (*communi dividundo*) hauptsächlich Fragmente der Ediktsmasse. Darin sieht WIEACKER einen Zusammenhang mit vorjustinianischen Schultraditionen. Im vorjustinianischen Unterricht sei eine solche Ordnung schon präfiguriert gewesen; die Kompilatoren hätten zwar

---

20 Dabei kann er sich freilich weitgehend auf die Vorarbeiten von LENEL, Das Sabinussystem (1892) sowie SCHULZ, Sabinusfragmente in Ulpians Sabinus-Commentar (1906) stützen.

21 Näher ausgeführt sind diese Thesen in WIEACKER, Die Struktur der Sabinusmasse, ZRG-RA 55 (1935) 292 ff. Das Thema sollte ihn auch später beschäftigen: WIEACKER, Rezension zu Collinet, La genèse du Digeste, ZRG-RA 71 (1954) 468 ff; sowie ausführlicher in: „Zur Technik der Kompilatoren", ZRG-RA 89 (1972) 293 ff, und zuletzt in: „Zur Herstellung der Digesten - Rahmenbedingungen ihrer Rekonstruktion", in: SCHERMAIER/VEGH (Hg), Festschrift für Wolfgang Waldstein (1993) 417 ff. In seinem letzten Beitrag bezeichnet WIEACKER die eigenen Arbeiten der 30er Jahre als „erste Faustskizze" (FS Waldstein 417).

22 Den Begriff prägte KRÜGER, Die Herstellung der Digesten Justinians und der Gang der Excerptionen (1922) 60 ff.

23 WIEACKER, Societas (1936) 29 ff, 38 uö.

erst den entscheidenden Schritt gesetzt, dabei aber „literarische Hilfsmittel des vorjustinianischen Unterrichts“[24] verwertet.

In seiner Beurteilung des Vorgangs der Digestenkompilation nimmt WIEACKER damit eine vermittelnde Position[25] zwischen der BLUHMESCHEN Massentheorie und den Prädigestenthesen ein: Er weist den Schwerpunkt der Redaktion zwar den justinianischen Kompilatoren zu, anerkennt aber eine vorbereitende Funktion des vorjustinianischen Rechtsunterrichts und damit zusammenhängender literarischer Hilfsmittel (Paraphrasen, Zitate von Parallelstellen usw).[26]

2) Das zweite Ergebnis betrifft die Einordnung der *societas* durch die Jurisprudenz der späten Republik und frühen Kaiserzeit. WIEACKER kann anhand der Quellenüberlieferung zeigen, daß im Sabinus-System (wahrscheinlich zurückgehend schon auf Quintus Mucius) Gesellschaftsvertrag (*societas*), Erbengemeinschaft und Miteigentumsgemeinschaft (*communio*) gemeinsam behandelt werden, und erst im Institutionensystem des Gaius die *societas* im Rahmen der Konsensualkontrakte erörtert wird. Daran knüpft er nun die Vermutung, daß Sabinus nicht den fremdenrechtlichen Konsensualvertrag *societas* behandelt hat, wie er in den Gaius-Institutionen und den Schriften der Spätklassiker erscheint, sondern eine ältere zivile Form der *societas*. Es sei den byzantinischen Bearbeitern zuzuschreiben, wenn der Eindruck aus den Quellen entstehe, daß schon die (Früh-)Klassiker die *societas* als Konsensualvertrag des *ius gentium* aufgefaßt hätten.[27]

---

24 Zitat bei WIEACKER, Societas (1936) 57; aus der *inscriptio* bei D 17.2.32, wo es statt libro 2. angeblich libro 32. geheißen haben soll, schließt WIEACKER, Societas (1936) 59 f, auf eine direkte Zitierung aus einer vorjustinianischen Paraphrase (siehe dazu aber unten Fn 26). Zum vermuteten Einfluß der Unterrichtstradition WIEACKER, Societas (1936) 68 ff.

25 Diese Grundhaltung WIEACKERS zeigt sich auch noch stark in seiner letzten einschlägigen Arbeit Zur Herstellung der Digesten, FS Waldstein (1993) 417 ff.

26 Als Beweis für die Annahme einer griechischen Paraphrase, welche der Arbeit der Kompilatoren zugrundegelegen sei, führt WIEACKER, Societas (1936) 56 ff, die seines Erachtens falsche *inscriptio* des Fragments D 17.2.32 an, welches nicht aus dem 2., sondern aus dem 32. Buch des Ediktkommentars Ulpians stammen müsse. DAUBE, Societas as consensual contract, Collected Studies in Roman Law I (1991) 47 ff (Erstpublikation in: Cambridge Law Journal 6, 1938), hat jedoch überzeugend dargelegt, daß aufgrund der Palingenesie D 17.2.32 sehr wohl aus dem 2. Buch des Ediktkommentars stammen kann, sodaß auch die von WIEACKER angestellten Spekulationen über die Entstehung des „Fehlzitates“ jeglicher Grundlage entbehren.

27 Dagegen wies schon DAUBE, Societas as Consensual Contract, nun in: Collected Studies I (1991) 41, darauf hin, daß die Einordnung der *societas* ins *ius gentium* bei Gaius bloß bedeute, daß es sich um kein Institut *iuris proprium Romanorum* (wie das *olim* existierende *consortium ercto non cito*) handelt, sondern daß es (wie zB auch die *emptio venditio*) ein auch bei anderen Völkern und im Verkehr mit Peregrinen anerkanntes

Diese „zivile frühklassische societas des Sabinus" versucht WIEACKER über die Sabinus-Aussagen zur *societas* zu rekonstruieren.

Bei der Suche nach dieser älteren Rechtsschicht, die durch spätere Textschichten überlagert ist, bemüht sich WIEACKER um eine Art Archäologie der Textschichten: Der vorliegende Text muß zuerst von der byzantinischen Bearbeitung, dh von allfälligen Veränderungen durch vorjustinianische Bearbeiter sowie die Kompilatoren des 6. Jahrhunderts gereinigt werden; sodann ist aus dem spätklassischen Material nach jenen Aussagen des Frühklassikers Sabinus zu forschen, die von den Spätklassikern kommentiert und weiterentwickelt wurden. Das Ergebnis der Mühen sind dann jene – von WIEACKER so bezeichneten – „Leitfossilien" (in Wirklichkeit: mehr erahnbare als wirklich deutlich sichtbare Zeugnisse der frühklassischen Jurisprudenz), aus denen man Schlüsse auf die Entwicklungsgeschichte der *societas* ziehen kann.

3) Den Ausgangspunkt für den Rekonstruktionsversuch WIEACKERS bildet der Befund, daß sich im klassischen Gesellschaftsrecht „eigentümliche Symptome" finden, die er als „fossile Zeugnisse einer gemeinsamen Urform"[28] deutet. Dazu zählen etwa die Auflösung der Gesellschaft durch Tod bzw *capitis deminutio* eines *socius*; die „Verrechnung" der *actio iniuriarum* (gemeint ist: das gemeinsame Tragen einer Buße aus der *actio iniuriarum*, falls ein *socius* aufgrund Unrechts des *iudex* verurteilt wurde); das – gemeinrechtlich sog – *beneficium competentiae* (dh die Verurteilung eines *socius* bloß auf *id quod facere potest*; die „Rechtswohltat des Notbedarfs"), sowie die – in den Quellen mehrmals im Zusammenhang mit der *societas* genannte – *fraternitas* der Gesellschafter. Alle diese Symptome sind laut WIEACKER Ausdruck der von ihm postulierten „zivilen societas des Sabinus".

Rechtsverhältnis darstellt. Im übrigen betont DAUBE (aaO 40) zurecht, daß die gemeinsame Behandlung von *consortium*, *communio* und *societas* im engeren Sinn im Sabinus-System keineswegs darauf schließen läßt, daß diese Verhältnisse von den republikanischen Juristen nicht bereits materiell unterschieden worden wären.

28 WIEACKER, Societas (1936) 6. Auch PERNICE, Labeo I (1873) 444, hatte erwogen, das *consortium* als historische Grundlage der *societas* anzusehen und dazu bemerkt: „Es mag sein, dass sich aus dieser historischen Grundlage die den Gesellschaftsvertrag beherrschende „Brüderlichkeit", seine beliebige Auflösbarkeit, auch das Erlöschen durch Tod und Ausscheiden eines Mitgliedes erklären lassen würde ..."; ausführlicher in: ZRG-RA 3 (1882) 66 ff. Dabei ist aber zu beachten, daß PERNICE unter dem *consortium* die (Mit-)Erbengemeinschaft versteht, von der die „Hausgemeinschaft" (dh die Erbengemeinschaft der *sui*) bloß einen (häufigen) Unterfall bildet.
WIEACKER arbeitet dagegen – gestützt auf den neugefundenen Gaius von Antinoe – stärker den Gegensatz zwischen der (älteren) Hausgemeinschaft (Erbengemeinschaft der *sui* = *consortium*), die ein gesamthandähnliches Statut hat, und der (späteren) Erbengemeinschaft, in der sämtliche Miterben bis zur Aufteilung nach Erbquoten geteilte ideelle Anteile am Nachlaß haben, heraus.

Tatsächlich finden sie sich in spätklassischen Texten der sog Sabinus-Masse überliefert[29]: So handelt etwa Ulpian 31 ad ed D 17.2.63.pr vom *beneficium competentiae* bei der *societas*. Anhand dieses Fragments lassen sich WIEACKERS Thesen zur Entwicklungsgeschichte der *societas* gut illustrieren:

> *Verum est quod Sabino videtur, etiamsi non universorum bonorum socii sunt, sed unius rei, attamen in id quod facere possunt quodve dolo malo fecerint quo minus possint, condemnari oportere. hoc enim summam rationem habet, cum societas ius quodammodo fraternitatis in se habeat.*

Aus dem Text ergibt sich, daß Sabinus vertreten hat, daß eine Verurteilung auf *id quod facere potest* nicht nur bei einer *societas omnium bonorum*, sondern auch bei einer *societas unius rei* zu erfolgen habe. Bei der *societas omnium bonorum* dürfte dies allgemein anerkannt gewesen sein, für die *societas unius rei* aber strittig[30]. Ulpian schließt sich jedenfalls Sabinus an (*verum est...*)[31]. Im zweiten Satz wird als Begründung für diese Entscheidung angegeben, daß (offenbar jede) *societas* ein *ius quodammodo fraternitatis* enthalte.

Für die WIEACKERSCHE Deutung der Entwicklung der *societas* bietet dieser Text ein hervorragendes Beispiel, enthält er doch alle wesentlichen Ingredienzien seiner Entwicklungs-Theorie:

Erstens: ein „eigentümliches Symptom", nämlich das *beneficium competentiae*, welches bei den anderen Konsensualverträgen nicht zu finden ist, sondern in der Regel nur bei familienrechtlicher bzw personenrechtlicher Nahebeziehung[32] von Kläger und Beklagtem eine Rolle spielt.

Zweitens: eine Verknüpfung von *societas* mit *fraternitas*, welche auf einen

---

29 Was insofern nicht verwunderlich ist, als die Sabinusmasse ja den Hauptteil der Quellen des Titels D 17.2. ausmacht.

30 Siehe Ulpian D 42.1.16 sowie Pomponius D 42.1.22.1.

31 Interpolationsverdacht hinsichtlich D 17.2.63 pr etwa bei BESELER, Beiträge III (1913) 36; DERSELBE, Beiträge zur Kritik der römischen Rechtsquellen, ZRG-RA 66 (1948) 309; SOLAZZI, L'estinzione dell'obbligazione nel diritto romano, Bd I (2. Aufl. 1935) 217 ff; ARANGIO-RUIZ, Società (1950) 30 f. Gegen Annahme einer Interpolation hingegen LENEL, Edictum perpetuum (3. Aufl 1927) 298 f, WIEACKER, Societas (1936) 152 f, 165 f. Eine Kontroverse zwischen „Mucianern" und „Servianern" vermutet hingegen ARNÒ, Il contratto di società (1938) 77 f. Vgl nun vor allem LITEWSKI, Das „Beneficium competentiae" im römischen Recht, Studi Volterra IV (Milano 1971) 469 (bes 546 ff).

32 So ist uns eine *condemnatio in id quod facere potest* etwa überliefert zugunsten des beklagten Aszendenten, weiters zugunsten von Patron, Ehemann (bei der *actio rei uxoriae*) und Haussohn. Freilich gibt es (kaiserrechtlich) auch noch die Fälle des Schuldners nach einer *cessio bonorum*, des Schenkers, welcher aus einem Schenkungsversprechen geklagt wird und des Soldaten. Vgl nur KASER, Römisches Privatrecht I (2. Aufl 1975) 482 f mit Quellennachweisen.

Zusammenhang zwischen klassischer *societas* und älterer Brüdergemeinschaft hindeutet.

Drittens: einen Entwicklungsvorgang, bei dem eine Regel, die zunächst (unstrittig nur) für die *societas omnium bonorum* gilt, auf die *societas unius rei* erstreckt wird.

Was nun diese von ihm postulierte frühklassische Societas-Form anbelangt, nimmt Wieacker an, daß sie kein Kontrakt des *ius gentium*, sondern ein Gemeinschaftsverhältnis des *ius civile* gewesen sei. Weiters geht er davon aus, daß sich dieses Gemeinschaftsverhältnis aus der Hausgemeinschaft, dh dem Zusammenleben im Hausverband entwickelt habe und daß das Vermögen dabei nicht in einer *communio pro indiviso*, dh in Miteigentum nach ideellen Anteilen gestanden sei, wie das herkömmlicherweise für die klassische *societas* sowie für die Erbengemeinschaft der Klassik angenommen wird, sondern - ähnlich dem alten germanischen Recht - ein gemeinsames Gesamtgut der Hausgenossen gebildet habe. Dieses Gesamtgut stehe zwar allen gemeinsam zu (ohne daß es eine Alleinberechtigung an einem Anteil wie bei der *communio pro indiviso* gibt); Verfügungen darüber konnte aber - mit Gesamtwirkung für alle - ein einzelner vornehmen, weshalb man streng genommen von einem gesamthandähnlichen Verhältnis zu sprechen hat.

Diese These von der gesamthandähnlichen Gemeinschaft versucht WIEACKER vor allem anhand eines vermutlich von Sabinus selbst stammenden Satzes zum *pactum ne dividatur*[33] zu beweisen. Wir wollen diesen aus dem Ulpian-Kommentar *ad Sabinum* stammenden Text (Ulpian 30 ad Sab D 17.2.14 pr) kurz mit WIEACKERS Deutung konfrontieren, um einen Eindruck von WIEACKERS Argumentationsweise und seinem Umgang mit den Quellen zu gewinnen:

> *Si convenerit inter socios, ne intra certum tempus communis res dividatur, non videtur convenisse, ne societate abeatur ...*

Dazu WIEACKER: „Wir erfahren, daß Sabinus beim Abschluß der societas Teilungsabrede und Aufhebungsabrede unterschied; daß er offenbar als notwendiges Element der societas Gesamtgut (communis res) voraussetzte, was den Klassikern unmöglich war, und die Kündigung "abire societate" nannte. (...) Wichtiger ist, daß Sabinus oder seine Kommentatoren als Auflösung der societas nicht bloß die Kündigung, sondern Realteilung eines Gesamtguts ("communis res dividatur") bezeichnen und infolgedessen den Ausschluß der Kündigung als pactum ne dividatur auffassen können. Hierbei ging Sabinus auf die Verfügungsberechtigung der Genossen am Gesamtgut (vendere) im

---

33 Zum Sachproblem vgl va LITEWSKI, Les effets juridiques du pactum ne societate abeatur, Révue Internationale des Droits de l'Antiquité, 3e série 25 (1978) 279 ff.

ganzen ein. Denn ein Splitter des Sabinus-Kommentars zu dieser Frage ist D 50.17.26: *Qui potest invitis alienare multo magis et ignorantibus et absentibus potest*; das hinter D 17.2.16.1 anzuschließen ist; Sabinus spricht hier von der freien Veräußerung des Gesamtguts durch einzelne Genossen ".[34]

Neben verschiedenen durchaus treffenden Bemerkungen (so etwa der zweifellos richtigen Beobachtung, daß Sabinus zwischen Teilung des gemeinsamen Vermögens und Kündigung der *societas* unterschied), kommt WIEACKER zu einer Reihe von Behauptungen, die umso überzeugter und suggestiver vorgetragen werden, je weniger sie aus der Quelle unmittelbar hervorgehen. So enthält bereits die Übersetzung von *communis res* als Gesamtgut eine tendenziöse Färbung, wird doch damit ein Unterschied zum bloßen Miteigentum (*communio pro indiviso*) und ein Zusammenhang mit den gesamthandschaftlichen Gemeinschaften des germanischen Rechts nahegelegt; daß die *societas* ein Gesamtgut notwendigerweise voraussetze (und zB nicht bloß bei bestimmten Gesellschaftszwecken), stellt ebenfalls eine bloße Behauptung dar; auch die Aussage, daß nicht bloß die Kündigung, sondern auch bereits die Teilung der *communis res* als Auflösung der *societas* bezeichnet wurde (was wohl im Widerspruch zur eingangs getroffenen Differenzierung zwischen Kündigung und Teilung steht) sowie insgesamt die Identifizierung der „zivilen societas des Sabinus" mit dem altzivilen *consortium*[35], der fortgesetzten Hausgemeinschaft *ercto non cito* fließen aus dem Text keineswegs in der von WIEACKER suggerierten Weise.[36]

Mag man also, wie diesen kritischen Anmerkungen entnommen werden kann, an der methodischen Stringenz der Wieackerschen „Fossilienanalyse" seine Zweifel haben, so hat sich für WIEACKERS Grundvermutung des Zusammenhangs zwischen Hausgemeinschaft und *societas* sowie einer gesamthandähnlichen Struktur dieser älteren Hausgemeinschaft durch ein „ungewöhnliches Arbeitsschicksal" (WIEACKER), und zwar durch eine 1933 neuentdeckte Quelle, doch eine unmittelbare quellenmäßige Bestätigung gefunden: Bei dieser Quelle handelt es sich um den auf Pergamentblättern in

---

34 WIEACKER, Societas (1936) 46 f.

35 Gerade die von WIEACKER angeführte Maxime aus D 50.17.26 (*Qui potest invitis alienare, multo magis et ignorantibus et absentibus potest*) scheint gar nicht auf das alte *consortium* zu passen, bei dem ja von der hL (BRETONE, Consortium e communio, Labeo 6 (1960) 184 mwN) angenommen wird, daß dem Alleinverfügungsrecht des einzelnen *socius* ein Vetorecht der anderen gegenübersteht, von der Möglichkeit „*invitis aliis alienare*" also keine Rede sein kann (aA WIEACKER, Societas 196, 201). Hingegen paßt der Satz ohne weiteres auf die Veräußerung eines Anteiles bei Miteigentum.

36 Kritisch zu WIEACKERS Deutung auch KASER, Neue Literatur zur „societas", SDHI 41 (1975) 306 ff, sowie DERSELBE, Studien zum römischen Pfandrecht, TR 44 (1976) 286 Fn 304.

Ägypten gefundenen und alsbald durch ARANGIO-RUIZ der äußerst interessierten Fachwelt zugänglich gemachten „Gaius von Antinoe".[37]

3. Der Gaiusfund von Antinoe 1933

Die neuentdeckte (vermutlich aus dem späten 4. oder frühen 5. Jahrhundert stammende) Überlieferung von Teilen der Gaius-Institutionen enthält unter anderem rechtsgeschichtliche Hinweise, die im Gaius Veronensis nicht enthalten sind. So findet sich darin in Anschluß an Gaius Inst 3.154 ein Exkurs zu einer einst (*olim*) existierenden Form der *societas*, und zwar die Gemeinschaft *ercto non cito*[38] der nach dem Tod des *paterfamilias* gemeinsam weiterwirtschaftenden Hauserben: Diese sei eine Institution des *ius proprium Romanorum* gewesen und habe die Eigenart gehabt, daß eine Verfügung eines einzelnen über das Hausgut (insbes genannt wird die Freilassung eines Sklaven) Gesamtwirkung auch für die übrigen Hausgenossen gehabt habe (die Freilassung auch durch einen einzelnen ist wirksam, das Patronat wird dabei allen gemeinsam erworben).[39]

Durch diesen Fund sah WIEACKER sowohl seine These vom genetischen Zusammenhang zwischen *consortium* und *societas*, als auch die Annahme, daß die Hausgemeinschaft gesamthandschaftlich-genossenschaftliche Züge aufgewiesen habe, bestätigt.[40]

Gleichzeitig wirft Gaius 3.154 a und b aber neue Fragen auf, mit denen sich WIEACKER in den nach dem Fund erarbeiteten Teilen seines Buches beschäftigt.[41] So wird berichtet, daß nach dem *exemplum fratrum* auch andere, die eine solche *societas* haben wollten, diese beim Prätor durch eine *certa legis actio* erreichen konnten.

---

37 Dazu auch WIEACKER, Zum neuen Gaius-Funde, Deutsche-Juristenzeitung 40 (1935) Sp 953 ff.

38 Für die Existenz einer Gemeinschaft *ercto non cito* gab es freilich schon vorher Belege: Gellius, Noctes Atticae 1.9.12; Servius, ad Aen 8.642 sowie das von PRINGSHEIM, ZRG-RA 45 (1925) 491 f entdeckte Stephanos-Scholion zu D 17.2.52.6.

39 Ausführlicher dazu unten im Zweiten Abschnitt.

40 WIEACKER, Societas (1936) 5: „(es) zeigte sich, daß die Arbeit an dem Punkte fortgesetzt werden konnte, an dem sie ein Jahr vorher zum Stehen gelangt war. Die Grundannahme, die societas sei als Nachformung der zivilrechtlichen fortgesetzten Hausgemeinschaft zwischen den gesetzlichen Miterben aufzufassen, hatte sich im ganzen bewährt".

41 Die „alten" Teile seiner Habilitation (Societas 7 - 125; 273 ff) läßt er hingegen weitgehend unverändert, was innerhalb des Buches zu zwei „Textstufen" führt, die ein gewisses Spannungsverhältnis aufweisen.

4. Die Deutung des nachgebildeten consortium

WIEACKER geht nun vor allem der Frage nach, wie dieses nachgebildete *consortium* zu deuten sei. In diesem Zusammenhang entwickelt er - auch auf rechtsvergleichender Grundlage - eine Theorie der künstlichen Verbrüderung (*adoptio in fratrem*)[42]; die *certa legis actio* sieht er nicht - wie LEVY[43] und die wohl nach wie vor hL - als eine vermögensrechtliche *in iure cessio*, durch die eine umfassende Vermögensgemeinschaft mit dem für das *consortium* eigentümlichen gesamthandähnlichen Statut begründet wird, sondern als einen personenrechtlichen Statusakt, welcher der Adoption nachgebildet sei.

Mit dieser Deutung des „Wahlkonsortium" findet WIEACKER gewissermaßen das *missing link* für seine Entwicklungstheorie der *societas*. Aus der altzivilen Hausgemeinschaft, die er als Status betrachtet, entwickelt sich die Möglichkeit durch ein adoptionsähnliches Geschäft diesen Status nachzubilden; daraus entwickeln sich die *societas omnium bonorum* und die Erwerbsgesellschaft, die nun nicht mehr durch förmliches Rechtsgeschäft, sondern infolge des „Zurücktretens des äußeren Rechtsformalismus" formfrei, dh in diesem Sinne konsensual begründet werden.[44] Der Inhalt der *societas* bestimmt sich aber nach wir vor aus der vorgegebenen, tradierten, sozialen Ordnung, und nicht aus der Privatautonomie. Erst eine psychologische Deutung des Konsenses durch nachklassische byzantinische Bearbeiter habe den Konsens der Parteien - in den Augen WIEACKERS fälschlicherweise - psychologisch-materiell im Sinne eines *animus contrahendae societatis* gedeutet.

Damit ist aber der Übergang vollzogen von einer Theorie der Entwicklunggeschichte zu einer inhaltlichen Positionierung der klassischen *societas*. WIEACKERS Thesen zu den Merkmalen der klassischen *societas* soll nun im folgenden kurz präsentiert werden.

5. Wieackers Strukturkonzept der klassischen societas

Obwohl WIEACKERS Buch primär der Entwicklungsgeschichte der *societas* gewidmet ist, beschäftigt er sich doch immer wieder auch mit den inhaltlichen

---

42 Zur *adoptio in fratrem*, die in verschiedenen antiken Rechten zur rechtsgeschäftlichen Einsetzung eines Erben dient, welche in der diokletianischen Konstitution C 6.24.7 für das römische Recht aber ausdrücklich abgelehnt wird (*nec apud peregrinos fratrem sibi quisquam per adoptionem facere poterat*), vgl insbes KOSCHAKER, Adoptio in fratrem, Studi Riccobono III (1936) 359 ff.

43 LEVY, Neue Bruchstücke aus den Institutionen des Gaius, ZRG-RA 54 (1934) 289 ff.

44 Unklar ist, inwiefern WIEACKER dabei von MAINES Entwicklungsvorstellung „from status to contract" (MAINE, Ancient Law, 4. Aufl. 1870, 170) beeinflußt war.

Merkmalen der klassischen *societas*. Dabei geht es WIEACKER darum aufzuzeigen, inwieweit sich das alte *consortium* inhaltlich auf die *societas* ausgewirkt hat, dh in welchem Ausmaß bei der *societas omnium bonorum*, aber auch noch bei den Erwerbsgesellschaften Strukturmerkmale des *consortium* nachwirken. WIEACKER nimmt - ausgehend von seinen „Leitfossilien" - einen sehr weitgehenden Einfluß an. Gleichzeitig positioniert er noch die frühklassische *societas* in einer altertümelnden Weise als stark vom älteren Recht beeinflußt und weist die Durchgestaltung der *societas* als Konsensualvertrag weitgehend byzantinischer Bearbeitung zu.

WIEACKERS eigene Konzeption der *societas* ist vor dem Hintergrund des von ihm kritisierten pandektistischen Societas-Bildes zu sehen: Dieses sehe die *societas* - wie *emptio venditio* und *locatio conductio* - als synallagmatischen Vertrag[45] mit Beitragspflichten unter den Gesellschaftern. Die *actio pro socio* diene dabei zur Durchsetzung der vertraglichen Ansprüche, dh sie gehe sowohl auf Erbringung der Beitragsleistungen (zB Einbringung einer Sache in das Gesellschaftsvermögen), als auch nach Beendigung der Gesellschaft auf Abrechnung sowie Gewinn- und Verlustteilung.[46]

WIEACKER entwirft dazu sein Gegenbild: Er hebt für das klassische römische Recht hervor, daß eine *actio pro socio* während des Bestandes der Gesellschaft (*manente societate*) gar nicht erhoben werden kann.[47] Die Klageerhebung beende vielmehr die Gesellschaft,[48] folglich könne ihr bloß der Charakter einer Abrechnungs- und Liquidationsklage, nicht aber einer

---

45 Vgl aber Ulp 11 ad ed D 50.16.19, der auf Labeo die Charakterisierung der *societas* als *obligatio ultro citroque* (*quod Graeci* synallagma *vocant*) zurückführt: *Labeo libro primo praetoris urbani definit, quod quaedam "agantur", quaedam "gerantur", quaedam "contrahantur": et actum quidem generale verbum esse, sive verbis sive re quid agatur, ut in stipulatione vel numeratione: contractum autem ultro citroque obligationem, quod Graeci* synallagma *vocant, veluti emptionem venditionem, locationem conductionem, societatem: gestum rem significare sine verbis factam.* Zur umstrittenen Frage der Bedeutung von *ultro citroque obligatio* ausführlich SANTORO, Il contratto nel pensiero di Labeone, Annali Palermo 37 (1983) 20 ff.

46 WIEACKER, Gesellschaftsverhältnis, ZRG-RA (1952) 302 ff; er weist dabei (aaO 306) darauf hin, daß diese Lehre „eine wissenschaftliche Nötigung" dargestellt habe, zu der die „europäische Rechtswissenschaft, welche bis zum vorigen Jahrhundert die Quellen des römischen Gesellschaftsrechts auf ihre eigene soziale und wirtschaftliche Umwelt anzuwenden hatte" aufgrund eigener wirtschaftlicher und sozialer Erfordernisse gezwungen war.

47 D 17.2.65.15 (*nonnumquam necessarium est et manente societate agi pro socio*) wird von WIEACKER, Societas (1936) 9, als „handgreifliche Interpolation" bezeichnet; später konzediert er (ZRG-RA 1952, 504) daß man die Stelle zumindest auf die *societas publicanorum* beziehen kann.

48 D 17.2.65 pr. Zu dieser Problematik vgl ausführlicher unten E.1.

Beitragsklage zukommen. Dementsprechend lasse sich die *societas* aber auch nicht als Vertragsverhältnis mit wechselseitigen (durchsetzbaren) Austauschpflichten definieren, sondern es handle sich vielmehr um ein Geschäftsführungsverhältnis, welches dem Mandat und der Tutel verwandter sei als den synallagmatischen Verträgen.[49]

Die *actio pro socio* sei darüberhinaus als eine „infamierende Strafklage wegen treuwidriger Geschäftsführung"[50] zu qualifizieren, wobei sich aus D 17.2.52.14 ergebe, daß die *actio pro socio* als Generalklage „ein für allemal mit konsumierender Wirkung"[51] zwischen zwei Gesellschaftern[52] Ansprüche aus dem Gesellschaftsvertrag erledige.

Wenn es keine Beitragspflichten gibt, dann gibt es erst recht keine Pflichten der Vergemeinschaftung. Die von der herkömmlichen Lehre angenommene *societas quoad dominium* (nach anderer Terminologie: *quoad sortem*) mit einem im Miteigentum stehenden Gesellschaftsvermögen sei im klassischen römischen Recht gar nicht der Regelfall gewesen.[53] Zwar gibt es in verschiedenen Fällen ein im Miteigentum der *socii* stehendes Vermögen, aber dies stelle entweder ein altertümliches und eigentümliches Relikt dar (wie der sog *transitus legalis* bei der *societas omnium bonorum*) oder aber es beruhe auf einer *iusta causa* (wie zB *pro emptore* beim gemeinsamen Kauf einer Sache), welche nicht im Gesellschaftsverhältnis selbst zu finden sei. Ein eigener Erwerbstitel *pro socio* für den Erwerb kraft *traditio* oder *usucapio* sei den Quellen nicht zu entnehmen.[54]

Weiters betont WIEACKER, daß dort, wo die Quellen von *communicare*, *conferre* und ähnlichem sprechen, darunter nicht eine sachenrechtliche Vergemeinschaftung zu verstehen sei, sondern bloße Abrechnungsposten bei der *actio pro socio*.[55]

---

49 WIEACKER, Societas (1936) 9 ff; Gesellschafterverhältnis, ZRG-RA (1952) 309, 325.

50 WIEACKER, Societas (1936) 10.

51 WIEACKER, Societas (1936) 11. Er stellt sodann einen Zusammenhang mit der „Entstehung der actio pro socio aus dem alten totalen Lebensverband" her und folgert: „die Stellung des socius als Abbild personenrechtlicher Eingliederung in den Hausverband kann nur einmal verloren und folgerichtig auch nur einmal unteilbar zum Klaggrund gemacht werden". Vgl zu D 17.2.52.14 in diesem Abschnitt unten E.2.

52 WIEACKER, ZRG-RA 69 (1952) 310, 329 f, definiert die *societas* als „Rechtsverhältnis zwischen je zwei Personen".

53 WIEACKER, Societas (1936) 13; ausführlicher WIEACKER, Gesellschaftsverhältnis, ZRG-RA (1952) 332 ff.

54 WIEACKER, Societas (1936) 16; WIEACKER, Gesellschaftsverhältnis ZRG-RA (1952) 338 ff; WIEACKER, Rezension Arangio-Ruiz, SZ-RA (1952) 499. Dazu ausführlich unten im Dritten Abschnitt.

Ein Aspekt, der in der *societas*-Monographie der 1930erJahre stärker betont wird als in den Publikationen der 1950er Jahre, ist der personenrechtliche Charakter der *societas*, die als *status* und gerade nicht als *contractus* angesehen wird. Die Einordnung der *societas* unter die Konsensualkontrakte wird vom frühen WIEACKER äußerst einschränkend kommentiert: Für die Klassiker sei es dabei nur darum gegangen, daß die *societas* durch formfreie Willenserklärung zustandekomme, der „äußere Rechtsformalismus" also zurücktrete.[56] Eine inhaltliche psychologische Dimension (ein bestimmter Gesellschaftskonsens im Sinn des *animus societatis*) sei damit aber nicht angesprochen. Die psychologische Ausgestaltung des Konsenses sei den Klassikern durchwegs fremd gewesen und habe erst über die byzantinische Schultheorie (die wiederum unter dem Einfluß spätantiker Metaphysik gestanden sei) Eingang in die Quellen gefunden.[57]

Anfang der 1950er Jahre legt er dann mehr Augenmerk darauf, daß die *societas* zumindest kein synallagmatischer Vertrag sei, welcher (bloß) aus einem Bündel wechselseitiger gegenseitiger Austauschpflichten bestehe, sondern ein Kooperationsverhältnis.

Bevor auf die Frage näher einzugehen ist, wie sich diese Thesen WIEACKERS aus heutiger Sicht darstellen, sollen zunächst einige Aspekte des wissenschaftsgeschichtlichen Hintergrundes der einschlägigen Arbeiten WIEACKERS beleuchtet werden.

---

55 WIEACKER, Societas (1936) 15; WIEACKER, Gesellschaftsverhältnis, ZRG-RA (1952) 311, 335.

56 Ausführlich dazu WIEACKER, Societas (1936) 72 ff. Die Konzeption des Konsenses bei den Klassikern, welcher bloß Formfreiheit bedeute, keinesfalls aber eine „psychologische" Dimension im Sinne einer Willensübereinstimmung aufweise, steht unter dem Einfluß von PEROZZI, Istituzioni di diritto romano II (2.Aufl. 1928) 30 ff, sowie der sogenannten Animus-Lehre (dazu sogleich unten C.3.). Massive Bedenken gegen dieses Konsensverständnis schon bei DAUBE, Societas as Consensual Contract, Collected Studies I (1991) 51 ff.

57 Dazu eingehend WIEACKER, Societas (1936) 273 ff.

C. Der wissenschaftsgeschichtliche Hintergrund

1. Historisierung

Zunächst ist bei WIEACKERS Gegenstandswahl auf das spezifische Interesse an der historischen Entwicklung im Gegensatz zu im engeren Sinn dogmatischen Fragestellungen hinzuweisen. Darin reflektiert sich der Wandel der Romanistik, der mit der geänderten Funktion der Beschäftigung mit dem römischen Recht insbes nach dem Inkrafttreten des BGB in Zusammenhang steht. Stellvertretend für diese Grundstimmung um die Jahrhundertwende mag hier ein Zitat des „Universaljuristen" JOSEF KOHLER[58] stehen: „Jetzt da wir des praktischen römischen Rechts entledigt sind, können wir seine geschichtliche Entwicklung erst klar erfassen und können es erst erkennen in seiner völkerschaftlichen Bedingtheit und Eigenart."

Dieser Vorgang der „Historisierung" rechtsgeschichtlicher Arbeit zeichnete sich freilich in der Forschung schon vor der Kodifikation des Zivilrechts in Deutschland, insbesondere seit dem letzten Drittel des 19. Jahrhunderts, ab. So waren - wie eingangs ausgeführt - im Bereich der Forschungen zur *societas* unter den deutschsprachigen Romanisten schon lange vor WIEACKER entwicklungsgeschichtliche Studien *en vogue*. WIEACKER versteht sich selbst als Vertreter dieser historisierenden Richtung und hebt immer wieder den Gegensatz zwischen der eigenen Position und jener der gemeinrechtlichen Tradition und der pandektistisch-zivilistischen Doktrin[59] hervor, in denen er ein Mißverständnis der Eigenart des römischen Rechts erblickt.

2. Textkritische Methode

Methodisch stand damals die Interpolationenkritik[60] in ihrer Blüte, sodaß bei der Interpretation der Texte aufgrund von weitgehend spekulativen Prämissen über angebliche klassische Vorstellungen einer Manipulation der Texte Tür und Tor geöffnet war.

---

58 KOHLER, Geleitwort, in: Trumpler, Die Geschichte der römischen Gesellschaftsformen (1906) VI f.

59 Symptomatisch etwa WIEACKER, Societas (1936) 13.

60 Zur Geschichte der Interpolationenkritik siehe etwa KASER, Ein Jahrhundert Interpolationenforschung an den römischen Rechtsquellen, in: DERSELBE, Römische Rechtsquellen und angewandte Juristenmethode (1986) 112 ff, sowie WIEACKERS eigene Darstellung in: Römische Rechtsgeschichte. Erster Abschnitt (1988) bes 154 ff.

WIEACKER zählte – verglichen etwa mit GERHARD VON BESELER – nie zu den radikalsten Anhängern dieser heute diskreditierten Methode der „Interpolationenjagd“[61]. So lobt etwa EIßER auch in seiner Rezension des Societas-Buches ausdrücklich WIEACKERS Zurückhaltung „von allen Übertreibungen der Interpolationenforschung“ und hebt hervor, daß es WIEACKER immer wieder gelingt „anscheinend mit gutem Grund verdächtigte Stellen als echt zu erweisen, indem der Zusammenhang aufgehellt wird, der die uns fremd anmutenden Stellen als Überbleibsel vorklassischer Gedankengänge ausweist“[62].

Dieses textkonservative Bemühen reicht freilich nur dazu aus, die für WIEACKERS Grundthese, daß fossile Spuren der älteren zivilen *societas* aus den klassischen Texten rekonstruiert werden können, notwendige Quellenbasis zu erhalten. Überall dort, wo sich aus dem Quellenmaterial des *corpus iuris* zB Aussagen über die Rolle der Vereinbarung der Parteien, der Parteienabsicht etc finden, dh dort, wo seine These, daß diese Aussagen über *natura societatis*, *animus contrahendae societatis* etc byzantinischen Ursprungs sind, es erfordert, nimmt Wieacker großzügig Interpolationen an. Umgekehrt plädiert er dort, wo es ihm ermöglicht, aus dem Quellenmaterial Spuren des archaischen Rechts herauszulesen, für Echtheit der Quellen. Gerade in einem solchen selektiven Einsatz der interpolationenkritischen Methode zeigt sich aber deren Dilemma: Daß die Quellen solange zurechtgeschnitten oder aber ergänzt werden, bis sie einem vorher bereits festgelegten, angeblich klassischen Konzept entsprechen.

3. Animus-Lehre

In WIEACKERS Ablehnung der Klassizität des *animus contrahendae societatis* klingt die damals in der deutschen Romanistik prominent vertretene Auffassung an, derzufolge jene Stellen des *corpus iuris*, die für bestimmte Rechtsfolgen auf einen spezifischen *animus* der handelnden Personen abstellen,

---

[61] Der Ausdruck selbst geht auf KALB, Die Jagd nach Interpolationen in den Digesten (1897) zurück. Nicht mehr affirmativ, sondern kritisch verwendet ihn schon LENEL, Interpolationenjagd, ZRG-RA (1925) 17, der auch von einem „Interpolationsbazillus“ spricht.

[62] EIßER, Rezension zu Wieacker, Societas, ZRG-RA 59 (1939) 650. Dem entspricht, daß der unübertroffen radikale Interpolationenjäger BESELER mit WIEACKERS Ausführungen keine rechte Freude hatte: So schreibt BESELER, Beiträge zur Kritik der römischen Rechtsquellen, ZRG-RA 66 (1948) 309, angesichts von Wieackers Verteidigung der Echtheit von D 17.2.63 pr ziemlich grantig: „unüberlegt urteilt nach einem oberflächlichen Scheine Wieacker, Societas 1936, 152 Fn 3. Auf Seite 242 nimmt W das Problem der Interpolation von 63 pr wieder auf und kommt nach einer tumultuarischen Erörterung in der die sprachlichen Momente der Stelle außer Acht gelassen werden zu einem falschen Resultate“.

durchgehend nachklassischen Bearbeitern zu verdanken seien. Der wissenschaftsgeschichtliche Hintergrund dieser sogenannten Animus-Lehre, der jüngst va von DIETER SIMON ausführlich erörtert wurde[63], soll hier nur schlaglichtartig skizziert werden.

Ausgangspunkt der Animus-Lehre war die zeitgenössische zivilistische Streitfrage um die Charakterisierung der Willenserklärung. LENEL[64] trat hier gegen die – von SAVIGNY begründete und von WINDSCHEID systematisierte – Auffassung ein, daß die Willenserklärung mit Rechtsfolgewillen zu erfolgen habe, und stellte dieser Meinung eine „naturalistische Auffassung" entgegen, derzufolge die Parteien nur die tatsächlichen wirtschaftlichen und sozialen Folgen des Geschäftes wollen (müssen), die Rechtsfolgen als solche aber durch das staatlich gesetzte Recht begründet würden.[65]

Jene Romanisten, die Anhänger der Auffassung LENELS waren, projizierten nun die von ihnen als richtig postulierte Konzeption auch in die klassische Jurisprudenz. Quellen, die von einem bestimmten *animus* der Parteien den Eintritt von gewissen Rechtswirkungen abhängig machten, wurden demgemäß – mittels Interpolationenkritik – als unklassisch entlarvt und späteren Bearbeitern zugesonnen. Dabei entwickelte man auch die Vorstellung, daß diese – unter dem Einfluß spätantiker Philosophie stehende – Animus-Lehre nicht erst den justinianischen Bearbeitern zu verdanken sei, sondern vielmehr einer östlichen Schuljurisprudenz, die man an den Universitäten Beiruts und Konstantinopels lokalisierte.

WIEACKERS Zugehörigkeit zu den Vertretern der Theorie der byzantinischen Animus-Lehre hängt damit zusammen, daß er selbst Schüler PRINGSHEIMS war, der einer der maßgeblichen romanistischen Vertreter dieser Richtung war. Tatsächlich bezieht sich WIEACKER im 5. Kapitel zur byzantinschen Lehre vom *animus contrahendae societatis* ausdrücklich auf PEROZZI und PRINGSHEIM.[66]

Das weitere Schicksal dieser Animus-Lehre ist übrigens ebenfalls mit PRINGSHEIM verbunden, war er es doch, der diese Lehre mit seiner Untersuchung zu *id quod actum est*[67] „eigenhändig zu Grabe getragen"[68] hat.

---

63 D. SIMON, "Die animus-besessene Spätzeit", RJ 14 (1995) 253, bes 259 ff.

64 LENEL, Partheiabsicht und Rechtserfolg, JheringsJB 19 (1881) 154 ff.

65 Zu LENELS Konzeption der Willenserklärung vgl insbes BEHRENDS, Otto Lenel – Positivismus als Haltung und Methode, in: Otto Lenel, Gesammelte Schriften , Bd I (1990) XIII ff (bes XXI, XXVIII ff); DERSELBE, Das Werk Otto Lenels und die Kontinuität der romanistischen Fragestellungen, Index 19 (1991) 169 (bes 182 ff); D. SIMON, RJ 14 (1995) 262 f.

66 WIEACKER, Societas (1936) 273 ff.

67 PRINGSHEIM, Id quod actum est, ZRG-RA 78 (1961) 1 ff.

4. Interesse am „altrömischen" Recht

Das besondere Interesse am „altrömischen ius", das sich auch in WIEACKERS Buch zur *societas* zeigt, enthält aber auch eine zeitgeschichtliche Färbung, die nicht frei von ideologischen Gesichtspunkten ist. Es spiegelt sich darin nicht nur die Begeisterung einer jungen Forschergeneration für eine stärker altertumsgeschichtlich-historisierende und weniger pandektistisch-dogmatisch ausgerichtete Romanistik[69], sondern nicht zuletzt die Apologetik gegenüber der nationalsozialistischen Kritik am römischen Recht, der man mit einer vermehrten Beschäftigung mit dem „altrömisch-arischen" Recht entgegentreten wollte.[70]

Bekanntlich hatte die – schon seit längerem schwelende – Kritik am römischen Recht sogar Eingang in das Parteiprogramm der NSDAP gefunden, welches in Punkt 19 den „Ersatz für das der materialistischen Weltordnung dienende römische Recht durch ein deutsches Gemeinrecht" forderte.

Angesichts dieser Bedrohung des eigenen Faches waren nun gerade in den 1930er Jahren viele Romanisten darum bemüht aufzuzeigen, daß gerade das ältere römische Recht große Ähnlichkeiten mit dem – vom NS-Regime ja ausdrücklich für sich in Anspruch genommenen – germanischen Recht aufweise. In inhaltlicher Weise versuchte man dabei va herauszuarbeiten, daß das ältere römische Recht gar nicht so individualistisch-liberal gewesen sei,

---

68 D. SIMON, RJ 14 (1995) 260. Eine ähnliche Wandlung scheint sich übrigens schon bei Lenel abgezeichnet zu haben, wenn dieser in einer autobiografischen Skizze (LENEL, Selbstbeschreibung, in: PLANITZ (Hg), Die Rechtswissenschaft in Selbstdarstellungen (1923) 133 ff, hier 143) schreibt: „Dieser Versuchung (scilicet „der Partei das Gewolltsein einer Rechtsfolge in die Seele zu schieben") sind mitunter selbst die Klassiker erlegen".

69 Der entsprechende Bruch mit der historischen Rechtsschule hat sich schon seit längerem abgezeichnet. Als Beispiel läßt sich etwa LENEL (als Lehrer PRINGSHEIMS der wissenschaftliche „Großvater" WIEACKERS) anführen (zum folgenden siehe va BEHRENDS in: LENEL, Gesammelte Schriften I (1990) XIX, XXIV, XXX). LENEL hebt sich in zweierlei Hinsicht deutlich von den Vertretern der historischen Rechtsschule ab: einerseits durch eine positivistische Grundhaltung, die sich in ihrem Rechtsbegriff vom Rechtsbegriff der historischen Rechtsschule unterscheidet; andererseits durch ein besonderes Interesse an jenen Elementen des römischen Rechts (zB in den technischen Details des Formularprozesses), die gegenüber dem geltenden Recht als fremd und andersartig erscheinen. Die wissenschaftliche Beschäftigung mit den Phänomenen des römischen Rechts erfolgt damit zunehmend um ihrer historischen Analyse wegen und nicht vordergründig im Hinblick auf eine zeitlose applikative Gültigkeit.

70 Vgl dazu PIELER, Das römische Recht im nationalsozialistischen Staat, in: Ulrike Davy et al (Hg), Nationalsozialismus und Recht (1990) 427 ff; D. SIMON, Die deutsche Wissenschaft vom römischen Recht nach 1933, in: STOLLEIS/SIMON (Hg), Rechtsgeschichte im Nationalsozialismus (1989) 161 ff (bes 170); GAMAUF, Die Kritik am Römischen Recht im 19. und 20. Jahrhundert, in: Orbis Iuris Romani 1996, 33 ff (bes 53 ff).

sondern durchaus von von Gemeinschaftsgedanken[71], lebenden Ordnungen etc durchzogen war.

Hier trifft es sich gut, wenn WIEACKER mit der älteren Hausgemeinschaft als Urform der *societas* auf eine gesamthandschaftlich konstituierte Form der Familiengenossenschaft verweisen kann, in der sich die „urtümliche Rechtsverwandtschaft (des altrömischen Rechts) mit unserem Rechtskreis“[72] aufzeigen läßt.

Im nachhinein erscheint die Beschäftigung mit dem altrömischen *consortium* in den 30er Jahren angesichts des Gaius-Fundes von Antinoe völlig natürlich; aber zu bedenken bleibt, daß WIEACKERS Gegenstandswahl und Herausarbeitung der These von der altrömischen zivilen *societas* in die Zeit vor diesem Fund zurückreicht, sodaß das Interesse am altrömischen *ius civile* nicht auf die neue Quelle zurückgeführt werden kann.

5. Antiliberalistische Grundstimmung

Mit der Hervorhebung des genossenschaftlichen Charakters der Hausgemeinschaft und des Gemeinschaftselements geht bei WIEACKERS Darstellung der *societas* eine tendenziöse Herabwürdigung der nur mehr auf materielle Interessen gerichteten Erwerbsgesellschaft des *ius gentium* einher.

Auch in der Definition als personenrechtliches Statusverhältnis zeigt sich eine tendenzielle Abneigung gegen das Konzept des Vertrags als Ausdruck rechtlich-ökonomischer Privatautonomie, gegen das „Rationale und Unpersönliche des kapitalistischen Geschäftsverkehrs“, dem das Eingegliedertsein des Einzelnen in eine Gemeinschaft als Ideal einer vergangenen Zeit gegenübergestellt wird. So ist für Wieacker die Entwicklungsgeschichte der *societas* „ein fortdauernder Auseinandersetzungsprozeß zwischen Hemmungen, die vom Urbilde des personenrechtlichen Hausverbandes ausgehen und den Forderungen, die der vorauseilende kapitalistische, rationale und unpersönliche Gesellschaftsverkehr stellt“.[73]
Die systematischen Veränderungen durch nachklassische Schuljurisprudenz sowie vor allem die justinianischen Kompilatoren bewirken für ihn eine „Überblendung des klassischen und vorklassischen Gesellschaftsrechts durch

[71] Man denke etwa an ERNST SCHÖNBAUERS Vortrag auf dem Rechtshistorikertag 1936 „Vom Gemeinschaftselement im Bau der römischen Rechtsordnung“; vgl auch KASER, Römisches Recht als Gemeinschaftsordnung (1939), dazu (KASERS Schrift rezensierend) WIEACKER, Das antike römische Recht und der neuzeitliche Individualismus, Zeitschrift für die gesamte Staatswissenschaft (=ZgStW) 101 (1941) 167 ff.

[72] WIEACKER, Deutsche Juristenzeitung 40 (1935) 954.

[73] WIEACKER, Societas (1936) 13.

das justinianische Kontraktssystem, deren noch im bürgerlichen Recht spürbare Wirkung eine starke Abstraktion und Nivellierung lebendiger Verbandsverhältnisse gewesen ist. Die inhaltsbestimmten Ordnungsformen des fortgesetzten Hausverbandes, die altertümlichen Gemeinderschaften, die großen Erwerbsgesellschaften und die flüchtigen Gelegenheitsgesellschaften flossen jetzt in einem theoretischen Obertypus zusammen".[74]

Was WIEACKER der Pandektistik hier vorwirft, ist, daß sie, anstatt sich der „lebendigen Verbandsverhältnisse" bzw der „inhaltsbestimmten Ordnungsformen des fortgesetzten Hausverbandes" zu widmen, den angeblich erst von den Byzantinern systematisch geschaffenen Obertypus in den Vordergrund gestellt hätten, und dabei den - von WIEACKER bewußt ans Ende seiner Entwicklungsgeschichte gesetzten und mit dem pejorativen Adjektiv „flüchtige Gelegenheitsgesellschaft" apostrophierten - Erwerbsgesellschaften zuviel Raum gegeben hätten. Die „reiche Formenwelt des klassischen Rechts" sei so Opfer der „Abstraktion und Nivellierung" geworden.

Natürlich steht dahinter (auch) die Lust WIEACKERS am Umgang mit Sprache, am Finden kräftiger, bildhafter Metaphern.[75] Dennoch sind die Anklänge an das „konkrete Ordnungsdenken"[76] nicht völlig zufällige. Im Mai 1935 nimmt WIEACKER an dem von KARL AUGUST ECKHARDT in Kiel-Kitzeberg veranstalteten „Lager junger Rechtslehrer" teil[77], über das er auch für die - zum „Kampf um die neue Rechtslehre" (K. A. Eckhardt) neu gegründete - Zeitschrift „Deutsche Rechtswissenschaft" einen durchaus engagierten Bericht liefert.[78] Hauptthema des Kitzeberger Lagers war die Diskussion um den Begriff des subjektiven Rechts, welches zugunsten eines Konzeptes der Pflichtenbindung aufgegeben werden sollte.[79]

---

74 WIEACKER, Societas (1936) 70 f.

75 Vgl nur die Metapher vom „Regenbogen im fallenden Tropfen" und den „vielstimmigen Satz mit Haupttönen und Obertönen" (WIEACKER, Societas 61).

76 Zum Denken in "konkreten Ordnungen" (CARL SCHMITT) bzw zur Entwicklung "konkret-allgemeiner Begriffe" (KARL LARENZ) vgl etwa GERNHUBER, Das völkische Recht - Ein Beitrag zur Rechtstheorie im Nationalsozialismus; FS Eduard Kern (1968) 167; RÜTHERS, Die unbegrenzte Auslegung - Zum Wandel der Privatrechtsordnung im Nationalsozialismus, (2. Aufl 1973), bes 270 - 430; ANDERBRÜGGE, Völkisches Rechtsdenken (1978).

77 Zum Kitzeberger Lager siehe RÜTHERS, Entartetes Recht. Rechtslehren und Kronjuristen des Dritten Reiches (1988) 41 ff.

78 WIEACKER, Das Kitzeberger Lager junger Rechtslehrer, Deutsche Rechtswissenschaft I (1936) 74 - 80; im selben Jahrgang der Zeitschrift publiziert WIEACKER den Beitrag „Bauernrecht und bäuerliches Liegenschaftsrecht" (S.193 - 204).

79 Vgl in diesem Zusammenhang etwa KARL AUGUST. ECKHARDT, Recht oder Pflicht?, Deutsche Rechtswissenschaft I (1936) 7; DERSELBE, Zum Begriff des subjektiven Rechts,

Eine gewisse Parallele zur Ablösung des Begriffs der schuldvertraglichen Forderung durch jenen der Vertragstreue, „die grundsätzliche Preisgabe des Erfüllungsanspruchs zugunsten eines auf Pflichtverletzung gegründeten Abgeltungsanspruchs“[80], findet sich in WIEACKERS Deutung der *societas* als *fides*-Verhältnis wieder, welches keine Erfüllungspflichten, wohl aber Schadenersatzansprüche bei Pflichtverletzung kenne.

Maßgeblicher als diese biografischen Berührungspunkte dürfte aber der Traditionszusammenhang zu veranschlagen sein, der von der Freirechtsschule zum konkreten Ordnungsdenken führt.[81] Die gegen pandektistische Abstraktion und Weltfremdheit[82] gerichtete Kritik des jungen WIEACKER ist deutlich freirechtlich beeinflußt, und ließ ihn so umso mehr der Illusion erliegen, das neue Regime hege ernsthafte rechtsreformatorische Absichten.

WIEACKER selbst hat im fortgeschrittenen Alter – im Rückblick auf seine berühmten rechtspolitischen Schriften der 1930er Jahre zur Eigentumsverfassung[83], welche BEHRENDS[84] als „begabte und eigenständige Anwendung des konkreten Ordnungsdenkens Carl Schmitts“ qualifiziert – den eigenen jugendlichen „Doktrinarismus“ getadelt und von einem „sich zuweilen zu einer Art Obsession steigernden Mißtrauen gegen die allgemeine Begriffs- und Systembildung der Privatrechtswissenschaft“ gesprochen.[85] WIEACKER distan-

---

Deutsche Rechtswissenschaft I (1936) 352; HANS WÜRDINGER, Das subjektive Recht im Privatrecht, Deutsche Rechtswissenschaft I (1936) 15; WOLFGANG SIEBERT, Subjektives Recht, konkrete Berechtigung, Pflichtenordnung, Deutsche Rechtswissenschaft I (1936) 23; KARL LARENZ, Gemeinschaft und Rechtsstellung, Deutsche Rechtswissenschaft I (1936) 31; REINHARD HÖHN, Das subjektive öffentliche Recht und der neue Staat, Deutsche Rechtswissenschaft I (1936) 49.

80 So WIEACKER, DtRW I (1936) 74, in seiner Wiedergabe des Vortrags WÜRDINGERS.

81 Dazu ausführlich BEHRENDS, Von der Freirechtsbewegung zum konkreten Ordnungs- und Gestaltungsdenken, in: DREIER/SELLERT (Hg), Recht und Justiz im „Dritten Reich“ (1989) 34 ff.

82 Siehe etwa WIEACKER, ZgStW 101 (1941) 167: „die dogmatische Anmaßung der Puchtaschen Schule, der verderbliche Einbruch eines gelehrten und abstrakten Fremdrechts in einer trüben und schwachen Stunde der eigenvölkischen Rechtskultur ... das geheime Bündnis des modernen Pandektenrechts mit dem politischen und wirtschaftlichen Individualismus“. Vgl dazu WIEACKERS spätere Charakterisierung der Zivilrechtsdogmatik 1933 - 1945 in seiner Privatrechtsgeschichte der Neuzeit (2. Aufl 1967) 514 f Fn 2.

83 WIEACKER, Zum Wandel der Eigentumsverfassung, DJZ 39 (1934) Sp. 1446 ff; DERS, Wandlungen der Eigentumsverfassung (1935); DERS, Bodenrecht (1938) – um nur die wichtigsten zu nennen.

84 BEHRENDS, ZRG-RA 112 (1995) XXVI.

85 WIEACKER, „Wandlungen der Eigentumsverfassung“ Revisited, in: Quaderni fiorentini per la storia del pensiero giuridico moderno, 5 - 6 (1976/77) 841 (hier 842).

ziert sich im Rückblick ausdrücklich von der „Einseitigkeit der Option für die gesellschaftlichen (in diesem Sinn wirklich sozialistischen, wenn schon staatssozialistischen) Werte gegen die individuellen Interessen, die sich aus der nicht einem Ressentiment, aber der eigenen akademischen Weltfremdheit entspringenden Verurteilung des ökonomischen Liberalismus erklären dürfte".[86] Die Wurzel seiner damaligen antiliberalistischen Haltung sieht WIEACKER nicht in der sozialistischen Gesellschaftskritik, sondern in der „sozialen Kritik der karitativen christlichen - in dieser Fassung protestantischen - Ethik am wirtschaftlichen Eigennutz" und er findet deren soziologische Erklärung in der „Distanz der wesentlich an öffentlichen Verwaltungs- und Wohlfahrtsaufgaben interessierten Staatsdiener ... am ökonomischen Liberalismus des Besitzbürgertums".[87]

Im übrigen hat BEHRENDS in seinem Nachruf Wieackers[88] persönlichen, beruflichen und intellektuellen Weg in der Zeit des Nationalsozialismus umfassend und einfühlsam nachgezeichnet. Hier in unserem Zusammenhang erscheint vor allem wichtig hervorzuheben, wie stark aktuelle Diskussionen in WIEACKERS Deutung gleichsam konsonantisch mitschwingen.

---

86 WIEACKER, Quaderni fiorentini 5 - 6 (1976/77) 842 f.

87 WIEACKER, Quaderni fiorentini 5 - 6 (1976/77) 850.

88 BEHRENDS, ZRG-RA 112 (1995) XXIV - XXXIX.

D. Wieackers spätere Stellungnahmen zur societas

Kennzeichnenderweise hebt WIEACKER in den frühen 1950er Jahren in deutlich anderer Nuancierung gerade den römischen Indivualismus hervor und ortet eine „entschiedene Abneigung des römischen Rechtsgeistes gegen genossenschaftliche Bindungen von Menschen und Dingen".[89] Anlaß für eine neuerliche Beschäftigung bot WIEACKER damals das Erscheinen der Societas-Monographie von ARANGIO-RUIZ[90], welche von WIEACKER ausführlich rezensiert wurde[91] und ihn zugleich animierte, seine Sichtweise der Struktur der römischen *societas* noch einmal in einem eigenen Beitrag[92] darzulegen.

1. Wieackers Reaktion auf Arangio-Ruiz

Auch ARANGIO-RUIZ – der den Gaiusfund von Antinoe ediert hatte[93] – geht in seiner Darstellung der *societas* zunächst vom *consortium ercto non cito* aus und sieht darin eine der Wurzeln des römischen Gesellschaftsrechts. Im Gegensatz zur Position des frühen WIEACKER betont er aber daneben und selbständig von der altzivilen Hauserbengenossenschaft die Bedeutung des Handelsverkehrs und der im Rahmen des *ius gentium* damit in Verbindung stehenden Vertragspraxis. Für ARANGIO-RUIZ stellt die Geschichte der *societas* keine lineare Entwicklung dar, die allein vom *consortium ercto non cito* den Ausgang nimmt, um schlußendlich bei der Erwerbsgesellschaft der klassischen Zeit anzugelangen, sondern er sieht in der *societas* der klassischen Zeit ein aus dem *ius gentium* herkommendes Instrument, in das irgendwann auch jene Verhältnisse integriert wurden, für die in der älteren Zeit das *consortium ercto non cito* und das nachgeformte *consortium ad exemplum fratrum suorum* zur Verfügung gestanden hatten. Er hebt weiters hervor, daß Gaius das *consortium ercto non cito* zwar als *olim* existierende Form einer *societas* bezeichnet, daß dieses aber kein Vertrag, sondern eine fortgesetzte Miteigentumsgemeinschaft (mit gesamthandähnlicher Struktur) gewesen sei.

In seiner Rezension des Buches von ARANGIO-RUIZ macht WIEACKER hinsichtlich der Entwicklungsgeschichte der *societas* weitgehende Zugeständ-

---

89 WIEACKER, ZRG-RA 69 (1952) 315.

90 ARANGIO-RUIZ, La società in diritto romano. Corso di lezioni svolto nell'Università di Roma, Anno 1949 - 1950 (1950).

91 WIEACKER, ZRG-RA 69 (1952) 488 ff.

92 WIEACKER, ZRG-RA 69 (1952) 302 ff.

93 ARANGIO-RUIZ, Frammenti di Gaio, in: Papiri greci e latini, Bd XI Nr. 1182 (PSI = Pubblicazioni della Società Italiana per la ricerca dei papiri in Egitto) (1935) IX f, 1 ff.

nisse an diesen. Er kontrastiert die eigene seinerzeit entwickelte „monistische" Theorie, die den alleinigen Ursprung der *societas* im *consortium* behauptet, von dem sich dann *societas omnium bonorum* und erst in der Folge die Erwerbsgesellschaften abgeleitet hätten, mit der „dualistischen" Theorie von ARANGIO-RUIZ, welche neben der alten Hauserbengemeinschaft auch Einflüsse von seiten der Handelspraxis (insbesondere aus dem Verkehr mit Peregrinen) annimmt.

WIEACKER distanziert sich nun ausdrücklich von seiner früheren „monistischen Sichtweise" und betont im Anschluß an ARANGIO-RUIZ den eigenständigen Einfluß der Handelspraxis sowie die Wichtigkeit der Durchsetzung formfreier Vereinbarungen durch den *praetor peregrinus* für die Entwicklung des Gesellschaftsrechts. Er geht sogar so weit, der Ansicht ARANGIO-RUIZ' beizutreten, daß die *societas unius negotiationis* vermutlich die früheste Gesellschaftsform des prätorischen Edikts gewesen sei.[94]

2. Guarinos Entwurf und Wieackers Reaktion

Eine Auseinandersetzung mit der zumindest ursprünglich monistischen Theorie WIEACKERS (iSd Deutung der *societas* als rein aus dem *consortium* heraus verständliches Institut) wäre unvollständig, würde man nicht auch den in gewisser Weise spiegelverkehrten, ebenfalls monistischen Gegenentwurf GUARINOS erwähnen, den dieser va in seiner 1972 erschienenen Monographie „Societas consensu contracta" niedergelegt hat. Zu einem Zeitpunkt, da WIEACKER selbst die eigene kühne entwicklungsgeschichtliche Konzeption längst relativiert und weitgehende Konzessionen an die „dualistische" Theorie ARANGIO-RUIZ' gemacht hatte, wurde letztere (die man als romanistischen *mainstream* bezeichnen darf) von GUARINO erneut in Frage gestellt. Diesmal allerdings unter „umgekehrten Vorzeichen".

Hinsichtlich der Entwicklungsgeschichte der *societas* leugnet GUARINO jeglichen Zusammenhang zwischen dem *consortium ercto non cito* und der *societas* und vertritt demgegenüber eine autonome Herkunft der erwerbsorientierten *societas* aus dem Handelsverkehr.

Zum Beweis der völligen Unabhängigkeit von Hauserbengemeinschaft und *societas* greift GUARINO insbesondere die herkömmlichen Auffassungen hinsichtlich der *societas omnium bonorum* an. Die mit der Autorität LENELS verbundene Hypothese, das Edikt habe in der Musterformel die *societas omnium bonorum* genannt[95] (was von manchen mit einem „Altersvorrang"

---

[94] WIEACKER, ZRG-RA 69 (1952) 490 ff (bes 492).

[95] LENEL, Edictum perpetuum (3. Aufl. 1927) 297.

bzw einem „Herkunftszusammenhang" dieser Societas-Form erklärt wurde), wird von ihm in Abrede gestellt.[96] Bezüglich der *taxatio in id quod facere potest*, meint Guarino, daß diese nicht bereits in der Musterformel der *actio pro socio* enthalten gewesen, sondern als eigene Klausel *causa cognita* vom Prätor gewährt worden sei[97], wobei deren Wortlaut sich nicht auf die *societas omnium bonorum* beschränkt habe.[98]

Daß in den Kommentaren sowie am Beginn des Digestentitels D 17.2 zunächst die *societas omnium bonorum* behandelt werde, habe bloß systematische Gründe: sie stelle einfach den unverzichtbaren Endpunkt auf der Skala der denkbaren Societas-Formen („un termine non rinunciabile per il disegno di un quadro completo"[99]) dar, bedeute aber nicht, daß sie als Prototyp der klassischen *societas* anzusehen sei.

Darüberhinaus vermutet GUARINO eine relativ weite Verbreitung der *societas omnium bonorum*, betont aber ihre funktionale Verschiedenheit vom altrömischen Hauserbenverband. Ihr komme nicht der Charakter einer Gesellschaft zur bloßen gemeinsamen Verwaltung und Nutzung des Vermögens („società di mero godimento") zu, sondern sie sei von vornherein dynamisch angelegt gewesen, weil auch der zukünftige Erwerb der *socii* mitumfaßt gewesen sei, während sich das Erbenkonsortium auf die gemeinsame Bewirtschaftung des ererbten Vermögens beschränkt habe. Diese funktionale Divergenz spreche dagegen, die *societas omnium bonorum* als Surrogat des - in der Klassik außer Übung gekommenen - *consortium* anzusehen.[100]

GUARINOS scharfsinnige Ausführungen und Exegesen können an dieser Stelle nicht im einzelnen dargestellt und diskutiert werden (seine Argumentation wird in den folgenden Kapiteln jeweils im Sachkontext behandelt); wir beschränken uns hier vielmehr darauf, WIEACKERS Replik wiederzugeben und auf die entwicklungsgeschichtliche Frage näher einzugehen.

WIEACKER stimmt in seiner Rezension GUARINO zwar darin zu, daß „eine Musterformel mit der societas omnium bonorum nicht stricte beweisbar ist", gibt aber zu bedenken, daß die Reihung der *societas*-Formen in den Katalogen der Klassiker „auf eine Tradition deutet, die eine Erinnerung an einen Altersvorrang der societas omnium bonorum wahrte."[101]

---

96 GUARINO, Societas consensu contracta (1972) 7 ff.

97 Diesbezüglich hat GUARINO wohl Recht; vgl D 42.1.22.1, D 17.2.67.3 sowie D 14.5.2 pr.

98 GUARINO, Societas (1972) 9. Zu GUARINOS Rekonstruktion der *actio pro socio* vgl ebenda 11.

99 GUARINO, Societas (1972) 11.

100 GUARINO, Societas (1972) 12, 16 ff.

Den Versuch GUARINOS, die „eigentümlichen Symptome", welche auf einen Zusammenhang von *consortium ercto non cito* und *societas* hinweisen (*beneficium competentiae*, *fraternitas*, der sogenannte *transitus legalis*) anders zu erklären, kommentiert WIEACKER in der ihm eigenen launigen Metaphernsprache: „Der von Guarino zerstückelte Pelops ersteht im ganzen unversehrt aus dem Kochkessel - mag auch der eine oder andere Knochen fehlen."[102]

Der wesentlichste Einwand gegen GUARINOS Thesen, wird von WIEACKER wohl als so selbstverständlich angesehen, daß er ihn nicht einmal eigens thematisiert: Wenngleich der Fund des Gaius von Antinoe mit Inst 3.154a und b im ersten Überschwang dazu verleitet hatte, die genetische und funktionale Bedeutung des *consortium ercto non cito* für die Entwicklung des *societas*-Rechts zu überschätzen, so bezeichnet Gaius doch unmißverständlich das *consortium ercto non cito* als *olim* bestehende Form der *societas*; hätte er nun nur darauf hinweisen wollen, daß das *consortium* eine ältere Form des Miteigentums dargestellt hatte (nachdem *socii* bekanntlich in den Quellen auch isv „Miteigentümer" vorkommt), so hätte Gaius dieses wohl im Zusammenhang mit der *communio* behandeln und als *olim* existierende *communio* (oder ähnlich) bezeichnen müssen. Daß ein historisierender Hochklassiker einen Zusammenhang zwischen *consortium* und *societas* herstellt (wozu sich noch die bekannten Stellen gesellen, in denen ausdrücklich von der *societas consensu contracta* die Rede ist, worin ein Hinweis auf mögliche andere Societas-Institute zu sehen ist), muß aber doch als Indiz für eine Verbindung angesehen werden. Daß die Frage, wie sich im einzelnen aus dem *consortium* und dem Wahlkonsortium die klassische *societas* entwickelt hat, und in welcher Weise sich hier die erwerbswirtschaftliche Handelspraxis (inkl der fremdenrechtlichen Einflüsse) ausgewirkt hat, nicht klar beantwortbar ist und unterschiedliche Hypothesen zuläßt, ändert aber nichts daran, daß angesichts von Gaius Inst 3.154 a die gänzliche Leugnung eines Zusammenhangs von *consortium* und *societas* unwahrscheinlicher erscheint als die Annahme eines – im Einzelnen freilich nicht rekonstruierbaren – Entwicklungsstranges, der neben der fremdenrechtlichen konsensualen *societas* (und schließlich in dieser aufgehend) *consortium* und klassische *societas* verbindet.

Zuletzt sei noch auf einen Aspekt hingewiesen, der sich nicht unmittelbar auf die Entwicklungsgeschichte der *societas*, sondern auf ihre Struktur in der Klassik bezieht. Woran WIEACKER auch noch bei seiner

---

101 WIEACKER, Rezension zu Guarino, Societas consensu contracta, IVRA 24 (1973) 244. Ohne Pedanterie sei dran erinnert, daß WIEACKER in seiner Rezension der Societas-Monographie von ARANGIO-RUIZ (ZRG-RA 1952, 492) diesem in der Annahme eines Altersvorrangs der *societas unius negotiationis* zugestimmt hatte!

102 WIEACKER, IVRA 24 (1973) 245.

Rezension von GUARINO ausdrücklich festhält, ist seine Überzeugung, daß die Erhebung der *actio pro socio* die Gesellschaft beende.[103] Dies ergebe sich schon aus einem *a fortiori*-Argument, da doch bereits die einseitige *renuntiatio* das Ende der *societas* herbeiführe.[104] Aus der Tatsache, daß es keine *actio pro socio manente societate* gebe, folgert WIEACKER weiterhin, daß es auch keine aktuellen, selbständig einklagbaren Leistungs- und Betätigungspflichten der *socii* untereinander gebe, sondern die *societas* als Gestionsverhältnis[105] anzusehen ist, welches allenfalls am Ende durch *actio pro socio* (jeweils zwischen zwei Gesellschaftern) abgerechnet werde.[106] Diese Struktur-Thesen WIEACKERS sollen nun im folgenden näher untersucht werden.

---

103 D 17.2.65.15 (*nonnumquam necessarium est manente societate agere*) hält WIEACKER, IVRA 24 (1973) 252, nun wieder für interpoliert; subsidiär versteht er ihn als bloß auf die körperschaftliche *societas vectigalium* bezüglich, gleichsam als „Ausnahme von der Regel".

104 WIEACKER, IVRA 24 (1973) 251.

105 Interessanterweise finden sich (ohne daß sich WIEACKER auf diesen berufen würde) schon bei SAVIGNY Formulierungen, die am Vertragscharakter der *societas* zweifeln lassen könnten. So sah SAVIGNY, System des heutigen Römischen Rechts II (Berlin 1840) 134, das Bestehen der Sozietät im römischen Recht „in einer fortgehenden faktischen Verbindung zu gemeinsamen Unternehmungen ... wobei die Rücksicht auf die Eigenschaften des natürlichen Menschen (seine Redlichkeit und Geschicklichkeit) vorherrschend ist", und unterschied davon die „daraus entstehenden Obligationen, die durch die *actio pro socio* verfolgt werden". Hinter SAVIGNYS Äußerungen steht aber wohl nicht die Vorstellung, daß die *societas* kein Vertragsverhältnis begründe, sondern es geht ihm lediglich darum, den Fall der *capitis deminutio minima* zu erfassen, was sich aus dem Fortgang des Textes (S. 134 f) schließen läßt: Besteht eine *societas* mit einem *filius familias*, so wirkt sich eine *capitis deminutio minima*, dh die Änderung seines *status familiae* durch *emancipatio*, nicht auf den Bestand der *societas* aus, wohl aber hat sie Auswirkungen auf die Klagen gegen den *paterfamilias* (der nur für die Geschäfte bis zur *emancipatio* adjektizisch belangt werden kann; vgl D 17.2.58.2, D 17.2.65.11).

106 WIEACKER, IVRA 24 (1973) 248, 251.

E. Wieackers These der societas als bloßes Geschäftsführungsverhältnis ohne Beitragspflichten

WIEACKERS Vorstellungen von der Struktur der *societas* basieren, wie bereits oben erwähnt, auf der These, daß es aufgrund der spezifischen Natur der *actio pro socio* keine durchsetzbaren Beitragspflichten gebe. Seine Argumentation lautet etwa folgendermaßen: Ausgangspunkt ist, daß eine *actio pro socio manente societate*, dh während des Bestandes der Gesellschaft, im klassischen römischen Recht gar nicht erhoben werden kann. Die Klageerhebung beende vielmehr die Gesellschaft,[107] folglich komme ihr bloß der Charakter einer Abrechnungs- und Liquidationsklage, nicht aber einer Beitragsklage zu.

Dementsprechend lasse sich die *societas* aber auch nicht als Vertragsverhältnis mit wechselseitigen (durchsetzbaren) Austauschpflichten definieren, sondern es handle sich vielmehr um ein Geschäftsführungsverhältnis, welches dem Mandat und der Tutel verwandter ist als den synallagmatischen Verträgen.[108]

Bei der *actio pro socio* handle es sich um eine „infamierende Strafklage wegen treuwidriger Geschäftsführung“[109], wobei sich aus D 17.2.52.14 ergebe, daß die *actio pro socio* als Generalklage „ein für allemal mit konsumierender Wirkung“[110] zwischen zwei Gesellschaftern Ansprüche aus dem Gesellschaftsvertrag erledige.

In seiner Argumentation verschränkt WIEACKER also drei Aspekte: a) die Unzulässigkeit einer *actio pro socio manente societate*; b) den Charakter der *actio pro socio* als Generalklage; c) die infamierenden Wirkung einer Verurteilung aus der *actio pro socio*. Auf diese drei Gesichtspunkte soll im folgenden einzeln eingegangen werden.

---

107 D 17.2.65 pr. Zu dieser Problematik vgl ARANGIO-RUIZ, Società (1950) 172 ff; GUARINO, „Solutio societatis“; DERSELBE, Societas consensu contracta (1972) 98 f; J.A.C. THOMAS, Solutio societatis ex actione and dissensus sociorum, Tulane Law Review 48 (1974/75) 1099-1110; TALAMANCA, Società - Diritto romano (1990) 849 f; MISERA, Klagen manente societate, FS Nirk (1992) 697 ff; DROSDOWSKI, Das Verhältnis von actio pro socio und actio communi dividundo (1998) 36 ff.

108 WIEACKER, Societas (1936) 9 ff; DERSELBE, Gesellschafterverhältnis, ZRG-RA (1952) 309, 325.

109 WIEACKER, Societas (1936) 10.

110 WIEACKER, Societas (1936) 11.

1. Zur Unzulässigkeit der actio pro socio manente societate

Als Beleg dafür, daß die Erhebung einer *actio pro socio* notwendigerweise zur Beendigung einer *societas* führt, wird häufig die Aufzählung der Beendigungsgründe bei Ulpian 31 ad ed D 17.2.63.10 gewertet, in der neben der Beendigung *ex personis, ex rebus* und *ex voluntate* auch die Beendigung *ex actione* angeführt ist:

> *Societas solvitur ex personis, ex rebus, ex voluntate, ex actione. ideoque sive homines sive res sive voluntas sive actio interierit, distrahi videtur societas. intereunt autem homines quidem maxima aut media capitis deminutione aut morte: res vero, cum aut nullae relinquantur aut condicionem mutaverint, neque enim eius rei quae iam nulla sit quisquam socius est neque eius quae consecrata publicatave sit. voluntate distrahitur societas renuntiatione.*

Während der Untergang der *societas* im Hinblick auf die Beendigung *ex personis* (durch Hinweis auf die *capitis deminutio* oder Tod), *ex rebus* (durch Erschöpfung des Gesellschaftsvermögens oder Veränderung der „Geschäftsgrundlage") sowie *ex voluntate* (durch den Hinweis auf die Kündigung) exemplifiziert werden, fehlt eine nähere Erläuterung im Hinblick auf die Beendigung *ex actione.*[111] Dies könnte aber (abgesehen von einer Textkürzung des bezüglich seiner sprachlichen Form ohnedies etwas verdächtigen Textes) einfach darin liegen, daß diese Beendigungsform keiner näheren Erläuterung bedarf. Die Vermutung, daß *ex actione* von den Kompilatoren eingeschoben worden sein könnte, erhält aber auch dadurch eine gewisse Plausibilität, daß der Hinweis auf die Beendigung *ex actione* nur in der Katene D 17.2.63.10, 64 und 65 pr figuriert, in allen anderen Katalogen der Beendigungsgründe, insbesondere bei – dem an den technischen Finessen des Prozeßrechts durchaus interessierten – Gaius (Inst 3.148 ff) aber fehlt.[112]

Dazu kommt noch, daß *agere* in dem von den Kompilatoren als folgenden Text eingefügten Fragment des Callistratus 1 quaest D 17.2.64 meines Erachtens gar nicht die technische Bedeutung von „klagen" hat:

> *Itaque cum separatim socii agere coeperunt et unusquisque eorum sibi negotietur, sine dubio ius societatis dissolvitur.*

---

111 ARANGIO-RUIZ, Società (1950) 176, erklärt dies damit, daß die Kompilatoren die von Paulus D 17.2.65 pr gegebene Beschreibung der Fälle, in denen die Gesellschaft *actione distrahitur*, vorgezogen haben. Zu D 17.2.65 pr siehe sogleich unten.

112 Das betont insbes GUARINO, Societas consensu contracta (1972) 41, 78; GUARINOS eigene Thesen zur unterschiedlichen Beendigung dualistischer und pluralistischer *societates* (GUARINO, „Solutio societatis", Studi Grosso III (1969) 1 ff) sind freilich quellenmäßig nicht belegbar; vgl dazu KASER, Neue Literatur zur „societas", SDHI 41 (1975) 321 ff.

Löst man den Text aus dem kompilatorischen Zusammenhang, so beschäftigt er sich mit der Frage, ob das *separatim agere* der *socii*, welches durch *unusquisque eorum sibi negotietur* näher erläutert wird, zur Beendigung des Gesellschaftsvertrages führt. *Separatim agere* bedeutet hier nichts anderes, als „jeweils eigene geschäftliche Wege gehen". Callistratus behandelt das Problem, ob eine Gesellschaft, bei der keiner der *socii* ausdrücklich eine Kündigung vorgenommen hat, dadurch, daß alle eigene Wege gehen (und offenbar nicht mehr den gemeinsamen Gesellschaftszweck verfolgen) als durch konkludente Willensäußerung beendet anzusehen ist – was von ihm bejaht wird.[113] Zwar ist im allgemeinen eine empfangsbedürftige *renuntiatio* nötig, um den kündigenden Gesellschafter von seinen Verpflichtungen gegenüber den Mitgesellschaftern zu entbinden, gerade dieses Moment der Schutzbedürftigkeit der Mitgesellschafter entfällt aber, wenn alle ohnedies bereits nur mehr eigene wirtschaftliche Interessen verfolgen und damit schlüssig gekündigt haben.[114] Nach dieser Deutung besteht in D 17.2.64 keinerlei Zusammenhang mit der Beendigung durch Klageerhebung.

Die Wendung *actione distrahitur*, welche an das *distrahitur societas ... ex actione* in Ulpian 31 ad ed D 17.2.63.10 erinnert, findet sich im folgenden Paulus-Fragment 32 ad ed D 17.2.65 pr wieder:

> *Actione distrahitur, cum aut stipulatione aut iudicio mutata sit causa societatis. Proculus enim ait hoc ipso quod iudicium ideo dictatum est, ut societas distrahatur, renuntiatam societatem, sive totorum bonorum sive unius rei societas coita est.*

Dem Sinn nach bedeutet der erste Satz: Das Obligationsverhältnis der *societas* als solches erlischt, wenn die *causa* der Gesellschaft durch (novierende) Stipulation oder durch ein Gerichtsverfahren (bei dessen *litis contestatio* die vertragliche Obligation in eine prozessuale Verbindlichkeit verwandelt wird) verändert wurde. Beide *mutationes causae* (*stipulatio*, *iudicium*) werden dabei unter den Oberbegriff *actio* zusammengefaßt; *actio* kann folglich hier wohl nicht auf den technischen Sinn von „Klage" beschränkt sein. Nichtsdestoweniger ergibt sich aus dem ersten Satz deutlich, daß das *iudicium* (dh wohl die *actio pro socio*) zu einer *mutatio causae societatis* – und damit zum Untergang der ursprünglichen Obligation[115] sowie ihrem Ersatz durch die aus der

---

113 So auch etwa THOMAS, Solutio societatis, Tulane Law Review 48 (1973/74) 1102, 1105 f.

114 Zu stillschweigenden Willenserklärungen allgemein vgl SAVIGNY, System III (1840) 245 ff; WACKE, Errantis voluntas nulla est, Index 22 1994) 267 ff (283 f).

115 Vgl Gaius Inst 3.180: *tollitur obligatio litis contestatione, si modo legitimo iudicio fuerit actum.*

Prozeßformel resultierende Obligation des Beklagten führt.[116] Dahinter steht die aus der spätrepublikanischen Jurisprudenz herrührende Regel, derzufolge bei *actiones in personam*, welche auf *ius civile* beruhen (also keineswegs nur bei der *actio pro socio*), mit der *litis contestatio* im *iudicium legitimum*[117], das eingeklagte Recht durch Konsumption erlischt.[118] Der Paulustext macht somit klar, daß die Beendigungswirkung der Klageerhebung nichts mit einem *fides*-Verstoß der Gesellschafter oä zu tun hat, sondern sich einfach aus den prozessualen Regeln des Formularprozesses ergibt.

Bemerkenswerterweise scheinen aber schon die Frühklassiker dazu tendiert zu haben, diese prozessuale Folge materiellrechtlich zu deuten. Nichts anderes ist es nämlich, wenn Proculus die durch die Klageerhebung bewirkte Beendigung der *societas* mit den materiellrechtlichen Endigungsgründen in Einklang zu bringen versucht, indem er sie als Kündigung deutet: *Proculus enim ait hoc ipso quod iudicium ideo dictatum est, ut societas distrahatur, renuntiatam societatem*. Damit liegt zugleich ein Beweis dafür vor, daß schon für die Klassiker die Beendigung *ex actione* unter die Beendigung *ex voluntate* – für die Ulpian D 17.2.63.10 die *renuntiatio* als Illustration anführt – subsumierbar war, was den Verdacht des Einschubes dieser Beendigungsart in D 17.2.65.10 wiederum bestätigt.

Schließlich aber interessiert an dieser Stelle vor allem, daß Proculus die Deutung der Klageerhebung als Kündigung damit begründet, daß die Klage darauf ausgerichtet ist, die Gesellschaft zu beenden (*quod iudicium ideo dictatum est, ut societas distrahatur*).[119] Das könnte bedeuten, daß es auch möglich war, die Gesellschafterklage so zu „diktieren", daß sie nicht auf eine Beendigung hinzielte.

Die technische Möglichkeit dazu – darüber besteht eigentlich bei allen neueren Stellungnahmen Einigkeit[120] – böte die Einfügung einer *praescriptio pro actore*[121], durch die der Prozeßgegenstand eingeschränkt wird, sodaß die *actio pro socio* im konkreten Fall nicht als umfassende Liquidationsklage fungiert, sondern bloß zur Entscheidung der in der *praescriptio* erfaßten Punkte.

---

116 ARANGIO-RUIZ, Società (1950) 177.

117 Zu den Voraussetzungen eines *iudicium legitimum* siehe Gaius Inst 4.104.

118 Vgl KASER/HACKL, Römisches Zivilprozeßrecht (2. Aufl. 1996) 299.

119 Vgl HOFMANN/SZANTYR, Lateinische Syntax und Stilistik (1965) 574 f; *Thesaurus Linguae Latinae* VII, 1, 218, 36 ff.

120 Eher zurückhaltend zum möglichen Einsatz einer *praescriptio pro actore* allerdings MISERA, FS Nirk 704.

121 Zur *praescriptio pro actore* allgemein vgl KASER/HACKL, Römisches Zivilprozeßrecht (2. Aufl. 1996) 320 ff. Weiters hält KASER, SDHI (1975) 331, auch eine Begrenzung des Klagebegehrens in der *demonstratio* für möglich.

Der einzige Punkt, worüber in der neueren Forschung echte Divergenz besteht, liegt darin, ob ein unspezifiziertes Einklagen von Gesellschafteransprüchen mittels *actio pro socio* zur Beendigung führt (woraus sich umgekehrt ergibt, daß die einschränkende *praescriptio pro actore* notwendig ist, um die ansonsten eintretende Beendigungswirkung zu verhindern), oder aber, ob die Beendigungswirkung davon abhängt, daß in der Klage eigens (durch *praescriptio*) die Beendigungsabsicht erklärt wurde. Mit anderen Worten: Impliziert das Geltendmachen einer *actio pro socio* an sich schon im Regelfall den Kündigungswillen, oder muß sich dieser aus der Klage eigens ergeben? Letztere Ansicht, die vor allem von ARANGIO-RUIZ[122] und GUARINO[123] vertreten wird, interpretiert den Wortlaut von D 17.2.65 pr (*quod iudicium ideo dictatum est, ut societas distrahatur*) dahingehend, daß sich aus der *formula* die Absicht, die Gesellschaft zu beenden, eigens ergeben müßte. Verschiedene Erwägungen sprechen aber doch für die Gegenmeinung, welche auch in der neueren Forschung überwiegend vertreten wird.[124] Dazu zählt zunächst der in den Quellen hinlänglich belegte Liquidationscharakter der *actio pro socio*, welche als *actio generalis* fungiert[125], der gegenüber die Beschränkung auf einzelne spezifische Ansprüche als Sonderfall erscheint. Schon aus rein praktischen prozessualen Gründen braucht man für eine allfällige Beschränkung des Streitgegenstandes einer *actio pro socio* eine Festlegung der streitgegenständlichen Punkte in der *praescriptio*, während für die *actio pro socio* als Generalklage der Hinweis auf das spezifische *societas*-Verhältnis ausreichend ist.

Des weiteren spricht für die Gegenmeinung vor allem Paul 32 ad ed D 17.2.65.15, wo eindeutig davon ausgegangen wird, daß es im Regelfall *manente societate* keine Klage gibt.

> *Nonnumquam necessarium est et manente societate agi pro socio, veluti cum societas vectigalium causa coita est propterque varios contractus neutri expediat recedere a societate nec refertur in medium quod ad alterum pervenerit.*

---

122 ARANGIO-RUIZ, Società (1950) 178.

123 GUARINO, Societas consensu contracta (1972) 98 f (und auch das laut GUARINO aaO 81, nur bei der „dualistischen" *societas*).

124 THOMAS, Solutio societatis, Tulane Law Review 48 (1973/74) 1100 ff; KASER, SDHI (1975) 331; TALAMANCA, Società, ED 42 (1990) 850 Fn 386; HONSELL/MAYER-MALY/SELB, Römisches Recht 334; HERNANDO LERA 75 ff; MISERA, FS Nirk 697 ff; DROSDOWSKI, Das Verhältnis von actio pro socio und actio communi dividundo (1998) 38.

125 Dazu sogleich unten 2.

Gelegentlich sei es nötig, auch bei aufrechtem Bestand der Gesellschaft mit der *actio pro socio* zu klagen, etwa, wenn zu Zwecken der Steuerpacht die Gesellschaft eingegangen wurde und wegen verschiedener Verträge es keinem von ihnen entgegenkommt, von der Gesellschaft zurückzutreten. Dabei werde das, was an den anderen (aufgrund der *actio pro socio*) gelangt, nicht in das gemeinschaftliche Vermögen einbezogen.

Der vorliegende Text wurde häufig für interpoliert gehalten; heute herrscht aber wohl Einigkeit, daß die Aussage, daß bisweilen *manente societate* geklagt werden kann, zumindest für die im Text genannte körperschaftliche *societas vectigalium* durchaus plausibel ist. Fraglich erscheint allenfalls, ob das *veluti* im Sinn von „zum Beispiel" oder aber im Sinn von „das ist der Fall, wenn" zu übersetzen ist, anders ausgedrückt: ob die *societas vectigalium* nur als ein Beispielsfall (neben anderen nicht genannten) aufzufassen ist, oder ob es sich bei dieser um die einzige Ausnahme handelt.[126]

In diesem Zusammenhang lassen sich vielleicht auch aus der Argumentation Ciceros in seiner Rede Pro Quinctio gewisse Rückschlüsse ziehen. Cicero sucht den Nichtbestand bestimmter Forderungen, welche Sex. Naevius gegenüber C. Quinctius bzw dessen Erben (und neuem Gesellschaftspartner des Naevius) P. Quinctius zu haben behauptet, darzulegen, indem er darauf hinweist, daß Naevius diese Forderungen lange Zeit nicht erhoben und gerichtlich geltend gemacht habe.[127] Ciceros Argument wäre vor dem Hintergrund, daß es unüblich oder geradezu unmöglich gewesen sei, *manente societate* Gesellschafteransprüche rechtlich durchzusetzen, wohl unplausibel.

Eine Bestätigung dafür, daß es sehr wohl möglich war (wenngleich vermutlich nur mittels der *praescriptio pro actore*) einzelne Ansprüche separat einzuklagen, ergibt sich schließlich auch aus dem - sogleich unten näher zu behandelnden - Text Paul 32 ad ed D 17. 2.65.14.

Zusammenfassend läßt sich sagen, daß die Erhebung der *actio pro socio* wohl in der Regel *societas*-beendigend wirkt, daß dies aber auf prozessualen Regeln beruht und durch prozessuale Mittel auch verhindert werden kann. Rückschlüsse auf das Wesen der römischen *societas* können folglich aus der „Beendigungswirkung der Klageerhebung" nicht getroffen werden. Davon unabhängig bleibt freilich die Frage der Praxis und der Mentalität der Römer als Gesellschafter, dh die Frage, wie sehr von der theoretischen Möglichkeit *manente societate* zu klagen tatsächlich Gebrauch gemacht wurde. Hier scheint die Quellenlage doch dafür zu sprechen, daß nur selten (außer bei der *societas vectigalium*) diese Möglichkeit genutzt wurde.

---

126 Vgl THOMAS, Solutio societatis, Tulane Law Review 48 (1973/74) 1101.

127 Cic. Quinct. 40 ff.

2. Actio pro socio als Generalklage (actio generalis)

Einer eingehenden Untersuchung von PETERS[128] ist die Einsicht zu verdanken, daß die Klassiker gelegentlich zwischen generellen Klagen (*actiones generales*) und speziellen Klagen (*actiones speciales*) unterschieden haben, wobei sie *actio generalis* als Bezeichnung für Klagen verwendeten, denen ein umfassenderes Geschäftsführungsverhältnis (wie zB der Tutel) zugrundelag, welches durch die Klage einer abschließenden Abrechnung unterzogen wurde.[129] Hauptbeleg für diese Unterscheidung ist Paulus 6 ad Sab D 17.2.38 pr:

> *Pro socio arbiter prospicere debet cautionibus in futuro damno vel lucro pendente ex ea societate. quod Sabinus in omnibus bonae fidei iudiciis existimavit, sive generalia sunt (veluti pro socio, negotiorum gestorum, tutelae) sive specialia (veluti mandati, commodati, depositi).*

Entgegen der durch die Textkritik[130] geäußerten Verdächtigung der Passage ab *sive generalia*, verteidigte PETERS die Unterscheidung von *iudicia generalia* und *specialia* als klassisch, wobei er freilich bezüglich der Echtheit der jeweils als Beispiel angeführten Klagen (ua hinsichtlich der Charakterisierung der *actio pro socio* als *actio generalis*)[131] skeptisch ist. Daß er unter Hinweis auf D 17.2.65.15 die *actio pro socio* nicht zu den *actiones generales* rechnet, weil die Klage nicht *societas*-beendigend wirkt, ist freilich (zumindest für den Regelfall) nicht überzeugend, sodaß – der Sache nach – der WIEACKERSCHE Einordnung der *actio pro socio* als Generalklage[132] in dem von PETERS angegebenen Sinn, dh als Klage, mit der ein Geschäftsführungsverhältnis in umfassender Weise liquidiert werden kann, durchaus zuzustimmen ist.

Selbst wenn man aber die Charakterisierung der *actio pro socio* als *actio generalis* bezweifeln sollte, so gibt doch Paulus 6 ad ed D 17.2.38 pr in seinem unverdächtigten ersten Teil einen ganz deutlichen Beleg dafür, daß die Abrechnung des Gesellschaftsverhältnisses (zumindest in der Regel) als umfassende und abschließende konzipiert ist, wobei für zukünftigen Gewinn oder Verlust durch Sicherheitsleistungen (*cautiones*) Vorsorge zu treffen ist.

---

128 PETERS, Generelle und spezielle Aktionen, ZRG-RA 32 (1911) 179 - 307.

129 Des weiteren findet sich *actio generalis* freilich auch im Sinn von „subsidiärer" bzw „unbenannter" Klage für *actiones in factum*, *praescriptis verbis* und ähnliche Klagen, in den Quellen (dieser Gebrauch wird von PETERS, ZRG-RA 1911, 185, und COLLINET, Études historiques sur le droit de Justinien I (1912) 200 ff, den „Byzantinern" zugeschrieben).

130 DE RUGGIERO, SEGRÈ, ROTONDI, ALBERTARIO, PRINGSHEIM; Fundstellen im *Index Interpolationum* I (1929) 299 zu D 17.2.38 pr.

131 PETERS, ZRG-RA 1911, 285 f.

132 WIEACKER, Societas 10 f; ebenfalls als *actio generalis* charakterisiert LAFFELY, Responsabilité du socius (1979) 68 ff, die *actio pro socio*.

Eine nicht unwesentliche Nuance liegt aber darin, ob man die Beendigungs- und Abrechnungswirkung der *actio pro socio* als bloße Möglichkeit (wenn auch als Regelfall) begreift, und daneben andere Konstellationen (zB ausnahmsweise *actio pro socio manente societate* aufgrund einschränkender *praescriptio*) für denkbar erachtet, oder aber die Beendigungs- und Abrechnungsfunktion verabsolutiert, wie dies insbes WIEACKER tut. Aus den Quellen ergibt sich mE ein differenzierteres Bild, demgegenüber WIEACKERS Interpretation etwas einseitig wirkt.

Bestehen zwischen denselben Gesellschaftern mehrere Gesellschaftsverträge, so können sämtliche dieser Gesellschaftsverhältnisse in einer einzigen Klage abgerechnet werden. Dies ergibt sich aus Ulpian 31 ad ed D 17.2.52.14:

> *Si plures sint inter eosdem societates coitae, ad omnes societates sufficere hoc unum iudicium constat.*

WIEACKER schließt aus diesem Text, daß die *actio pro socio* „ein für allemal mit konsumierender Wirkung den unteilbaren Gesamtabrechnungsanspruch, in dem Geschäftsführungen aus verschiedenen Geschäftsführungsverhältnissen zusammenfließen (erledigt)"[133]. Dabei nimmt er aber eine nicht uncharakteristische Umdeutung des Textes vor. D 17.2.52.14 spricht nämlich davon, daß in einer Klage ein *socius* Ansprüche aus verschiedenen Gesellschaftsverträgen mit dem beklagten *socius* einklagen kann (*ad omnes societates sufficere hoc unum iudicium constat*). Daraus ergibt sich aber bloß, daß ein *iudicium* ausreicht (dh es möglich ist, alle Ansprüche in einem Verfahren geltend zu machen); der Text behauptet nicht, daß dies mit Notwendigkeit geschehen muß. Weiters spricht der Text von *societates*, unterscheidet also die einzelnen Verträge und bietet damit gerade nicht das Bild eines umfassenden und „unteilbaren" *fides*- bzw Gemeinschaftsverhältnisses.

Einen unmittelbarer Beleg dafür, daß sogar innerhalb eines einzelnen Gesellschaftsverhältnisses die *actio pro socio* nicht zu einer endgültigen Abrechnung führen muß, könnte sich aus Paul 32 ad ed D 17.2.65.14 ergeben:

> *Si communis pecunia penes aliquem sociorum sit et alicuius sociorum quid absit, cum eo solo agendum, penes quem ea pecunia sit: qua deducta de reliquo, quod cuique debeatur, omnes agere possunt.*

Dem Text liegt der Sachverhalt zugrunde, daß sich *communis pecunia* bei einem der Gesellschafter befindet und einem anderen *socius* hinsichtlich dieses Geldes ein (wohl gesellschaftsvertraglicher) Anspruch zukommt. Er muß nun den *socius* klagen, bei dem sich die *communis pecunia* befindet; bezüglich des Restes können dann alle Gesellschafter ihre übrigen gesellschaftsvertraglichen

---

133 WIEACKER, Societas 11.

Ansprüche klageweise geltendmachen. Die Klage des einen wirkt hier offenbar nicht umfassend (und auch nicht notwendigerweise *societas*-endend), weil daraufhin alle im Hinblick auf den Rest Klagen erheben können!

Möglicherweise handelt es sich hier – wie in dem Illustrationsbeispiel zur Klage *manente societate* im folgenden § 15, in dem freilich ein Zusammenhang mit § 14 nicht hergestellt wird – um eine körperschaftliche Gesellschaft, zu deren Charakteristika eine *arca communis* gehört. Dies würde auch dazu passen, daß bei der *societas vectigalium* eine Klage *manente societate* möglich (und üblich) gewesen sein dürfte.[134] Da aber nicht einmal von einer *arca communis*, sondern noch neutraler von *pecunia communis* die Rede ist (wobei man an getrennt aufbewahrte Geldsäcke wird denken können) und der *socius*, bei dem sich die *communis pecunia* befindet, als „(irgend)einer der Gesellschafter" bezeichnet wird, ist es mE zumindest nicht ausgeschlossen, auch an eine nichtkörperschaftliche *societas* zu denken.

3. Zum Charakter der actio pro socio als infamierender Klage

Unbestritten ist, daß die *actio pro socio* zu den infamierenden Klagen zählt, und daß die Infamie aufgrund ihrer Folgen (Ausschluß von der Prozeßvertretung, von der Anklage, vom Richteramt, vom Senat und von öffentlichen Ämtern)[135] für einen vornehmen Römer einer sozialen Existenzbedrohung gleichkam, „weil sie die Fortsetzung einer Karriere verhinderte".[136] Bevor man aber aus dem infamierenden Charakter vorschnelle Schlüsse auf das Wesen der *societas* zieht, sind einige Aspekte hervorzuheben, die in der Rechtspraxis die Infamie im Zusammenhang mit der *societas* deutlich relativiert erscheinen lassen. Dazu sind zunächst die Stellen zu betrachten, in denen die Infamiefolge belegt ist:

> Julian 1 ad ed D 3.2.1 pr: *Praetoris verba dicunt: infamia notatur ... qui furti, vi bonorum raptorum, iniuriarum, de dolo malo et fraude suo nomine damnatus pactusve erit: qui pro socio, tutelae, mandati depositi suo nomine non contrario iudicio damnatus erit ...*

---

134 D 17.2.65.15.

135 Zu den unterschiedlichen Fällen der Infamie und ihren rechtlichen und sozialen Folgen vgl etwa GREENIDGE, Infamia – its place in Roman Public and Private Law (1894); KASER; Infamia und ignominia in den römischen Rechtsquellen, ZRG-RA 73 (1956) 220 ff; GARDNER, Being a Roman citizen (1993) 111 - 126.

136 GAMAUF, Sex and Crime im römischen Recht, in: POLASCHEK/ZIEGERHOFER (Hg), Recht ohne Grenzen – Grenzen des Rechts (1998) 38.

Gaius Inst 4.182: *Quibusdam iudiciis damnati ignominiosi fiunt, velut furti, vi bonorum raptorum, iniuriarum, item pro socio, fiduciae, tutelae, mandati, depositi. sed furti aut vi bonorum raptorum aut iniuriarum non solum damnati notantur ignominia, sed etiam pacti, ut in edicto praetoris scriptum est ...*

Aus diesen Quellen lassen sich zwei wichtige Erkenntnisse zur *infamia* im Zusammenhang mit der *actio pro socio* gewinnen. Erstens, daß nur die Verurteilung aus der *actio pro socio* infamierend wirkt; und zweitens, daß nur die Verurteilung des Beklagten *suo nomine* die Infamie nach sich zieht.

Während schon die Verwirklichung bestimmter Delikte die prätorische Infamie auslöst, ergibt sich die Ehrlosigkeit bei den infamierenden Vertragsklagen aus der *condemnatio.*[137] Unterbleibt die *condemnatio*, weil die Streitteile ihre Ansprüche vorher durch *pactio* erledigt haben, so unterbleibt auch die Infamie.[138] Damit hat es ein mittels *actio pro socio* beklagter Gesellschafter auch noch während des Prozesses[139] in der Hand, durch Nachgeben bzw Erfüllen des klägerischen Anspruchs, bevor es zur Verurteilung gekommen ist, die bedrohliche Infamie zu vermeiden.

Dazu paßt es, daß eine Reihe von Stellen davon berichten, daß einzelne Ansprüche aus einer *societas* (oder auch sämtliche) durch Novation dazu gebracht werden, daß sie mit einer *condictio* (anstelle der *actio pro socio*) durchgesetzt werden können[140] oder aber eine gesellschaftsvertragliche Verpflichtung auch aufgrund einer *stipulatio poenae* (neben der *actio pro socio*) eingeklagt werden kann.[141] Dementsprechend geht zB auch die in C 4.37.4 überlieferte diokletianische Konstitution davon aus, daß die Aufteilung des

---

137 Vgl auch Inst Just. 4.16.2: *Ex quibusdam iudiciis damnati ignominiosi fiunt, veluti furti, vi bonorum raptorum, iniuriarum, de dolo, item tutelae, mandati, depositi, directis non contrariis actionibus, item pro socio, quae ab utraque parte directa est et ob id quilibet ex sociis eo iudicio damnatus ignominia notatur. sed furti quidem aut vi bonorum raptorum aut iniuriarum aut de dolo non solum damnati notantur ignominia, sed etiam pacti, et recte: plurimum enim interest, utrum ex delicto aliquis an ex contractu debitor sit.*

138 Vgl auch Paulus 5 ad ed D 3.2.7.

139 WATSON, TR 31 (1963) 85.

140 Eine Novation durch Stipulation beinhalten etwa D 17.2.65 pr und D 17.2.71 pr.
Eine Umwandlung einer Verpflichtung *societatis causa* in eine solche aus Litteralvertrag belegt Gaius Inst. 3.129: *A re in personam transscriptio fit, veluti si id quod tu ex emptionis causa aut conductionis aut societatis mihi debeas, id expensum tibi tulero.* Dazu vgl THILO, Der Codex accepti et expensi im Römischen Recht (1980) bes 33, 305 ff sowie allgemein MEISSEL, Litterarum obligatio, Der Neue Pauly mwN. In Gaius Inst 3.129 erscheint übrigens die *causa societatis* als Verpflichtungsgrund mit derselben Selbstverständlichkeit wie die *causa emptionis* und *conductionis.*

141 Vgl D 17.2.41; D 17.2.42 sowie D 17.2.71 pr.

Vermögens nach Ende einer *societas omnium bonorum* nicht nur *societatis iure* (aufgrund einer *actio pro socio*[142]), sondern auch durch eine Stipulation zu Vergleichszwecken erfolgen kann:

> *Si societatis iure vel transactioni stipulatione subdita bonorum omnium aequis partibus inter te et Fabiam divisionem recte fieri placuit, quo minus haec rata serventur, nihil interest, utrumne testatus, qui fuerit obligatus, an intestatus rebus sit humanis exemptus.*

Daß nur die Verurteilung *suo nomine* die Infamie mit sich bringt, ergibt sich neben Julian 1 ad ed D 3.2.1 pr (*suo nomine damnatus*) auch ausdrücklich aus Ulpian 6 ad ed D 3.2.6.2:

> *Si quis alieno nomine condemnatus fuerit, non laborat infamia: et ideo nec procurator meus nec defensor vel tutor vel curator vel heres furti vel ex alia simili specie condemnatus infamia notabuntur, nec ego, si ab initio per procuratorem causa agitata est.*

Zwar war diese Stelle[143] erheblichem Interpolationsverdacht ausgesetzt; an ihrer Echtheit ist seit der Untersuchung von BONIFACIO aber wohl nicht mehr zu zweifeln.[144] Aus D 3.2.6.2 geht eindeutig hervor, daß nur derjenige, der im eigenen Namen verurteilt wird, die Ehrlosigkeit erleidet. Die Möglichkeit, der Verurteilung *suo nomine* zu entgehen, bot im römischen Recht die gewillkürte Prozeßstellvertretung durch Bestellung eines *cognitor* oder *procurator*. Im Falle einer solchen Prozeßstellvertretung wurde in der *intentio* der *formula* der Name des Schuldners genannt, die *condemnatio* lautete aber auf den Namen des Prozeßstellvertreters.[145] Sofern sich nun der aus einer infamierenden Vertragsklage Beklagte *ab initio* eines Prozeßstellvertreters bediente, so entging er selbst im Fall der Verurteilung der Infamie. Kommt es nämlich zu einer Verurteilung des Prozeßstellvertreters, so wird dieser nicht infam, weil er nicht *suo nomine* (sondern *alieno nomine*) verurteilt wird; der Vertretene wiederum wird nicht infam, weil er nicht in eigener Person verurteilt wurde.[146]

---

142 Obwohl von einer *divisio* der Güter gesprochen wird, dürfte an eine *actio communi dividundo* hier eher nicht gedacht sein, weil von einem *obligatus* die Rede ist, die *addictio* bei der Teilungsklage aber unmittelbar rechtsändernd wirkt.

143 Weitere Hinweise auf Infamie nur bei Verurteilung *suo nomine*: Fragmentum Antestinum 1 f; Lex Irnitana cap. 84 IX B Z. 11; Fragmenta Vaticana 339.

144 BONIFACIO, Studi sul processo formulare romano I. (1956) 63 ff.

145 Vgl Gaius Inst 4.86 - 87.

146 Vgl GREENIDGE, Infamia (1894) 131; WATSON,TR 31 (1963) 79 ff.

Zum zeitlichen Ursprung dieser Regel hat WATSON[147] gute Argumente dafür gebracht, daß sie zumindest schon gegen Ende des 2. Jahrhunderts vor Christus gegolten hat, sodaß er davon ausgeht, daß die Infamie (unter anderem im Zusammenhang mit der *actio pro socio*) in der Praxis weitgehend bedeutungslos geworden sei.

Das bedeutet freilich nicht, daß der infamierende Charakter der Verurteilung aus der Gesellschafterklage nicht auch noch in der Kaiserzeit eine abschreckende Wirkung ausgeübt hat - und damit den Druck zum vertragskonformes Verhalten erhöht hat, wie folgende Konstitution aus dem Jahr 294 zeigt:

> Diocletian/Maximian C 2.11.22: *Fidem rumpens societatis cum infamiae periculo suo nomine pro socio conventus ad faciendum satis urguetur.*

Dieser Text zeigt aber zugleich, daß die Gefahr der Infamie nach antikem Verständnis nicht die Durchsetzung von gesellschaftsvertraglichen Ansprüchen gefährdet (etwa weil man sich wegen dieser gravierenden Folgen für den Beklagten nicht zu klagen „getraut"), sondern daß die Infamie im Gegenteil gleichsam als „Damoklesschwert" als geeignetes Mittel angesehen wurde, zu vertragskonformem Verhalten - und damit auch zur Erfüllung allenfalls offener Beitragsverpflichtungen - anzuspornen.

Im übrigen ist an eine Beobachtung DAUBES[148] zu erinnern, welcher zurecht darauf hingewiesen hat, daß die in den Quellen auftauchenden Formulierungen wie *pro socio agendum*, *iudicium societatis competere* etc nicht so zu verstehen sind, daß der römische Jurist davon ausgeht, daß es nun wirklich sofort zur Klage kommen muß (geschweige denn, daß es in der Realität zur infamierenden Kondemnation kommen muß). Die prozessual denkenden Klassiker drückten mit solchen Wendungen lediglich aus, daß eine entsprechende Obligation aus dem Gesellschaftsvertrag besteht, welche - letztlich - auch über ein *iudicium societatis* durchsetzbar ist.

Erhebliche Bedenken an der WIEACKERSCHEN Konzeption der *actio pro socio* als „reiner Abrechnungsklage" finden sich auch jüngst in der enzyklopädischen *societas*-Darstellung TALAMANCAS. TALAMANCA kritisiert, daß die von WIEACKER einander gegenübergesetzten Funktionen der *actio pro socio* als reine „Abrechnungsklage" einerseits (WIEACKERS Konzeption) und jene einer „Beitragsklage" andererseits (die von WIEACKER abgelehnte „pandektistische" Konzeption) erstens eine moderne Systematisierung darstellt, die den römischen Quellen fremd ist, und sich zweitens diese beiden Funktionen gar

147 WATSON,TR 31 (1963) 81 f.

148 DAUBE, Collected Studies I (1991) 44.

nicht trennen lassen.[149] So ist auch einer Abrechnungsklage ein *assessment* der wechselseitigen gesellschaftsvertraglichen Pflichten zugrundezulegen - und damit auch der Frage nachzugehen, welche Beiträge zu leisten waren bzw tatsächlich geleistet wurden.

Aus der Analyse der prozessualen Aspekte ergibt sich somit kein zwingender Grund, die Eignung der *societas* als Grundlage wechselseitiger Verpflichtungen (inkl Beitragspflichten) zu leugnen. Selbst wenn die *actio pro socio* im Regelfall als Abrechnungsklage fungiert und eine Verurteilung aus ihr für den persönlich beklagten *socius* zur Infamie führt, hat eine vertiefte Analyse doch eine Reihe von relativierenden Gesichtspunkten zu Tage gebracht, welche an einer in der Rechtspraxis funktionierenden Durchsetzung gesellschaftsvertraglicher Ansprüche nicht zweifeln lassen.

Die wirkliche Ursache der von vielen Autoren konstatierten unvollkommenen Stabilität der römischen *societas* liegt nicht in der Eigenart der *actio pro socio*, sondern in der Kündigungsmöglichkeit. Das Problem liegt also nicht in der unzureichenden Durchsetzung bestehender gesellschaftsvertraglicher Verpflichtungen - für diese bieten die *actio pro socio*, aber auch das in der Vertragspraxis häufig eingesetzte Mittel einer ergänzenden *stipulatio poenae* eine durchaus ausreichende Handhabe, die - sofern eine entsprechende Absicht der Gesellschafter besteht - auch nicht notwendigerweise zu einer Auflösung der Gesellschaft führen muß. Das eigentümliche Moment, welches zB die real vorhandene Tendenz zur Vermeidung von Klagen *manente societate* erklären kann, liegt mE darin, daß der belangte *socius* nach den allgemeinen Kündigungsregeln dies zum Anlaß nehmen kann, seinerseits die *societas* zu kündigen.

Darin manifestieren sich aber zwei Gesichtspunkte, die durchaus nicht negativ zu bewerten sind: einerseits der spezifische Charakter eines Dauerschuldverhältnisses (welches Kündigungsmöglichkeiten benötigt) und andererseits der weitgehende Respekt der Parteienautonomie, welche im übrigen durch Befristung der *societas* und andere Nebenabreden „stabilitätsfördernde" Regelungen durchaus treffen kann.

---

[149] TALAMANCA, Società, ED 42 (1990) 852 f.

F. Versuch einer Gesamtbewertung von Wieackers Lehren zur societas

Versucht man WIEACKERS Thesen aus heutiger Sicht zu bewerten, so kann das Urteil nur ein differenziertes sein. Manche seiner Aussagen können auch 60 Jahre später noch überzeugen, viele sind zumindest immer noch diskussionswürdig. Auf der anderen Seite erscheinen verschiedene Aspekte heute - nicht zuletzt vor einem wiederum gewandelten wissenschaftsgeschichtlichen Kontext - fragwürdig.

Für eine Analyse der Geschichte der *societas* äußerst verdienstvoll erscheint die Herausarbeitung der strukturellen Unterschiede zwischen a) älterer Hausgemeinschaft (*consortium ercto non cito*), b) jüngerer Erbengemeinschaft (mit nach Erbquoten geteiltem ideellen Bruchteilseigentum) und c) der *societas omnium bonorum* (die das gesamte Vermögen, und nicht nur das Erbe umfaßt). Auch das Hervorstreichen der bloßen Gesamthandsähnlichkeit des *consortium ercto non cito* mit der römischen Besonderheit der konkurrierenden Gesamtzuständigkeit der einzelnen Hausgenossen hat WIEACKER treffend herausgearbeitet.

Viel Zustimmung, aber auch prononcierte Gegner[150] hat die These der Funktion der *actio pro socio* als bloße Abrechnungsklage gefunden. In der Frage der *certa legis actio* beim nachgeformten *consortium* dürfte die Gegenmeinung zwar weit mehr Anhänger haben, WIEACKERS Wahlbrüderschaftstheorie ist aber nach wie vor eine der Hypothesen. Dasselbe gilt für eine Fülle anderer Detailaussagen WIEACKERS (zB zur Frage der Gewinn- und Verlustbeteiligung[151]; zur Frage des Dauerkonsenses[152] usw) auf die hier nicht näher eingegangen werden soll.

Was aber das Grundkonzept anbelangt, so sind sowohl im Hinblick auf die Entwicklungsgeschichte als auch im Hinblick auf das Strukturkonzept grundlegende Zweifel anzumelden. WIEACKERS Konzeption der Struktur der *societas* beschränkt sich zu sehr darauf, die klassische *societas* gleichsam rückwärtsgewandt im Lichte des altrömischen *consortium* zu interpretieren.

Zwar bestätigt der neue Gaiusfund die These vom Zusammenhang zwischen *societas* und altrömischem *consortium*[153]; gleichzeitig stellt er aber das

---

150 ARANGIO-RUIZ, Società (1950) 176 ff; BIANCHINI, Studi sulla societas (1967) 94 f.

151 WIEACKER, Societas (1936) 251 ff; kritisch dazu etwa HORAK, Rationes decidendi (1969) 160 f.

152 WIEACKER, Societas (1936) 101 ff, 285 ff.

153 Grundsätzlich anderer Ansicht hingegen GUARINO, Societas consensu contracta (1972); skeptisch dazu WIEACKERS Rezension in IVRA 24 (1973) 243 - 254 (siehe oben D.); durch-

consortium der *olim*-Zeit doch der konsensualen *societas* deutlich gegenüber und weist auf die Unterschiede hin. Eine Identifizierung des altrömischen *consortium* mit der *societas* zur Zeit des Sabinus, wie dies Wieacker in den Schriften der 30er Jahre vorschwebte, geht daraus nicht hervor.

Neuere Untersuchungen haben zudem gezeigt, daß schon im letzten Jahrhundert der Republik das *consortium ercto non cito* in dem von Gaius Inst 3.154 a und b beschriebenen Sinn nicht mehr nachweisbar ist. [154] Daß in den Quellen - auch noch bei Spätklassikern - gelegentlich von einem *consortium*[155] bzw einer Erbengemeinschaft unter Brüdern[156] die Rede ist, bedeutet nicht, daß es sich dabei um die altrömische Hauserbengemeinschaft handelt.

Die Annahme einer eindimensionalen Entwicklungslinie vom *consortium* über die *societas omnium bonorum* zur Erwerbsgesellschaft führt WIEACKER dazu, den Einfluß anderer Faktoren - va des zunehmenden Handelsverkehrs und der darauf bezüglichen Geschäfts- bzw Vertragspraxis von Römern mit Peregrinen zu unterschätzen. Hier stellen sich jene Darstellungen (etwa PERNICE[157] oder ARANGIO-RUIZ[158]) als ausgewogener und überzeugender dar[159], die - ohne einen gewissen Einfluß der altzivilen Hausgemeinschaft zu leugnen - doch daneben auch andere Faktoren berücksichtigen.

Insbesondere die Handelspraxis, deren Bedeutung für das Recht der *societas* nicht zuletzt aufgrund der Einordnung der *societas* unter die Geschäfte des *ius gentium* evident erscheint, wird in WIEACKERS Societas-Studien der 1930er Jahre geradezu systematisch vernachlässigt. In diesem Bereich

---

wegs kritisch zu GUARINO auch KASER, Neue Literatur zur societas, SDHI 41 (1975) 279 ff.

154 Vgl insbes BRETONE, Consortium e communio, Labeo 6 (1960) 211 ff, sowie GAUDEMET, Communautés familiales (1963) 75 ff. Zu KUNKEL, Ein unbeachetes Zeugnis über das römische Konsortium, Annales de la Faculté de Droit d'Istanbul (Gedächtnisband für A. B. Schwarz) 4-5 (1954) 56 ff, der Plinius 8.18.1 als Beleg für ein consortium am Beginn des 2. Jh n Chr anführt, vgl die überzeugende Widerlegung bei TELLEGEN, Was there a consortium in Pliny's letter VIII 18?, RIDA 3e série 27 (1980) 295 ff.

155 Vgl Javolen 35 ad Qu. Muc D 29.2.78, Ulpian 31 ad ed D 17.2.52.8.

156 Vgl Scaevola 1 respons D 10.2.39.3, Ulpian 31 ad ed D 17.2.52.6.

157 PERNICE, Parerga - Zum römischen Gesellschaftsvertrage, ZRG-RA 3 (1882) 48 ff; bes 87 - 89: nach PERNICE weisen zwar der *transitus legalis*, das *beneficium competentiae* und *fraternitas* auf eine Herkunft der *societas omnium bonorum* aus dem *consortium* hin (aaO 87 - 89), die Erwerbsgesellschaft dagegen stellt „ein selbständig aus dem Handelsverkehre und dessen fides erwachsenes Gebilde" (aaO 90) dar, zusammenfassend (aaO 100) nimmt er somit mehrere Wurzeln für die *societas* an.

158 ARANGIO-RUIZ, Società (1950) 3 ff.

159 Diese Einschätzung teilte letztlich auch WIEACKER selbst; vgl seine Rezension zu GUARINO, Societas consensu contracta, IVRA 24 (1973) 243, wo er „Arangio-Ruiz' meisterlich ausgewogene Monographie" lobt.

dominieren dagegen abwertende Bezeichnungen; letztlich ist das stärker ökonomisch-gewinnorientierte Societas-Recht für den frühen WIEACKER eine Degeneration, die Einordnung unter die synallagmatischen Verträge eine „Zwangsjacke"; die Bruchteilsgemeinschaft ein „farbloses Gebilde"[160] usw.

Die Abkehr von der monistischen Entwicklungs-Theorie muß aber auch Auswirkungen auf die postulierten Strukturmerkmale (mehr personenrechtlicher Status als Vertrag, Konsens nur als äußerliche Formfreiheit, keine Beitragspflichten etc) haben; WIEACKERS ursprünglicher monistischer Theorie der Entwicklung entspricht ja eine monistische Theorie der Societas-Struktur, die er am Modell der Hausgenossenschaft orientiert. Je mehr man aber spezifische Handels- und Geschäftsinteressen als Determinanten der Societas-Entwicklung ins Kalkül miteinbezieht, umso mehr wandelt sich auch ihr Charakter als Obligationsverhältnis.[161]

Aus heutiger Sicht suspekt erscheint uns (und durchaus auch dem späten WIEACKER) vor allem die fanatische Opposition gegen die „pandektistisch-zivilistische" bzw „individualistisch-kapitalistische" Konzeption der *societas*, die, wie oben demonstriert wurde, auf einem starken zeitgenössisch-biografischem Impetus beruhte. So wird auch die These, die konsensual-vertragliche Ausprägung der *societas* sei nicht klassisch, sondern der byzantinischen Konsenslehre zuzuschreiben, die *societas* der justinianischen Digesten somit das „Trugbild eines Konsensualvertrages byzantinischer Prägung"[162], heute allgemein als überholt angesehen.[163]

Was den Kern von WIEACKERS Kritik am angeblich pandektistischen Konzept der *societas* als synallagmatischen Vertrag anbelangt, ist eine Konvergenz allerdings dahingehend festzustellen, daß man die *societas* heute einhellig als „Kooperationsverhältnis"[164] sieht, die sich von den Austauschverträgen im

160 WIEACKER, Societas (1936) 344.

161 So überzeugt mE auch die Gleichsetzung des altrömischen *consortium* mit der „zivilen *societas* des Sabinus" nicht. Wie bereits erwähnt zeigen neuere Forschungen (siehe insbes BRETONE, Labeo (1960) 211 ff; TELLEGEN, RIDA 3e série 27 (1980) 295 ff)), daß schon im letzten Jahrhundert der Republik das *consortium* nicht mehr nachweisbar ist.

162 WIEACKER, Societas (1936) 8.

163 BEHRENDS, ZRG-RA 112 (1995) XIX spricht von einem „überholten Paradigma"; ähnlich kritisch auch WOLF, SDHI LX (1994) 770: „alle für eine willenstheoretische Vertragslehre verwendbaren Texte (werden) zu Unrecht den Kompilatoren zugewiesen"; vgl auch SIMON, RJ 14 (1995) 253 ff. Dennoch sind WIEACKERS Ausführungen zum Einfluß spätantiker Metaphysik auf die Konsenslehre (Societas 275 f) als solche nach wie vor instruktiv.

164 WIEACKER, Societas (1936) 14; aaO 17, spricht er von einem „Koordinationsverhältnis". SCHULZ, Classical Roman Law (1951) 549 definiert *societas* als „contract whereby two ore more persons agree to cooperate for a common purpose". ARANGIO-RUIZ, Società (1950)

engeren Sinn unterscheidet. Das Verständnis der *societas* als umfassendes, von der *bona fides* beherrschtes Schuldverhältnis, wie es heute wohl herrschend ist, mag insofern von der WIEACKERSCHEN Kritik profitiert haben, als dieser den Blick auf bis dahin zu wenig beachtete Aspekte des römischen Gesellschaftsrechts gerichtet hat (man denke etwa an den Dauerkonsens), die sich tatsächlich von den modernen zivilistischen Konzepten des Gesellschaftsvertrages unterscheiden.

Hervorzuheben aber ist darüberhinaus Wieackers „Mut zu öffentlichem Lernen“[165], dh seine Bereitschaft, eigene Thesen immer wieder zu verfeinern, zu modifizieren, ja auch zu revidieren. So hat er nicht nur Anfang der 50er Jahre seine „monistische Theorie“ im Lichte der Ausführungen von ARANGIO-RUIZ zurückgenommen, sondern ist bekanntlich auch in der Frage der Interpolationenforschung - nachdem er diese mit seinen Textstufenforschungen[166] bereichert hat - später zu einem der maßgeblichen Kritiker einer in den Grundannahmen nicht falsifizierbaren, übertriebenen Textkritik geworden.[167]

Woran WIEACKER aber weitgehend festgehalten hat, war die Konzeption der *societas* als bloßes Geschäftsführungsverhältnis ohne durchsetzbare Beitragspflichten, wobei versucht wurde herauszuarbeiten, daß WIEACKER gewisse prozessuale Aspekte der *actio pro socio* in diesem Zusammenhang einseitig hervorgehoben und damit das Bild etwas verzerrt haben dürfte.

Allerdings gibt es auch hinsichtlich dieses Strukturkonzepts der *societas* immerhin Indizien für einen Wandel in WIEACKERS Perspektive: 1964 hält er einen Vortrag über „Cicero als Advokat“[168]. Darin beschreibt er die Wesenszüge Ciceros als Gerichtsrhetor anhand dessen Verteidigung des Schauspielers Roscius im Prozeß gegen dessen Geschäftspartner Fannius. Dieser hatte mit Roscius einen Gesellschaftsvertrag zwecks Ausbildung eines Sklaven zum

---

70 ff, spricht von einem „contratto plurilaterale di cooperazione“. Vorherrschend ist heute wohl die Vorstellung eines schuldrechtlichen Kooperationsverhältnisses, das durchaus von den Austauschverträgen unterschieden ist; vgl ZIMMERMANN, The Law of Obligations (1990) 451: „Societas is thus not based, primarily, on an antagonism of interests; its essence is the pooling of resources ... for a common purpose“.

165 In Anlehnung an eine Formulierung D. SIMONS, Vorwort zu Wieacker, Ausgewählte Schriften I (1983) VIII.

166 Vgl sein *opus magnum* „Textstufen klassischer Juristen“ (Göttingen 1960).

167 Vgl etwa WIEACKER, Zur gegenwärtigen Lage der romanistischen Textkritik, in: La critica del testo (= Atti del secondo congresso internazionale della Società italiana di storia del diritto), Bd 2 (1971) 1099 ff; DERSELBE, Textkritik und Sachforschung, ZRG-RA 91 (1974) 1 ff; sowie nun va DERSELBE, Römische Rechtsgeschichte I (1988) 154 ff.

168 WIEACKER, Cicero als Advokat (Schriftenreihe der Juristischen Gesellschaft e.V. Berlin, Heft 20) (1965).

Schauspieler geschlossen, sodaß die Rede *Pro Roscio comoedo*[169] Aufschlüsse über das spätrepublikanische Gesellschaftsrecht bietet.

Fannius und Roscius hatten eine *societas* gegründet, deren Inhalt es war, daß der Schauspielstar Roscius den Panurgus, einen Sklaven des Fannius, zum Schauspieler ausbilden möge und man sich dann die zu erwartenden Gagen teilen werde. Roscius erwarb dabei offenbar Miteigentum am Sklaven.[170] Nach erfolgreicher Ausbildung erwirtschaftete man erste Gageneinkünfte, dann wurde Panurgus von einem gewissen Flavius getötet.

Roscius forderte nun - als Miteigentümer - Schadenersatz von Flavius und erhielt von diesem eine Liegenschaft im Wert von 200.000 Sesterzen. Von diesem Erlös gab er Fannius nichts, obwohl es dem Charakter der *societas* entsprechen würde - selbst wenn nach außen hin nur der Schadenersatzanspruch für den eigenen Anteil gefordert worden war - das Erlangte zu teilen. Fannius bemühte sich daraufhin, in einem Schiedsverfahren seinen Anspruch durchzusetzen. Dieses endete damit, daß sich Roscius verpflichtete[171], dem Fannius 100.000 Sesterzen zu zahlen, wohingegen Fannius ihm versprach, von einem allenfalls erzielbaren weiteren Schadenersatz von Flavius die Hälfte zu geben. Roscius zahlte daraufhin 50.000 an Fannius, die zweite Rate blieb er aber schuldig.

Im Prozeß macht Cicero nun für seinen Mandanten geltend, daß Fannius tatsächlich eine Zahlung von Flavius erhalten habe, von dieser aber nichts an Roscius abgegeben habe. Nach Meinung WIEACKERS sei dies aber irrelevant, weil Roscius keine *exceptio doli* geltend gemacht hatte und damit die *compensando* eingebrachte Einrede in dem *iudicium stricti iuris* aus der Stipulation unbeachtlich sei.

Für unseren Zusammenhang interessiert dabei, daß WIEACKER an mehreren Stellen in seiner Analyse der Cicero-Rede hervorhebt, daß die Lösung des spätrepublikanischen Gesellschaftsrechts, die dem konkreten Fall zugrundeliegt, mit jener des geltenden Rechts übereinstimmt. Sieht man von gewissen prozessualen Eigenheiten des römischen Rechts ab, so gelten die wesentlichen gesellschaftsrechtlichen Grundsätze im konkreten Fall für WIEACKER „damals wie heute".[172]

---

169 Vgl weiters COSTA, Le orazioni di diritto privato di M. Tullio Cicerone (1899) 29 ff;. GREENIDGE, The Legal Procedure of Cicero's Time (1901) 542 ff; PFLÜGER, Ciceros Rede Pro Q. Roscio comoedo (1904); KLINGNER, Ciceros Rede für den Schauspieler Roscius, in: Studien zur griechischen und römischen Literatur (1964) 547 ff; FUHRMANN, Marcus Tullius Cicero, Die Prozessreden I (1997) 824 ff mwN.

170 Cic. Q. Rosc. 27.

171 Aus der Rede geht nicht klar hervor, ob er diese Verpflichtung durch Stipulation oder durch Litteralkontrakt einging.

G. Resümee und Schlußfolgerungen

Die Auseinandersetzung mit WIEACKERS Forschungen zur *societas* bot in diesem Eingangskapitel die Möglichkeit, drei an sich zu trennende Fragestellungen zu verfolgen: Die erste ergab sich aus der Zielrichtung der Societas-Monographie WIEACKERS, dh der dieser zugrundeliegenden entwicklungsgeschichtlichen Perspektive und betraf die Frage nach der Frühgeschichte der *societas*. Daran anknüpfend stellte sich Frage, welche Schlüsse aus dem vermutlichen Entwicklungshergang zu ziehen sind, und inwiefern sich geänderte Hypothesen über die Entwicklung der *societas* auch auf die Interpretation der Struktur des klassischen Gesellschaftsvertrages auswirken müssen. Die dritte Fragestellung schließlich lag der ganzen Untersuchung eher implizit zugrunde: jene nach den methodologischen Voraussetzungen rechtshistorischer Arbeit.

Bezüglich der Entwicklungsgeschichte ergab unsere Analyse, daß zwar gewisse „Fossilien" im Recht der *societas* sowie der Bericht bei Gaius Inst 3.154 a und b einen historischen Zusammenhang zwischen dem altrömischen *consortium* und der konsensualen *societas* des klassischen Rechts nahelegen, daß aber der von WIEACKER in seinem Societas-Buch angetretene Versuch, das Recht der *societas* ausschließlich aus dem Recht der älteren Hauserbengemeinschaft heraus zu erklären, als gescheitert anzusehen ist.

Daß dem so ist, wäre angesichts von WIEACKERS eigenen späteren Konzessionen in dieser Sache nicht so bemerkenswert, böte es uns nicht auch die Möglichkeit, durch das Aufzeigen des wissenschafts- und zeitgeschichtlichen Kontextes dieser Thesen, einige methodologische Reflexionen anzustellen. Wir wollen dazu WIEACKERS eigenes – im Laufe der Zeit evolvierendes – Methodenverständnis in Relation zu seinem romanistischen Beitrag zur *societas* setzen.

JOSEPH GEORG WOLF hob in seiner Gedenkrede auf WIEACKER hervor, daß dieser die romanistische Wissenschaft „endgültig in die historische Altertumswissenschaft integriert" habe; „ein epochemachender Schritt" , so WOLF, „hinter den es kein zurück mehr gibt".[173] Diese Aussage könnte mißverstanden werden in dem Sinn, daß bei WIEACKER die Romanistik in der Altertumswissenschaft aufgegangen sei. Dies trifft aber keineswegs zu. Er selbst hat zuletzt von der „Romanistik und ihren Nachbardisziplinen der Altertumswissenschaft" gesprochen[174], was zwar eine teilweise Identität des

---

[172] Vgl WIEACKER, Cicero als Advokat (1965) 10, 11, 14.

[173] WOLF, Franz Wieacker, SDHI 60 (1994) 772.

Gegenstandes und der Methoden, wohl aber keine völlige Integration bedeutet.

Demgemäß hat BEHRENDS treffend bemerkt, daß bei WIEACKER „der historische Gegenstand ... unter Ausnutzung aller ... in Betracht kommenden Informationsquellen in seiner Geschichtlichkeit erfaßt (wird), aber in einer Geschichtlichkeit, die bei aller Distanz die Gegenwart angeht und zu der sich der Historiker daher wertend verhält."

Tatsächlich zeigt sich gerade in den Forschungen zur *societas*, wie stark bei WIEACKER der Bezug auf das Juristisch-Aktuelle mitschwingt, auch und gerade dort, wo es sich um die scheinbar gar nicht applikative Beschäftigung mit dem frühen römischen Recht und seiner Entwicklung in der Klassik geht.

Dabei erweist sich, wie sehr auch eine historisierende Richtung der Rechtsgeschichte, die sich stärker dem „kontemplativen Verstehen" verpflichtet fühlt denn einer „applikativen Texthermeneutik"[175], von ihrem eigenen zeit- und wissenschaftsgeschichtlichen Kontext beeinflußt wird. Dieser bewirkt, daß auch die der Anwendungs-Dimension scheinbar entrücktere Position des nicht dogmatisch orientierten Rechtshistorikers von „ideologischen" Gesichtspunkten mitbestimmt wird. Die Gefahr der Projektion eigener moderner Vorstellungen in die Quellen besteht folglich nicht nur bei den vielgeschmähten „(Neo-)Pandektisten", sondern sie besteht auch - wenn auch in subtilerer Form - bei einer antiquarisch-historisierenden Arbeitsweise.

WIEACKER selbst war sich des Einflusses der Ideologie auf das Erkenntnisinteresse durchaus bewußt: „Große Geschichtsschreibung ohne das Salz persönlicher Wertentscheidung" ist für ihn „unschmackhaft", ja „vielleicht unmöglich"[176].

Freilich will er von dieser Beeinflussung des Erkenntnisverfahrens (*context of discovery*, Thematisierung) den Vorgang der Begründung einer Theorie (*context of justification*, Beweisführung, Argumentation) trennen. In diesem Begründungszusammenhang soll es nämlich nicht auf Motive, Interessen und Wertungen des Forschers ankommen, sondern bloß auf die Falsifizierbarkeit der Thesen (im Sinne KARL POPPERS) und die „objektiven Bedingungen für die schlüssige Begründung erfahrenswissenschaftlicher Wahrheitsurteile".[177]

---

174 WIEACKER, Vom Umgang des Romanisten mit den Nachbardisziplinen der Altertumswissenschaft. Notwendigkeit, Anwendungsbedingungen und Grenzen, Index 22 (1994) 3 ff.

175 Zu dieser Unterscheidung vgl etwa WIEACKER, Zur Methodik der Rechtsgeschichte, FS Fritz Schwind (1978) 365 f = Ausgewählte Schriften I (1983) 38 f.

176 WIEACKER, FS Schwind (1978) 374 = Ausgewählte Schriften I (1983) 48.

Mißt man an diesem Maßstab WIEACKERS eigene Thesen zur *societas*, so breitet sich eine gewisse Skepsis aus, ob man als Rechtshistoriker diesen (aus der naturwissenschaftlichen Methodendiskussion herrührenden) Ansprüchen je gerecht werden kann. Meines Erachtens sind WIEACKERS Postulate am besten zu verstehen als ein Bemühen um möglichst rationale und nachvollziehbare Begründung.

Daß dies leidenschaftslos (und sei es auch nur bei der Begründung) vor sich geht, dafür bietet WIEACKER selbst kein Beispiel. Was bleibt, ist die Notwendigkeit methodologischer Selbstreflexion und das Bemühen um mögliche Transparenz des eigenen Erkenntnisinteresses.

177 WIEACKER, Index 22 (1994) 8.

Zweiter Abschnitt

PLURA NEGOTIA QUAM VOCABULA

Die Vielfalt der societas in Vertragspraxis und Jurisprudenz

A. Einheit und Vielfalt des römischen Gesellschaftsrechts

Zu den Eigenheiten des römischen Gesellschaftsrechts gehört, daß der Konsensualvertrag *societas* im klassischen Recht einen einheitlichen Universaltypus darstellt, welcher ein breites und in vielerlei Hinsicht differenziertes Spektrum unterschiedlicher Arten von Kooperationsverträgen in sich einschließt. Während das moderne Gesellschaftsrecht eine Palette von Gesellschaftsformen kennt, welche jeweils eigene gesetzliche Regelungen und durchaus unterschiedliche Strukturen aufweisen - etwa von der nicht rechtsfähigen GesbR über die Personenhandelsgesellschaften (OHG, KG) bis hin zu den Kapitalgesellschaften (GmbH, AG) mit eigener Rechtspersönlichkeit[1] - finden wir im römischen Recht unter dem einheitlichen Gesichtspunkt der Durchsetzbarkeit gesellschaftsvertraglicher Ansprüche mittels *actio pro socio* eine breite Varianz von Phänomenen vereinigt. Einer uniformen Grundstruktur stehen somit plurale Ausgestaltungen gegenüber[2], welche sich von der Gelegenheitsgesellschaft (*societas unius rei*), über Gesellschaften zum Betrieb eines Gewerbes oder Handels (*societas negotiationis*) bis hin zur umfassenden Gütergemeinschaft (*societas omnium bonorum*) sowie schließlich auch noch zu den Gesellschaften zur Übernahme öffentlicher Aufträge und zur Steuerpacht (*societas Publicanorum*) erstrecken.

Dieses einheitliche *societas*-Konzept findet sich nicht erst im justinianischen Recht, sondern entspricht einer langen Tradition der römischen Jurisprudenz. Dazu ist anzumerken, daß in der justinianischen Kompilation zumindest die Trennung zwischen dem Konsensualvertrag *societas* (D 17. 2), der (jüngeren, nach Miteigentum nach ideellen Anteilen geordneten) Erbengemeinschaft (D 10. 2) und anderen bloßen Miteigentumsgemein-

---

1 Freilich gibt es auch im modernen Recht gewisse Regeln, welche für alle Gesellschaftsverträge schlechthin gelten; vgl etwa den „Allgemeinen Teil des Gesellschaftsrechts" im österreichischen Standardlehrbuch KASTNER/DORALT/NOWOTNY, Grundriß des österreichischen Gesellschaftsrechtes (5. Aufl. 1990) 1 - 51 oder den Abschnitt „Allgemeine Lehren" bei KARSTEN SCHMIDT, Gesellschaftsrecht (3. Aufl. 1997) 3 - 654.

2 BONA, Contributi alla storia della „societas universorum quae ex quaestu veniunt" in diritto romano, Studi Grosso 1 (1968) 443 ff; DERSELBE, Studi sulla società consensuale in diritto romano (1973) 4 f, 139 ff, spricht hier von zwei (gegenläufigen) Tendenzen des römischen Gesellschaftsrechts: einerseits lasse sich - ausgehend von der pluralistischen Theorie hinsichtlich der Ursprünge der *societas* - ein Prozeß der Verschmelzung („amalgama") unterschiedlicher Gemeinschaftsverhältnisse im Rahmen des Konsensualvertrags *societas* beobachten, wobei vor allem die *societas omnium bonorum* als „polo di attrazione" fungiere, andererseits aber finde sodann wieder ein Prozeß der Differenzierung unterschiedlicher Societas-Arten statt, wobei BONA vor allem die Herausbildung eigener Regeln für die Erwerbsgesellschaften hervorhebt.

schaften (D 10. 3) vollzogen ist, während etwa noch im System des Sabinus unter einem weiten Societas-Begriff neben dem Gesellschaftsvertrag auch die Erbengemeinschaft und andere Formen der *communio* integriert waren.[3]

Da aber im justinianischen *corpus iuris* nur ein Bruchteil der originalen Texte überliefert ist, dürfte der Eindruck der Einheitlichkeit hinsichtlich der Texte zur *societas* im engeren Sinn größer sein, als er sich ursprünglich in der Kasuistik der Klassik dargeboten hat. Bei vielen Entscheidungen zeigt sich bei näherer Analyse, daß Aussagen, welche ursprünglich im Konnex mit einer bestimmten Gesellschaftsform (oder einer bestimmten Vertragsgestaltung) getroffen worden waren, in den Digesten in einer verallgemeinernden Art und Weise präsentiert werden. Der Überlieferungszustand darf also nicht unterschätzen lassen, daß die Gesellschaftsformen auch im römischen Recht nicht nur faktisch unterschiedlich waren, sondern sich auch in rechtlicher Hinsicht in vielen Punkten unterschieden.[4] Der Aspekt der Divergenz der Gesellschaftsformen war schon den römischen Juristen durchaus bewußt und fand seinen Niederschlag unter anderem in einer Reihe von Aufzählungen von *societates*, welche sich als Versuche begreifen lassen, die unterschiedlichen Ausformungen der *societas* zumindest ansatzweise zu systematisieren. Im Folgenden sollen zunächst einige dieser Aufgliederungen der verschiedenen Arten von *societates* näher betrachtet werden (dazu unten B.).

Im Anschluß daran wird das juristische Quellenmaterial einer Art „Dekonstruktion" zu unterziehen sein, um eine „Typologie" der Societas-Formen und ein Panorama der unterschiedlichen Vertragsgestaltungsmöglichkeiten entstehen zu lassen. Diese Vorgangsweise erlaubt zum einen, einen Einblick in die Vertragspraxis und das Verhältnis der römischen Jurisprudenz zu dieser zu gewinnen. Zum anderen lassen sich durch eine solche Analyse der Verwendungsmöglichkeiten der *societas* wertvolle Rückschlüsse auf die Grundstruktur und die Flexibilität dieses Vertragstyps gewinnen.[5] Dazu müssen die unterschiedlichen Societas-Formen aber nicht nur als abstrakte Formen individualisiert werden, sondern es ist auch nach konkreten Anwen-

---

3 WIEACKER, Societas (1936) 51 f.

4 Treffend insofern SERRAO, Sulla rilevanza esterna del rapporto di società in diritto romano, Studi Volterra V (1971) 766 = Impresa (1989) 90: „Anche nell'esperienza giuridica romana quindi più che „la società" sono presenti „le società"."

5 Etwa im Sinn WITTGENSTEINS, der in seiner (späteren) Sprachphilosophie den Sinn der Sprache über ihren Gebrauch definiert hat („The meaning of language is its use."), sollen also hier die Merkmale der *societas* aus ihren konkreten Anwendungsfällen sowie den dabei spezifisch auftretenden Problemen erkundet werden. Im Vordergrund steht dabei die klassische Rechtsliteratur, aber auch literarische, epigrafische, papyrologische und sonstige Quellen werden heranzuziehen sein.

dungsfällen, soweit sich diese aus der Überlieferung der (juristischen) Quellen ausmachen lassen, zu suchen.

Außer Betracht bleiben dabei jene gesellschaftsartigen Konstruktionen, welche sich im römischen Recht durch den Einsatz eines *servus communis* erzielen lassen, sowie die mit der wirtschaftlichen Aktivität von Sklaven verknüpften Regeln der adjektizischen Haftung. Kombiniert man etwa den Einsatz eines *servus communis* mit der Erteilung eines *peculium*, so entstehen Konstellationen, die sich - was das Verhältnis zu Dritten anbelangt - mit jenen von modernen Gesellschaften mit beschränkter Haftung[6] vergleichen lassen: Der Sklave berechtigt durch seine wirtschaftlichen Aktivitäten seine (Mit-)Eigentümer, ihre Haftung bleibt aber *dumtaxat de peculio* beschränkt. Bedient sich der Pekuliarsklave seinerseits eines *servus vicarius*, so entstehen „Schachtelkonstruktionen", welche in der hierarchischen Gliederung an Konzerne und Holdings erinnern. Diese Phänomene wurden in den letzten Jahren vor allem von SERRAO und seinen Schülern ausführlich dargestellt.[7] Zu Recht wurde allerdings von Kritikern darauf hingewiesen, daß die bloße Möglichkeit solcher Konstruktionen noch keinen Beweis dafür darstellt, daß sie in der römischen Antike tatsächlich dazu verwendet wurden, Unternehmen im modernen Sinn zu strukturieren.[8] Die folgende Darstellung geht dagegen von den Ausgestaltungen von *societates* aus, wobei als Ausgangspunkt die Klassifikationen der römischen Juristen selbst dienen.

---

6 Vgl etwa DI PORTO, Filius, servus e libertus, Strumenti dell'imprenditore romano, in: MARRONE (Hg), Imprenditorialità e diritto nell'esperienza storica (1992) 231 ff; sowie AUBERT, Business managers in ancient Rome (1994).

7 DI PORTO, Impresa collettiva e „schiavo manager" in Roma antica (1984); SERRAO, Impresa e responsabilità a Roma nell'età commerciale (1989); PETRUCCI, Mensam exercere. Studi sull'impresa finanziaria romana (1991); DI PORTO, Filius, servus e libertus, Strumenti dell'imprenditore romano, in: MARRONE (Hg), Imprenditorialità e diritto nell'esperienza storica (1992) 231 ff; DI PORTO, Il diritto commerciale romano, Ricerche Gallo III (1997) 413 ff; siehe weiters JOHNSTON, Limiting liability: Roman Law and the Civil Law Tradition, Chicago-Kent Law Review 70 (1995) 1515 ff; FÖLDI, Remarks on the legal structure of enterprises in Roman law, RIDA, 3e série 43 (1996) 179 ff.

8 Vgl MAYER-MALY, Rezension zu Di Porto, Impresa collettiva, IVRA 35 (1984) 115 ff; BÜRGE, Rezension zu Di Porto, Impresa collettiva, ZRG-RA 105 (1988) 856 ff; TALAMANCA, Società, ED 42 (1990) 814 Fn 8; BENKE, Rezension zu Aubert, Business Managers in Ancient Rome, ZRG-RA 113 (1996) 508 f; ANDREAU, L'impresa finanziaria romana, Labeo 42 (1996) 267 ff; BÜRGE, Rezension zu Petrucci, Mensam exercere, ZRG-RA 114 (1997) 506 ff.

B. Juristen-Kataloge der klassischen societas-Formen

„Kataloge" bzw Systematisierungen der Societas-Formen sind uns insbesondere von den Hoch- und Spätklassikern überliefert, sie lassen sich aber schon bis in die spätere Republik zurückverfolgen.[9] So beginnt Gaius seine Darstellung der *societas* in den Institutionen mit einer Gliederung (Inst 3.148: *societatem coire solemus aut totorum bonorum aut unius alicuius negotii*), in ähnlicher Weise Ulpian und Paulus in ihren Ediktskommentaren (Ulpian 31 ad ed D 17.2.5 pr: *societates contrahuntur sive universorum bonorum sive negotiationis alicuius sive vectigalis sive etiam rei unius*; Paulus 32 ad ed D 17.2.1 pr: *societas coiri potest vel in perpetuum, id est dum vivunt, vel ad tempus vel ex tempore vel sub condicione*).

Den Oberbegriff der überlieferten Societas-Kataloge der hoch- und spätklassischen Juristen bildet jeweils der – mittels *actio pro socio* als *bonae fidei iudicium*[10] durchsetzbare – aus dem *ius gentium*[11] herrührende Konsensualvertrag[12] *societas*. Als Gliederungskriterien begegnen dabei einerseits Unterscheidungen hinsichtlich bestimmter Modalitäten des Gesellschaftsvertrages (dazu sogleich 1.) sowie andererseits Unterscheidungen im Hinblick auf den Umfang bzw den Geschäftsgegenstand der Gesellschaft (dazu unten 2.).

1. Befristete und bedingte societates

Eine Systematisierung der Gesellschaftsverträge aufgrund der unterschiedlichen Gestaltungsmöglichkeiten hinsichtlich einer Befristung bzw Bedingung des Gesellschaftsvertrages nimmt der an den Beginn des Digestentitels D 17.2 gestellte Paulus-Text 32 ad ed D 17.2.1 pr vor:

> *Societas coiri potest vel in perpetuum, id est dum vivunt, vel ad tempus vel ex tempore vel sub condicione.*

D 17.2.1 pr nennt neben der Möglichkeit, eine *societas* auf unbestimmte Dauer (*in perpetuum, id est dum vivunt*) abzuschließen, auch jene, die Gesellschaft von vornherein bis zu einem bestimmten Zeitpunkt (*ad tempus*) oder ab einem bestimmten Zeitpunkt (*ex tempore*) einzugehen sowie die Möglichkeit, die

---

[9] Dazu insbes BONA, Studi sulla società consensuale in diritto romano (1973) 7 ff.

[10] Zur *actio pro socio* als *bonae fidei iudicium* vgl Cic. off. 3.17.70; Gaius Inst 4.62; I 4.6.28.

[11] Gaius Inst 3.154; Ulpian 4 ad ed D 2.14.7 pr und 1; I 1.2.2.

[12] Gaius Inst 3.135 = Gaius 3 inst D 44.7.2 pr; Gaius Inst 3.153,154; GE 2.9.13; I 3.22 pr, 3.25.5; 3.25.8.

Wirksamkeit der Vereinbarung vom Eintritt einer Bedingung abhängig zu machen (*sub condicione*).

a) Unbefristete und befristete societates

Daraus ergibt sich ua, daß je nach Gesellschaftsvertrag sowohl ein unbefristetes (*in perpetuum*) als auch ein befristetes Dauerschuldverhältnis (*ad tempus*) vorliegen kann.[13] Diese Unterscheidung spielt insbesondere für die Kündigungsmöglichkeit eine Rolle.

Im allgemeinen gilt, daß die *societas* nur solange besteht, solange ein entsprechender Konsens gegeben ist („Dauerkonsens")[14] und daß eine Kündigung durch *renuntiatio* prinzipiell ohne Schadenersatzpflichten möglich ist.[15] Ausnahmen bilden lediglich eine *renuntiatio dolosa*[16] bzw die von Labeo und

---

13 VAN OVEN, Societas in tempus coita, Studi Arangio-Ruiz II (1953) 553 ff, bezweifelt die Authentizität von Paulus D 17.2.1 pr und von Paulus D 17.2.65.6 im Hinblick auf die *societas in tempus coita*, welche seines Erachtens erst in der Nachklassik relevant gewesen sei. Seine Ausführungen sind allerdings nicht überzeugend. Zunächst muß er selbst zugeben, daß in der Praxis (auch der Klassik) sehr wohl zeitlich befristete Gesellschaftsverträge vorgekommen sind (vgl nur FIRA III^2 Nr. 156), ja er vermutet sogar (wofür jeglicher Quellenbeleg fehlt), daß der altrömische Familienverband *ercto non cito* häufig für eine bestimmte Zeit abgeschlossen worden sei (aaO 464). Auch daß sowohl D 17.2.1 als auch D 17.2.65.6 aus demselben 32. Buch des Ediktskommentar des Paulus stammen, ist für ihn kein Grund, in beiden Fällen an der Autorschaft des Paulus zu zweifeln. Maßgeblich sind für ihn einerseits die Nichterwähnung des Zeitablaufs als Endigungsgrund in den entsprechenden Aufzählungen sowie andererseits, daß Paulus in D 17.2.17.2 die Unbeachtlichkeit einer Kündigungsvereinbarung erklärt (*nihil attinet de renuntiatione cavere*; ähnlich wie der von Ulpian zitierte Pomponius in D 17.2.14: *Pomponius scripsit frustra hoc convenire*).
In methodischer Hinsicht begeht VAN OVEN dabei den Fehler, daß er Aussagen des Paulus und des Pomponius aus ihrem engeren Kontext herauslöst und verallgemeinert, um sodann all das Quellenmaterial, das für den hier interessierenden Zusammenhang gegen seine eigene These spricht, als nachklassisch-verändert abzuqualifizieren.

14 Gaius Inst 3.151: *manet autem societas eo usque, donec in eodem sensu perseverant; at cum aliquis renuntiaverit societati, societas solvitur ...*; Diocletian/Maximinian C. 4.37.5 : *tamdiu societas durat, quamdiu consensus partium integer perseverat...* (a. 294); GE 2.9.17; I 3.25.4.

15 Allerdings ist auch eine unzulässige (gegen die *bona fides* verstoßende) Kündigung als solche wirksam, sie führt jedoch dazu, daß der vertragswidrig Kündigende nach dem bekannten cassianischen Diktum „die anderen *socii* von sich, sich aber nicht aus den Verpflichtungen gegenüber den anderen *socii* befreit", (Cassius in Paulus 32 ad ed D 17.2.65.3, D 17.2.65.6).

16 Vgl Paulus 32 ad ed D 17.2.65.3 (*dolo malo renuntiatio facta*).

der prokulianischen Schule forcierte[17] Anerkennung der Sanktionierung einer *renuntiatio intempestiva*[18].

Die Regeln entsprechen dabei jenen, welche im modernen Recht für auf unbestimmte Zeit eingegangene Dauerschuldverhältnisse gelten. Diese bleiben grundsätzlich solange aufrecht, bis sie durch die (nach moderner Terminologie) „ordentliche“ Kündigung beendet werden. Bei näherer Betrachtung der römischen Quellen erweist sich, daß dieses Regime (Beendigung der *societas* durch ordentliche Kündigung) auch im römischen Recht nicht bei jeder Art von *societas* anwendbar war, sondern nur bei jenen *societates*, welche auf unbestimmte Dauer (*in perpetuum, id est dum vivunt*) abgeschlossen wurden.

Daneben begegnen uns aber auch einerseits Gesellschaften, die für eine bestimmte Zeit abgeschlossen werden[19] sowie andererseits (zumindest in den Juristenschriften) die Konstruktion, daß die Gesellschaft auf unbestimmte Zeit abgeschlossen wird, aufgrund einer Zusatzvereinbarung aber innerhalb einer bestimmten Zeit nicht gekündigt werden darf (*pactum ne societate intra certum*

---

17 Dazu ausführlich BONA, Studi (1973) 79 ff.

18 Vgl Labeo-Paulus 32 ad ed D 17.2.65.5 (*si renuntiaverit societati unus ex sociis eo tempore, quo interfuit socii non dirimi societatem*), Paulus 6 ad Sab D 17.2.17.2 (*intempestiva renuntiatio*).

19 Vgl insbesondere die dakische *societas danistariae* (FIRA III² Nr.157), welche am 28. März 167 für die Dauer vom 23. Dezember 166 bis zum 12. April 167 abgeschlossen wurde; sowie den Gesellschaftsvertragsentwurf für eine auf ein Jahr konzipierte Gesellschaft zweier Tischler P.Cair. Masp. 67159 aus dem 6.Jh (dazu TAUBENSCHLAG, ZRG-RA 52 (1932) 77, STEINWENTER, St. Riccobono I (1936) 503 f), der für eine vorzeitige Kündigung eine hohe Konventionalstrafe vorsieht. Der Gesellschaftsvertragsentwurf zwischen dem Schwiegervater und Schwiegersohn hinsichtlich einer Tischlerei aus Antinoupolis (P Cairo 67158 = FIRA III² Nr.158) setzt dagegen nur ein Anfangsdatum und geht auf unbestimmte Zeit.
Bei den Pacht-Gesellschaftsverträgen finden wir ebenfalls Befristungen auf eine bestimmte Zeit, zB 5 Jahre (P. Amh. II 94 Z.4 aus 208 n Chr) bzw auf die Dauer der Pacht, in concreto 3 Jahre (P. Corn 8 Z.10. aus 1. Jh n Chr); es finden sich aber auch Verträge „auf ewige Zeit“ (zB BGU 1123). Vgl dazu SAN NICOLÒ, Ägyptisches Vereinswesen I (1913) 152, sowie TAUBENSCHLAG, ZRG-RA 52 (1932) 68. Auf ein Jahr befristet ist die Gesellschaft zweier Obsthändler in P.London V 1794 aus 487 n Chr.
Die beiden Verträge über eine Transportgesellschaft in der Großen Oase (AMELOTTI, Scritti giuridici 87 ff) wurden zwischen denselben Personen in den Jahren 319 und 320 abgeschlossen, was auf eine intendierte Dauer von jeweils einem Jahr hindeuten könnte. Daß die Laufzeit nicht ausdrücklich erwähnt wird, ließe sich damit erklären, daß eine solche Befristung so üblich war, daß sie vorausgesetzt wurde. Freilich besteht auch die Möglichkeit, daß der Vertrag als *societas unius rei* bloß für die Organisation von jeweils einem Transport gedacht war (für letztere Deutung AMELOTTI, Scritti 87).

tempus abeatur).[20] Im Unterschied zum befristeten Vertrag endet in diesem Fall (wenn man von den anderen Beendigungsgründen absieht) die *societas* nicht automatisch mit Zeitablauf, sondern erst durch Kündigung, welche aber grundsätzlich erst nach der vereinbarten „Sperrfrist" zulässig ist.[21]

Bei diesen beiden Arten - dh den von vornherein befristeten *societates* und jenen mit einer bestimmten „Sperrfrist" - sind die Kündigungsregeln insofern modifiziert, als die ordentliche Kündigung als Beendigungstatbestand (bis zum Ende der „Sperrfrist") wegfällt. Eine vorzeitige Kündigung wird bei ihnen nur aus wichtigem Grund (Paulus 32 ad ed D 17.2.65.6: ... *renuntiatio ex necessitate*[22]; Ulpian 30 ad Sab D 17.2.14: *sed et si convenit, ne intra certum tempus societate abeatur, et ante tempus renuntietur, potest rationem habere renuntiatio*[23]) zugelassen, wobei offenbar ein strengerer Maßstab als die bloße Absenz von *dolus* oder die Unzeitgemäßheit angelegt wird. In der Vertragspraxis wird die (ungerechtfertigte) vorzeitige Kündigung häufig durch die Stipulation von Konventionalstrafen abgesichert worden sein.[24]

Bezüglich der auf wichtigen Grund (*renuntiatio necessitate, renuntiatio rationem habens*) eingeschränkten Kündigungsmöglichkeit dürfte zwischen den auf bestimmte Dauer abgeschlossenen Gesellschaftsverträgen und jenen, die zumindest für eine bestimmte Zeit eine Kündigung ausschließen, für die „gebundene" Zeit, kein Unterschied bestehen.

Die Herausbildung dieses Gedankens, daß trotz Vereinbarung einer zeitlichen Bindung vorzeitig aus berücksichtigungswürdigen Gründen eine Kündigung ohne Schadenersatzfolgen für den Kündigenden möglich ist, stellt

---

20 Dazu insbes LITEWSKI, Les effets juridiques du pactum ne societate abeatur, RIDA 3e série 25 (1978) 279 ff; DI PORTO, Impresa collettiva (1984) 150 ff.

21 Vgl etwa ARANGIO-RUIZ, Società (1950) 155 f.

22 Zu D 17.2.65.6 vgl Giaro, Excusatio necessitatis nel diritto romano (1982) 108 f.

23 Der Kündigungsgrund des *iniuriosus et damnosus socius* in D 17.2.14 läßt an den subjektiven Haftungsmaßstab der *culpa in concreto* denken, der bei Ulpian an sich nicht zu finden ist. Der Zusammenhang könnte darin gesehen werden, daß man sich von dem vielleicht (im Sinn von Gaius D 17.2.72) bloß für *diligentia quam in suis* haftenden *socius* zumindest über die Kündigung befreien kann, sodaß die Kündigungsmöglichkeit einen Ausgleich für eine Haftung bloß für *diligentia quam in suis* darstellt. Ein Rückschluß von der Kündigungsmöglichkeit in diesem Fall auf eine bloße Haftung für *culpa in concreto* erscheint aber nicht zwingend, da auch dann, wenn der schädliche socius (aufgrund der bei Ulpian gegebenen Haftung für *culpa in abstracto*) dem anderen *socius* ohnedies schadenersatzpflichtig wird, dies als hinreichender Grund für eine vorzeitige Kündigung einer befristeten Gesellschaft angenommen werden muß.

24 Vgl etwa P. Cair. Masp. 67159, wo eine Strafe von 4 Goldnomismata für den *socius* vorgesehen ist, der vor Ablauf der Jahresfrist (mit Ausnahme einer Krankheit) zu arbeiten aufhört.

dabei eine spezifische Errungenschaft der römischen Jurisprudenz dar, welche von Juristen wie Pomponius und Paulus auch emphatisch unterstrichen wird, indem sie Abreden, die auf eine Nichtkündigung abzielen, schlichtweg – aber doch etwas übertrieben[25] – als vergeblich (Pomponius in Ulpian D 17.2.14: *frustra hoc convenire*)[26] oder überflüssig (Paulus D 17.2.17.2: *nihil attinet de renuntiatione cavere*)[27] qualifizieren.[28] Der bei den *bonae fidei iudicia* gegebene Spielraum bei der Festlegung der Vertragspflichten ermöglicht es eben dem *iudex* bzw den Juristen, einerseits Einschränkungen der Kündigungsmöglichkeiten bei doloser bzw unzeitgemäßer Kündigung anzunehmen, auch wenn kein *pactum ne abeatur* geschlossen worden war, sowie andererseits auch trotz

---

25 Übertrieben deshalb, weil selbst dann, wenn aus der *bona fides* zusätzliche Kündigungsmöglichkeiten (*ex necessitate*) oder Einschränkungen (keine dolose oder intempestive Kündigung) abgeleitet werden können, eine konkret getroffene Kündigungsregelung als solche sicherlich beachtlich bleibt. Aus der Tatsache heraus, daß sie unter Umständen aufgrund übergeordneter Wertungsgesichtspunkte nicht (zur Gänze) Anwendung findet, kann man nicht ihre Bedeutungslosigkeit schlechthin ableiten.

26 Ulpian 30 ad Sab D 17.2.14: *Si convenerit inter socios, ne intra certum tempus communis res dividatur, non videtur convenisse, ne societate abeatur. quid tamen si hoc convenit, ne abeatur, an valeat? eleganter Pomponius scripsit frustra hoc convenire: nam et si non convenit, si tamen intempestive renuntietur societati, esse pro socio actionem. sed et si convenit, ne intra certum tempus societate abeatur, et ante tempus renuntietur, potest rationem habere renuntiatio. nec tenebitur pro socio qui ideo renuntiavit, quia condicio quaedam, qua societas erat coita, ei non praestatur: aut quid si ita iniurisosus et damnosus socius sit, ut non expediat eum pati?*

27 Paulus 6 ad Sab D 17.2.17.2: *In societate autem coeunda nihil attinet de renuntiatione cavere, quia ipso iure societatis intempestiva renuntiatio in aestimationem venit.*

28 Meiner Ansicht nach geht es den römischen Juristen in dieser Frage zunächst darum, aus dem Standard der *bona fides* heraus einen flexibleren Beurteilungsrahmen zu gewinnen, als er aus der konkreten Formulierung der Societas-Verträge, die etwa Kündigungsklauseln enthalten, hervorgehen mag. Aus einer erweiterten Vertragsauslegung heraus, die die vereinbarten Rechte und Pflichten jeweils am materiellen Gerechtigkeitsstandard der *bona fides* mißt, welche als Grundlage jedes Societas-Vertrages angesehen wird, erscheint so etwa auch eine vorzeitige Kündigung uU als der *bona fides* entsprechend gerechtfertigt. Um diese Interpretation aber entgegen einem anderweitigen Wortlaut der konkreten Societas-Abreden vertreten zu können, wird von den Juristen ein (nur aus der *bona fides* und der „immanenten Teleologie" des Societas-Rechts ableitbares) Reglement postuliert, welches die konkret getroffenen Kündigungsregeln ergänzt und teilweise konterkariert. In dem dabei zutagetretenden Grundzug, aus einer juristischen Werteordnung (*bona fides*) heraus übergeordnete Gesichtspunkte der Vertragsauslegung und -ergänzung zu gewinnen, manifestiert sich eine Tendenz der römischen Jurisprudenz, die für die kontinentaleuropäische Jurisprudenz bis heute (über Treu-und-Glauben-Bestimmungen, Rechtsmißbrauchverbote etc) bestimmend geblieben ist und diese von der stärker am konkreten Vertragstext ausgerichteten (und insofern „positivistischeren") anglo-amerikanischen Rechtstradition unterscheidet.

Vorliegens einer solchen Kündigungsbeschränkung in besonders berücksichtigungswürdigen Fällen eine vorzeitige Kündigung zuzulassen.

Die Tendenz, trotz konkreter Befristung autonomen Wertungsentscheidungen der Jurisprudenz gegenüber einer bloß wörtlichen Befolgung konkreter Klauseln Raum zu verschaffen, könnte auch erklären, warum Paulus D 17.2.65.6 bei einer *societas in tempus coita* für die Zeit nach Ablauf der Befristung die *societas* nicht einfach erlöschen läßt, sondern hervorhebt, daß es ab diesem Zeitpunkt jedem *socius* freistehe, von der *societas* zurückzutreten, da diesfalls die *renuntiatio* nicht als dolos anzusehen sei.[29]

Dies dürfte aber nicht damit zu erklären sein, daß die Beendigung einer *societas* durch Fristablauf noch in der Spätklassik schlechthin unmöglich war,[30] sondern es dürfte vielmehr die Überlegung dahinterstehen, daß, wenn die *socii* trotz Ablauf der Zeit die Gesellschaft weiterführen, darin nicht der konkludente Abschluß einer neuen *societas* zu sehen ist, sondern ein Weiterbestehen der alten (freilich nun mit freier Kündbarkeit). Daß dagegen beim Tod eines *socius* und dem Weiterführen der *societas* durch die *reliqui* eine *nova societas* angenommen wird,[31] ergibt sich daraus, daß mit dem Tod des *socius* ein Sachverhalt vorliegt, welcher – anders als eine Befristung – nicht in der Dispositionsfreiheit der Gesellschafter steht und sich dabei auch die Zusammensetzung der *societas* ändert.

---

29 Paulus 32 ad ed D 17.2.65.6: *Item qui societatem in tempus coit, eam ante tempus renuntiando socium a se, non se a socio liberat: itaque si quid compendii postea factum erit, eius partem non fert, at si dispendium, aeque praestabit portionem: nisi renuntiatio ex necessitate quadam facta sit. quod si tempus finitum est, liberum est recedere, quia sine dolo malo id fiat.*

30 KNÜTEL, Contrarius consensus (1968) 131 und 131 Fn 42, vermutet, daß die besondere Auslegung der Klausel mit einer „Befristungsfeindlichkeit der societas" zusammenhängt, welche dazu geführt habe, daß man selbst bei Erwerbs- und Gelegenheitsgesellschaften „noch nicht zur Ausformung eines Auflösungskonsenses gelangt war". Warum bei einem Vertrag, bei dem die einseitige freie Kündigungsmöglichkeit gegeben ist (*liberum est recedere*) die einvernehmliche Beendigung durch Fristablauf unmöglich sein soll, erscheint aber schwer verständlich.
Möglicherweise ging es Paulus aber bloß darum, die Beschränkung der freien Kündbarkeit während der „Sperrfrist" hervorzuheben; seine Formulierung *societas in tempus coita* könnte folglich auf beide Formen der Befristung (sowohl die von vornherein terminisierte *societas* als auch jene mit einem *pactum ne a societate intra certum tempus abeatur*) zu beziehen sein.

31 Vgl Gaius Inst 3.152 f.

b) Bedingte societates

Die Erwähnung der Möglichkeit des Abschlusses eines Gesellschaftsvertrags *sub condicione* in D 17.2.1 pr wurde vielfach für interpoliert gehalten, da doch erst Justinian in einer Reformkonstitution C 4.37.6 klargestellt habe, daß der Abschluß einer *societas* von einer Bedingung abhängig gemacht werden kann:

> *Sancimus societatem contrahi posse non solum pure, sed etiam sub condicione: voluntates etenim legitime contrahentium omnimodo conservandae sunt.*

In der Motivation dieser Konstitution heißt es, daß diese Frage bei den *veteres* unterschiedlich entschieden wurde. Es wäre nun zwar nicht erstaunlich, wenn die Kompilatoren am Ende der Aufzählung des Paulus *vel sub condicione* eingefügt hätten, um den Inhalt der Justinianischen Reformkonstitution in die Digesten zu bringen; genausogut mag aber Paulus zu jener Gruppe gehört haben, die den bedingten Abschluß befürwortet haben. Aus dem Inhalt der Aufzählung läßt sich jedenfalls kein zwingendes Argument für eine Interpolation ableiten: Zunächst geht es um den unbedingten Abschluß auf unbeschränkte Zeit (*in perpetuum*) bzw auf beschränkte Zeit (*ad tempus*), dann um einen befristeten Abschluß (*ex tempore*) und schließlich um die Bedingung (*sub condicione*). Dabei führt die Ähnlichkeit von Befristung und (aufschiebender) Bedingung, bei denen jeweils der Vertrag ab einem späteren sicheren (Befristung) oder unsicheren (Bedingung) Ereignis in Wirkung gesetzt wird, dazu, den Fall des bedingten Abschlusses mitzunennen.[32]

Als Grund für die „Bedingungsfeindlichkeit" der *societas* nach Ansicht der Klassiker (und Argument für die diesbezügliche Interpolation von D 17.2.1 pr) wurde die ursprüngliche Struktur der *legis actio* angenommen, mittels der die *societas ad exemplum fratrum* nach dem Bericht des Gaius zustandekam.[33] Dazu ist darauf hinzuweisen, daß nicht nur bei der *societas*, sondern auch bei den Konsensualkontrakten *emptio venditio* und *locatio conductio* die Bedingungsfähigkeit lange Zeit umstritten war (vgl Gaius Inst 3.146).[34] Schließlich kann ein weiteres Argument für die Echtheit des *vel sub condicione* aus GUARINOS Beobachtung[35] gewonnen werden, daß *actus legitimi*

---

[32] Für Zulässigkeit bedingter *societates* jüngst auch NELSON/MANTHE, Gai Institutiones III 88 - 181 (1999) 307.

[33] ARANGIO-RUIZ, Società (1950) 122 ff.

[34] WATSON, The Law of Obligations in the later Roman Republic (1965) 130. Seine eigene Erklärung der Bedingungsfeindlichkeit mit der Möglichkeit der jederzeitigen Kündigung der *societas* durch einen Gesellschafter ist allerdings auch wenig überzeugend.

[35] GUARINO, Societas consensu contracta (1972)15 Fn 46.

nicht nur bedingungs-, sondern auch befristungsfeindlich waren, wie aus Papinian D 50.17.77 (*...non recipiunt diem vel condicionem*) folgt, sodaß auch ein befristeter Gesellschaftsvertrag hätte unzulässig sein müssen.

Wenig überzeugend erscheint indes die Argumentation von SCHINDLER, der die Problematik der Bedingungsfeindlichkeit der *societas* mit der angeblich nachklassischen Konzeption des *animus contrahendae societatis* in Zusammenhang bringt.[36] Erstens geht SCHINDLER dabei von der sog Animus-Lehre aus, die heute als überholt anzusehen ist; zweitens aber müßte sich ein Argument gegen die Zulassung eines bedingten Vertragsabschlusses aufgrund des Abschluß-Konsens-Erfordernisses nicht nur auf die *societas*, sondern auch auf die anderen Konsensualverträge beziehen. Überlegenswert ist hingegen, ob nicht das spezifische Erfordernis des *consensus perseverans* bei der *societas* Zweifel an der Bedingungsfähigkeit bei den *veteres* ausgelöst haben mag: aufgrund der prinzipiellen freien Kündigungsmöglichkeit könnte man meinen, eine *a priori*-Sicherstellung von Rechtsverhältnissen im Hinblick auf zukünftige ungewisse Ereignisse durch einen bedingten *societas*-Vertrag sei sinnlos. Da die Kündigungsmöglichkeit aber - wie immer man sie im Einzelnen beurteilt - nach der Kasuistik keineswegs unbeschränkt war, sondern durch spezielle Abreden sowie allgemein durch die *bona fides* beschränkbar bzw beschränkt, kommt einem bedingten Abschluß sehr wohl Funktion zu.

Einen Beleg für eine unter einer Bedingung abgeschlossene *societas* bietet Ulpian 31 ad ed D 17.2.52.11:

> *Si qui societatem ad emendum coierint, deinde res alterius dolo vel culpa empta non sit, pro socio esse actionem constat. plane si condicio sit adiecta „si intra illum diem veniret", et dies sine culpa socii praeterierit, cessabit actio pro socio.*

Der Text geht zunächst von einer *societas ad emendum* hinsichtlich einer bestimmten Sache aus. Unterbleibt der Ankauf der Sache aus Verschulden (*dolus* oder *culpa*) des einen *socius*, haftet er dem anderen aus der *actio pro socio*. Daran schließt die hier interessierende Variante, daß der Societas-Vertrag unter der Bedingung geschlossen wurde, daß bis zu einem bestimmten Tag die Sache zum Verkauf ansteht: verstreicht dieser Tag, wobei der Kauf ohne Verschulden des *socius* unterbleibt, so gibt es keinen Anspruch aus dem Gesellschaftsvertrag.

Fraglich ist, warum hier von Ulpian im zweiten Satz eigens auf die Klausel „*si intra illum diem veniret*" eingeht. Nachdem er bereits zunächst als feststehend (*constat*) die Entscheidung qualifiziert, daß bei schuldhaftem Nichtkauf eine Haftung besteht, erscheint die *e contrario*-Aussage, daß bei

---

[36] SCHINDLER, Justinians Haltung zur Klassik (1966) 233 ff.

nicht schuldhaftem Unterbleiben des Kaufs keine Haftung besteht, selbstverständlich. Der zweite Satz gewinnt aber eine eigenständige Kontur, wenn man ihm die zusätzliche Information entnimmt, daß bei einem unter Bedingung des Ankaufs der Sache bis zu einem bestimmten Tag stehenden Gesellschaftsvertrag die Verpflichtung, den Ankauf vorzunehmen, auch nur bis zu diesem Tag besteht. Implizit wird damit ausgedrückt, daß nach (schuldlosem) Verstreichen des *dies* eine weitergehende Verpflichtung der *socii* nicht mehr besteht.[37]

c) Die Gliederung bei Modestin D 17.2.4

Von manchen Autoren wurde auch Modestin 3 regul D 17.2.4 für eine Aufzählung unterschiedlicher societas-Formen gehalten:

Societatem coire et re et verbis et per nuntium posse nos dubium non est.

Insbesondere die Anhänger der Lehre einer eigenen *societas re contracta* sahen hierin einen Beleg für die Existenz des von ihnen postulierten societas-Realkontrakts. Schon ARANGIO-RUIZ hat allerdings völlig zu Recht darauf hingewiesen, daß es hier überhaupt nicht um eine Aufzählung unterschiedlicher Gesellschaftsformen geht, sondern vielmehr um die verschiedenen Möglichkeiten, den Konsens beim Konsensualkontrakt *societas* auszudrücken. Dieser mag nicht nur ausdrücklich durch Worte (*verbis*) oder durch Boten (*per nuntium*) erklärt werden, sondern kann auch – wir würden heute sagen: konkludent – durch die Hingabe einer Sache zum Ausdruck gebracht werden.[38]

---

[37] Zugleich bietet der Text einen Beleg für die sog Erfüllungsfiktion. Aus dem zweiten Satz von D 17.2.52.11 ergibt sich *e contrario*, daß jener *socius*, der den Kauf hätte vornehmen müssen und schuldhaft den Tag ohne (möglichen) Ankauf verstreichen läßt, dem anderen haftet; zur Nichterfüllungsfiktion allgemein KNÜTEL, Zur sogenannten Erfüllungs- und Nichterfüllungsfiktion bei der Bedingung, JBl 1976, 613 ff.

[38] ARANGIO-RUIZ, Società (1950) 58 f, unter Hinweis auf D 2.14.2 pr, wo *re* ebenfalls für das Zustandekommen einer *conventio* verwendet wird.

2. Gliederung nach dem Umfang bzw nach dem Geschäftsgegenstand

Als ein Beispiel für eine Gliederung nach dem Umfang der Gesellschaft ist zunächst die den Abschnitt zur *societas* in den Gaius-Institutionen einleitende Passage Gaius Inst 3.148 anzuführen:

> *Societatem coire solemus aut totorum bonorum aut unius alicuius negotii, veluti mancipiorum emendorum aut vendendorum.*

Entgegen dem Eindruck, den die Gegenüberstellung *aut totorum bonorum aut unius alicuius negotii* erweckt, handelt sich hiebei aber um keine erschöpfende Kategorisierung[39], vielmehr hebt Gaius die umfassende *societas totorum bonorum* einerseits[40] sowie die *societas unius alicuius negotii* als bloße Beispiele hervor, wobei er für letztere eine Gesellschaft zum Handel mit Sklaven (*mancipia*) anführt. Dabei geht es Gaius wohl um die Unterscheidung von Universal- und Partikulargesellschaften: Im einen Fall eine *societas* mit Einbeziehung des gesamten Vermögens der *socii*, im anderen Fall der Betrieb eines gemeinsamen Geschäftes mit einem bloß auf den Gesellschaftszweck bezogenen gemeinsamen Gesellschafts-Vermögen der *socii* (oder allenfalls gar keinem Gesellschaftsvermögen).

Gewisse Abweichungen gegenüber der Fassung der Gaius-Instituionen sind in dem korrespondierenden Text I 3.25 pr feststellbar:

> *Societatem coire solemus aut totorum bonorum, quam Graeci specialiter* koinopraxian *appellant, aut unius alicuius negotiationis, veluti mancipiorum emendorum vendendorumque, aut olei vini frumenti emendi vendendique.*

Wiederum erscheint auf der einen Seite die *societas totorum bonorum*, aus der *societas unius alicuius negotii* bei Gaius Inst 3.148 wird hier aber eine *societas unius alicuius negotiationis*, wobei als Beispiel wiederum der Handel mit Sklaven, aber auch jener mit Öl, Wein und Getreide angeführt wird.[41] Die Formulierung bei Gaius (*societas unius alicuius negotii*), die auf ein bestimmtes

---

39 ARANGIO-RUIZ, Società (1950) 120.

40 BIANCHINI, Studi sulla societas (1967) 29 ff, 50 ff, unterscheidet – wenig überzeugend – zwischen einer *societas omnium bonorum iuris civilis*, welche durch einen solennen Akt zustandegekommen sein soll und der *societas totorum (universorum) bonorum*, die dem *ius gentium* entstamme. Kritisch zu BIANCHINI unter anderem BONA, Società universale e società questuaria generale in diritto romano, SDHI 1967, 366 ff; CORNIOLEY, L' „aliud genus societatis", Index 1 (1970) 306 ff, KASER, Neue Literatur zur „societas", SDHI 1975, 286 Fn 31.

41 Ähnlich auch Gaius Epitome II 9,16: *Societatem inire possumus aut omnium bonorum aut unius alicuius negotiationis.*

negotium abstellt, könnte zunächst (ähnlich wie der Ausdruck *societas unius rei*) im Sinne einer einzelnen gemeinsamen Transaktion verstanden werden, während *negotiatio* von vornherein an einen laufenden Geschäftsbetrieb mit einer Vielzahl von einzelnen Umsatzgeschäften denken läßt. In ähnlicher Weise wie der Ausdruck „Geschäft" bezeichnet aber *negotium* nicht nur eine Angelegenheit bzw ein Rechtsgeschäft, sondern auch einen Geschäftsbetrieb zum Zweck von Handel und Gewerbe.[42] Die nähere Ausführung von Gaius, der als Beispiel für das *negotium* eine *societas mancipiorum emendorum aut vendendorum* bringt, zeigt ebenfalls, daß kein sachlicher Unterschied zwischen *negotium* und *negotiatio* besteht.[43]

Die umfassendste Aufzählung von „Gesellschaftstypen" findet sich schließlich bei Ulpian 31 ad ed D 17.2.5 pr:

> *Societates contrahuntur sive universorum bonorum sive negotiationis alicuius sive vectigalis sive etiam rei unius.*

Ulpian nennt die *societas universorum bonorum*, die *societas negotiationis alicuius*, die *societas vectigalis* und die *societas rei unius*. Dabei läßt sich sowohl eine Gliederung in quantitativer als auch in qualitativer Hinsicht feststellen. Im Hinblick auf den Umfang des von der *societas* erfaßten Gesellschaftszweckes und -umfanges finden wir eine Abstufung von der umfassenden Vermögensgemeinschaft (*societas universorum bonorum*) über den gemeinsamen Betrieb eines „Unternehmens" (*societas negotiationis alicuius*) hin zur Gelegenheitsgesellschaft für ein einzelnes Rechtsgeschäft (*societas rei unius*).

Die Erwähnung der *societas vectigalis* geschieht hingegen offenbar aufgrund der dieser Gesellschaftsform inhärenten Besonderheiten, die sich aus dem Zusammenhang mit dem *ius publicum* ergeben. Vom bloßen Umfang her könnte man die *societas vectigalis* hingegen als eine *societas negotiationis* oder eine *societas unius rei* begreifen.

Als moderner Jurist ist man geneigt, angesichts des ulpianischen Katalogs von Gesellschaftsformen die Frage stellen, ob dieser denn taxativ ist, und darüber hinaus danach zu suchen, wie denn im klassischen römischen Recht im einzelnen die Abgrenzung zwischen den unterschiedlichen *societates*

---

42 Vgl nur HEUMANN/SECKEL, Handlexikon, s.v. negotium 1.c).

43 Vgl etwa auch Scaevola 22 dig D 33.7.7, wo *negotium* synonym zu *negotiatio* im Sinne von Handelsgeschäft, und zwar im konkreten eine *taberna ferraria*, dh eine Eisenwarenhandlung, verwendet wird; zu dieser Stelle siehe WAGNER, Zur wirtschaftlichen und rechtlichen Bedeutung der Tabernen, Studi Biscardi 3 (1982) 391 (418 f). Als Synonym zu *negotiatio* findet sich *negotium* auch bei Scaevola 2 resp D 26.7.47.6 und bei Ulp 6 ad ed D 3.2.4.2.

aussah. Beide Fragestellungen sind im antiken Kontext jedoch nur beschränkt möglich.[44]

Zum einen ist daran zu denken, daß sowohl die Gliederung des Gaius als auch jene des Ulpian[45] wohl als Beispiele von Definitionen durch *partitio* (und nicht durch *divisio*) zu verstehen sind[46]. Im Gegensatz zur *divisio*, bei der der als *genus* aufgefaßte Gegenstand der Definition in seine Arten (*species*, *formae*) unterteilt wird, stellt eine *partitio* bloß eine Aufzählung von Teilen dar. Handelt es sich beim Objekt einer *partitio* aber um eine *res infinita*, so muß die Aufzählung der Teile nach der antiken Definitionslehre nicht vollständig sein[47]. Um eine *res infinita*, für die NÖRR als Beispiele aus dem juristischen Bereich *stipulationum et iudiciorum formulae* nennt, handelt es sich auch bei den verschiedenen Arten von *societates*, da den Parteien bei der Vereinbarung des Gesellschaftsvertrages eine weite Gestaltungsmöglichkeit eingeräumt ist, die eine vollständige Erfassung ihrer Typen von vornherein nicht zuläßt.[48]

Die in der ulpianischen Definition angeführten „Typen" von *societates* stellen darüberhinaus keine präzise festgelegten Gesellschaftsformen dar, sondern geben lediglich Grundmuster wieder, die ihrerseits in der konkreten Vertragspraxis unterschiedliche Ausprägungen erfahren. So gibt es etwa bei der *societas universorum bonorum* neben jener Form, bei der das gesamte gegenwärtige und zukünftige Vermögen vergemeinschaftet wird, vermutlich auch Formen, bei denen hinsichtlich des zukünftigen Vermögens nur bestimmte Erwerbsarten in die *societas* einzubringen sind (dazu ausführlicher unten). In der Folge soll ausgehend von den bei Ulpian D 17.2.5 pr genannten „Typen" das Spektrum der römischen Societas-Formen anhand der quellenmäßig belegten Fälle präsentiert werden.

---

44 Deshalb ist auch gegenüber der These KASERS, SDHI 1975, 291, daß die bei Ulp D 17.2.5 pr angeführten Arten von *societates* als jene Blankettworte zu identifizieren seien, welche in der *demonstratio* der Formel der *actio pro socio* angeblich genannt werden mußten, Skepsis anzumelden.

45 So auch TALAMANCA, Costruzione giuridica e strutture sociali fino a Quinto Mucio, in: Società romana e produzione schiavistica III. Modelli etici, diritto e trasformazioni sociali (1981) 334 Fn 121.

46 Zur antiken Unterscheidung von *divisio* und *partitio* am Beispiel der Rechtsquellenkataloge der römischen Juristen NÖRR, Divisio und partitio. Bemerkungen zur römischen Rechtsquellenlehre und zur antiken Wissenschaftstheorie (1972).

47 NÖRR, Divisio (1972) 21.

48 Vgl dazu die Aussage Ulpians 30 ad Sab D 19.5.4: *Natura enim rerum conditum est, ut plura sint negotia quam vocabula. Lenel*, Palingenesia II (1889) Ulpian Nr.2747, stellt dieses Fragment in den Kontext der Erörterungen zur Societas im 30. Buch ad Sabinum.

C. Societates universorum

Vor der Erörterung der *societas omnium bonorum* und anderer Formen von Universalgesellschaften, die durch Konsensualvertrag begründet werden (dazu unten 2.), erscheint es aber geboten, die altrömische Hauserbengemeinschaft (*consortium* = *societas ercto non cito*[49]) und das ältere sog Wahlkonsortium (*societas ad exemplum fratrum suorum*) in struktureller Hinsicht zu durchleuchten (dazu sogleich 1.).

Das *consortium* weist einerseits zweifellos Besonderheiten gegenüber dem Konsensualvertrag *societas* auf, steht aber andererseits mit diesem - zumindest über die *societas omnium bonorum* - in einem engen entwicklungsgeschichtlichen Zusammenhang, welcher auch auf die Typologie der Societas-Formen der Klassik noch Rückwirkungen zeitigt.

1. Die altrömische Hauserbengemeinschaft ercto non cito

a) Die Überlieferung

Unsere Kenntnisse des altrömischen *consortium ercto non cito* verdanken wir vor allem einem ägyptischem Papyrusfund aus dem Jahr 1933, bei dem unter anderem ein im Veroneser Manuskript nicht überliefertes Stück aus den Gaius-Institutionen zutagetrat. Der von ARANGIO-RUIZ edierte[50] Text des sog Gaius von Antinoe[51] schließt unmittelbar an den bis dahin bekannten Text von Gaius Inst 3.154 an, wo davon die Rede ist, daß eine private oder öffentliche *venditio bonorum* (dh der Konkurs) eines *socius* die *societas* beende, was aber nur für die *societas, quae nudo consensu contrahitur* gelte, welche ein Institut des *ius gentium* darstelle. Daraus konnte man schon vor der neuent-

---

49 NELSON/MANTHE, Gai Institutiones III 88 - 181 (1999) 536 f, weisen zurecht darauf hin, daß an sich der gaianische Ausdruck *societas ercto non cito* gegenüber der vermutlichen späteren Bezeichnung consortium vorzuziehen sei. Dennoch wird in der Folge die übliche rechtshistorische Terminologie, in der für die altrömische Hauserbengemeinschaft der Ausdruck *consortium* verwendet wird beibehalten, um unnötige Verwirrungen zu vermeiden.

50 ARANGIO-RUIZ, Frammenti di Gaio, in: Papiri greci e latini, Bd XI Nr. 1182 (PSI = Pubblicazioni della Società Italiana per la ricerca dei papiri in Egitto) (1935) IX f, 1 - 52; zur Editionsgeschichte vgl auch LEVY, Neue Bruchstücke aus den Institutionen des Gaius, ZRG-RA 1934, 258 ff; COLLINET, Les nouveaux fragments de Gaius, RHD 13 (1934) 96 ff; NELSON/MANTHE, Gai Institutiones III 88 - 181 (1999) 7 ff.

51 Nach Angaben des Verkäufers des Papyrus soll dieser aus dem antiken Antinoupolis, einer griechischen Stadt in Mittelägypten stammen.

deckten Quelle *e contrario* ableiten, daß es neben der *societas iuris gentium* noch eine andere Art der Gesellschaft gegeben haben dürfte. Auch einige andere Belege sprachen dafür, neben der *societas iuris gentium* – und möglicherweise als deren Vorstufe – eine Gesellschafts- bzw Gemeinschaftsform des altrömischen *ius civile* anzunehmen. So berichtet etwa Gellius in den Mitte des 2. Jahrhunderts nach Christus entstandenen Noctes Atticae I.9.12 davon, daß die Jünger des Pythagoras ihr gesamtes Hab und Gut vergemeinschaftet hätten (*quod quisque familiae pecuniaeque habebat in medium dabat*) und dabei eine *societas inseparabilis* eingegangen wären. Mit dieser *societas* der pythagoräischen Jünger vergleicht[52] Gellius eine andere Gesellschaftsform, welche er als *anticum consortium, quod iure atque verbo romano appellabatur „ercto non cito"*[53] bezeichnet:

> *Sed id quoque non praetereundum est, quod omnes, simul atque a Pythagora in cohortem illum disciplinarum recepti erant, quod quisque familiae pecuniaeque habebat in medium dabat et coibatur societas inseparabilis, tamquam illud fuit anticum consortium, quod iure atque verbo Romano appellabatur „ercto non cito".*

Der Ausdruck *societas inseparabilis* bedeutet wohl nicht, daß die altrömische Hauserbengemeinschaft schlechthin nicht mehr aufgelöst werden konnte. Eine einvernehmliche Auflösung dürfte zumindest beim *consortium ercto non cito* möglich gewesen sein. Was die klageweise Durchsetzung eines Teilungsbegehrens anbelangt, so kann das *consortium ercto non cito* jedenfalls seit der XII-Tafelzeit durch *actio familiae erciscundae* geteilt werden. Eine Teilungsmöglichkeit wird von manchen auch schon für die von Gellius geschilderte Zeit vermutet.[54] So sah schon PERNICE in der *societas inseparabilis* „eine reine

---

52 Nach ALBERTARIO, Appunti sul consorzio familiare romano, Rivista del diritto comm. 32 (1934) 227, RABEL, Erbengemeinschaft (1934) 207, und WIEACKER, Societas (1936) 154, ist die *inseparabilis societas* des Gellius und das nachgeformte *consortium* des Gaius identisch. Streng genommen vergleicht Aulus Gellius allerdings bloß die pythagoräische *inseparabilis societas* mit dem antiken *consortium* (*tamquam illud fuit*), sodaß beide durchaus auseinanderzuhalten sind (in diesem Sinn auch GAUDEMET, Communautés familiales (1963) 74 f Fn 83). Ausführlich zum Verhältnis *consortium/societas inseparabilis* nunmehr TONDO, Atti Toscana (1975) 199 ff (kritisch dazu aber TALAMANCA, ED 42 (1990) 817 Fn 29).

53 Dazu WIEACKER, Societas (1936) 105 f, 154 f, 206.

54 Vgl etwa WIEACKER, Societas (1936) 105 Fn 2; ausführlich MASCHI, Disertiones (1935) 5 ff mit Nachweisen zur gegenteiligen älteren Auffassung. RABEL, Erbengemeinschaft und Gewährleistung, Mnemosyna Pappulias (1934) 207 = Gesammelte Aufsätze IV, 568, weist darauf hin, daß es hier um ein Wahlkonsortium gehe, und dieses vor der vertraglich festgesetzten Zeit (seiner Ansicht nach erst nach dem ersten Todesfall unter den Genossen)

Redensart"[55]. Die Bezeichnung als *inseparabilis* könnte aber – sofern man ihr doch eine technische Bedeutung zusinnt[56] – auch darauf anspielen, daß das Vermögen beim *anticum consortium* nicht (wie bei der Miteigentumsform des *condominium* der klassischen *societas omnium bonorum*) in selbständige Anteile geteilt ist und deshalb als *inseparabilis* im Sinn von „(unaufgeteilt und) gar nicht in einzelne ideelle Teile aufteilbar" bezeichnet wird,[57] ohne daß damit eine Beendigung der Gemeinschaft als solche ausgeschlossen wäre.

Über das *consortium ercto non cito*, für das es neben der erwähnten Stelle in den Noctes Atticae zunächst nur noch spärliche andere Hinweise[58] gab,

---

nicht aufgelöst werden könne, wohingegen das *sui-consortium* jederzeit durch *actio familiae erciscundae* auflösbar gewesen sei.

55 PERNICE, ZRG-RA 3 (1882) 72; diesem zustimmend ALBANESE, APal 20 (1949) 179, der darauf verweist, daß man auch von einer „unzertrennbaren Freundschaft" spricht, ohne daß dies technisch zu verstehen sei.

56 Vgl ARICÒ ANSELMO, Societas inseparabilis, APal 46 (2000) 77 ff (83), derzufolge vor der Einführung der *actio familiae erciscundae* durch die XII Tafeln die Erbengemeinschaft tatsächlich unauflöslich gewesen sein soll. Wenig überzeugend ist aber ARICÒ ANSELMOS These (ebenda 101 ff), daß auch die Einführung des *iudicium familiae erciscundae* nicht zu einer Beendigung der Erbengemeinschaft geführt habe, sondern bloß intern einzelne Sachen in das Alleinverfügungsrecht eines consors zugewiesen haben.

57 So zutreffend BISCARDI, La genesi della nozione di comproprietà, Labeo 1 (1955) 163: *inseparabilis* bezeichne „ciò che non si puo pensare come diviso, anche solo idealmente, in parti ... nel senso di non quotazzibile". Vgl auch die Formulierung von BANNON, Brothers of Romulus (1997) 23: „property is inseparable in that it is owned collectively by its members", die – ohne daß die Autorin freilich auf die juristischen Probleme näher einginge – das Wesentliche erfaßt.

58 Weitere Quellen, die – zT *e contrario* – Anspielungen auf eine vom Konsensualvertrag *societas* unterschiedene altrömische Gesellschaftsform *consortium/societas ercto non cito* enthalten: Cicero, Pro Quinct. 24.76; Ulp./Pap. D 17.2.52.8; Pomp. D 44.7.57; Gai 3.154; sowie das Stephanos-Scholion Heimbach I, 753, auf das PRINGSHEIM, ZRG-RA 45 (1925) 491 aufmerksam machte.
Weiters ist hinzuweisen auf: Fest., s. v. *sors* (p. 381 L.): *Sors et patrimonium significat. Unde consortes dicimus*; Fest., s.v. *disertiones* (p. 63 L.): *Disertiones divisiones patrimoniorum inter consortes*; Fest., s. v. *erctum citumque* (p. 72 L.): *Erctum citumque fit inter consortes, ut in libris legum Romanorum legitur ...*; Cic. Verr. 2.3.57; Cic. de orat. 1.56.237; Cic. Flacc. 35; Liv. 41.27.2; Val.Max., 4.4.8; Vell. 1.10.6; Serv. Aen 8.642; Plin. epist. 8.18 (*consors frater*); Varro ling. 6.65 (s.v. *conserere manu*); Quint. inst. V, decl. 321.
Aus solchen Hinweisen schloß WIEACKER, Societas (1936) 106 ff, noch vor dem neuen Gaiusfund auf die ungeteilte Erbengemeinschaft als frührömische Urform der *societas*. Schon vor WIEACKER hatte etwa PERNICE, Labeo 1, sowie DERSELBE, ZRG-RA 3 (1882) 65 ff, das *consortium* als Vorbild der *societas omnium bonorum* angesehen; die Erwerbsgesellschaft hat sich nach PERNICE demgegenüber „selbständig aus dem Handelsverkehr entwickelt" (ZRG-RA 3 (1882) 66; vgl auch (allerdings kritisch zu PERNICE) DEL CHIARO, Le contrat de société (1928) 14 - 18 Fn 1.

enthielt der in den 1930er Jahren unerwartet aufgetauchte Gaiusfund wertvolle neue Informationen:

> Gaius Inst 3.154 a: *Est autem aliud genus societatis proprium civium Romanorum. olim enim mortuo patre familias, inter suos heredes quaedam erat legitima simul et naturalis societas, quae appellabatur „ercto non cito", id est dominio non diviso: „erctum" enim dominium est, unde „erus" dominus dicitur; „ciere" autem dividere est: unde „caedere" et secare et dividere dicimus.*

> Gaius Inst 3.154 b: *Alii quoque qui volebant eandem habere societatem, poterant id consequi apud praetorem certa legis actione. in hac autem societate fratrum <suorum> ceterorumve, qui ad exemplum fratrum suorum societatem coierint, illud proprium erat, quod vel unus ex sociis communem servum manumittendo liberum faciebat et omnibus libertum adquirebat: item unus rem communem man<cipando eius faciebat qui mancipio accipiebat>...*

Anschließend an seine Erörterung des Konsensualvertrages *societas* beschreibt Gaius eine andere Art der Gesellschaft, welche nicht auf dem *ius gentium* beruht, sondern auf dem *ius proprium Romanorum*. Einst habe es[59] nach dem Tod des *pater familias* unter den *sui heredes*[60] eine *legitima simul et naturalis societas* gegeben, welche *ercto non cito* geheißen habe. Der Name wird von Gaius damit in Zusammenhang gebracht, daß das Eigentum (*"erctum" enim dominium est, unde "erus" dominus dicitur*)[61] noch nicht aufgeteilt sei (*"ciere" autem dividere est, unde "caedere" et "secare"*). Aus der – philologisch allerdings hinsichtlich der Erklärung von *erctum* nicht korrekten[62] – Etymologie ist

---

[59] Aus diesem Fortgang des Textes ergibt sich auch, daß die Präsensform am Beginn des Exkurses (*est autem aliud genus societatis proprium*) keinen Beleg dafür gibt, daß es sich dabei um ein noch in Geltung befindliches Institut handelt, sondern um eine Art historisches Präsens, welches für eine bloß konzeptuelle Gegenüberstellung von *societas* und *consortium ercto non cito* verwendet wird; in diesem Sinn etwa MASCHI, Disertiones (1935) 42 ff; ALBANESE, APal 20 (1949) 164, ARANGIO-RUIZ, Società 42, BONA, SDHI 33 (1967) 368 mwN. Anderer Ansicht zB LEVY, ZRG-RA 54 (1934) 293; KUNKEL, Ann. de la Fac. de Droit d'Istanbul (1954) 74 f; VAN WARMELO, TR 25 (1957) 154 ff; BIANCHINI, Studi (1967) 27 ff, welche ihrerseits das *est* aber nicht auf das antike *consortium* bezieht, sondern auf die von ihr postulierte *societas omnium bonorum iuris civilis*.

[60] Zu den *sui heredes* gehören neben den gewaltunterworfenen Haussöhnen auch die gewaltunterworfenen *filiae familias* sowie die *uxor in manu*; siehe nur KASER, Römisches Privatrecht I (2. Aufl. 1971) 95. Dazu näher unten.

[61] Ähnlich auch Servius, Ad Aen. 8,642 (... *ut est in iure „ercto non cito", id est patrimonio vel hereditate non divisa, nam „citus" cum divisus significat*).

abzuleiten, daß die Erbengemeinschaft *ercto non cito* solange bestand, bis es zu einer Teilung des Nachlasses kam. Diese Aufteilung konnte mittels der – aus anderen Quellen bekannten – *actio familiae erciscundae* angestellt werden, welche nach den XII Tafeln als *actio per iudicis postulationem* zur Verfügung stand, um den Nachlaß unter den Miterben aufzuteilen.[63]

Wenn die Erbengemeinschaft von Gaius als *legitima simul et naturalis societas* qualifiziert wird, so dürfte damit gemeint sein, daß sie schon aufgrund der *lex (duodecim tabularum)*[64] mit dem Tod[65] des *pater familias* entsteht, während die „nachgebildete" *societas ad exemplum fratrum suorum* erst durch einen förmlichen Rechtsakt vor dem Prätor begründet wird. *Naturalis* steht dabei wohl im Gegensatz zu *civilis* im Sinne eines durch einen Rechtsakt des *ius civile* geschaffenen Zustandes. Daß damit (auch) eine Anspielung auf „natürliche Bedürfnisse des Zusammenlebens"[66] oder auf als „natürlich" aufge-

---

62 *Erctum ciere* bedeutet etwa: „eine Teilung veranlassen"; *ercto non cito* folglich „solange keine Teilung vorgenommen wurde" bzw „solange zu keiner Teilung aufgefordert wurde (*divisione non provocata*)".

Zur Etymologie vgl ERNOUT/MEILLET, Dictionaire étymologique de la langue latine (4. Aufl 1967) sv (h)erciscere; WALDE/HOFMANN, Lateinisches Etymologisches Wörterbuch, Bd I (3. Aufl 1938), sv (h)erctum, sowie die zT kontroversen Erörterungen bei ARANGIO-RUIZ, Frammenti di Gaio, in: Papiri greci e latini XI (1935) 35 ff (der aber *erctum* im Sinne von *patrimonium* verstehen möchte), sowie DEVOTO ebenda 52; Levy, ZRG-RA 1934, 277 f; WIEACKER, Societas 186 ff; BESELER, Fruges et Paleae, in: Scritti Ferrini Bd 3 (1948) 281 ALBANESE, APal 20 (1949) 150 ff (weitere Hinweise bei KASER, RP I 99 Fn 31); TONDO, Il consorzio domestico nella Roma antica, Atti e memorie dell'Accademia toscana di scienze e lettere „La Colombaria" (1975) 139 ff; GUTIÉRREZ-MASSON, Del „consortium" alla „societas" (1987) 66 ff sowie nun vor allem NELSON/MANTHE, Gai Institutiones III 88 - 181 (1999) 531 ff.

63 Gai Inst 4.17 a.

64 Statt vieler ARANGIO-RUIZ, Società (1950) 7. Anderer Ansicht hingegen COLLINET, RHD 13 (1934) 102 ff, der aus Varro de l. l. 6,64 (s.v. conserere manu: nam manu<m> <ad>[con]serere dicit consortes) ableitet, daß die Begründung des *consortium* unter den *sui* eines rituellen (außergerichtlichen) Aktes bedurfte, bei dem die Hauserben unter Verwendung solenner Worte gemeinsam einen Gegenstand der Erbschaft ergriffen; dabei habe es sich um einen *actus legitimus* gehandelt, sodaß *societas legitima* eine Anspielung auf diesen feierlichen altzivilen Begründungsmodus darstelle. Das Fehlen jeglichen Hinweises auf einen solchen Begründungsakt bei Gaius spricht aber gegen COLLINETS Deutung.

65 Vgl KASER, Ius gentium (1993) 88, der in *naturalis* eine Anspielung „an den Tod als natürliches Menschenschicksal" sieht.

66 Für ARANGIO-RUIZ, Società (1950) 7, klingt im Ausdruck *naturalis* auch die allgemeinere Bedeutung der „rispondenza ad esigenze ed affetti di natura" an. Daß *naturalis ratio* ansonsten bei Gaius immer im Zusammenhang mit Instituten des *ius gentium* steht, hier aber für eine spezifische Einrichtung des *ius civile* verwendet, sei ein „gioco di parole" des Gaius.

faßte Familienbeziehungen[67] vorliegt, kann freilich nicht ausgeschlossen werden.[68]

b) Das consortium ercto non cito als gesamthandartige Vermögensgemeinschaft

Über die spezifischen Rechtswirkungen des altrömischen *consortium ercto non cito* erfahren wir aus dem Bericht des Gaius, daß die Verfügung eines einzelnen der *socii* Gesamtwirkung auch für die anderen hatte: Läßt einer der *socii* einen Sklaven frei, so ist die Freilassung wirksam und der Freigelassene wird zum *libertus* aller Mitglieder der Gemeinschaft (dh allen kommt die Stellung des *patronus* zu). Dasselbe gilt offenbar, wenn ein *socius* eine gemeinsame Sache manzipiert.[69] Gaius bietet damit Beispiele dafür, daß sowohl die Aufgabe als auch der Erwerb von Rechten durch einen einzelnen jeweils auf die übrigen *consortes* durchschlägt.[70]

Bezüglich der sachenrechtlichen Stellung der Hausgenossen ist das *consortium ercto non cito* als gesamthandartiges Verhältnis zu beschreiben. Im Unterschied zur klassischen *communio pro indivio (condominium)* gibt es keine ideellen Anteile der Einzelnen, sondern alles gehört allen gemeinsam. Verfügungen müssen aber nicht „zur gesamten Hand" (dh notwendigerweise gemeinsam) erfolgen, sondern die Verfügung eines einzelnen Genossen

---

67 Einen Hinweis auf die natürlichen Familienbeziehungen („consortium as an outgrowth of „ natural" family relationships") sieht darin BANNON, Brothers (1997) 17. Sie warnt aber zu Recht davor (aaO 18), davon ohne weiteres auf die tatsächlich vorhandenen Muster des Familenlebens zu schließen.

68 Vgl etwa die Charakterisierung der *sui heredes* als *quodammodo domini* schon zu Lebzeiten des *pater familias* bei Gai Inst 2.157 sowie Paulus 2 ad Sab D 28.2.11.

69 Hier bricht der Text des ägyptischen Papyrus ab; nach DE ZULUETA, Journal of Roman Studies 24 (1934) 178, stand aber noch eine Seite mit einem Raum in der Länge des Textes von *non diviso* bis *mancipando* zur Verfügung, bis dann in Gai Inst 3.155 das Mandat behandelt wird. Nach allgemeiner Auffassung ist der Text in dem Sinne zu ergänzen, daß bei der Manzipation einer Sache durch einen einzelnen Gesellschafter der Erwerber (volles) Eigentum erhalte.
Darüber hinaus könnte Gaius nach der plausiblen Annahme von BONA, SDHI 33 (1967) 370, auch noch explizit erwähnt haben, daß das *consortium* durch *desuetudo* verschwunden sei, wie er dies bei anderen zu seiner Zeit nicht mehr gebräuchlichen Instituten öfters tut (etwa in Gai Inst 1.111 zur *manus*-Begründung durch *usus* oder 2.103 zu den *testamenta calatiis comitiis* und *in procinctu*).

70 Ob allerdings ein einzelner socius auch von Todes wegen allein (unter Umständen auch über das gesamte Vermögen des *consortium ercto non cito*!) verfügen konnte, wie ARICÒ ANSELMO, Societas inseparabilis, APal 46 (2000) 95 f, annimmt, erscheint sehr fraglich.

entfaltet seine Wirkungen auch für die anderen. Insofern ist die Rechtsstellung jedes Genossen mit der eines geschäftsführenden Gesellschafters einer OHG zu vergleichen, welcher am Gesellschaftsvermögen, das im Gesamthandeigentum der Gesellschafter steht, zwar kein Alleineigentum hat, der aber wirksam darüber verfügen kann. Unzutreffend ist aber SOLAZZIS[71] Annahme für das *consortium ercto non cito*, nur ein bestimmter Genosse könne allein Verfügungen treffen, und zwar jener, der – so wie in unserem Vergleich der geschäftsführende OHG-Gesellschafter – eigens als Geschäftsführer bevollmächtigt wurde.[72] Die Gesamtwirkung der Verfügung eines einzelnen beim *consortium ercto non cito* beruht nicht auf einer ausdrücklichen Ermächtigung eines (oder aller) Genossen, sondern ergibt sich offenbar aus der Nahebeziehung und der Vertrauensstellung der im einheitlichen Familienverband lebenden *sui heredes* untereinander. Eine besondere Rolle dürfte dabei die Vorstellung der brüderlichen *pietas* gespielt haben, aus welcher sich soziale Grundmuster der Verwaltung des Familienvermögens ableiten ließen, ohne daß es zu einer rechtlich durchsetzbaren Normierung dieses Standards gekommen wäre.[73]

Als Pendant zur Gesamtwirkung von Verfügungen eines einzelnen *socius* nimmt man an, daß jeder *socius* ein Vetorecht (*ius prohibendi*) gehabt habe.[74] Ein solches Untersagungsrecht[75] findet sich noch später bei der Stellung des

---

71 SOLAZZI, Glosse a Gaio, Studi Riccobono I (1932) 154 ff = Per il XIV centenario della codificazione giustinianea (1934) 448 f; DERSELBE, Note di diritto romano, Atti Accad. Napoli 58 (1937) 87 ff.

72 Überzeugende Kritik an SOLAZZIS These bei ARANGIO-RUIZ, Parerga (1945) 46 ff, sowie DERSELBE, Società (1950) 11 f.

73 Zum *consortium* als „paradigm for fraternal pietas" vgl jetzt BANNON, The brothers of Romulus (1997) 14 ff; zu dem erst spät erfolgenden Prozeß der Verrechtlichung im Bereich der Familie allgemein vgl PAULUS, Die Verrechtlichung der Familienbeziehungen in der Zeit der ausgehenden Republik und ihr Einfluß auf die Testierfreiheit, ZRG-RA 111 (1994) 425 ff.

74 Daß das *consortium* ähnlich wie die römische Magistratur von Kollegialität, einem prinzipiellen Alleinverfügungsrecht sowie einem Interzessionsrecht gekennzeichnet gewesen sei, wurde in der Romanistik zum Teil schon vor Entdeckung von Gai Inst 3.154 a und b vermutet. Siehe etwa FADDA, Consortium, collegia magistratuum, communio, Studi Brugi (1910) 143 ff; BONFANTE, Scritti giuridici III (1931) 376 ff, 402 ff, 429 ff; ALBERTARIO, Appunti sul consorzio familiare romano, Rivista del diritto commerciale 32 (1934) 281; LEVY, ZRG-RA (1934) 281 f; WIEACKER, Societas (1936) 193; FREZZA, L'istituzione della collegialità in diritto romano, Studi Solazzi (1948) 507 ff; ARANGIO-RUIZ, Società (1950) 12; BISCARDI, La genesi della nozione di comproprietà, Labeo 1 (1955) 149.

75 Nicht sehr plausibel ist die Hypothese VAN WARMELOS, Aspects of joint ownership in Roman Law, TR 25 (1957) 167 f, das *ius prohibendi* habe sich aus der *interdictio* des

Miteigentümers bei der (jüngeren) Miteigentumsform der *communio pro indiviso*, wo ein *ius prohibendi* im Hinblick auf Veränderungen an der *res communis* quellenmäßig belegt ist.[76]

Zur Unterstützung der These vom Untersagungsrecht wird in der romanistischen Literatur insbes auf die Parallele bei der Ausübung des *imperium* nach der republikanischen Verfassung hingewiesen, bei dem der umfassenden Amtsgewalt des *consul* (dessen Akte der Mitwirkung des zweiten Kollegen nicht bedürfen) das Vetorecht (*ius intercedendi*) des zweiten Amtsträgers gegenübersteht[77]. Ein Zusammenhang mit der republikanischen Verfassung kann auch darin gesehen werden, daß das Interesse an der gemeinsamen Weiterführung des Nachlasses möglicherweise durch die Zensusvorschriften mitbestimmt war, welche politische Rechte mit einer bestimmten Größe des Vermögens koppelte.[78]

Unter Zuhilfenahme rechtsvergleichender Hinweise auf das germanische Recht stellte Rabel die Hypothese auf, daß es eine Einschränkung der Einzelverfügungsbefugnis in der Weise gegeben habe, daß diese sich nicht auf Liegenschaften erstreckt habe.[79] Dagegen läßt sich allerdings einwenden, daß der nicht vollständige Teil von Gaius Inst 3.154 dort abbricht, wo von den Wirkungen der Veräußerung einer *res mancipi* die Rede ist: *item unus rem communem man<cipando eius faciebat qui mancipio accipiebat>* Auch hier führte die Manzipation durch einen einzelnen (*unus*) offenbar zum wirksamen Rechtserwerb auf seiten des Empfängers (*eius faciebat*). Zu den *res mancipi*, für

---

prodigus entwickelt. Bei der Bestellung eines *curator prodigi* wird ja die selbständige Verfügungsfähigkeit schlechthin beseitigt und nicht bloß eine einzelne Verfügung beeinsprucht.

76 Papinian l7 quaest D 10.3.28; Paulus 15 ad Sab D 8.2.26; Pomponius 33 ad Sab D 8.2.27.1; Marcellus 6 dig D 8.5.11.

77 Siehe dazu die in Fn 70 genannten Autoren. Kritisch hat dazu Rabel, Erbengemeinschaft (1934) 195 = Gesammelte Aufsätze IV, 556, aber angemerkt, daß das Recht des Genossen in der Hausgemeinschaft Ausdruck der Vertretung der Interessen aller sei und er folglich nicht kraft eigenen unbeschränkten Rechts (wie man sich das beim *imperium* vorstellen mag) handelt, sondern als Mitträger einer umfassenden gemeinsamen Rechtszuständigkeit agiert.

78 Arangio-Ruiz, Società (1950) 7.

79 Rabel, Erbengemeinschaft (1934) 195 f = Gesammelte Aufsätze IV, 557. Des weiteren argumentiert Rabel, Erbengemeinschaft 207 ff, 211 f mit der Regel (vgl Celsus D 21.2.62.1, Venuleius D 45.1.139, Paulus D 45.1.85.5), daß mehrere Miterben, die eine *res mancipi* verkauft haben, im Eviktionsfall alle gemeinsam defendieren (*auctoritatem praestare*) müssen. Dazu ist darauf hinzuweisen, daß diese klassischen Texte von der jüngeren Miterbengemeinschaft ausgehen, für die eben Miteigentum nach Quoten und keine Alleinverfügungsmacht eines einzelnen Erben wie im altrömischen *consortium* anzunehmen sind.

die also ebenfalls das Alleinverfügungsrecht galt, gehören aber gerade auch (italische) Grundstücke.

Das Alleinverfügungsrecht beim *consortium ercto non cito* unterscheidet sich klar vom Rechtszustand beim Miteigentum der klassischen *societas*, bei der grundsätzlich nur über den eigenen ideellen Anteil verfügt werden kann. Der Unterschied zeigt sich besonders deutlich in dem bei Gaius Inst 3.154 b angeführten Fall der Freilassung eines gemeinschaftlichen Sklaven. Während im *consortium ercto non cito* die Freilassung durch einen einzelnen Mitgenossen erstens die Freiheit des *emancipatus* bewirkt, und zweitens der Patronat allen Genossen gemeinsam erworben wird, treten im klassischen Recht unter dem Regime der *communio pro indiviso* gänzlich andere Rechtsfolgen ein, wie uns insbes PSent 4.12.1 zeigt:

> *Servum communem unus ex dominis manumittendo Latinum facere non potest nec magis quam civem Romanum: cuius portio eo casu, quo, si proprius esset, ad civitatem Romanam perveniret, socio adcrescit.*

Läßt ein einzelner Miteigentümer einen *servus communis* frei, so kann er ihm weder den *status* eines Latiners (dh die Zugehörigkeit zur Gruppe der *latini Iuniani*), noch den eines *cives Romanus* verschaffen: die *emancipatio* kommt also nicht wirksam zustande. Der Manumittierende verliert aber, wenn er sich einer Freilassungsform bedient hat, welche, soferne er Alleineigentümer wäre, dem Sklaven die römische Bürgerschaft hätte erlangen lassen, seinen Anteil am Sklaven, der den anderen Miteigentümern anwächst.

Dasselbe Problem findet sich auch in Epitome Ulpiani 1.18 erörtert:

> *Communem servum unus ex dominis manumittendo partem suam amittit, eaque adcrescit socio; maxime si eo modo manumiserit, quo, si proprium haberet, civem Romanum facturus esset. nam si inter amicos eum manumiserit, plerisque placet eum nihil egisse.*

Da der Effekt, daß die Freilassung durch einen einzelnen Miteigentümer bloß zur Akkreszenz des Anteils an die übrigen *socii* führt, offenbar als hart für den freilassungswilligen Miteigentümer empfunden wurde, schränkte man nach dem Zeugnis beider Stellen diese Konsequenz auf den Fall ein, daß ein förmlicher ziviler Emanzipationsakt gesetzt wurde, der – wäre der Freilasser Alleineigentümer – den Freigelassenen zum *civis Romanus* gemacht hätte. Eine formlose Freilassung *inter amicos* wird hingegen als ungeschehen betrachtet, sodaß sie gar keinen rechtlichen Effekt hat.

Eine Änderung dieser Rechtslage erfolgt allerdings in nachklassischer Zeit. Im Sinne eines *favor libertatis* legen I 2.7.4 fest, daß die von einem Miteigentümer ohne Zustimmung der anderen erfolgte Freilassung gültig sein soll, die übrigen Miteigentümer aber vom Freilassenden zu entschädigen sind.[80]

c) Der gegenstandsmäßige Umfang des consortium ercto non cito

Das altrömische *consortium ercto non cito* wird zwar von den klassischen Juristen noch mit der *societas* im engeren Sinn in Zusammenhang gebracht (was sich nicht nur im historischen Exkurs des Gaius in Inst 3.154 a und b äußert, sondern auch in jenen Digestenstellen, in denen *consortes, consortium* als Synonym für *socii, societas* gebraucht wird[81]), zumindest das *sui-consortium* stellt aber keinen Gesellschaftsvertrag dar, sondern eine bestimmte Form des gemeinschaftlichen Eigentums am Nachlaß des verstorbenen *paterfamilias*.[82]

Gegenstand des *consortium ercto non cito* bildet prinzipiell das gesamte Erbe, dh die *res familiaque* des Erblassers.[83] Dazu zählen nicht nur Rechte an körperlichen Sachen, sondern wohl auch gewisse personen- bzw familienrechtliche Rechte und Pflichten im Hinblick auf die *familia* sowie die Freigelassenen sowie andere extrapatrimoniale Rechte sakralen Einschlags (die *sacra familia* und das *sepulchrum familiare*).[84] Zumindest bezüglich der Patronatsstellung läßt sich dies aus Gaius 3.154 b belegen.

Wie weitgehend dieser personen- und familienrechtliche Einschlag des *consortium* anzunehmen ist, ist aber umstritten und kann mangels

---

80 I 2, 7, 4: *Erat olim et alius modus civilis adquisitionis per ius adcrescendi, quod est tale: si communem servum habens aliquis cum Titio solus libertatem ei imposuit vel vindicta vel testamento eo casu pars eius amittebatur et socio adcrescebat. sed cum pessimo fuerat exemplo et libertate servum defraudari et ex ea humanioribus quidem dominis damnum inferri, severioribus autem lucrum adcrescere: hoc quasi invidiae plenum pio remedio per nostram constitutionem mederi necessarium duximus et invenimus viam, per quam et manumissor et socius eius et qui libertatem accepit nostro fruantur beneficio, libertate cum effectu procedente (cuius favore et antiquos legislatores multa et contra communes regulas statuisse manifestissimum est) et eo qui eam imposuit suae liberalitatis stabilitate gaudente et socio indemni conservato pretiumque servi secundum partem dominii, quod nos definivimus, accipiente.*

81 Ulpian (Papinian) D 17.2.52.8; Paulus D 27.1.31.4. Dabei ist aber zu beachten, daß gerade in der Spät- und Nachklassik *societas* und *consortium* synonym gebraucht werden, wobei keinesfalls immer an eine technische Bedeutung im Sinn eines Gesellschaftsvertrages gedacht sein muß. Der technische Ausdruck für die altrömische Hauserbengemeinschaft *ercto non cito* findet sich in den Digesten selbst nicht mehr.

82 Treffend ARANGIO-RUIZ, Società (1950) 18 f.

83 Vgl Gellius, Noctes Atticae I 9.12.

84 KASER, Römisches Privatrecht I (2. Aufl 1971) 98.

entsprechender Quellen wohl auch nicht endgültig geklärt werden.[85] Dies gilt insbesondere für die Frage, ob das *consortium ercto non cito* auch eine kollektive *patria potestas* der *consortes* beinhaltet hat, wie manche va aus dem Plinius-Brief 8.18 geschlossen haben.

Plinius berichtet vom Testament des Domitius Tullus, welches seine Adoptivtochter Domitia Lucilla zur Erbin bestimmt. Plinius referiert, daß nach Meinung von manchen der Adoptivtochter damit in gewisser Weise „nur etwas zurückerstattet werde", weil Tullus durch sie bereichert worden war (Plinius 8.18.3: ... *neque enim reliquisse opes filiae sed redidisse, quibus auctus per filiam fuerat*). Domitia Lucilla war nämlich von ihrem Vater Domitius Lucanus emanzipiert worden, nachdem der Schwiegervater sie unter der Bedingung ihrer Emanzipation aus der Gewalt des Vaters zur Erbin eingesetzt hatte (da er offenbar seinem Schwiegersohn nicht traute). Der Zweck dieser *condicio emancipationis* wurde allerdings dadurch umgangen, daß der Bruder (D. Tullus) die Nichte (D. Lucilla) adoptierte und so offenbar auch die Erbschaft erwarb, welche sodann (zumindest anteilig) an den *consors frater* gefallen sei. Die umstrittene Passage lautet dabei bei Plinius 8.18.4:

> *Emiserat pater, adoptaverat patruus, atque ita circumscripto testamento consors frater in fratris [Kunkel: patris] potestatem emancipatam filiam adoptionis fraude revocaverat.*

KUNKEL schloß aus der Formulierung, daß die Tochter aufgrund der Adoption durch den *consors frater* in die Gewalt des (leiblichen) Vaters zurückgekehrt sei, daß a) das *consortium* noch zur Zeit des Plinius vorgekommen sei, und b) daß dabei möglicherweise eine gemeinschaftliche Ausübung der Hausgewalt durch die *consortes* vorgekommen sei.[86] BRETONE hat demgegenüber in seiner ausführlichen Untersuchung von möglichen Belegen für ein Vorkommen des *consortium* in der Klassik klargestellt, daß *consors* hier nicht im technisch-juristischen Sinn, sondern in einem eher „soziologischen"

---

[85] Den familienrechtlichen Charakter des *consortium* relativ stark betonend ist insbes noch die Darstellung von BRETONE, „Consortium" e „communio", Labeo 6 (1960) 166 und 177 ff, der das *consortium* als „rapporto associativo di natura familiare nascente tra i fratres sui alla morte del pater familias e implicante la contitolarità di una potestas indifferenziata" (aaO 181 f) definiert. Kritisch dazu aber TALAMANCA, Società, ED 42 (1990) 816 bei Fn 19, der selbst als Gegenstand des *consortium* lediglich „i beni materiali su cui si esercitava un potere dominicale di carattere prevalentemente economico" ansieht, was wiederum zu eng sein dürfte; für eine enge Konzeption aber auch etwa ALBANESE, Annali Palermo 20 (1949) 184 ff, 193 ff.

[86] KUNKEL, Mélanges A. B. Schwarz 56 ff, 63 ff (zumindest vermutet er eine solche für die Frühzeit); eher zustimmend KASER, Römisches Privatrecht I (2. Aufl. 1971) 60, gegenteilig aber KASER, SDHI 41 (1975) 287 Fn 34.

Sinn gebraucht wird, und damit bloß die Nahebeziehung und enge wirtschaftliche Verflochtenheit der Brüder ausgedrückt wird.[87] Bezüglich der Frage der kollektiven *patria potestas* hat insbes TELLEGEN nachgewiesen, daß die von KUNKEL zitierte Lesart *patris potestatem* in allen modernen Editionen mit *fratris potestatem* wiedergegeben wird, und sich somit wohl auf den adoptierenden Bruder D. Tullus bezieht.[88] Damit kann der Plinius-Brief aber nicht mehr als Beleg für eine genossenschaftliche Hausgewalt angesehen werden.

Bezüglich des vom *consortium* umfaßten Vermögens ist anzunehmen, daß dieses sich auf das gesamte vererbliche Vermögen des Erblassers erstreckte. Die in der Literatur vereinzelt behaupteten Beschränkungen bloß auf die *res mancipi*[89], oder umgekehrt gerade ein Ausschluß von Immobilien vom Umfang des *consortium ercto non cito*[90] sind quellenmäßig nicht belegbar.

Im Zeitpunkt seines Entstehens ist mit dem *consortium ercto non cito* damit eine vollständige Vermögensgemeinschaft (wie sie sich später in der *societas omnium bonorum* findet) gegeben. Da die Hauserben bis zum Tod des *paterfamilias* nicht selbständig vermögensfähig sind, können sie kein anderes eigenes Vermögen als jenes im *consortium* zusammengefaßte haben. Im Hinblick auf dieses Vermögen treten auch in der Folge nach dem Bericht von Gaius Rechtswirkungen bei der Aufgabe von Rechten (zB Freilassungen von Sklaven) sowie beim Erwerb von Rechten (zB Erwerb des Patronats, aber vermutlich auch Erwerb des Kaufpreises bei der Veräußerung einer *res mancipi* etc) bei allen gemeinsam auf. Durchaus offen ist aber, ob späterer individueller Erwerb eines Hausgenossen aus anderen Quellen (zB Testament) auch gemeinschaftlich wurde.[91] Ob diesbezüglich ein Rückschluß von den eine jüngere

---

87 BRETONE, Labeo 6 (1960) 212 ff.

88 TELLEGEN, RIDA 3e série 27 (1980) 310. Zudem führt TELLEGEN (aaO 307) das überzeugende Argument an, daß bei Annahme einer gemeinschaftlichen Hausgewalt der *consortes*, schon zu Lebzeiten des Schwiegervaters des D. Lucanus die Tochter unter der Hausgewalt von Vater und Onkel gestanden wäre und damit wohl auch die *condicio emancipationis* sich auf beide hätte erstrecken müssen.

89 CORNIL, Du Mancipium au Dominium, FS Koschaker I (1939) 428 ff; dagegen zu Recht GAUDEMET, Communautés (1963) 69.

90 TONDO, Atti Toscana „La Colombaria" (1975) 170 ff; dagegen zu Recht TALAMANCA, Societas, ED 42 (1990) 816 Fn 17.

91 WIEACKER, Societas (1936) 149 ff (der aber widersprüchlicherweise aaO 148 f aufgrund einer Rückprojizierung von D 17.2.3.1 ff auf das *consortium ercto non cito* die Möglichkeit der Abschichtung von Sondergut zB bei testamentarischem Erwerb bejaht); TALAMANCA, Società, ED 42 (1990) 816.
Hingegen nimmt GUARINO, Societas (1972) 12 ff, für das *consortium* offenbar an, daß es sich (im Gegensatz zur *societas omnium bonorum*) um eine bloße Gemeinschaft zur Verwaltung des Ererbten („società di mero godimento") ohne „dynamische Qualität" im Hinblick auf zukünftigen Erwerb handelte.

Rechtsschicht repräsentierenden Aussagen zur *societas omnium bonorum* (bei der jeglicher Erwerb laufend einer Vergemeinschaftungspflicht unterliegt) auf das *consortium* möglich ist, erscheint eher fraglich, zumal in der Klassik auch bei umfassenderen Gesellschaften im Zweifel bloß eine *societas omnium quae ex quaestu veniunt* und nicht eine *societas omnium bonorum* angenommen wurde.[92] So nimmt denn auch GAUDEMET[93] an, daß dort, wo die *fratres* nicht gemeinsam das väterliche Erbe bewirtschaften, individueller Erwerb stattfindet und solcher individueller Erwerb im Laufe der ökonomischen Entwicklung in der Zeit der römischen Republik immer wichtiger geworden sei.

Für Erbschaftsforderungen und Erbschaftsschulden wird von manchen allerdings angenommen[94], daß diese im Sinne der XII-Tafelbestimmung 5,9 *ipso iure* geteilt waren.[95] Ob diese allgemeine (erbrechtliche) Bestimmung zur Aufteilung des Nachlasses aber auch im spezielleren Kontext des *consortium ercto non cito* Anwendung gefunden hat, ist mE im Hinblick auf den spezifischen Gemeinschaftscharakter des *consortium*, welches ua im Alleinverfügungsrecht jedes einzelnen Genossen zum Ausdruck kommt, zu bezweifeln.[96]

In ähnlicher Weise stellt sich die Frage, in welcher Weise Forderungen und Schulden, welche während des Bestandes des *consortium* von einem *consors* erworben bzw begründet werden, auf die übrigen Genossen „durchschlagen". Werden auch diese Forderungen jeweils (im Außenverhältnis) solidarisch, dh als Gesamtforderung erworben[97], oder findet diesbezüglich (so

---

92 Vgl Ulpian D 17.2.7 und Paulus D 17.2.3.1.

93 GAUDEMET, Communautés (1963) 70 f.

94 TALAMANCA, Società, ED 42 (1990) 816; ähnlich schon WIEACKER, Societas (1936) 147 f.

95 Vgl Gordianus C 3.36.6: *Ea, quae in nominibus sunt, ... ipso iure in portiones hereditarias ex lege XII tabularum divisa sunt*; Diocletianus C 2.3.26: *ex lege XII tabularum aes alienum hereditarium pro portionibus quaesitis singulis ipso iure divisum.*

96 Von einer Zugehörigkeit auch der Forderungen zum *consortium* und einer Gai Inst.3.154b entsprechenden Zuständigkeit jedes einzelnen zur Geltendmachung geht etwa KASER, SDHI 41 (1975) 303, aus. Vgl auch (allerdings im Zusammenhang mit seiner Erörterung des sog. *transitus legalis*) LEVY, 292: „Daß die nomina ipso iure divisa seien, war für den Fall der Teilung, nicht für den der Vergemeinschaftung vorgesehen".

97 So nimmt TALAMANCA, Società, ED 42 (1990) 816, eine „communione dinamica" an, bei der nicht nur das ererbte Vermögen als solches, sondern auch späterer Erwerb vergemeinschaftet ist. Bejaht man aber, wie er das tut, die kollektivistische Natur des *consortium* und erstreckt dieses auch auf den zukünftigen Erwerb, so erscheint es paradox, hinsichtlich der Erbschaftsforderungen und -schulden eine individualistische Konzeption (mit *ipso iure*-Teilung) anzunehmen. Allerdings geht TALAMANCA wohl auch beim zukünftigen Erwerb von einer Vergemeinschaftung nur hinsichtlich dinglicher Rechte aus, sodaß seine Position in sich durchaus schlüssig ist.

wie später bei der *societas omnium bonorum*) lediglich ein interner Ausgleich statt?

Der gemeinsame Erwerb der Patronsstellung auch bei Freilassung durch einen einzelnen Genossen kann grundsätzlich als Argument für den gemeinsamen (solidarischen) Erwerb von Rechten bei aufrechtem Bestand des *consortium* herangezogen werden; ob dies aber neben der Patronatsstellung nur für dingliche Rechte gegolten hat (tauscht etwa ein Genosse eine zum *consortium* gehörige Sache ein, so ist anzunehmen, daß nicht nur alle Genossen das Eigentum an der hergegebenen Sache verlieren, sondern gemeinsam auch Eigentum an der eingetauschten Sache erwerben), oder ob das Prinzip des gemeinschaftlichen (solidarischen) Erwerbs und Verlusts ganz prinzipiell auch für Forderungen galt, läßt sich nicht klar entscheiden.[98]

d) Das consortium ercto non cito als Brüdergemeinschaft

Zu den *sui heredes* gehören neben den gewaltunterworfenen Haussöhnen ua auch die gewaltunterworfenen *filiae familias* sowie die *uxor in manu*[99]. Dennoch ist im Fortgang des Gaius-Textes nur von einer *societas ad exemplum fratrum suorum* – also einer Gesellschaft „nach dem Vorbild der Brüder, die *sui heredes* sind“[100] – die Rede. Wo bleiben da – könnte man fragen – die weiblichen Hauserben?

Zunächst ist darauf hinzuweisen, daß es nicht völlig unumstritten ist, daß die weibliche Gleichberechtigung im Intestat-Erbrecht wirklich schon auf die XII-Tafelzeit zurückgeht[101], wofür allerdings neben Gaius Inst 3.2 – 3 insbesondere PS 4.8.20 (*ceterum lex duodecim tabularum nulla discretione sexus cognatos admittit*) bzw Coll. 16.3.20 (*ceterum lex duodecim tabularum sine ulla*

---

98 Wie angedeutet, läßt sich darüber nur spekulieren, inwiefern das *consortium* als historischer Ansatzpunkt für Solidarschuldverhältnisse zu begreifen ist; aufgrund der Lückenhaftigkeit auch des Gaius von Antinoe ist eine einigermaßen belegbare These wohl nicht möglich.
Im modernen Gesellschaftsrecht findet sich durchwegs als Korrelat zum Gesamthandeigentum (etwa bei der OHG) eine solidarische Haftung der Gesellschafter bzw der solidarische Erwerb von Forderungen; ein solcher Befund läßt sich freilich nicht ohne weiteres auf die Antike rückprojizieren.

99 Gai Inst 2.156, 3.2 - 3 = Coll 16.2.2 - 3; KASER, Römisches Privatrecht I (2. Aufl. 1971) 95.

100 Zur Bedeutung von *fratres sui* vgl COLLINET, RHD 13 (1934) 102.

101 Für Gleichberechtigung der Töchter und der *uxor in manu* etwa KÜBLER, Das Intestaterbrecht der Frauen im alten Rom, ZRG-RA 41 (1920) 15 ff, WIEACKER, Hausgenossenschaft und Erbeinsetzung (1940) 19 f, HEYSE, Mulier non debet abire nuda (1994) 23.

discretione sexus admittit) sprechen. Verschiedentlich wurde jedoch vertreten, daß sich das gleichberechtigte weibliche Intestaterbrecht erst allmählich entwickelt habe, und diese Stellen somit erst den späteren Rechtszustand reflektieren.[102]

Auch wenn man aber mit der herrschenden Lehre von der prinzipiellen Gleichberechtigung im Intestaterbrecht ausgeht[103], ist doch für die ältere Zeit anzunehmen, daß die Rolle der weiblichen Hausgenossinnen zumindest nach außen hin nicht mit jener der männlichen *consortes* ident war. Vielmehr erscheint es sehr wahrscheinlich, daß die Verwaltung und Vertretung des *consortium* lediglich den männlichen *consortes* zukam, und sich die Erbberechtigung der weiblichen *sui* erst im Fall der Auseinandersetzung des *consortium* infolge Erbteilung materialisierte.

Die *fratres* dürften demgemäß von Gaius gleichsam als *pars pro toto* für die Hauserbengemeinschaft des *consortium ercto non cito* angeführt werden, wobei es sich dabei zugleich um jene *consortes* handelt, welche in der älteren Zeit allein nach außen hin für das *consortium* rechtsgeschäftlich agierten. Dafür läßt sich auch ins Treffen führen, daß die bei Gaius genannten Verfügungen eines Genossen - zumindest die *manumissio vindicta* eines Sklaven sowie die Manzipation einer Sache zählen zu den förmlichen *actus legitimi*[104] - von Frauen nur mit *auctoritas tutoris* vorgenommen werden konnten.[105]

Sollte es im übrigen eine kollektive *patria potestas* bei aufrechtem Bestand des *consortium* gegeben haben,[106] ist anzunehmen, daß die weiblichen Familienmitglieder wohl unter dieser, die väterliche Gewalt fortsetzenden *potestas* der Brüder gestanden hätten. Aber auch, wenn - wie dies die

---

102 Zurückhaltend etwa BRASSLOFF, Studien zur römischen Rechtsgeschichte I (1925) 35 ff (zusammenfassend 91 ff) und KASER, Römisches Privatrecht I (2. Aufl.1971) 96. Verschiedentlich wurde in der Literatur (vgl die Nachweise bei KASER, aaO 96 Fn 9) den Frauen das Erbrecht aufgrund der fehlenden Eignung, selbst *paterfamilias* zu werden, abgesprochen. Zur Fragwürdigkeit dieser Argumentation siehe CROOK, Women in Roman Succession, in: RAWSON, The Family in Ancient Rome (1986) 60.

103 BANNON, Brothers (1997) 16, sieht dagegen in der Erwähnung nur der *fratres* einen Zusammenhang mit der Hervorhebung der männlichen Verwandtschaft im Intestaterbrecht, welche sich in der zweiten Erbenklasse *unde agnati*, bei der Frauen ausgeschlossen waren, zeige. Dieses Argument erklärt aber nicht die Nichterwähnung der Haustöchter, die ja nach den XII-Tafeln nach der ersten Erbklasse erben.

104 Vgl Papinian D 50.17.77; dazu KASER, Römisches Privatrecht I (2.Aufl.1971) 255. Nach SANTORO, Potere ed azione nell′ antico diritto romano, Annali Palermo 30 (1967) 300, enthält der Ausdruck *actus legitimus* ein „riferimento ad una formula orale solenne".

105 Vgl Gaius Inst 2.80.

106 Wie dies BRETONE, Labeo 1960, 179, anzunehmen scheint; ähnlich auch LÉVY-BRUHL, Nouvelles Études sur le Très Ancien Droit romain (1947) 54.

herrschende Lehre wohl zu Recht[107] annimmt - die *filiae* und die *uxor in manu* mit dem Tod des Hausvaters *sui iuris* wurden, so war ihre rechtliche Handlungsfreiheit durch die *tutela mulierum* in der älteren Zeit noch[108] relativ stark eingeschränkt. Als Geschlechtsvormund kamen im übrigen von Gesetzes wegen wiederum die Brüder als *adgnati proximi*[109] in Betracht.

Schließlich ist noch in Betracht zu ziehen, daß Haustöchter schon zu Lebzeiten des *pater familias* eine Manus-Ehe eingegangen sein konnten, wodurch sie nicht mehr der *patria potestas* unterstanden und folglich gegenüber dem Vater nicht mehr die Stellung einer *sua heres* hatten. Auch auch bei manusfreien Ehen gibt es (freilich erst für die Zeit der Spätklassik) Belege dafür, daß die Tochter vermögensmäßig über die dem Ehemann eingeräumte *dos* (zumindest im Endergebnis) erbrechtlich „abgeschichtet" werden konnte.[110]

e) Die nachgebildete societas ad exemplum fratrum suorum (Wahlkonsortium)

Mittels *certa legis actio*[111] konnte die *sui*-Gemeinschaft *consortium* auch gewillkürt beim Prätor begründet werden. Diese *societas ad exemplum fratrum suorum* zeitigt dieselben Rechtsfolgen (Alleinverfügungsrecht, vermutlich mit *ius prohibendi* jedes einzelnen Gemeinschafters) wie die Hauserbengemeinschaft (arg: *eandem societatem*).[112] Worauf sich das Wahlkonsortium gegenstandsmäßig erstreckt, wissen wir aber nicht. Naheliegend ist die Vermutung, daß es sich analog zum *consortium ercto non cito* auf das gesamte

---

107 Vgl nur KASER, Römisches Privatrecht I (2. Aufl.1971) 59.

108 Zur Situation in der Klassik vgl hingegen vor allem Gai Inst 1.190 f.

109 Vgl Gaius Inst 1.155 - 157.

110 Vgl Scaevola 7 dig D 19.1.52.1; Tryphonin 6 disp D 37.7.9; dazu TREGGIARI, Roman Marriage (1991) 362 f.

111 Dabei wird es sich um eine *in iure cessio* gehandelt haben; vgl LEVY, ZRG-RA 1934, 290; ARANGIO-RUIZ, Società (1950) 9 f, 16. Auch WIEACKER, Societas (1936) 133, nimmt eine *in iure cessio* an; für ihn ist sie aber inhaltlich nicht primär auf die Herstellung einer Vermögensgemeinschaft gerichtet, sondern auf die Herstellung einer familiären Beziehung durch Nachbildung einer Adoption.

112 BIANCHINI, Studi (1967) 10.

Vermögen der Beteiligten erstreckte[113] und sich auch die Anwendungsfälle ähnlich wie bei der Hauserbengemeinschaft auf nahe Angehörige bezogen.[114]

Nicht völlig auszuschließen ist freilich auch, daß der Umfang der Gemeinschaft in der *certa legis actio* vor dem Prätor näher angegeben wurde und sich auch bloß auf einen Teil des Vermögens der *socii* beziehen konnte, sodaß es bezüglich des Gegenstandes einer *ad exemplum fratrum suorum* gebildeten Gemeinschaft eine ähnliche Bandbreite gegeben haben könnte wie später bei den *societates* der klassischen Zeit.[115]

Ein Indiz dafür, daß die zuletzt angebotene Deutung die weniger wahrscheinliche ist, liegt meines Erachtens darin, daß die Tatsache des Absterbens des *consortium* und des Wahlkonsortium sowie die Ablösung durch den Konsensualvertrag *societas* vor dem Hintergrund einer nur beschränkten Einsatzmöglichkeit des Wahlkonsortiums besser verständlich ist.

f) Zur Natur der certa legis actio

Bei der in Gaius Inst 3.154 a genannten *certa legis actio* dürfte es sich um eine *in iure cessio* gehandelt haben,[116] wobei im einzelnen verschiedene Hypothesen aufgestellt wurden, welchen Inhalt dieses Rechtsgeschäft gehabt habe.

LEVY nahm ein der *legis actio sacramento in rem* nachgebildetes Verfahren an, wobei hintereinander parallele Vindikationen durch die *socii* stattgefunden hätten, denen ein allseitiges Schweigen und sodann die *addictio* durch den Prätor gefolgt sei.[117] Die Besonderheit dieses Verfahrens läge also in der Mehr-

---

113 In diesem Sinn etwa TALAMANCA, ED 42 (1990) 817: „Pur con una diversa disciplina, il consortium fra estranei ha, in generale, la stessa portata della societas omnium bonorum."

114 ARANGIO-RUIZ, Società (1950) 14 f.

115 So nimmt etwa GAUDEMET, Communautés familiales (1963) 70, eine Beschränkung des Wahlkonsortium auf bestimmte Güter (im Gegensatz zur allgemeinen Vermögensgemeinschaft bei der Hauserbengemeinschaft) an.

116 Anderer Ansicht hingegen COLLINET, RHD 13 (1934) 104 f, der eine spezielle (unbekannte) *legis actio* annimmt; gegen Annahme einer *in iure cessio* auch LÉVY-BRUHL, Nouvelles Études sur le Très Ancien Droit romain (1947) 57 f, der das Wahlkonsortium als eine durch *adoptio in fratrem* geschaffene Familiengemeinschaft begreift, welche durch eine eigene *legis actio* eingegangen worden sei, bei der die Wahlkonsorten jeweils eine Behauptung Brüder zu sein (oder eine Behauptung, ab nun als *fratres ercto non cito* zu leben) abgegeben hätten, auf die hin durch *addictio* dieser Status vom Prätor zuerkannt worden sei.

117 LEVY, ZRG-RA 54 (1934) 290 f. KASER, Römisches Privatrecht I (2.Aufl.1971) 101 Fn 51, schreibt LEVY irrtümlich die These zu, diese *in iure cessio* sei der *actio familiae erciscundae* nachgebildet. Diese These findet sich keineswegs bei LEVY, sondern wurde von MONIER,

zahl der Vindikationen – wobei man diese insofern als miteinander kompatibel ansehen kann, weil sie jeweils die Behauptung, daß die Sache eine gemeinschaftliche sei (*communem rem esse*) oder etwas ähnliches beinhaltet hätten.

Demgegenüber geht ARANGIO-RUIZ von einem Geschäft aus, welches der Vindikation der Stellung eines *coheres* bei der (älteren, Gaius 3.154 a entsprechenden) Erbengemeinschaft nachgeformt sei.[118] Gegen eine solche Deutung hatte zwar LEVY[119], geltend gemacht, daß eine Anknüpfung an eine unter den *sui heredes* gebräuchliche *legis actio* unwahrscheinlich sei, weil es keinen das *consortium* begründenden oder auch nur fixierenden Akt gebe. LEVYS Behauptung, ein solches Feststellungsverfahren habe es nicht gegeben, hat aber als *e silentio*-Argument keinen zwingenden Charakter. Das Schweigen der Quellen ließe sich auch so deuten, daß es zwar ein solches Verfahren gegeben habe, daß uns dieses aber – weil die Institution des *consortium* obsolet geworden war – nicht überliefert ist.

Die These einer umfassenden *in iure cessio* scheint dann als passend, wenn man von einer engen Analogie zum *consortium ercto non cito* ausgeht und annimmt, daß durch das Wahlkonsortium regelmäßig (oder ausschließlich) eine umfassende Vermögensgemeinschaft wie beim *sui-consortium* begründet werden sollte.[120] LEVYS These der Vindikationen hinsichtlich bestimmter Sachen hingegen kommt der Konzeption des Wahlkonsortiums als vergleichsweise flexiblerem Instrument entgegen, welches nicht notwendigerweise eine umfassende Vermögensgemeinschaft, sondern unter Umständen auch partielle Vermögensgemeinschaften (als altrömische Formen eines Miteigentums an einzelnen Sachen) begründen konnte.

Eine schon vom Ansatz unterschiedliche Konzeption der *certa legis actio* findet sich dagegen bei WIEACKER.[121] Für ihn wurde das nachgeformte *consortium* durch eine Rechtshandlung gebildet, welche „entweder in iure cessio mit unbekanntem personenrechtlichen Inhalt oder ein neuer bisher fremder Legisaktionentypus"[122] war. Inhaltlich vermutet er ein der Adoption

---

Les nouveaux fragments des Institutes de Gaius (1933) 22 f, sowie durch VAN WARMELO, TR 1957, 149, vertreten. Zur Kritik an MONIERS These vgl ARANGIO-RUIZ, Il nuovo Gaio. Discussioni e revisioni, BIDR 42 (1934) 571 - 624 (600) sowie WIEACKER, Societas 133 Fn 2; kritisch zu VAN WARMELO wiederum TALAMANCA, ED 42 (1990) 815 Fn 16.

118 ARANGIO-RUIZ, Società (1936) 9 f.

119 LEVY, ZRG-RA 54 (1934) 291.

120 WEISS, Untersuchungen zum neuen Gaius, FS Schulz (1951) 79 ff (88 f), vermutet ebenfalls eine umfassende *in iure cessio*, stellt sich diese aber ähnlich wie bei der *cessio bonorum* vor.

121 WIEACKER, Societas (1936) 130 ff, 169 ff.

ähnliches Geschäft[123], weil seiner Ansicht nach das Geschäft die *sui-heredes*-Stellung künstlich erzeugen mußte (und nicht bloß eine Vermögensgemeinschaft).[124] Deshalb sei diese *legis actio* ein personenrechtliches Geschäft gewesen, ein "ziviler Statusakt, der die personenrechtliche totale Hausgemeinschaft gesamthänderischer Struktur"[125] nachgebildet hätte.[126]

WIEACKERS Theorie zur Natur der *legis actio* steht im Zusammenhang mit seiner allgemeinen These, daß die ältere *societas* ein Status und kein Vertrag gewesen sei. Richtig daran ist, daß das *consortium ercto non cito* nach Gaius 3.154 a eine Rechtsgemeinschaft ist, die durch einen gemeinsamen *status* (der *sui-heredes* Stellung) bedingt ist. Ob dies auch für die nachgeformte Gemeinschaft *ad exemplum fratrum* zutrifft, ist hingegen keineswegs so sicher. Darüberhinaus ist auch unter den *sui* nach dem Tod des *paterfamilias* der Status bei ungeteiltem *consortium* nicht unterschiedlich von jenem nach Auflösung und Teilung durch die *actio familiae erciscundae*.[127] Insofern ist bloß für die Frage, wer zum *consortium* gehört, der *status familiae* als Hauserben wesentlich; die Zugehörigkeit zum *consortium* selbst hat aber genausowenig personenrechtliche Statusqualität wie etwa die Miteigentümerstellung beim *condominium*. Was nun das nachgeformte *consortium* anbelangt, so ist erst recht anzunehmen, daß die Parteien die Rechtswirkungen des *consortium* erreichen wollen, nicht aber die personenrechtliche Stellung der gemeinsamen Gewaltunterworfenheit, die dem *consortium* vorausgeht. So weist WIEACKER selbst darauf hin, daß D 17.2.63 pr – eine jener Stellen des klassischen Rechts, die für ihn „Leitfossilien“ aus der älteren Zeit enthalten – bloß vom *ius fraternitatis* spricht und nicht von der *fraternitas* schlechthin.[128] Bei einer echten Verbrüderung durch Rechtsakt wären die Partner aber Brüder im Rechtssinn – und nicht bloß *ad exemplum fratrum* zusammengeschlossen.

WIEACKERS weiteres Argument, eine *in iure cessio* rein vermögensrechtlichen Inhalts sei insuffizient gewesen, weil dann ja bloß Miteigentum nach Quoten entstanden wäre,[129] projiziert die (jüngere) Miteigentumsform

---

122 WIEACKER, Societas (1936) 133.

123 WIEACKER, Societas (1936) 169 f. Nach WIEACKER steht dieser Formalakt vor dem Prätor „der Adoption mit mancipatio, emancipatio und in iure cessio der patria potestas am nächsten“ (aaO 169). Parallelen des germanischen Altertums lassen ihn an einen indogermanischen „Blutsritus“ denken, der ursprünglich nicht symbolisch, sondern realer Blutsakt der Verbrüderung gewesen sei (aaO 172).

124 Ähnlich LÉVY-BRUHL, Nouvelles Études sur le Très Ancien Droit romain (1947) 57 f.

125 WIEACKER, Societas (1936) 130.

126 Zustimmend BIANCHINI, Studi (1967) 10 f.

127 Sofern man nicht an eine kollektive *patria potestas* der *fratres sui* glaubt.

128 WIEACKER, Societas (1936) 153.

der *communio pro indiviso* bzw die (jüngere) Erbengemeinschaft zurück in die ältere Zeit, was problematisch ist. Wahrscheinlicher ist es doch, bezüglich des Miteigentums eine Entwicklung anzunehmen, die von gesamthandähnlichem Eigentum in der älteren Zeit, für welches das *consortium* ein Beleg ist, hin zum Miteigentum nach Quoten geht.[130] Dann aber ist es sehr wohl denkbar, daß durch eine (vermögensrechtliche) *in iure cessio* Sachenrechte in der Weise abgetreten wurden, daß den *consortes ad exemplum fratrum* „quasigesamthänderisches" Miteigentum zustand.

Schlußendlich spricht gegen WIEACKERS Annahme der *affratellatio* auch, daß eine Adoption nicht mittels Rechtsgeschäfts vor dem Prätor, sondern in den *comitia calata* hätte stattfinden müssen.[131]

Als Ergebnis ist somit festzuhalten, daß es sich bei der *certa legis actio* wohl um eine Art *in iure cessio* vermögensrechtlichen Inhalts, und nicht um ein adoptionsähnliches Geschäft handelte; unentschieden muß hingegen die Frage des Umfangs des Wahlkonsortium und damit zusammenhängend die nähere Natur der *in iure cessio* bleiben.

g) Zum Schicksal des consortium bei Tod eines Hausgenossen

Über viele Aspekte des altrömischen *consortium* lassen sich trotz der durch Gaius Inst 3. 154 a und b erlangten zusätzlichen Nachrichten nur Spekulationen anstellen. So läßt die Darstellung bei Gaius völlig offen, was bei ungeteiltem *consortium* im Falle des Todes einer der *sui* geschah. In diesem Bereich lassen sich fast nur Fragen formulieren, anhand derer man die unterschiedlichen Möglichkeiten ablesen kann: Gab es bei aufrechtem *consortium* gar keine Testierfreiheit des einzelnen *consors*, wofür einige Belege zu sprechen scheinen?[132] Kam es durch den Tod eines Mitgenossen einfach zur Akkreszenz

---

129 WIEACKER, Societas (1936) 130.

130 So vor allem BONFANTE, Istituzioni (8.Aufl. 1925) 296; DERSELBE, Corso II/2 (1928) 40 ff. BONFANTE zustimmend LEVY, ZRG-RA 1934, 281; ALBERTARIO, Nuovi frammenti di Gaio, Per il XIV Centenario della Codificazione Giustinianea (1934) 509 ff; RABEL, Erbengemeinschaft (1934) 192 f = Gesammelte Aufsätze IV, 554; ARANGIO-RUIZ, Società (1950) 12.

131 TALAMANCA, Società, ED 42 (1990) 815 Fn 16.

132 Dies nimmt LANFRANCHI, Appunti sul „consortium" familiare nei retori romani, SDHI 1 (1935) 375 f, unter Hinweis auf Pseudo-Quintilian, Decl. min. 321, an; zustimmend LÉVY-BRUHL, Nouvelles Études sur le Très Ancien Droit romain (1947) 53 f; von einer Unfähigkeit eines *consors*, über seine consortium-Beteiligung testamentarisch zu verfügen, geht auch etwa TELLEGEN, RIDA 3e sér. 27 (1980) 307, aus.

an die Überlebenden (wie dies bei Gesamthandgemeinschaften noch heute der Fall ist)? Oder trat ein (Intestat-)Erbe an die Stelle des Toten (was zB bei in der Hausgemeinschaft integrierten Nachfahren plausibel erscheint)? Oder kam es vielleicht nur dann zur Akkreszenz, wenn der verstorbene Hausgenosse seinerseits keine Hauserben hatte?

Ein grundsätzlich anderer Ansatz besteht in der Annahme, daß spätestens mit dem Tod eines Genossen allgemein das *consortium* beendet wurde und eine Teilung stattfand. Dies hat etwa WIEACKER[133] unter Berufung auf jene Stellen gemeint, die von der Auflösung der *societas* durch Tod und *capitis deminutio* handeln (D 17.2.65.9 ff; Gaius 3.151 f; I 3.25.5). Auch RABEL weist darauf hin, daß sich das *consortium* im allgemeinen nicht zu einer über mehrere Generationen andauernden Gemeinschaft entwickelt habe, sondern meist auf die erste Generation beschränkt geblieben sei.[134]

Letzteres erscheint indes die weniger wahrscheinlichere Variante zu sein.[135] Wenn das wirtschaftliche und soziale Motiv des *consortium* im gemeinsamen Weiterwirtschaften der engeren Familie besteht[136], so ist es mE nicht schlüssig, daß, wiewohl der Tod des *pater familias* das gemeinsame Weiterwirtschaften als *consortium* auslöst, der Tod eines der *sui* dieses notwen-

---

Vgl auch das Reskript Gordians (a. 243) C 6.22.1: *Quamquam omnium bonorum socer tuus itemque frater eius socii fuerint, tamen non eo minus idem frater eius, cum fati munus impleret, testamento suo potuit sibi heredem instituere quem vellet.* Aus der Anfrage des Soldaten Petronius läßt sich auf eine (möglicherweise provinziale lokale) Rechtsansicht schließen, derzufolge bei einer *societas omnium bonorum* (dh dem Institut, welches das *sui-consortium* funktional in der Klassik ersetzte) keine Testierfreiheit besteht.

133 WIEACKER, Societas (1936) 159.

134 RABEL, Erbengemeinschaft (1934) 201 ff = Gesammelte Aufsätze IV, 562 ff; vgl aber etwa C 4.52.1, 4.37.2 (dazu WIEACKER, Societas 230 ff). Für diese Auffassung in jüngerer Zeit auch TALAMANCA, Società, ED 42 (1990) 816. In RABELS Darstellung bleibt aber offen, ob es eine rechtliche Notwendigkeit darstellt, daß mit dem Tod eines *consors* die Auflösung des *consortium* eintrat, oder ob dies lediglich die Folge eines spätestens in der zweiten Generation der Nachfahren des ursprünglichen *pater familias* regelmäßig erfolgenden *actio familiae erciscundae* war.

135 Als Beleg dafür, daß ein Zusammenleben über mehrere Generationen in der Praxis durchaus vorgekommen sein dürfte, läßt sich der Bericht Plutarchs (Aem.5.7) über die Aelier anführen, von denen es heißt, daß 16 Verwandte (und damit wohl jedenfalls mehr als eine Generation) unter einem Dach in einem eher kleinen Haus wohnten und von einer Landwirtschaft gemeinsam lebten.

136 Als sozio-ökonomischer Hintergrund für consortium-artige Familienvermögensverhältnisse läßt sich - auch auf vergleichend soziologischer Basis - eine agrarische Gesellschaft mit niedrigem Bevölkerungswachstum festmachen; vgl etwa BANNON, Brothers (1997) 17 f.

digerweise beende.[137] Plausibler erscheint es mir, daß auch beim Tod eines *suus* - zumindest nach Intestaterbfolge - entweder dessen Hauskinder[138] und die *uxor in manu* in das *consortium* an seine Stelle eintraten[139], oder aber, daß es - im Fall, daß der verstorbene *suus* seinerseits keine *sui* hatte - zur Akkreszenz kam.[140]

Eine testamentarische Verfügung über die Berechtigung am *consortium* wird hingegen vielleicht erst eine spätere Entwicklung dargestellt haben - und durch die dabei gegebene Möglichkeit, einen *extraneus* als Erben des „Anteils" zu bestimmen, zur Regel der Auflösung der Gemeinschaft durch den Tod eines einzelnen Hausgenossen geführt haben.

h) Consortium ad exemplum fratrum und altrömisches Miteigentum

Eine weitere Frage betrifft allgemein das „Miteigentum" in der älteren Zeit: Gab es ursprünglich neben dem *consortium ercto non cito* auch in anderen Verhältnissen gemeinsames Eigentum mehrerer? Und wenn ja, wie war dieses konstituiert? ARANGIO-RUIZ[141] nimmt für die ältere Zeit „Gesamthandeigentum" ohne Verfügungsbefugnis des einzelnen an, der Bericht des Gaius in Inst 3.154 a und b wäre demgemäß durch die Besonderheit des Alleinverfügungsrechts ausgelöst.[142]

---

137 Allerdings ist es richtig, wenn TALAMANCA, Società, ED 42 (1990) 816, darauf hinweist, daß die ursprüngliche Parität der *sui heredes* beim Tod eines *consors* im Hinblick auf dessen Deszendenten nicht mehr gegeben sein mag: eine Gleichberechtigung der Neffen mit den Onkeln ist wohl schwer vorstellbar. BRETONE, Labeo 6 (1960) 179 f, vermutet hier eine kollektive Familiengewalt der überlebenden Brüder über die Deszendenten des vorverstorbenen Bruders.

138 Hingegen nimmt ARICÒ ANSELMO, Societas inseparabilis, APal 46 (2000) 94 eine Art Akkreszentz der übrigen Gesellschafter unter Ausschluß einer Beteiligung der Nachkommen des Verstorbenen an.

139 Bei den (ehemaligen) Haustöchtern und der (ehedem) gewaltunterworfenen Ehefrau ist allerdings zu bedenken, daß diese ihrerseits keine *sui heredes* haben können; die angenommene Regel würde diesfalls notwendigerweise zur Akkreszenz führen.

140 Für die Annahme eines über mehrere Generationen reichenden *consortium* auch ARANGIO-RUIZ, Società (1950) 8; GAUDEMET, Communautés familiales (1963) 73, sowie BRETONE, Labeo 6 (1960) 178 ff. Vgl auch die Hinweise auf die entsprechenden Regeln der mittelalterlichen Rechte bei RABEL, Erbengemeinschaft (1934) 201 = Gesammelte Aufsätze IV, 562.

141 ARANGIO-RUIZ, Società (1950) 14 f.

142 Im Einklang mit dieser These steht sein „enges" Verständnis des Wahlkonsortiums als nachgebildete Hauserbengemeinschaft mit umfassender Vermögensgemeinschaft und die dazu passende Rekonstruktion der *certa legis actio*.

Denkbar erscheint aber auch, daß das *consortium ercto non cito* überhaupt erst der Auslöser für gemeinsames Eigentum darstellte und dann in der älteren Zeit die nachgeformte *societas ad exemplum fratrum* die einzige andere bekannte Form des Miteigentums war.[143] Dabei läßt es sich - wie bereits ausgeführt - aufgrund der uns bekannten Quellen auch nicht ausschließen, daß sich dieses nachgeformte *consortium* - im Gegensatz zum *sui-consortium* - auf bestimmte Vermögensbestandteile beschränken konnte[144], an denen durch das *consortium ad exemplum fratrum* gesamthandähnliches Miteigentum bestand. All das bleibt aber letztlich unter dem Nebel der Spekulation.

i) Einfluß des Quintus Mucius Scaevola auf die Darstellung bei Gaius ?

Ebenfalls in den Bereich nicht direkt beweisbarer Vermutungen führt die Frage, ob die Herstellung eines Zusammenhanges zwischen altrömischem *consortium* und dem Konsensualvertrag *societas* eine „Erfindung" des Gaius darstellt, oder ob dieser sich dabei auf (nicht überlieferte) Vorbilder bezogen hat. Letzteres wurde jüngst von SCHIAVONE vertreten.[145] Seine Vermutung geht dahin, daß Quintus Mucius Scaevola, von dem es heißt, daß er erstmals das *ius civile* nach *genera* geordnet dargestellt habe[146], in seinem 14. Buch des *ius civile*, in dem er sich mit der *societas* beschäftigte, einen Zusammenhang zwischen *consortium* und Konsensualvertrag *societas* hergestellt habe. Daß Quintus Mucius Scaevola unter dem Oberbegriff *societas* das *consortium ercto non cito* einerseits und den Konsensualvertrag *societas* andererseits zusammengefaßt haben könnte, wird neben allgemeinen Erwägungen[147] auch dadurch gestützt, daß Pomponius 36 ad Qu. Mucium D 44.7.57 von einer *societas, quae*

---

143 So ARANGIO-RUIZ, Società (1950) 15, dessen Darstellung diesbezüglich (vgl Fn 130) in sich widersprüchlich ist.

144 Anders als zB bei der umfassenden Vermögensgemeinschaft der Pythagoräer, von denen Gellius, N.A. I.9.12, handelt.

145 SCHIAVONE, Giuristi e nobili nella Roma repubblicana (1987) 63 ff, diesbezüglich zustimmend RAINER/FILIP-FRÖSCHL, ZRG-RA 112 (1995) 560 ff. Kritisch zu ähnlichen Darlegungen SCHIAVONES in dessen Buch Nascità della giurisprudenza (1976) 137 ff, aber TALAMANCA, Costruzione giuridica e strutture sociali fino a Quinto Mucio, in: Società romana e produzione schiavistica III. (1981) 348 ff Fn 183.

146 Pomponius lib sing enchirid D 1.2.2.41: ... *ius civile primus constituit generatim* ...

147 Etwa, daß die Erinnerung an das alte *consortium* zur „Umbruchszeit" des Quintus Mucius Scaevola noch aktueller gewesen sein dürfte als zur Zeit des Gaius.

consensu consistit spricht (was den begrifflichen Gegensatz einer nicht konsensualvertraglichen *societas* voraussetzt).[148]

Bemerkenswert an SCHIAVONES Überlegungen ist vor allem, daß mit der von ihm vermuteten Urheberschaft von Quintus Mucius Scaevola weniger ein historisch-genetischer als vielmehr ein logisch-abstrakter Zusammenhang von *consortium ercto non cito* und *societas* im engeren Sinn zutage tritt: als Gemeinsamkeit, welche die Zusammenfassung unter ein *genus* rechtfertigt, hebt SCHIAVONE die vermögensrechtliche Komponente des Miteigentums („contitolarità di un diritto di proprietà") hervor.[149] Gegen die (SCHIAVONES Ansatz inhärente) Tendenz, die in Gaius Inst 3.154 a und b überlieferten Informationen auf die konzeptionelle Zusammenfassung von *consortium* und *societas* innerhalb eines abstrakten Schemas zu reduzieren, sprechen allerdings zwei Erwägungen. Zum einen ist die „contitolarità di beni" beim *consortium* und beim Gesellschaftsvertrag nicht dieselbe, vielmehr steht der gerade bei Gaius hervorgehobenen gesamthandähnlichen Struktur der Familienerben-

148 Pomponius 36 ad Qu. Muc.: *In omnibus negotiis contrahendis, sive bona fide sint sive non sint, si error aliquis intervenit, ut aliud sentiat puta qui emit aut qui conducit, aliud qui cum his contrahit, nihil valet quod acti sit. et idem in societate quoque coeunda respondendum est, ut, si dissentiant aliud alio existimante, nihil valet ea societas, quae in consensu consistit.*
Dieser Text wird von TALAMANCA, Società, ED 42 (1990) 817 Fn 34, als Beleg dafür gewertet, daß das *consortium* noch zur Zeit des Quintus Mucius existiert habe. Freilich kann es sich bei dem est (welches sich auf die konsensuale *societas* bezieht und aus dem man nur *e contrario* auf eine andere Art der förmlich begründeten *societas* schließen kann, ähnlich wie später bei Gaius 3.154a), um eine systematische Gegenüberstellung gehandelt haben, aus der sich keineswegs die im Rechtsleben noch präsente Existenz dieser, der konsensualen *societas* gegenübergestellten, Institution ergeben muß. Schließlich beginnt auch Gaius in 3.154 a seine Exposition mit einem „*Est autem aliud genus societatis proprium Romanorum*", um sodann festzuhalten, daß dieses im historischen Praesens präsentierte Institut *olim* existierte. Wenn wir somit noch in der Hochklassik eine (mit *est* eingeleitete) Reminiszenz an eine untergegangene Form der Gesellschaft überliefert haben, erscheint eine ähnliche Rückbesinnung bei dem spätrepublikanischen Juristen Qu. Mucius Scaevola umso wahrscheinlicher, ohne daß dies einen Beweis für die noch aktuelle Existenz des *consortium ercto non cito* zu dieser Zeit bieten muß.

149 Daß man daraus freilich eine „interpretazione rigidamente patrimonialistica della struttura societaria" – so SCHIAVONE, Giuristi (1987) 67 – bei Quintus Mucius Scaevola ableiten kann, ist mE fraglich; die von Quintus Mucius Scaevola in der *magna quaestio* (Gai Inst 3.149 - 150 in Verbindung mit I 3.25.2) eingenommene Position läuft ja nicht auf eine grundsätzliche Nichtbeteiligung des Arbeitsgesellschafters hinaus, sondern wendet sich lediglich gegen die als *contra naturam societatis* empfundene ungleiche Gewinn- und Verlustbeteiligung. Daß dabei für Quintus Mucius Scaevola freilich die Parallelität zwischen einheitlicher Gewinn- und Verlustbeteiligung und der Beteiligung nach ideeller Quote beim Miteigentum eine Rolle gespielt haben könnte, soll nicht verneint werden.

gemeinschaft das Miteigentum nach ideellen Quoten[150] gegenüber. Zum anderen liegt mit dem Bericht über das Wahlkonsortium als rechtsgeschäftlich begründeter Gemeinschaftsform des älteren *ius civile* eine sicherlich historisch-genetisch zu verstehende Komponente in der Darstellung des Gaius vor, wie sie eben auch in der Gegenüberstellung von konsensualer *societas* und *consortium* zutagetritt.

j) Zur Ablösung des consortium durch die societas omnium bonorum

Nach der überzeugenden Auffassung BRETONES[151] ist das *consortium* spätestens gegen Ende der Republik außer Übung gekommen.[152] Seine Funktion wird vom Konsensualvertrag *societas*, im speziellen von der *societas omnium bonorum* übernommen.[153] Zugleich dürften bestimmte Charakteristika des *consortium* auf das Recht der *societas* Einfluß genommen haben (und zwar die von WIEACKER als „Fossilien einer gemeinsamen Urform" titulierten Eigenheiten des *ius quodammodo fraternitatis*, die Verurteilung auf *id quod facere potest* usw).[154]

---

150 Die Idee und zutreffende Charakterisierung der abstrakten Quote beim Miteigentum begegnet erstmals mit Quintus Mucius Scaevola, vgl Paul 21 ad ed D 50.16.25.1; dazu BRETONE, Labeo 6 (1960) 201 f; SCHIAVONE, Giuristi (1987) 65 f.

151 BRETONE, Labeo 6 (1960) 199 ff, 211; TELLEGEN, RIDA 3e sér. (1980) 295 ff.

152 Der Ausdruck *voluntarium consortium* bei Papinian in Ulpian (31 ad ed) D 17.2.52.8 bezeichnet kein *consortium ercto non cito*, sondern eine *societas omnium bonorum*; so überzeugend BRETONE, Labeo 6 (1960) 175 f.
Daß die rechtliche Struktur des *consortium (ercto non cito)* verschwand, bedeutet aber nicht, daß der Ausdruck als solcher insbes im Hinblick auf gelebte Solidarität und brüderliches Zusammengehörigkeitsgefühl weiterhin gebraucht wurde. Vor allem in literarischen Quellen verkörpern Ausdrücke wie *consors* und *consortium* noch zu einer Zeit, als dieses als Rechtsinstitut längst obsolet geworden war, den Inbegriff der *pietas fratrum* und werden dementsprechend häufig metaphorisch für einander besonders nahe stehende Personen verwendet. Dazu ausführlich BANNON, Brothers (1997) 19 ff. In einem noch weiter übertragenen Sinn begegnet ein *consortium*-naher Ausdruck bei Plinius, N.H. 9.1.1, wenn von einer *consortio* zwischen Menschen und den terrestrischen Tieren die Rede ist.

153 Eine ausführliche Erörterung der Zusammenhänge von *consortium* und *societas omnium bonorum* findet sich ua bei GUTIÉRREZ-MASSON, Dal „consortium" a la „societas", 2 Bde (1987, 1989).

154 Überzeugend unterscheidet TALAMANCA, Società, ED 42 (1990) 818, zwischen dem Ursprung der *societas* als *obligatio consensu contracta* (welcher vom *consortium* unabhängig ist) und dem Inhalt einer Reihe von Regeln (insbes der *societas omnium bonorum*), welche sehr wohl vom *consortium* herrühren und in das Recht der *societas* eingeflossen sind.

Der Prozeß der Ablösung des *consortium* durch den Konsensualvertrag *societas* muß ein komplexer Vorgang gewesen sein, dessen Einzelheiten mangels entsprechender Nachrichten in den Quellen freilich nicht rekonstruierbar sind. Zum einen wurde die ältere Hauserbengemeinschaft durch die jüngere Erbengemeinschaft abgelöst, welche die Erbschaft nach ideellen Anteilen in der Form der *communio pro indiviso* erwarb. Zum anderen wurde das gemeinsame Weiterwirtschaften der Hauserben nicht mehr als *naturalis et legitima societas* begriffen, sondern als durch den Konsens der Genossen eingegangene und getragene Rechtsgemeinschaft.[155]

Entwicklungsgeschichtlich dürfte sich die *societas* als Konsensualvertrag zunächst neben dem *consortium* des *ius civile* im Rahmen des *ius gentium*[156] aus den Bedürfnissen des Handelsverkehrs mit Peregrinen entwickelt haben.[157] Ein frühes Anwendungsgebiet dieses Konsensualvertrages könnten neben den Handelsgesellschaften und gesellschaftsvertraglichen Abreden im landwirtschaftlichen Bereich die *societates Publicanorum* geboten haben, welche nach neueren Forschungen zumindest bis ins 3. Jh. v. Chr. zurückreichen[158] und deren Innenverhältnis (zumindest später) als *societas* geregelt war. Vielleicht war dies nicht von Anfang an der Fall, aber aus sachlichen Gründen muß gerade für die Publikanengesellschaften (für deren Konstituierung ein Wahlkonsortium kaum geeignet gewesen sein kann) die konsensuale *societas* als flexibles Rechtsverhältnis besonders geeignet erschienen sein.[159] Mit der Zeit

---

155 Daß das Absterben des *consortium* mit einer Veränderung der Zensus-Bestimmungen zusammenhängt, welche eine Zusammenfassung des Vermögens nicht mehr erfordert habe - so GUARINO, Societas (1972) 17 bei Fn 50 - erscheint mir dagegen eher unwahrscheinlich: Umfassende „Haus-Wirtschaftsgemeinschaften“ in der Art von *consortium* und nachgebildetem *consortium* finden sich ja - funktional betrachtet - auch noch später, aber eben unter der Form der *societas omnium bonorum*.

156 Statt vieler ARANGIO-RUIZ, Società (1950) 27 f; TALAMANCA, Società, ED 42 (1990) 818.

157 Auf einen entsprechender Einfluß aus dem Handelsverkehr mit den Griechen könnte insbes Gaius 4 ad legem duodecim tabularum D 47.22.4 hinweisen, wo die Assoziationsfreiheit (auch bezüglich wirtschaftlicher Unternehmungen) von Gaius mit einem solonischen Gesetz in Zusammenhang gebracht wird (*haec lex videtur ex lege Solonis tralata esse*). Zur Frage der Authentizität dieser *lex Solonis* vgl WIEACKER, Solon und die Zwölftafeln, Studi Volterra III (1971) 757 ff, bes 770 f; KASER, Römisches Privatrecht I (2. Aufl.1971) 22, stimmt WIEACKER zu, daß „die angeblichen Entlehnungen aus den solonischen Gesetzen auf Rechtsgedanken zurückgehen (mögen), die aus unteritalischen Kolonien übernommen, aber von der späteren römischen Gelehrsamkeit bei Solon wiederentdeckt wurden“.

158 Dazu ausführlich CIMMA, Ricerche sulle società di publicani (1981).

159 Die Rechtsverhältnisse bei den Publikanengesellschaften (insbes die *leges locationis*) dürften auch auf ähnliche Verhältnisse unter Privaten Einfluß gehabt haben. In diesem Zusammenhang ist an die (allerdings umstrittenen) Klauseln zulasten der Gesellschafter

werden auch die Fälle des Wahlkonsortiums im Konsensualvertrag aufgegangen sein.[160] In ähnlicher Weise wie beim derivativen Eigentumserwerb (allerdings zeitlich etwas später und damit quellenmäßig etwas besser dokumentiert) die formlose *traditio* auch unter Römern die altzivilen Verfügungsgeschäfte *mancipatio* und *in iure cessio* verdrängte, wird die durch *certa legis actio* vor dem Prätor geschaffene Gemeinschaft durch eine formlos eingegangene *societas* abgelöst worden sein. Als Schlußpunkt dieser Absorption muß dann auch das *consortium* selbst in der konsensualen *societas* aufgegangen sein.

In der Perspektive der heutigen Romanistik erscheint damit das *consortium ercto non cito* keineswegs als einzige Wurzel des Rechts der *societas*, wohl aber wird überwiegend ein entwicklungsgeschichtlicher Zusammenhang in der Weise bejaht, daß bestimmte Elemente des *consortium* in die inhaltliche Ausgestaltung des Konsensualvertrags *societas* eingeflossen sind, welche ihrerseits in der *societas omnium bonorum* die Funktion des *consortium* (weitgehend) übernommen hat.[161]

GUARINOS mit viel Esprit vorgetragene Gegenthese[162] der völligen Unabhängigkeit der *societas omnium bonorum* vom älteren *consortium* erscheint dagegen nicht überzeugend. Daß das *consortium* ein bloßes Verhältnis zur gemeinsamen Verwaltung des ererbten Vermögens gewesen sei (ohne Gewinnabsichten), die *societas omnium bonorum* hingegen von vornherein stark von Gewinnerwartungen und Profitstreben geprägt worden sei, sie somit nicht nur hinsichtlich der Form des Zustandekommens, sondern auch inhaltlich völlig unterschiedlich gewesen seien, wie GUARINO nahelegt, ist meines Erachtens in

---

des Unternehmers bei Cato, De agr. 144,13; 145,8 zu denken, bei denen sich mehrere Personen zu einer „Gesellschaft" zusammentun, um beim Gutsbesitzer die Olivenernte einzubringen und sich die *socii* jenen Bedingungen unterwerfen, welche von einem „Obmann" für sie (ohne daß sie selbst Vertragspartei werden) mit dem Gutsbesitzer ausgehandelt werden. Dazu ausführlich VON LÜBTOW, Catos leges venditioni et locationi dictae, Symbolae Taubenschlag (1957) 227 (286 ff) = Gesammelte Schriften, Abteilung I. Römisches Recht, Bd 3, 67 ff.

160 WATSON, Consensual „societas" between Romans and the Introduction of „formulae", RIDA 3e série 9 (1962) 431 ff, sowie DERSELBE, Law of Obligations (1965) 126, vermutet dagegen ursprünglich doppelte (und voneinander unabhängige) Ediktsvorschriften für die *actio pro socio*. Der *praetor urbanus* habe eine Formel (nur) für die *societas omnium bonorum* gewährt, der *praetor peregrinus* hingegen für eingeschränktere Partnerschaften; zu Recht kritisch dazu etwa TALAMANCA, Società 42 (1990) 818 Fn 39.

161 Ermöglicht wird dieser Einfluß vor allem durch die von den Juristen zu konkretisierenden Standards der *(bona) fides* bei der *societas*.

162 GUARINO, Societas consensu contracta (1972) 12 ff; in ähnlichem Sinn jüngst etwa FRANCIOSI, Corso istituzionale di diritto romano (1994) 381.

zweierlei Hinsicht überzogen.[163] Zum einen wird auch in der älteren Hausgemeinschaft durchaus das Motiv, (gemeinsam) Gewinne zu erzielen für das gemeinsame Weiterwirtschaften eine Rolle gespielt haben; zum anderen wird bei der *societas omnium bonorum* durch die Vergemeinschaftung sämtlichen Erwerbs (auch jenes Erwerbs infolge von *causae lucrativae*) ein kalkuliertes Gewinnstreben des einzelnen Gesellschafters nur bis zu einem gewissen Grade bestimmend für die Entscheidung zum Eingehen der Gesellschaft gewesen sein. Mit anderen Worten: Für beide Verhältnisse ist ein gewisses „kommunitaristisches" Element[164] typisch, welches freilich ökonomische Rationalität der individuellen Entscheidung, die Gemeinschaft einzugehen bzw aufrecht zu erhalten, keineswegs ausschließt. Jedenfalls ist dieses kommunitaristische Element bei der *societas omnium bonorum* deutlich stärker ausgeprägt als bei anderen Formen der *societas*.

2. Societates universorum in der klassischen Zeit

Gesellschaften, die eine umfassende Vermögensgemeinschaft zum Gegenstand haben, begegnen in der Klassik insbes unter den Bezeichnungen *societas totorum bonorum*[165], *societas omnium bonorum*[166] und *societas universorum bonorum*[167] sowie *societas universarum fortunarum*[168]. Schon die Varianz der Bezeichnungen - bei der nicht zu vermuten ist, daß sachlich unterschiedliche Phänomene gemeint sind[169] - weist darauf hin, daß es sich dabei um kein festumrissenes Institut handelt, sondern um Versuche der Juristen, gewisse gesellschaftsvertragliche Abreden zusammenzufassen.

---

[163] Treffend hebt KASER, SDHI 41 (1975) 312, hervor, daß die Grenze zwischen den von GUARINO so pointiert gegenübergestellten Nutzungs- und Erwerbsgesellschaften in Wirklichkeit „wohl eine fließende" ist.

[164] GUTIÉRREZ-MASSON, Del „consortium" a la „societas" Bd I (1987) 11, spricht allgemein im Zusammenhang mit *consortium* und *societas* von einem „espiritu communitario" des römischen Rechts. Das genossenschaftliche Element insbesondere bei der Hauserbengemeinschaft und der *societas omnium bonorum* wird vor allem von WIEACKER, Societas (1936) hervorgehoben (dazu schon oben).

[165] Vgl etwa Gai Inst 3.148, 151; I 3.25 pr.

[166] Vgl etwa Paulus 32 ad ed D 17.2.1.1, D 17.2.3, D 17.2.65.3, D 17.2.67.1 uö; Neraz in Ulpian D 17.2.52.16, 17.

[167] Vgl etwa Ulpian 31 ad ed D 17.2.5.

[168] Ulpian 1 respons D 17.2.73.

[169] BONA, SDHI 33 (1967) 379 ff - im Gegensatz zu BIANCHINI, Studi (1967) 50 ff.

a) Societas omnium bonorum

Der Begriff der *societas omnium bonorum* gewinnt insbes durch einige Paulusfragmente aus dem 32. Buch seines Ediktskommentars (D 17.2.1, D 17.2.3) Konturen, wobei allerdings auch bei ihm keine Definition der *societas omnium bonorum* zu finden ist. So stellt etwa die Aussage Paulus 32 ad ed D 17.2.1.1 (*in societate omnium bonorum omnes res quae coeuntium sunt continuo communicantur*) keine Definition im Sinn von: „Societas omnium bonorum ist eine solche, bei der alle Güter vergemeinschaftet werden" dar, sondern beschreibt bloß die Vergemeinschaftung der – wie unten ausführlicher im folgenden Dritten Abschnitt dargestellt wird – gegenwärtigen Güter der *socii* und bezieht sich zudem (vgl Paulus 32 ad ed D 17.2.3 pr) lediglich auf die *res corporales*, wogegen Gegenstand der Gemeinschaft des Vermögens bei der *societas omnium bonorum* auch Forderungen und andere unkörperliche Sachen der Gesellschafter sind. Zumindest ist daraus zu entnehmen, daß bei der *societas omnium bonorum* das gesamte zum Zeitpunkt des Eingehens der *societas* den Gesellschaftern gehörende Vermögen Gegenstand der Gesellschaft wird.

Hinsichtlich der Vergemeinschaftung des zukünftigen Erwerbs der Gesellschafter informiert Paul 32 ad ed D 17.2.3.1:

> *Cum specialiter omnium bonorum societas coita est, tunc et hereditas et legatum et quod donatum est aut quaqua ratione adquisitum communioni adquiretur.*

Wenn *specialiter* eine *societas omnium bonorum* abgeschlossen wurde, wird (neben dem gegenwärtigen Vermögen, von dem gerade davor bei Paulus die Rede war) auch jeglicher zukünftige Erwerb – unabhängig von der Art des Erwerbs, dh insbes inklusive aller Arten des unentgeltlichen Erwerbs wie Erbschaft, Legat und Schenkung – vergemeinschaftet.

Daraus ergibt sich aber nicht nur, daß bei einer Universalgesellschaft auch das gesamte zukünftige Vermögen der Gesellschafter erfaßt sein konnte (wenn sie *specialiter omnium bonorum* eingegangen wurde), sondern *e contrario* kann daraus geschlossen werden, daß es auch andere Ausgestaltungsformen einer Universalgesellschaft gegeben haben dürfte, welche (neben dem gegenwärtigen Vermögen) nur bestimmte zukünftige Arten des Erwerbs umfaßt haben. Dieser Frage wird anhand von D 17.2.7 noch näher nachzugehen sein (dazu sogleich unten b).[170]

---

[170] Die Frage, in welcher Weise bei einer *societas omnium bonorum* die Vergemeinschaftung der Güter vor sich geht (dh der Fragenkomplex des sog *transitus legalis* gem D 17.2.1.1) wird hingegen in einem eigenen Kapitel im Dritten Abschnitt ausführlicher erörtert.

Allgemein ist darauf hinzuweisen, daß sich der Ausdruck „gesamtes zukünftiges Vermögen" prinzipiell nur auf erlaubten Erwerb bezieht. So gehören nach Neraz bei einer *societas omnium bonorum* nicht nur sämtlicher entgeltlicher und unentgeltlicher Erwerb zum Gegendstand der Gesellschaft, sondern auch Schadenersatz- und Bußgeld-Leistungen, selbst wenn diese auf einer Persönlichkeitsverletzung an einem *socius* beruhen.[171] Nicht einzubringen ist hingegen *ex prohibitis causis* Erworbenes.[172] Auch auf der Passivseite sind deliktische Haftungen eines *socius* (zB aufgrund einer von ihm begangenen *iniuria*[173] oder eines von ihm begangenen *furtum*[174]) grundsätzlich von diesem allein zu tragen.

---

171 Ulpian 31 ad ed D 17.2.52.16: *Socium universa in societatem conferre debet Neratius ait, si omnium bonorum socius sit:et ideo sive ob iniuriam sibi factum vel ex lege Aquilia, sive ipsius sive filii corpori nocitum sit, conferre debere respondit.* Dazu BONA, SDHI 1967, 385 f.
Der Passus *vel ex lege Aquilia* wird von vielen im Hinblick auf die daran anschließende Exemplifikation der Schädigung des *socius* oder seines Sohnes für interpoliert gehalten, weil es bei Körperverletzung von freien Personen grundsätzlich keine *actio legis Aquiliae* gebe – so insbes WITTMANN, Die Körperverletzung an Freien im klassischen römischen Recht (1972) 101 f. FEENSTRA, Mélanges Wubbe (1993) 156, hält *vel ex lege Aquilia* für eine nachklassische Glosse, leugnet aber einen bewußten Eingriff der Kompilatoren. Der Satzteil *sive ipsius sive filii corpori nocitum sit* sei hingegen authentisch, habe sich aber bei den Klassikern auf das *edictum de effusis vel deiectis* bezogen, (wo es nach hM ausnahmsweise Schadenersatz für Schädigung Freier gegeben haben soll).
Unabhängig davon ist aber nicht zu bezweifeln, daß grundsätzlich Ansprüche aus der *lex Aquilia* im Rahmen der *societas omnium bonorum* intern vergemeinschaftet werden müssen, so etwa, wenn eine noch nicht vergemeinschaftete, also noch im Alleineigentum eines *socius* stehende Sache beschädigt oder zerstört wurde und an ihre Stelle der Anspruch aus der *lex Aquilia* tritt. Vor diesem Hintergrund erscheint es meines Erachtens plausibler, gerade umgekehrt wie FEENSTRA das *vel ex lege Aquilia* für echt und den nachgestellten Halbsatz für eine Glosse zu halten, wenn nicht überhaupt das Problem der Körperverletzung Freier auch in der Klassik differenzierter gehandhabt wurde, als es die einschlägigen romanistischen Studien des 20. Jahrhunderts behaupten. Zum Problem allgemein vgl HAUSMANINGER, Schadenersatzrecht (5. Aufl. 1996) 35 f mwN.

172 Ulpian 31 ad ed D 17.2.52.17: *Ibidem ait socium omnium bonorum non cogi conferre, quae ex prohibitis causis adquisierit.*

173 Ulpian 31 ad ed D 17.2.52.18: *Per contrarium quoque apud veteres tractatur, an socius omnium bonorum, si quid ob iniuriarum actionem damnatus praestiterit, ex communi consequatur ut praestet. et Atilicinus Sabinus Cassius responderunt, si iniuria iudicis damnatus sit, consecuturum, si ob maleficium suum, ipsum tantum damnum sentire debere. cui congruit, quod Servium respondisse Aufidius refert, si socii bonorum fuerint, deinde unus, cum ad iudicium non adesset, damnatus sit, non debere eum de communi id consequi, si vero praesens iniuriam iudicis passus sit, de communi sarciendum;* siehe dazu BONA, SDHI 1967, 386 f.

174 Vgl dazu D 17.2.53 - 57.

b) Societas universorum quae ex quaestu veniunt

Als Gegensatz zum *specialiter societatem omnium bonorum coire* in D 17.2.3.1 könnte insbesondere das in einer Ulpian-Stelle überlieferte *simpliciter societatem coire* zu verstehen sein (Ulp 30 ad Sab D 17.2.7). Diesem Text zufolge ergibt sich unter anderem die Möglichkeit, eine *societas universorum quae ex quaestu veniunt* zu vereinbaren, welche sogar im Zweifel (*si non fuerit distinctum*) anzunehmen ist:

> *Coire societatem et simpliciter licet: et si non fuerit distinctum, videtur coita esse universorum quae ex quaestu veniunt, hoc est si quod lucrum ex emptione venditione, locatione conductione descendit.*

Fragment 7 (welches auf Sabinus zurückgehen dürfte[175]) stellt eine Vermutung zugunsten einer allgemeinen Erwerbsgesellschaft (*societas universorum, quae ex quaestu veniunt*) auf. Darunter ist eine universale Erwerbsgesellschaft zu verstehen, bei der jeglicher zukünftige *quaestus* der *socii*, (dh gem D 17.2.8 jeglicher Erwerb, welcher auf *opera* beruht) vergemeinschaftet werden soll. Eine Gemeinschaft hinsichtlich des beim Vertragsschluß vorhandenen gegenwärtigen Vermögens wird dabei aber - ich würde einschränkend hinzufügen: in der Regel - nicht begründet.[176]

Der Text wirft zwei Hauptprobleme[177] auf: Erstens, wie ist das *coire societatem et simpliciter licet* zu verstehen? Zweitens, auf wen (bzw auf welche Zeit) geht diese Vermutung zurück?

Bei der ersten Frage geht es darum, in welchem Fall die Vermutung für eine allgemeine Erwerbsgesellschaft wirksam wird. Bezieht sich das *simpliciter societatem coire* auf den Fall, daß die Parteien bloß eine Gesellschaft vereinbart haben, ohne über ihren Gegenstand Vereinbarungen getroffen zu haben: Haben sie also „einfach" eine Gesellschaft vereinbart? Oder muß man das *et simpliciter* auf eine (mitgedachte, aber nicht ausdrücklich genannte) Art der *societas* beziehen, etwa in dem Sinn: Und wenn die Parteien „einfach" eine

---

175 LENEL, Das Sabinussystem (1892) 62; SCHULZ, Sabinusfragmente in Ulpians Sabinus-Commentar (1906) 69; weitere Nachweise bei BONA, Studi Grosso I (1968) 390 Fn 11, welcher selbst aber bezweifelt, daß es sich bei Fragment 7 um „una reliquia del dettato sabiniano" handelt. PERNICE, ZRG-RA 3 (1882) 94 nimmt dagegen sogar an, daß die Vermutung bereits der republikanischen Jurisprudenz geläufig war.

176 BONA, Contributi alla storia della „societas universorum quae ex quaestu veniunt" in diritto romano, St. Grosso I (1968) 385.

177 Zur Unbegründetheit des Interpolationsverdachts hinsichtlich der Einbeziehung von Erlösen aus *emptio venditio* in die *societas universorum, quae ex quaestu veniunt* siehe ARANGIO-RUIZ, Società (1950) 139 f.

societas (quaestus) abgeschlossen haben, so ist dies als *societas quaestus generalis* (= *universorum, quae ex quaestu veniunt*) zu verstehen.

Die ganz überwiegende Zahl der Interpretatoren versteht das *simpliciter coire societatem* ganz wörtlich als die Vereinbarung einer *societas* ohne Zusatz hinsichtlich des Objekts der Gesellschaft. Ein solches Verständnis der Stelle hat eine lange Tradition, welche zumindest bis auf die Basiliken (B 12.1.7)[178] und den Stephanos-Index zurückreicht und sich über die mittelalterliche und gemeinrechtliche Dogmengeschichte durchzieht.[179]

Trotz dieser beeindruckenden Interpretationstradition, die auch in der Romanistik des 20. Jahrhunderts prominente Vertreter[180] aufzuweisen hat, wurden in der neueren Forschung Bedenken gegen diese Deutung erhoben.[181] Der Haupteinwand gegen diese Vorstellung ist wohl darin zu sehen, daß eine

---

178 Zu Entstehung und Bedeutung der Basiliken allgemein vgl PIELER, Byzantinische Rechtsliteratur, in: HUNGER, Die hochsprachliche profane Literatur der Byzantiner, Bd 2 (1978) 455 ff; DERSELBE, Die Rechtsliteratur, in: Neues Handbuch der Literaturwissenschaft, Bd 4 – Spätantike (1997) 586 f.

179 Vgl etwa die Stephanos-Scholien zu B 12.1.7 (SCHELTEMA/HOLWERDA B II 455,9 = Heimbach I, 732) und zu B 12.1.9 (SCHELTEMA/HOLWERDA B II 455,34 = Heimbach I, 732); dazu BONA, Studi Grosso I (1968) 388 f. Weitere Nachweise bei BONA, Studi Grosso I (1968) 385 Fn 1, 389 Fn 8, 391 Fn 14.

Als eindrucksvolles Beispiel sei nur (zitiert nach BONA aaO 389 Fn 7) DONELLUS, Commentarius de iure civile, l. XIII, cap.XVI, § 9, in: Opera omnia, Lucae 1763, 3, 915 angeführt: *Dicitur autem simpliciter contracta, in qua solum dicunt socii sibi placere, ut inter ipsos societas sit, nulla adiecta designatione rerum aut universorum, aut unius alicuius certae, ex qua societas contraheretur. Haec quia verbo generali societatis utitur, nec quidquam excipit, videbatur hoc exigere, ut omnium rerum, et bonorum societas intelligeretur ... Sed sententia contrahentium aliter accepta est. Visum est enim, quia societas contrahitur lucri ex ea faciendi causa, nisi quid fuerit distinctum, societatem adhunc finem referri. Quamobrem et illud placuit societatem coitam videri universorum quidem, sed eorum solum quae ex quaestu veniunt.*

180 Vgl etwa WIEACKER, Societas (1936) 240 ff, der Fragment 7 aber auf das nachgeformte Wahlkonsortium bezieht; ARANGIO-RUIZ, Società (1950) 139; GUARINO, Societas (1972) 22; KASER, SDHI 41 (1975) 291.

KASER meint allerdings, daß hier „von der Bezeichnung der *societas* in der formularen *demonstratio* die Rede ist ... Das *et* am Anfang läßt vermuten, daß Sabinus, der hier spricht, vorher von ausdrücklicher Bestimmung des Gesellschaftsinhalts in der Formel gehandelt hat". KASER geht dabei also von einer Art geschlossenen Typologie der Societas-Formen aus, welche sich auch in der Bezeichnung der *societas* in der *demonstratio* niedergeschlagen habe, so wie das etwa für die – nach Ansicht von vielen in der Musterformel figurierende – *societas omnium bonorum* vorstellbar wäre; da das römische Gesellschaftsrecht von einer vielfältig gestaltbaren Varianz der societas-Formen ausgeht, ist eine solche Bestimmung des konkreten Streitgegenstandes bloß durch einen Hinweis auf einen bestimmten Typ von *societas* in der *demonstratio* eher nicht anzunehmen.

181 BIANCHINI, Studi (1967) 50 ff; BONA, Studi Grosso I (1968) 395 ff.

gültige Vereinbarung über eine Gesellschaft ohne – zumindest ansatzweise – Einigkeit über den Gegenstand der Gesellschaft nur schwer vorstellbar ist.[182] Zumindest nach moderner zivilistischer Rechtsauffassung bildet die Einigung über den Gesellschaftszweck ein *essentiale negotii*; angesichts der großen Bandbreite der Erscheinungsformen der *societas* ist aber auch für das römische Recht nichts anderes zu vermuten. Genausowenig wie ein Kaufvertrag bloß bei Einigung über den Vertragstyp, aber ohne Einigung über Ware und Preis zustandekommt, wird man einen wirksamen Gesellschaftsvertrag annehmen können, wenn bloß Einigung besteht, eine *societas* einzugehen, jedoch keinerlei Anhaltspunkt vorhanden ist, worauf sich der Gesellschaftsvertrag beziehen soll. Auch die Behauptung, die *societas universorum quae ex quaestu veniunt* werde deshalb vermutet, weil sie derartig verbreitet gewesen sei, daß sie (zumindest im frühen Prinzipat bereits) gleichsam den Prototyp der *societas* gebildet habe[183], wird von einer Analyse des Quellenmaterials (aus dem freilich Schlüsse auf die Häufigkeit des Vorkommens der Societas-Formen an sich höchst problematisch sind) nicht wirklich bestätigt.[184] Zudem ist es auch methodisch fragwürdig, ob bei einer Rechtsvermutung immer davon ausgegangen werden kann, daß die vermutete Variante auch die tatsächlich häufigere darstellen muß, da auch spezifisch juristische Überlegungen (wie etwa im Zweifel etwas weniger Weitgehendes hinsichtlich einer Obligation anzunehmen[185]) den Ausschlag geben können.

Wahrscheinlicher scheint demgegenüber, daß Fragment 7 von einer Konstellation ausgeht, bei der aus der Vereinbarung der Parteien sehr wohl die Art der *societas* hervorgeht, bei der aber hinsichtlich des genauen Umfanges der Gesellschaft doch Zweifel bestehen, ob *in concreto* eine *societas universorum, quae ex quaestu veniunt* gemeint ist, oder eine andere Gesellschaft, die dieser nahesteht. Mit anderen Worten: aufgrund der *simpliciter* eingegangenen Gesellschaft muß die Zugehörigkeit der von den Parteien gewollten Gesellschaft zu einer bestimmten Kategorie von Gesellschaft bereits klar gewesen

---

182 Dementsprechend schreibt etwa DERNBURG, Pandekten Bd 2 (1886) 325, im Hinblick auf D 17.2.7: „Sabinus nahm ... an, im Falle der Begründung einer Gesellschaft ohne nähere Bestimmung sei eine allgemeine Erwerbsgesellschaft zu unterstellen. Es liegt auf der Hand, daß ... dies für das heutige Recht nicht anwendbar ist."

183 So etwa MASCHI, Disertiones (1935) 54: „...la società questuaria è, nell'epoca classica, quella tipica, cioè quella che costituisce il caso normale e che quindi si presume in assenza di convenzione contraria".

184 Zu Recht skeptisch auch BONA, St. Grosso I (1968) 392.

185 Vgl etwa Celsus D 45.1.99 pr: *semper in obligationibus quod minimum est sequimur*; in diesem Sinn auch ARNÒ, Contratto di società (1938) 92.

sein, von der wiederum die *societas universorum quae ex quaestu veniunt* als die im Zweifel angenommene Unterform qualifiziert wird.[186]
Geht man von der Bezeichnung *societas universorum quae ex quaestu veniunt* aus, so sind darin zwei Elemente vereint: die Bezugnahme auf eine *societas universorum* und die Bezugnahme auf *quaestus*. Dementsprechend könnte Fragment 7 entweder davon ausgehen, daß *simpliciter* eine *societas universorum* geschlossen wird, also eine umfassende Gesellschaft, welche sich aber mangels näheren Zusatzes nur auf *quaestus*, dh den auf *opera* beruhenden Erwerb bezieht, oder aber, daß *simpliciter* eine *societas quaestus* eingegangen wurde, welche sich im Zweifel auf allen Erwerb aufgrund von *opera* bezieht.

Letzteres wird von BONA vertreten, der annimmt, daß *simpliciter* für *quaestus* interpoliert sei. BONAS Auffassung wurde aber zu Recht in Zweifel gezogen. Insbesondere seine Vermutung hinsichtlich einer spezifischen justinianischen Vorliebe für die *societas quaestus generalis*, welche ihn dazu bringt, kompilatorische Eingriffe in D 17.2.7 anzunehmen[187], kann - nicht zuletzt auch aus wirtschaftshistorischen Überlegungen - nicht überzeugen.[188]

Davon unabhängig könnte man aber - gestützt auf einige Argumente BONAS - annehmen, daß wenn *simpliciter* (also nicht itp!) eine *societas quaestus* (*sine distinctione*) vereinbart wurde, eine solche hinsichtlich jeglichen Erwerbs anzunehmen sei. Die ursprüngliche Pointe von Fragment 7 läge dann darin, daß, wenn man eine *societas quaestus* abschließt, jeder Erwerb aus *quaestus* darunterfällt, im Gegensatz zu anderen *societates quaestus cum distinctione*, bei denen der Erwerb auf den Erwerb aus einer bestimmten *negotiatio* eingeschränkt ist (vgl etwa D 17.2.71 pr: ... *quod ex eo artificio quaestus fecissent* ... ; D 17.2.52.5: ... *quod quisque tamen socius non ex argentaria causa quaesiit* ...). Im Zweifel würde also ein größerer Umfang einer *simpliciter* eingegangenen *societas* verstanden werden. Dies widerspricht aber der quellenmäßig belegbaren Tendenz der Juristen der späten Republik und der Klassik bei der Auslegung von Gesellschaftsverträgen allgemein hinsichtlich des von der *societas* erfaßten Umfanges eher restriktiv vorzugehen.[189] Der von BONA ver-

186 Als Zweifelsregel verstehen Fragment 7 etwa GLÜCK, Ausführliche Erläuterung der Pandekten Teil XV/2 (1814) 586, und die bei BONA, St. Grosso I (1968) 389 f Fn 9 genannten pandektistischen Autoren .

187 BONA, St. Grosso I (1968) 386, 395 ff; BONA, Studi (1973) 19 f. Für BONA hat es die *societas universorum quae ex quaestu veniunt* zwar schon zumindest seit dem frühen Prinzipat gegeben, die Vermutung zugunsten dieser Gesellschaftsform in D 17.2.7 sei aber justinianisch.

188 GUARINO, Societas (1972) 26 - 29; GUARINOS Kritik zustimmend KASER, SDHI 41 (1975) 291 Fn 48.

189 Ohne Anspruch auf Vollständigkeit sei nur auf D 17.2.3.1, D 17.2.8 - 13, D 17.2.52.5, D 17.2.71.1 und D 29.2.45.2 verwiesen.

muteten Präsumtion zugunsten eines im Zweifel größeren (nämlich universalen) Umfanges einer *societas quaestus* steht darüberhinaus eine – schon auf die republikanische Jurisprudenz zurückgehende – restriktive Interpretationstradition von *quaestus* selbst gegenüber (vgl D 17.2.8 - 12).

Vielversprechender erscheint deshalb die Deutung, welche die *societas simpliciter coita* mit einer *societas universorum* in Zusammenhang bringt. Die Textierung von D 17.2.7 (*et simpliciter licet*), spricht dafür, daß zunächst eine andere Form der *societas* erörtert wurde. Naheliegenderweise dürfte es sich bei dieser anderen, gegenübergestellten Societas-Form um die *specialiter* geschlossene *societas omnium bonorum* (D 17.2.3.1) gehandelt haben.[190] Dafür spricht nicht zuletzt auch, daß das *quaqua ratione adquisitum communioni adquiretur* in D 17.2.3.1 sich gut als Gegensatz zu dem auf *quaestus* eingeschränkten Gegenstand der *societas universorum quae ex quaestu veniunt* begreifen läßt: Die *quisquis ratio* steht der Einschränkung auf *quaestus* gegenüber. Absolut ist freilich auch die Erfassung jeglichen Erwerbs in D 17.2.3.1 nicht zu verstehen, da ja auch bei einer *societas omnium bonorum* bestimmte Erwerbsarten (und zwar jene *ex prohibitis causis*) ausgeschlossen sind[191], wie auch umgekehrt zwar prinzipiell jeglicher Aufwand geteilt wird, nicht aber jener, der durch Delikte eines *socius* verursacht wird.[192]

Wenn dies zutrifft, erörtert aber Ulpian (bzw usprünglich vermutlich Sabinus) in Fragment 7 eine *simpliciter* geschlossene Universal-Gesellschaft, welche im Nahebereich der *societas omnium bonorum* einerseits und der *societas universorum quae ex quaestu veniunt* andererseits steht, bezüglich der aber im Zweifel (*si non fuerit distinctum*) angenommen wird, daß sie als allgemeine Erwerbsgesellschaft[193] zu qualifizieren sei.[194]

Für diese Ansicht kann auch ins Treffen geführt werden, daß das Verständnis von D 17.2.7, welches von einem Oberbegriff *societas universorum* als „umfassende Gesellschaft" ausgeht, die nicht unbedingt (iSd *societas*

---

190 WIEACKER, Societas (1936) 150.

191 Vgl Ulpian 31 ad ed D 17.2.52.17.

192 Vgl Ulpian 31 ad ed D 17.2.52.18.

193 Auch BIANCHINI, Studi (1967) 50 ff (52), kommt zum Ergebnis, daß D 17.2.7 den Fall vor Augen hat, daß die Parteien sich zumindest auf eine Gesellschaft hinsichtlich *universa bona* geeinigt haben. Zu Unrecht anderer Ansicht BONA, Società universale e società questuaria generale in diritto romano, SDHI 1967, 381 f, der die *societas universarum quae ex quaestu veniunt* und die *societas omnium bonorum* kategorisch getrennt sehen möchte.

194 Zur Zweifelsregel von D 17.2.7 vgl noch § 1177 ABGB: „Wenn ein Gesellschaftsvertrag auf das ganze Vermögen lautet; so wird doch nur das gegenwärtige darunter verstanden. Wird aber auch das künftige Vermögen mit begriffen; so versteht man darunter nur das erworbene, nicht das ererbte; außer es wäre beides ausdrücklich bedungen worden."

omnium bonorum) das gesamte gegenwärtige und zukünftige Vermögen der *socii* umfassen muß, sondern auch etwa bloß den gesamten zukünftigen *quaestus*, sich zwanglos mit Ulpians Aufzählung D 17.2.5 pr und der dort genannten *societas universorum* in Einklang bringen läßt.[195] Zumindest erscheint es sehr wahrscheinlich, daß für Ulpian, welcher in D 17.2.73 eine allumfassende Gesellschaft als *societas universarum fortunarum* bezeichnet (offenbar also die Bezeichnung *societas universorum* allein dafür nicht für ausreichend hält), die *societas universorum quae ex quaestu veniunt* unter den Oberbegriff der *societas universorum* fällt, während die auf bestimmte Geschäftstätigkeiten eingeschränkten Erwerbsgesellschaften zur Gruppe der *societates negotiationis* zählen.

Im Anschluß an D 17.2.7 findet sich die bereits erwähnte Katene aus Texten (Paulus 6 ad Sab und Ulp 30 ad Sab), in denen der Begriff *quaestus* erläutert wird (D 17.2.8 - 12) und sodann explizit die Auslegungsfrage von *quaestus* anhand einer als *societas quaestus et lucri* qualifizierten Gesellschaft vorgeführt wird (D 17.2.13):

> Paul 6 ad Sab D 17.2.8: *Quaestus enim intellegitur, qui ex opera cuius descendit.*
>
> Ulpian 30 ad Sab D 17.2.9: *Nec adiecit Sabinus hereditatem vel legatum vel donationes mortis causa sive non mortis causa, fortassis haec ideo, quia non sine causa obveniunt, sed ob meritum aliquod accedunt.*
>
> Paul 6 ad Sab D 17.2.10: *et quia plerumque vel a parente vel a liberto quasi debitum nobis hereditas obvenit.*
>
> Ulpian 30 ad Sab D 17.2.11: *et ita de hereditate legato donatione Quintus Mucius scribit.*
>
> Paul 6 ad Sab D 17.2.12: *Sed nec aes alienum, nisi quod ex quaestu pendebit, veniet in rationum societatis.*

---

195 Zur Terminologie bei der Klassifikation der Gesellschaftsformen ist darauf hinzuweisen, daß das ältere gemeine Recht von einer Dreiteilung in *societas universalis* (=*societas omnium bonorum*), *societas generalis* (=*societas universorum quae ex quaestu veniunt*) und *societas singularis* (=*societas unius rei* bzw *unius negotiationis*) ausgeht; vgl etwa HEINECCIUS, Elementa iuris civilis secundum ordinem institutionum (Venedig 1737) § 945.
In der Pandektistik des 19. Jahrhundert werden hingegen die ersten beiden Kategorien (dh nach der Terminologie der römischen Quellen die *societas omnium bonorum* und die *societas universorum quae ex quaestu veniunt*) als „allgemeine" Gesellschaften den übrigen gegenübergestellt, welche als „besondere" oder „partikuläre" bezeichnet werden; vgl etwa DERNBURG, Pandekten Bd 2 (1886) 323.

In der späten Republik muß es umstritten gewesen sein, ob unter *quaestus* auch unentgeltlicher Erwerb durch Schenkungen oder letztwillige Zuwendungen (Erbschaft, Legat) fällt. Durchgesetzt hat sich dabei die Meinung des Sabinus, daß unter quaestus jener Erwerb fällt, der durch *opera* erzielt wird (Paul 6 ad Sab D 17.2.8) und daß dazu Erbschaften, Legate und Vermächtnisse nicht zählen (Ulp 30 ad Sab D 17.2.9: *Nec adiecit Sabinus hereditatem vel legatum vel donationes mortis causa sive non mortis causa*). Während jeglicher Erwerb, der als *quaestus* verstanden wird, auf der Aktivseite rechnerisch einzubeziehen ist, sind auf der Passivseite Schulden, soferne sie mit dem *quaestus* in Zusammenhang stehen, in Abzug zu bringen (D 17.2.12).

Erklärungsbedürftig erscheint in der Katene va die Begründung *fortassis haec ideo, quia non sine causa obveniunt, sed ob meritum aliquod accedunt* in Fragment 9, sowie das Fragment 10. Beide Texte beziehen sich darauf, daß unentgeltliche Zuwendungen remuneratorischen Charakter haben können. Warum gerade dies ihren Ausschluß von der *societas quaestus* rechtfertigen kann, wie dies von Fragment 9 in der überlieferten Gestalt nahegelegt wird, hat viele Interpretatoren verwundert. Gerade wenn sich die unentgeltlichen Zuwendungen als solche verstehen lassen, die *ob meritum* bzw als *quasi debitum* erfolgen, erschiene ja ihre Einbeziehung in den Erwerb, der auf *opera* beruht, eher geboten. Für viele lag hier ein evidenter Widerspruch zwischen der Entscheidung des Fragment 9 und seiner Motivierung vor, sodaß eine große Zahl von Romanisten eine Interpolation des Satzteiles von *fortassis* an, vertrat.[196]

Eine andere Erklärungstradition geht dagegen von der Echtheit der beiden Passagen aus und deutet die Erklärung dahingehend, daß der Zuwendungszweck von seiten des Schenkers bzw des Erblassers gerade eine Begünstigung der Person des Empfängers herbeiführen soll, welche durch die Einbeziehung in die *societas quaestus* vereitelt würde.[197] Dieser Gedanke, welcher den modernen Juristen an den verhinderten Vorteilsausgleich im Schadenersatzrecht[198] denken läßt, paßt aber auf die privatautonom geschlossene Vereinbarung der *societas quaestus* nicht wirklich. Ohne Zweifel steht es jedem frei, auch Erwerb aus unentgeltlichen Zuwendungen in eine

---

196 Neben den im *Index Interpolationum* genannten Autoren etwa WIEACKER, Societas (1936) 148 Fn 4; ARANGIO-RUIZ, Società (1950) 139 Fn 3.

197 KARLOWA, Römische Rechtsgeschichte II.1. (1901) 656 Fn 1; BETTI, Istituzioni II/1 (1960) 262. In diese Richtung geht auch das Scholion des Anonymos Sch.1 (P) zu B 12.1.9 (SCHELTEMA/HOLWERDA B II, 536 = HEIMBACH I, 732). Daß dieses sich aber nur auf Schenkungen und nicht auf Erwerb aus Testament und Legat bezieht, wird von BONA (Studi Grosso I, 415 ff) hervorgehoben.

198 Vgl dazu etwa KOZIOL, Haftpflichtrecht I (3. Aufl.1997) 326 ff.

Gesellschaft (etwa in eine *societas omnium bonorum*) einzubringen, schließlich ist damit ja auch die Chance verbunden, seinerseits am unentgeltlichen Erwerb des Partners Anteil zu haben. Daß der Wille des ursprünglich Zuwendenden das weitere Schicksal des zugewendeten Vermögens beim Empfänger in der vorausgesetzten Art und Weise bestimmen kann, daß die Zuwendungsentscheidung des Schenkers bzw Erblassers[199] auch noch die Disposition des Empfängers (der eine *societas quaestus* abgeschlossen hat) und die Rechte seines Gesellschaftspartners beeinflußt, ist nach den allgemeinen Regeln des klassischen römischen Rechts nicht anzunehmen.[200]

Empfindet man Fragment 9 ab *fortassis* und Fragment 10 aber als Gegensatz zu der die Katene insgesamt beherrschenden Tendenz des Ausschlusses von unentgeltlichen Zuwendungen aus dem Begriff des *quaestus* und will man dennoch nicht an eine Interpolation glauben, so könnte eine Erklärung[201] darin bestehen, daß es sich um eine Textkürzung handelt, welche in ihrer überlieferten widersprüchlichen Gestalt Reste eines Kontroversenberichts enthält. Die in Ulpian D 17.2.9 nicht zum ersten Teil passende „Begründung" *fortassis haec ideo...* sowie der bei Paul 6 ad Sab D 17.2.10 gegebene Hinweis, daß Erbschaften in vielen Fällen *quasi debitum* erworben werden, könnten dabei einen Hinweis auf die Gegenmeinung[202] zu der von

---

199 Vorausgesetzt, es liegt eine „einfache" Schenkung ohne Auflage (*modus*) vor.

200 Eine Außenwirkung einer Einschränkung begegnet freilich bei den Nebenabreden beim Manzipationskauf (etwa *ne serva prostituatur*), welche über den Vertragspartner hinaus auch Dritte betreffen können.

201 Eine andere Deutung entwickelt BONA, Studi Grosso I (1968) 412 - 433. Er vermutet, daß die Begründung ab *fortassis* auch bei Ulpian ursprünglich auf die Kategorie der remuneratorischen Schenkungen bezogen gewesen sei, und daß Ulpian diese Schenkungen wegen eines vorangegangenen Dienstes des Empfängers nicht als *donationes*, sondern als Erwerb, der auf *opera* beruht, qualifiziert habe (vgl auch Ulpian 76 ad ed D 39.5.19.1). Dies würde bedeuten, daß Ulpian die remuneratorischen Schenkungen sehr wohl in den *quaestus* einbezogen habe. BONA muß hierzu aber das *haec* in D 17.2.9 als *hae* lesen und damit bloß auf die *donationes* und nicht den Erwerb aus Testament und Legat beziehen (aaO 429), sowie darüberhinaus das Fragment 10, welches ausdrücklich auch bei Testament und Legat einen Zusammenhang mit vorangegangenen „Leistungen" des Empfängers herstellt, außer Betracht lassen. Daß der Satzteil, der bei Ulpian ursprünglich dazu diente, remuneratorische Zuwendungen zum Gegenstand der *societas quaestus* zu zählen, in der überlieferten Gestalt gerade als Begründung für das Gegenteil dient, wird von BONA damit erklärt, daß in justinianischer Zeit, die remuneratorischen Schenkungen als *verae donationes* angesehen wurden (aaO 430).

202 Wurde diese vielleicht von Quintus Mucius Scaevola (vgl Ulp D 17.2.11) vertreten, wie die Anordnung durch die Kompilatoren nahelegt? Nach herrschender Meinung (vgl nur LENEL, Palingenesie II (1889) Ulpian Nr. 2739) bestätigt das Zitat von Quintus Mucius allerdings bloß die Aussage des Sabinus.

Sabinus und seinen Kommentatoren eingeschlagenen Linie darstellen; eine Gegenströmung, welche möglicherweise aufgrund des in gewisser Weise remuneratorischen Charakters unentgeltlicher Zuwendungen[203] deren Subsumtion unter *quaestus* für zulässig erachtete.[204]
Mit der Frage, ob eine Gesellschaft, die als *societas et quaestus et lucri* abgeschlossen wurde, auch *aliud lucrum, quam quod ex quaestu venit* umfaßt, beschäftigt sich Paulus 32 ad ed D 17.2.13:

> *Sed et si adiciatur, ut et quaestus et lucri socii sint, verum est non ad aliud lucrum, quam quod ex quaestu venit, hanc quoque adiectionem pertinere.*

Der Erörterung des Paulus liegt eine Vereinbarung der Gesellschafter *ut et quaestus et lucri socii sint* zugrunde.[205] Ähnlich wie Ulpian D 17.2.9 vertritt Paulus eine restriktive Haltung bezüglich des Umfanges dieser *societas et quaestus et lucri* und schließt den zukünftigen unentgeltlichen Erwerb davon aus. Der Hinweis auf *et quaestus et lucrum* als Gesellschaftsgegenstand wird von ihm nicht als ausreichend dafür qualifiziert, unentgeltlichen Erwerb miteinzuschließen; offenbar mußte auch für ihn die Inkludierung unentgeltlichen Erwerbs ausdrücklich (*specialiter*) - vielleicht sogar unter Spezifizierung der einzelnen Arten des unentgeltlichen Erwerbs - erfolgen, um wirksam zu sein.

---

203 Zur Frage der remuneratorischen Schenkung im römischen Recht, auf die hier nicht näher eingegangen werden kann, siehe nach wie vor SAVIGNY, System IV (1841) 86 ff, sowie die bei BONA, Studi Grosso I (1968) 418 Fn 52, und bei HONSELL/MAYER-MALY/SELB, Römisches Recht (1987) 344 Fn 1 genannte neuere Literatur.

204 Die Basiliken (B 12.1.9) gehen davon aus, daß der Erwerb durch letztwillige Verfügungen und Schenkungen gleichsam ein Entgelt für vorangegangene „Verdienste" des Begünstigten darstellt. Auch dem Basilikentext liegt folglich die Auffassung zugrunde, daß die unentgeltlichen Zuwendungen als durch das Verhalten des Empfängers „verdient" qualifiziert werden können. Vielleicht steht dahinter weiters die Vorstellung einer harmonisierenden Interpretation der Schlußpassage von D 17.2.9 und von D 17.2.10, derzufolge der Erwerb aus Testament, Legat sowie Schenkung deshalb nicht in die *societas quaestus* einzubeziehen sei, weil die vorangegangenen Leistungen des Begünstigten vor Eingehen der *societas* erbracht wurden. Dann hätten die Klassiker aber danach unterscheiden müssen, zu welchem Zeitpunkt jenes Verhalten gesetzt wurde, aufgrund dessen ein Geschenk gemacht wurde bzw eine letztwillige Zuwendung vorgenommen wurde, wofür aber jeglicher Anhaltspunkt in der Überlieferung fehlt.

205 Nicht überzeugend erscheint mir BONAS Argumentation (Studi Grosso I, 393 ff), als *adiectio* könne man nur den Zusatz hinsichtlich des *lucrum* werten, weil eine Gesellschaft hinsichtlich *quaestus* ohnedies schon *si non fuerit distinctum* gem D 17.2.7 anzunehmen sei; eine Rechtsvermutung schließt keineswegs aus, daß die Parteien das Vermutete auch ausdrücklich vereinbaren.

Die Zustimmung des Paulus (*verum est*) dürfte sich auf ein vom spätrepublikanischen Juristen Alfenus Varus, eines Schülers von Servius Sulpicius Rufus[206], überliefertes *responsum* beziehen[207], welches uns über Paul 3 epit Alf Dig D 17.2.71.1 bekannt ist:

> *Duo colliberti societatem coierunt lucri quaestus compendii, postea unus ex his a patrono heres institutus est, alteri legatum datum est. neutrum horum in medium referre debere respondit.*

Zwei Mitfreigelassene sind eine *societas lucri quaestus compendii* eingegangen; später wurde einer von ihnen vom Freilasser zum Erben eingesetzt, dem anderen dagegen ein Vermächtnis hinterlassen. Alfen (oder eventuell schon Servius Sulpicius Rufus[208]) entscheidet, daß keiner von beiden den letztwilligen Erwerb in das gemeinschaftliche Vermögen einbringen muß.[209]

Dieselbe Entscheidung zur Frage, welcher Erwerb unter eine *societas quaestus et compendii* fällt, begegnet schließlich noch in allgemeinerer Art bei Iulian 1 ad Urs. Feroc. D 29.2.45.2:

> *Et cum quaestus et compendii societas initur, quidquid ex operis suis socius adquisierit, in medium conferet: sibi autem quisque hereditatem adquirit.*

Wie BONA zu Recht hervorgehoben hat, wird von Julian dieser Fall nicht mehr problematisiert, sondern im konkreten Textzusammenhang nur noch zur Illustration dafür verwendet, daß Erbschaftserwerb nicht als Erwerb aus *opera* anzusehen ist.[210] Die in Fragment 2 getroffene Feststellung war also zur Zeit Julians schon nicht mehr strittig oder auch nur zweifelhaft.

---

206 Vgl KUNKEL, Herkunft und soziale Stellung der römischen Juristen (2. Aufl. 1967) 29.

207 Möglicherweise handelt es sich bei D 17.2.13, D 17.2.71.1 und D 29.2.45.2 jeweils um denselben „Fall", der in der Juristenliteratur weitertradiert wird. Dann würde D 17.2.71.1 mit der Charakterisierung als *societas lucri quaestus compendii* die vollständigste Version bieten.

208 Die Argumente *pro* und *contra* Urheberschaft des Servius werden von BONA, Studi Grosso I (1968) 404 f Fn 26, ausführlich erwogen, welcher aber zum Ergebnis kommt, daß sich die Frage nicht endgültig entscheiden läßt.

209 Der Zweifel, ob im konkreten Fall auch der letztwillige Erwerb einzubeziehen sei, könnte auch mit der spezifischen Situation, in der beide *colliberti* dem Patron *operae* geleistet haben, weshalb die letztwillige Zuwendung insofern „remuneratorischen" Charakter gehabt haben könnte, zusammenhängen; vgl WATSON, Law of Obligations (1965) 135 f. Schon in der Tradition der klassischen Juristen scheint demgegenüber aber der Aspekt der Charakterisierung der *societas* als einer, in der neben *quaestus* auch *lucrum* und *compendium* erfaßt sind, im Vordergrund gestanden zu sein.

210 BONA, St. Grosso I (1968) 411 f.

c) Zwischenformen

Des weiteren finden sich aber auch bei Universalgesellschaften, die neben dem *quaestus* ausdrücklich Zuwendungen von Todes wegen umfassen sollen, Möglichkeiten unterschiedlicher Vertragsgestaltung, wie sich aus Paul 32 ad ed D 17.2.3.2 ergibt:

> *De illo quaeritur, si ita sit coita societas, ut, si qua iusta hereditas alterutri obvenerit, communis sit, quae sit iusta hereditas, utrum quae iure legitimo obvenit an etiam ea quae testamento? et probabilius est ad legitimam hereditatem tantum hoc pertinere.*

Paulus interpretiert hier eine Gesellschaftsabrede *si qua iusta hereditas alterutri obvenerit, communis sit*. Er versteht die *iusta hereditas* als eine *iure legitimo* zugefallene (dh eine solche kraft Intestaterbrechts, wobei nicht nur das Erbrecht nach *ius civile*, sondern auch jenes nach prätorischem Erbrecht gemeint sein dürfte[211]) und schließt damit eine testamentarische Erbschaft aus. Umstritten ist, ob sich die Stelle auf eine Spezialvereinbarung zu einer *societas omnium bonorum* oder zu einer *societas universorum, quae ex quaestu veniunt* bezieht, oder aber unabhängig von einem konkreten Fall zu sehen ist. Letzteres nimmt BONA[212] für das Verständnis der Stelle durch die Antezessoren an: zumindest in justinianischer Zeit stehe nur die Auslegung der Klausel *si qua iusta hereditas obvenerit etc* im Vordergrund, ohne daß dabei ein Bezug zu einer konkreten Gesellschaft hergestellt würde. Auch BONA meint aber, daß im ursprünglichen Zusammenhang Paulus sehr wohl von einem konkreten Fall ausgegangen sei.[213]

Einen Zusammenhang mit einer *societas omnium bonorum* vermuten SIBER[214], aber wohl auch DEL CHIARO[215] und WIEACKER[216]. Daß es sich um eine *specialiter omnium bonorum* eingegangene *societas* handelt, dürfte aber auszuschließen sein. Bei einer solchen würde ja jeglicher erlaubte Erwerb vergemeinschaftet werden (folglich auch sämtlicher Erwerb aus letztwilligen

---

211 Vgl Kyrillos, Sch. 5 (Ca) zu Bas. 12.1.3 (SCHELTEMA/HOLWERDA B II 45,23 = HEIMBACH I, 729); anders hingegen Stephanos, Sch. 6 (Ca) zu B 12.1.3 (SCHELTEMA/HOLWERDA B II 451, 25 = HEIMBACH I, 730), der *legitima hereditas* auf das Erbrecht nach *ius civile* beschränkt.

212 BONA, St. Grosso I (1968) 436.

213 BONA, St. Grosso I (1968) 440.

214 SIBER, Schuldverträge über sittenwidrige Leistungen, Studi Bonfante IV (1930) 119 f.

215 DEL CHIARO, Contrat de société en droit privé romain (1928) 161 f.

216 WIEACKER, Societas (1936) 244.

Verfügungen), sodaß die Beschränkung auf den Erwerb aus Intestaterbrecht nicht passend wäre.

DAUBE[217] und ARANGIO-RUIZ[218] nehmen dagegen an, daß D 17.2.3.2 von einer *societas* handelt, deren einziger Zweck die Vergemeinschaftung einer zukünftigen *iusta hereditas* darstellt und die folglich auch nur insofern etwas mit Universalgesellschaften zu tun hat, als sämtliche zur Erbschaft gehörenden Sachen erfaßt sind. Da bei Kenntnis der Verwandtschaftsverhältnisse der *socii* die Chance zukünftiger Intestaterbschaften bis zu einem gewissen Grade kalkulierbar sei, liege kein gänzlich aleatorischer Vertrag vor.[219]

Ein solches „isoliertes" Verständnis von D 17.2.3.2 wurde von BONA in Frage gestellt. BONA führt unter Berufung auf eine Studie VASALLIS[220] aus, daß ein Vertrag, dessen einziger Gegenstand die Vergemeinschaftung eines zukünftigen Erwerbs aus Erbschaft einer der beiden Partner sei, nur als *donatio* oder als *stipulatio* denkbar sei. Das ist mE insofern nicht ganz zutreffend, da ja nicht zwingend ist, daß nur der eine vom anderen profitieren soll (wie eine ganz wörtliche Interpretation der Klausel ergeben würde). Vielmehr ist wohl auch die Konstellation erfaßt, daß beide Partner Erbschaften machen, in welchem Fall beide aus dem Vertrag verpflichtet wären, das Ererbte zu vergemeinschaften. Insofern kann man die Vereinbarung durchaus als eine Gewinn- und Risikogemeinschaft qualifizieren, welche dem Grundsatz *donationis causa societas recte non contrahitur* (D 17.2.5.1) nicht widerspricht.

Allerdings erscheint eine Gesellschaft, deren einziger Zweck in der Klausel *si qua iusta hereditas alterutri obvenerit, communis sit* höchst unwahrscheinlich, sodaß der Schlußfolgerung BONAS, daß es sich bei D 17.2.3.2 um eine Nebenabrede zu einer *societas* handelt, die darüberhinaus noch andere Gesellschaftszwecke verfolgt, durchaus zuzustimmen ist.

Nicht ganz so überzeugend wirkt dagegen BONAS Deutung, derzufolge Fragment 3.2 eine Nebenabrede zu einer *societas quaestus* darstelle.[221] Der palingenetische Zusammenhang des § 2 mit dem anscheinend auch im Paulustext unmittelbar vorangehenden § 1 von D 17.2.3, in dem ausdrücklich von einer *societas omnium bonorum* die Rede ist – wobei dieser Konnex wohl nicht erst von den justinianischen Kompilatoren hergestellt wurde, sondern sich der

217 DAUBE, Rezension zu Wieacker, Societas, Engl. histor. review 1938, 277.

218 ARANGIO-RUIZ, Società (1936) 135; BIANCHINI, Studi (1967) 102.

219 ARANGIO-RUIZ, Società (1936) 135 f.

220 VASALLI, I contratti sull'eredità del terzo vivente, Annali Perugia, 3e ser. 3,1 (1913) 247 ff = Miscellanea critica I.

221 BONA, Studi Grosso I (1968) 441 ff.

Sache nach schon bei Paulus gefunden haben dürfte[222] – spricht doch eher für einen konkreten Fall, der zumindest im Nahebereich der *societas omnium bonorum* anzusiedeln ist. Vorstellbar wäre etwa eine umfassende Gütergemeinschaft (zwischen nahen Angehörigen), bei der einerseits das gesamte gegenwärtige (ererbte) Vermögen gemeinsam bewirtschaftet wird, hinsichtlich des zukünftigen Erwerbes aber differenzierte Abreden getroffen werden, welche darauf abzielen, testamentarische Zuwendungen (und vielleicht auch *donationes*) dem jeweils Bedachten individuell zu belassen.

Sollte diese Vermutung zutreffen, so böte der Text einen Beleg dafür, daß auch innerhalb der Kategorie der *societas omnium bonorum* eine Bandbreite von Varianten bestand, die sich insbes aus der konkreten Parteienvereinbarung ergab.[223]

Ein gewisses Indiz für solche „Zwischenformen" könnte auch Scaevola 2 respons D 26.7.47.6 bilden:

> *Altero ex duobus fratribus sociis bonorum et negotiationis defuncto, herede filio, patruus tutor venditis omnibus communis negotiationis mercibus et sibi redemptis negotium suo nomine exercuit: quaesitum est, utrum compendium negotii an usuras pecuniae praestare debeat. respondi secundum ea quae proponuntur pupillo usuram, non compendium praestandum.*

Nachdem der eine von zwei Brüdern, die Gesellschafter einer *societas bonorum et negotiationis* waren, gestorben war und einen Sohn als Erben hinterlassen hatte, verkaufte der Onkel als Tutor alle gemeinsamen Güter der Geschäftstätigkeit und die Waren, kaufte sie sodann für sich zurück und führte die Geschäftstätigkeit für sich selbst (*suo nomine*) weiter. Es stellt sich nun die Frage, ob er dem Neffen den Gewinn aus der Geschäftstätigkeit oder aber die Zinsen aus dem Verkaufserlös leisten muß. Scaevola entscheidet, daß nach dem Vorgebrachten dem *pupillus* die Zinsen, nicht der Gewinn zu leisten ist (die Alternative wäre wohl in der Annahme einer neuen *societas* zwischen Onkel und Neffen gelegen – welche der Onkel als Tutor durch Insichgeschäft geschlossen hätte?).

Von Interesse ist im hier gegebenen Zusammenhang die Bezeichnung der *societas* der beiden Brüder als *societas bonorum et negotiationis*. Sollte damit

---

222 So auch BONA, Studi Grosso I (1968) 438 f.

223 Der in der romanistischen Literatur vorhandene Widerstand gegen diese – an sich aus der Lektüre von D 17.2.3 zwanglos folgenden – Deutung, dürfte zwei Gründe haben: einerseits eine (wohl übertriebene) Skepsis bezüglich der Textüberlieferung, sowie andererseits das Bedürfnis, ein klar umrissenes Institut *societas omnium bonorum* zu postulieren, in das sich vertraglich geschaffene „Zwischenformen" schlecht einfügen.

eine *societas omnium bonorum* gemeint sein, wovon eine Reihe von Autoren ausgehen, so erscheint es überflüssig, die *negotiatio* eigens zu erwähnen (außer ganz untechnisch als Beschreibung der konkreten Situation[224]).

BONAS[225] Erklärung geht dahin, daß die Brüder zwar eine *societas omnium bonorum* eingegangen seien, dabei aber der eine mehr beigetragen habe als der andere, dafür aber der kapitalmäßig schwächere Partner dies durch sein besonderes Engagement in der *negotiatio* wettgemacht habe, weshalb die *negotiatio* eigens erwähnt werde. Diese Deutung hängt aber von so vielen Zusatzannahmen ab, die im Text keinerlei Stütze erfahren, daß eine textnähere Interpretation vorzuziehen ist.

Fraglich ist ganz allgemein, ob der Ausgangspunkt, daß unter *societas bonorum* eine *societas omnium bonorum* zu verstehen sei, überhaupt zutreffend ist. GUARINO[226] hat dies geleugnet und versucht, einen eigenständigen Sinn für eine *societas bonorum et negotiationis* zu finden. Für ihn steht hinter der Bezeichnung *societas bonorum* einfach ein Hinweis darauf, daß im konkreten Fall Gesellschaftsvermögen zu Miteigentum (*bona communia*) vorhanden war, was sich ja auch aus der konkreten Sachverhaltsschilderung des Scaevola (*patruus tutor venditis omnibus communis negotiationis mercibus et sibi redemptis*) eindeutig ergibt.

Denkbar wäre meines Erachtens aber auch ein Verständnis von *societas bonorum*, welches über den bloßen Hinweis auf Miteigentum im Rahmen der *negotiatio* hinausgeht: Wir könnten hier den - oben schon spekulativ beschriebenen - Fall vor uns haben, in dem die Brüder eine Gütergemeinschaft hinsichtlich des Ererbten (im Sinne einer *societas bonorum heredidatis*) eingegangen sind, zu der hinsichtlich des laufenden bzw zukünftigen Erwerbs noch das gemeinsame Bewirtschaften einer *negotiatio* hinzutritt. Neben der Vergemeinschaftung des gegenwärtigen Vermögens (bzw zumindest des Ererbten) im Zeitpunkt des Eingehens der *societas* käme also noch die Vereinbarung hinsichtlich einer *societas negotiationis*.

---

224 Die mangelnde Technizität könnte freilich auf auf die Formulierung der Anfrage (*consultatio*) zurückgehen; vgl dazu allgemein SAMTER, Das Verhältnis zwischen Scaevolas Digesten und Responsen, ZRG-RA 27 (1906) 153; SCHULZ, Überlieferungsgeschichte der Responsa des Cervidius Scaevola, Symbolae Lenel (1935) 172; nach LIEBS, Römische Rechtsgutachten und „Responsorum libri", in: VOGT-SPIRA, Strukturen der Mündlichkeit in der römischen Literatur (1990) 90, handelt es sich bei den Responsen Scaevolas um nur sparsam redigierte „Mitschriften mündlich erteilter Rechtsgutachten".

225 BONA, St. Grosso I (1968) 455 Fn 117.

226 GUARINO, Societas (1972) 13 Fn 43.

d) Belege zur Verbreitung der Universalgesellschaften

In der Societas-Literatur finden sich immer wieder Überlegungen zur Frage der Verbreitung einzelner *societas*-Formen. Insbesondere im Hinblick auf die *societas omnium bonorum* werden dabei ganz unterschiedliche Hypothesen formuliert. So wurde etwa häufig aus der prominenten Erörterung der *societas omnium bonorum* am Beginn des Titels 17.2 nicht nur abgeleitet, daß in der Musterformel der *actio pro socio* im Edikt die *societas omnium bonorum* gestanden sei, sondern daraus auch auf eine historische Vorrangstellung dieser Gesellschaftsform sowie schließlich auf eine besonders große Verbreitung (zumindest in der Frühzeit) geschlossen. Demgegenüber hat etwa ARANGIO-RUIZ im Rahmen seiner Skizzierung der Entwicklung des Konsensualvertrags *societas* den Erwerbsgesellschaften (und nicht der *societas omnium bonorum*) eine historische Priorität zugemessen und für die Klassik eine starke Verbreitung der *societas universorum quae ex quaestu veniunt*[227] sowie ein geringes Vorkommen der *societas omnium bonorum* behauptet.[228] GUARINO wiederum leugnet zwar eine besondere historische Rolle der *societas omnium bonorum* für die Ausbildung der *societas*, nimmt aber an, daß die *societas omnium bonorum* durchaus häufig vorgekommen sei.[229]

Diese Beispiele mögen genügen, um zu zeigen, daß sich in diesem Zusammenhang erhebliche methodische Probleme ergeben: Kann man aus einer angenommenen Entwicklungslinie der Ausformung der *societas* (in der Republik) wirklich Rückschlüsse auf das empirische Vorkommen einer bestimmten Societas-Form (insbesondere zur Zeit der Klassik) ziehen? Läßt sich aus der Anzahl der überlieferten Juristentexte zu den dogmatischen Problemen einer bestimmten Art von *societas* irgendetwas über ihre praktische Relevanz ableiten? Läßt sich aus einer Vermutung wie jener von D 17.2.7 zugunsten der allgemeinen Erwerbsgesellschaft wirklich eine Information zur Häufigkeit gewinnen? Meiner Ansicht nach ist hier größte Skepsis angebracht, zumal die Gefahr von Willkür[230] bzw Zirkelschlüssen besonders groß ist.

---

227 ARANGIO-RUIZ, Società (1950) 140.

228 ARANGIO-RUIZ, Società (1950) 21, 138.

229 GUARINO, Societas (1972) 11.

230 Die Willkür, die mit der genannten Vorgangsweise verbunden ist, führt manchmal sogar bei ein und demselben Autor zu widersprüchlichen Aussagen. So meint etwa POGGI I (1930) 164 zum Vorkommen der *societas universorum quae ex quaestu veniunt*, daß diese nur wegen der auf die republikanische Jurisprudenz zurückgehenden Vermutung von D 17.2.7 noch erwähnt werde, ansonsten aber nicht mehr nachweisbar sei („andata in disuso"), während er sie in Bd II (1934) 61 als „la forma più commune e diffusa" qualifiziert.

Immerhin läßt sich aber untersuchen, welche konkreten Belege für Universalgesellschaften sich aus den juristischen und sonstigen Quellen ergeben. Dabei ist nicht primär an jene Stellen gedacht, in denen juristische Fragen der Universalgesellschaften allgemein-abstrakt erörtert werden, sondern an Texte, bei denen sich Bezüge zu einer realen Anfrage herstellen lassen.

In gewisser Weise einen Grenzfall bilden dabei Texte, in denen offenbar Schulfälle erörtert werden, denen ursprünglich einmal ein *responsum* in einer konkreten Angelegenheit zugrundegelegen haben mag. Zu dieser Kategorie ist möglicherweise die Diskussion um den Ausschluß des Erwerbs aus unentgeltlichen Zuwendungen bei einer *societas quaestus lucri compendii* zu zählen (D 17.2.13, D 17.2.71.1, D 29.2.45.2), welche bereits oben behandelt wurde.

Zwei Beispiele für Universalgesellschaften, denen konkrete (und nicht nur hypothetische) Fälle zugrundeliegen dürften, enthält Ulpian 1 resp D 17.2.73. Daß es sich dabei um reale Fälle handelt, ergibt sich nicht nur aus der Werksgattung, sondern auch aus der namentlichen Anführung der Adressaten Maximinus und Maxima:

> *Maximino respondit, si societatem universarum fortunarum coierint, id est earum quoque rerum, quae postea cuique adquirentur, hereditatem cuivis eorum delatam in commune redigendam. idem Maximae respondit, si societatem universarum fortunarum ita coierint, ut quidquid erogetur vel quaereretur communis lucri atque impendii esset, ea quoque, quae in honorem alterius liberorum erogata sunt, utrisque inputanda.*

Zumindest dem Responsum an Maximinus liegt wohl eine *societas omnium bonorum* zugrunde[231], welche hier als *societas universarum fortunarum* bezeichnet wird. Der Satzteil *id est earum quoque rerum, quae postea cuique adquirentur*, wurde von der Textkritik[232] - wohl zu Unrecht[233] - als Glossem

---

231 BONA, SDHI 1967, 383 f. Anderer Ansicht BIANCHINI, Studi (1967) 54, mit dem methodisch fragwürdigen Argument, daß die *societas omnium bonorum* so rar war, daß es unwahrscheinlich sei, daß sich ein Klassiker mit ihr in einem kasuistischen Werk befaßt habe; BIANCHINI (aaO 57) nimmt dagegen eine *societas universorum quae ex quaestu veniunt* an, bei der „l'accordo delle parti ha dato agli acquisti il contenuto più ampio possibile", sodaß auch eine *hereditas* darunter falle.

232 Vgl etwa BETTI, Istituzioni II/1 (1960) 268; BIANCHINI, Studi (1967) 53.

233 Die Argumente für ein nachklassisches Glossem erinnern an das Bild der Sprache als Leiter in WITTGENSTEINS Tractatus logico-philosophicus, welche nach ihrem Gebrauch weggeworfen werden kann: Daß man sie nach dem Aufstieg nicht mehr benötigt, ändert nichts an ihrer zunächst gegebenen Nützlichkeit. Aus dem Nebensatz ergibt sich nämlich erst, daß die *societas universarum fortunarum* als *societas omnium bonorum* zu verstehen ist (was *a priori* offenbar nicht klar war); daß dann die Entscheidung der Frage, ob eine

betrachtet, weil er etwas bei einer *societas omnium bonorum* ohnedies Selbstverständliches ausdrücke.

Bezüglich des zweiten Responsum ist das nicht so klar, weil die Vereinbarung, *ut quidquid erogetur vel quaereretur communis lucri atque impendii esset* (auch) auf eine *societas universorum quae ex quaestu veniunt* passen würde; das schließt aber keineswegs aus, daß sie von Parteien auch im Zusammenhang mit einer nicht auf die Vergemeinschaftung jeglichen *quaestus* beschränkten Gesellschaftsvereinbarung gebraucht wurde.[234]

Leider ist uns kein Papyrus erhalten, welcher den Inhalt einer konkreten *societas omnium bonorum* unmittelbar wiedergibt.[235] Im papyrologischen Material finden sich fast ausschließlich *societates negotiationis*[236], sowie gelegentlich eine *societas unius rei*[237], aber keine *societas omnium bonorum*.[238] Sehr wohl gibt es aber papyrologische Evidenz, aus der indirekt auf das Vorhandensein einer *societas omnium bonorum* (va zwischen Eheleuten) geschlossen werden kann.

Auffallend ist, daß die in den juristischen Quellen belegten konkreten Fälle einer *societas omnium bonorum* bzw Fälle, bei denen eine solche zumindest erwogen wird, fast immer im Familienkreis spielen. Zwei Fallgruppen lassen sich dabei beobachten: einerseits umfassende Vermögensgemeinschaften zwischen Brüdern, sowie anderseits solche zwischen Eheleuten.

---

hereditas zu vergemeinschaften ist, unproblematisch ist, macht die vorangegangene Klärung nicht zu einer unnotwendigen Erläuterung.

234 BONA, SDHI 1967, 384, vermutet dagegen bezüglich dieses zweiten Falles eher eine atypische Form einer *societas universorum quae ex quaestu veniunt*, bei der auch Aufwendungen, die nicht im Zusammenhang mit dem *quaestus* stehen (sondern für die Kinder des einen getätigt wurden) gemeinsam zu tragen sind.

235 Für das altbabylonische Recht weist SZLECHTER, Le Contrat de Société (1947) 61 f, auf einen von SCHEIL, Mémoires de la mission archéologique de Perse, t. 28 (1939) 71 - 73 mitgeteilten Gesellschaftsvertrag zwischen zwei Brüdern aus der Zeit der 1. babylonischen Dynastie hin, aus dem hervorgeht, daß jeweils dem anderen "(Mit)Besitz" am eigenen Gut eingeräumt wird.

236 So etwa die Vertragsentwürfe aus dem 6. Jh n Chr P Masp 67158 und 67159; vgl allgemein TAUBENSCHLAG, Die societas negotiationis im Rechte der Papyri, ZRG-RA 52 (1932) 64 - 77; STEINWENTER, Aus dem Gesellschaftsrechte der Papyri, Studi Riccobono I (1932) 487 - 504; TAUBENSCHLAG, The Law of Greco-Roman Egypt in the Light of the Papyri (1944) 293 ff.

237 So etwa der von AMELOTTI, Scritti giuridici (1996) 87 ff gemeinsam mit MIGLIARDI ZINGALE edierte Papyrus über eine Transportgesellschaft in der Großen Oase (PUG I Nr. 20).

238 TAUBENSCHLAG, Die societas negotiationis im Recht der Papyri, ZRG-RA 52 (1932) 64.

1) *Societates omnium bonorum* zwischen Brüdern

Um die Unterscheidung zwischen einer *societas* der Brüder im Hinblick auf den väterlichen Nachlaß (Gesellschaftsgegenstand: *hereditatem paternam communem habere*) oder aber einer *societas omnium bonorum* geht es bei Scaevola 1 respons D 10.2.39.3:

> *Filius rei publicae debita, quae post mortem patris contraxit, fratri suo pro parte hereditaria reputare non potest, si non in omnibus socii essent, licet hereditatem paternam communem haberent et pater pro altero filio in patria magistratu functus decessit.*

Der Entscheidung Scaevolas geht von einer Konstellation aus, in der Brüder die väterliche Erbschaft gemeinsam bewirtschaften (*hereditatem paternam communem habent*), ohne daß aber eine *societas omnium bonorum* unter ihnen besteht (*non in omnibus socii*). In einem solchen Fall könne der eine Bruder Schulden gegenüber dem Staat, die er nach dem Tod des Vaters eingegangen ist, dem anderen nicht entsprechend dessen Erbteil anrechnen. Scaevolas *responsum* bezieht sich auf einen konkreten Fall, wie insbes aus der Schilderung des Sachverhalts, demzufolge der Vater vor seinem Tod für den einen Sohn ein Amt ausgeübt hat (*et pater pro altero filio in patria magistratu functus decessit*), hervorgeht. Der Text belegt die Möglichkeit für Söhne, das väterliche Erbgut in einer *societas omnium bonorum* fortzuführen, zeigt aber auch, daß dies keineswegs automatisch anzunehmen ist, wenn diese das Erbe gemeinschaftlich innehaben.[239]

Daß die gemeinschaftliche, ungeteilte Bewirtschaftung einer Erbschaft durch Brüder keine allumfassende Vermögensgemeinschaft beinhalten muß, sagt auch Papinian in Ulpian 31 ad ed D 17.2.52.6:

> *Papinianus quoque libro tertio responsorum ait: si fratres parentium indivisas hereditates ideo retinuerunt, ut emolumentum ac damnum in his commune sentirent, quod aliunde quaesierint in commune non redigetur.*

Bezieht sich die vereinbarte gemeinsame Nutzen- und Risikogemeinschaft der Brüder nur auf die *hereditas parentium*, wird ein anderweitiger Erwerb nicht vergemeinschaftet.[240]

Eine Verpflichtung zur Vergemeinschaftung eines solchen anderweitigen Erwerbs besteht aber nach Papinian (laut Ulpian 31 ad ed D 17.2.52.8) dann, wenn die Brüder ein *voluntarium consortium* eingegangen sind:

---

239 Vgl BRETONE, Labeo 6 (1960) 208 f.

240 Vgl BRETONE, Labeo 6 (1960) 209 f.

Idem Papinianus eodem libro ait, si inter fratres voluntarium consortium initum fuerit, et stipendia ceteraque salaria in commune redigi iudicio societatis, quamvis filius emancipatus haec non cogatur conferre fratri, inquit, in potestate manenti, quia et si in potestate maneret, praecipua ea haberet.

Besteht unter Brüdern eine *societas omnium bonorum*, welche von Papinian mit dem Ausdruck *voluntarium consortium* umschrieben wird[241], so ist auch jener Erwerb, welchen ein gewaltunterworfener Haussohn gegenüber dem Hausvater als eigenes Sondergut haben darf, zu vergemeinschaften (*et stipendia ceteraque salaria in commune redigi iudicio societatis*).

Während bei diesem Papiniantext die Bezugnahme auf einen konkreten Fall nicht ganz eindeutig ist, ist sie in dem Reskript Gordians an einen Soldaten namens Petronius, in dem die Testierfreiheit eines *socius omnium bonorum* hervorgehoben wird, evident:

C 6.22.1: *Quamquam omnium bonorum socer tuus itemque frater eius socii fuerint, tamen non eo minus idem frater eius, cum fati munus impleret, testamento suo potuit sibi heredem instituere quem vellet.*

In der Anfrage war offenbar geschildert worden, daß zwischen dem Schwiegersohn des Petronius und dessen Bruder eine *societas omnium bonorum* bestand. Die in der Anfrage zutagetretenden Zweifel an der freien Testierfähigkeit eines *socius omnium bonorum*, könnte auf lokale andersartige Gewohnheiten hindeuten, derzufolge solches Vermögen – man denke an das möglicherweise einst praktizierte Regime der Anwachsung beim altrömischen gesamthandartigen *consortium* – automatisch den anderen Gesellschaftern anwächst.

Als ein literarischer Beleg für eine *societas omnium bonorum* unter Brüdern kommt der Plinius-Brief 8.18 in Betracht. Das Verhältnis der Brüder D. Tullus und D. Lucanus, von denen Plinius 8.18.4 den einen als *consors frater* des anderen bezeichnet, könnte in einer *societas omnium bonorum* bestanden haben.[242] TELLEGEN hat allerdings darauf hingewiesen, daß es nicht ganz konsequent ist, die Ausdrucksweise des juristisch versierten Plinius einerseits untechnisch zu verstehen (dh aus dieser Stelle kein *consortium ercto non cito* abzuleiten), andererseits aber eine juristisch-technische Bedeutung (im Sinn einer *societas omnium bonorum*) zu unterstellen.[243] Tatsächlich läßt sich

241 BRETONE, Labeo 6 (1960) 175 f, 209.

242 BRETONE, Labeo 6 (1960) 212.

243 TELLEGEN, RIDA 3e sér. 27 (1980) 308 f, 312.

aus dem Pliniusbericht wohl kein zwingender Beweis für eine *societas omnium bonorum* unter den Brüdern entnehmen[244], wiewohl sie plausibel wäre.[245] Nicht erkennbar ist der persönliche Status bei Paul 32 ad ed D 17.2.67.1, wo allerdings bloß erwähnt wird, daß *in casu* keine *societas totorum bonorum* vorgelegen sei.[246]

Einen Hinweis auf eine Vermögensgemeinschaft unter Miterben, welche Brüder bzw Geschwister sein könnten, enthält schließlich Ulpian 8 ad Sab D 28.7.4 pr:

> *Si qui ita sint instituti: "si socii una bonorum meorum permanserint usque ad annos sedecim, heredes sunto", inutilem esse institutionem secundum verborum significationem Marcellus ait: Iulianus autem, quoniam et ante aditam hereditatem iniri societas potest quasi rei futurae, valere institutionem, quod est verum.*

Diskutiert wird die Zulässigkeit einer Erbeneinsetzung unter der Bedingung, daß die Miterben 16 Jahre hinsichtlich des Nachlasses *socii* bleiben. Nach Marcellus ist eine solche *heredis institutio* ungültig, offenbar weil er sie ihrem Wortlaut nach für widersprüchlich hält: Davon, wie die Erben mit der Erbschaft umgehen, den Antritt der Erbschaft abhängig zu machen, ist insofern unsinnig, als damit die Bedingung etwas voraussetzt (Anfall der Erbschaft), was gerade von der Bedingung abhängig sein soll. Julian interpretiert eine allfällige *societas* hinsichtlich des Nachlasses hingegen als eine *societas rei futurae* und läßt die Erbschaft den Erben anfallen, sofern sie eine solche Einigung (vor Erbschaftsantritt gefaßt haben). Julians Entscheidung setzt voraus, daß es rechtliche Möglichkeiten gibt, die Erfüllung der Bedingung so sicherzustellen, daß die *societas* tatsächlich über die 16 Jahre Bestand hat. Dazu bietet sich eine Vorgehensweise in der Art *cautio Muciana* an,[247] durch die die

---

244 Vgl auch BANNON, Brothers (1997) 58: „consors need not imply any legal status at all".

245 Freilich wäre auch eine Reihe von eingeschränkteren *societates* und anderen Kooperationsverhältnissen zwischen den Brüdern denkbar; vgl allgemein ANDREAU, Activité financière et les liens de parenté en Italie romaine, in: ANDREAU/BRUHNS (Hg), Parenté et stratégies familiales dans l'Antiquité romaine (1990) 501 - 526.

246 Paul 32 ad ed D 17.2.67.1: *Si unus ex sociis, qui non totorum bonorum socii erant, communem pecuniam faeneraverit usurasque perceperit, ita demum usuras partiri debet, si societatis nomine faeneraverit: nam si suo nomine, quoniam sortis periculum ad eum pertinuerit, usuras ipsum retinere oportet.* Zur Geschäftsführung *societatis nomine* gehört, daß das Risiko - hier der Rückzahlung - gemeinsam getragen wird. *E contrario* läßt sich aus dem Text schließen, daß bei der *societas totorum bonorum* Nutzen und Lasten der Kreditgewährung jedenfalls gemeinschaftlich zu tragen wären.

247 Zu den Erweiterungen der *cautio Muciana* vgl KASER, Römisches Privatrecht I (2. Aufl. 1971) 254.

aufschiebende Potestativbedingung in eine auflösende Bedingung umgewandelt werden könnte.

Im hier interessierenden Zusammenhang erscheint hervorhebenswert, daß die Bedingung der Erbeneinsetzung auf eine *societas* hinsichtlich des Nachlasses abstellt, die nicht mit einer *societas omnium bonorum* ident sein muß; dennoch sollen die Erben als *socii bonorum meorum* wirtschaften, was zur oben dargelegten Deutung des Ausdruckes *societas bonorum et negotiationis* in Scaevola D 26.7.47.6 paßt.

2) *Societates omnium bonorum* unter Eheleuten

Ein zumindest in spätklassischer Zeit häufiger Anwendungsfall einer *societas omnium bonorum* stellt die umfassende Gütergemeinschaft zwischen Eheleuten[248] dar. Daß eine solche auch über lange Zeit Bestand haben konnte, geht aus Scaevola 18 dig D 34.1.16.3 hervor:

> *Qui societatem omnium bonorum suorum cum uxore sua per annos amplius quadraginta habuit, testamento eandem uxorem et nepotem ex filio aequis partibus heredes reliquit et ita cavit: „item libertis meis, quos vivus manumisi, ea quae prasestabam". quaesitum est, an et qui eo tempore, quo societas inter eos permansit, manumissi ab utrisque et communes liberti facti sunt, ea quae a vivente percipiebant solida ex fideicommisso petere possint. respondit non amplius, quam quod vir pro sua parte praestabat, deberi.*

Jemand hatte mit seiner Frau über 40 Jahre lang eine *societas* hinsichtlich all seiner Güter und setzte im Testament seine Frau und den Enkel zu gleichen Teilen als Erben ein. Im Testament verfügte der Erblasser darüberhinaus, daß „meine Freigelassenen, die ich zu Lebzeiten freigelassen habe, das, was ich geleistet habe, erhalten sollen". Scaevola behandelt nun die Frage, ob auch jene, die zu der Zeit, als die *societas* zwischen ihnen bestand, von beiden gemeinsam freigelassen und zu gemeinsamen Freigelassenen gemacht wurden, das, was sie von ihm zu Lebzeiten erhielten, zur Gänze aus dem Fideikommiß einklagen könnten. Seine Antwort lautet, daß nicht mehr geschuldet werde, als der Mann für seinen Teil geleistet hat. Hatte der Mann zB 1000 an den gemeinsam mit seiner *socia* freigelassenen *libertus* geleistet, so ist ihm als *socius omnium bonorum* dennoch nur sein Teil – *pro sua parte*, dh im Zweifel wohl die Hälfte – für die Zwecke des Legats zuzurechnen.

---

248 In Form der Gütergemeinschaft unter Eheleuten findet sich die *societas omnium bonorum* auch noch im ABGB, vgl § 1180 iVm §§ 1217, 1233 ff ABGB.

Die *societas omnium bonorum* zwischen Aurelius Celer und Fabia, die Gegenstand eines diokletianischen Reskripts (C 4.37.4)[249] bildet, dürfte ebenfalls eine solche unter Eheleuten gewesen sein. Im Reskript wird klargestellt, daß eine nach Gesellschaftsrecht oder aufgrund einer Stipulation zu Vergleichszwecken gültig erfolgte Aufteilung aller Güter zwischen dem Anfragenden (Aurelius Celer) und der Fabia unabhängig davon Bestand habe, ob derjenige, der daraus dem anderen (zu einer Ausgleichsleistung) verpflichtet war und verstorben ist (wohl *in concreto* die Fabia), ein Testament errichtete, oder nicht.

ARANGIO-RUIZ weist darauf hin, daß aus einer Reihe von Dokumenten aus dem 6. nachchristlichen Jahrhundert, die einen gewissen Patermuthis und seine Frau Kako betreffen, indirekt hervorgehe, daß zwischen diesen eine *societas omnium bonorum* bestanden habe.[250] Des weiteren vermutet er hinsichtlich P. Cairo Maspero 67158, der an sich einen Vertragsentwurf für eine *societas quaestus ex artificio* bzw *negotiationis* zwischen zwei Tischlern (und zwar Schwiegervater und Schwiegersohn) beinhaltet, daß im Hintergrund derselben eine *societas omnium bonorum* gestanden haben könnte[251]. Tatsächlich ist auffallend, daß der Vertrag laut Entwurf zwar zwischen den beiden Männern abgeschlossen wird, dennoch aber sowohl die Ehefrau des Schwiegervaters, als auch die Tochter (dh die Ehefrau des Schwiegersohns) eigens erwähnt werden, sowie, daß zweifach betont wird, daß die Schwiegermutter bei der Vertragserrichtung anwesend ist und dem Vertrag zustimmt. Da die Schwiegermutter aber offenbar nicht Gesellschafterin der *societas* zum Betreiben der Tischlerei werden sollte, könnte das Bedürfnis, ihre Zustimmung festzuhalten, damit zusammenhängen, daß sie mit dem Ehemann in einer umfassenden Gütergemeinschaft lebte und die – im Vertrag nicht thematisierten – Produktionsmittel (Werkstatt, Werkzeuge etc) möglicherweise in ihrem gemeinsamen Miteigentum standen. Des weiteren wird im Vertragsentwurf vom Schwiegersohn die Hoffnung ausgedrückt, dereinst beide (dh Schwiegervater und Schwiegermutter) zu beerben.

Einen epigrafischen Beleg für eine *societas omnium bonorum* könnte schließlich auch die sog Laudatio Turiae I 37 ff sowie II 41 ff (aus 8 - 2 vor Christus) enthalten.[252] POGGI schließt daraus, daß es auch nach dem, wegen

---

[249] Diocletianus/Maximianus C 4.37.4: *Si societatis iure vel transactione stipulatione subdita bonorum omnium aequis partibus inter te et Fabiam divisionem recte fieri placuit, quo minus haec rata serventur, nihil interest, utrumne testatus, qui fuerit obligatus, an intestatus rebus sit humanis exemptus.*

[250] ARANGIO-RUIZ, Istituzioni di diritto romano (12. Aufl. 1956) 461 f Fn 2.

[251] ARANGIO-RUIZ, Vorbemerkung zu FIRA III^2 Nr. 158; vgl auch SIMON, Byzantinische Hausgemeinschaftsverträge, FG Sontis (1977) 125.

[252] Vgl dazu FLACH, Die sogenannte Laudatio Turiae (1991) bes 28, 87 f und 106.

befürchteter Unfruchtbarkeit von Turia ihrem Mann angetragenen *divortium* zu keiner *separatio* der bis dahin bestehenden Gütergemeinschaft kommen sollte (II 47 ff: *neque patrimoni nostri, quod adhuc fuerat commune, separationem facturam, sed in eodem arbitrio meo id et si vellem tuo ministerio futurum: nihil se iunctum, nihil separatum te habituram, sororis sociaeve officia pietatemque mihi deinceps praestituram*), daß die - auch in I 37 ff geschilderte - Verwaltung des Vermögens der Turia durch ihren Mann nicht aufgrund einer Manus-Ehe[253], sondern aufgrund einer einvernehmlichen entsprechenden Gestaltung im Rahmen einer *societas omnium bonorum* erfolgt sei.[254]

---

253 Für manus-Ehe aber FLACH, Laudatio Turiae (1991) 28. Eine manusfreie Ehe nehmen hingegen etwa VAN OVEN, TR 18 (1950) 83 ff und wohl auch PEPPE, Posizione giuridica e ruolo sociale della donna romana in età repubblicana (1984) 71 an.

254 POGGI, Contratto di società I (1930) 31 f. Ganz allgemein wird eine regelmäßige Gebrauchs- und Nutzungsgemeinschaft der Ehegatten insbes von WACKE, Actio rerum amotarum (1963) 94 ff angenommen. Zur Diskussion darüber siehe PEPPE, Donna (1984) 34 Fn 52.

D. Societates negotiationis alicuius und societates unius rei

Wie bereits erwähnt führt Gaius (Inst 3.148) als Gegenbegriff zur *societas totorum bonorum* eine *societas unius alicuius negotii* an, wobei er als Beispiel eine Gesellschaft zum Sklavenhandel (*veluti mancipiorum emendorum aut vendendorum*) anführt. In der entsprechenden Passage in I 3.25 pr wird für eine *societas unius alicuius negotiationis* zusätzlich der Handel mit Öl, Wein und Getreide beispielhaft erwähnt.

Der Ausdruck *negotiatio* bezeichnet allgemein das Betreiben eines Handelsgeschäftes, was nicht ausschließt, daß der Händler zugleich als Produzent der Waren fungiert. Aus epigrafischen Zeugnissen läßt sich für die republikanische Zeit eine gewisse Differenzierung zwischen *mercator* und *negotiator* erkennen. Während *mercator* einen Händler bezeichnet, wird *negotiator* für einen „Finanzier" verwendet, dh für jemand, der großangelegte Geldgeschäfte (unter Umständen im Zusammenhang mit Handel) abwickelt.[255] Im Prinzipat bekommt *negotiator* dagegen eine breitere Bedeutung und ist im Sinn von „Geschäftsmann" bzw „Kaufmann" zu verstehen. Allerdings läßt sich aus den inschriftlichen Belegen zeigen, daß auch in der Kaiserzeit der Ausdruck *mercator* eher für einen Kleingewerbetreibenden bzw Kleinhändler verwendet wird, während *negotiator* einen Händler bezeichnet, dessen Geschäftsaktivitäten einen größeren Umfang erreichen und Groß- bzw Fernhandel oder zumindest größere eigene Produktionskapazitäten mitumfassen.[256] Ob diese Beobachtungen auch auf die in den juristischen Quellen vorkommenden Ausdrücke *negotiatio* bzw *negotium* übertragbar sind, sodaß wir uns etwa unter einer *societas negotiationis* eine „Fern- bzw Großhandelsgesellschaft" vorzustellen hätten, ist aber fraglich, zumal uns hier keine differenzierenden Alternativbegriffe (etwa *societas artificii*) geläufig sind.

Immerhin läßt sich aber aus der inschriftlichen Evidenz von *negotiator* entnehmen, daß es sich bei einer *negotiatio* auch um Unternehmungen größeren Stils handeln konnte.[257] Ein Hinweis auf eine durchaus komplexere Unternehmensstruktur kann im übrigen Ulpian 30 ad Sab D 17.2.16 pr entnommen werden, wo als Alternative zur *renuntiatio* wegen längerer erzwungener Abwesenheit eines *socius* erwogen wird, daß unter Umständen die *administratio* der societas *per alium* oder durch den Mitgesellschafter,

---

[255] KNEIẞL, Mercator - negotiator. Römische Geschäftsleute und die Terminologie ihrer Berufe, MBAH II 1/1983. 73 -90 (74).

[256] KNEIẞL, MBAH II, 1/1983, 76 ff; BÜRGE, ZRG-RA 104 (1987) 498 f.

[257] Vgl jüngst HÖBENREICH, „Negotiantes" - „Humiliores" in un testo di Ulpiano, Labeo 42 (1996) 249 f; DIESELBE, Annona (1997) 287 f.

sofern er dazu geeignet erscheint, zu erfolgen habe.[258] Daraus geht hervor, daß die Organisation einer Gesellschaft keineswegs auf die Personen der *socii* beschränkt bleiben mußte und bei einer entsprechenden Struktur der Gesellschaft selbst bei längerer Abwesenheit eines *socius* dies noch keine Rechtfertigung für eine *renuntiatio* bilden mußte.

Aus der Definition der *taberna instructa* bei Ulpian 28 ad ed D 50.16.185 (*instructam autem tabernam sic accipiemus, quae et rebus et hominibus ad negotiationem paratis constat*) hat SERRAO abgeleitet, daß *negotiatio* als „Unternehmen" (impresa) und *taberna* als der dafür notwendige „Betrieb" (azienda) anzusehen sei.[259] Zwar dürfte die Begriffsbildung *taberna instructa* für einen handels(gewerblichen) Betrieb bei Ulpian von der Konzeption des *fundus cum instrumento* beeinflußt worden sein,[260] und insofern neben jenem einen Anknüpfungspunkt für „unternehmensrechtliche" Ansätze im römischen Recht gebildet haben.[261] Dennoch ist gegenüber SERRAOS Gleichsetzung von *negotiatio* und Unternehmen (im Sinne des modernen Unternehmensrechts) Skepsis anzumelden. Die Terminologie der Spätklassiker ist nicht so technisch, wie man aus der isolierten Betrachtung eines einzelnen Textes annehmen könnte. So findet sich bei Ulpian im 28. Buch seines Ediktskommentars zwar einerseits die *taberna instructa* als Vereinigung der für die

---

258 Ulpian 30 ad Sab D 17.2.16 pr: *Idemque erit dicendum, si socius renuntiaverit societati, qui rei publicae causa diu et invitus sit afuturus: quamvis nonnumquam ei obici possit, quia potuit et per alium societatem administrare vel socio committere: sed hoc non alias, nisi valde sit idoneus socius aut facilis afuturo etiam per alium societatis administratio.* Bei der *administratio per alium* ist wohl an einen Sklaven des Gesellschafters gedacht. Nicht auszuschließen ist freilich, daß Ulpian bei dem *nonnumquam* gegebenen Ausnahmefall an eine *societas vectigalis* denkt (vgl zu einem ähnlichen Gebrauch von *nonnumquam* Paul 32 ad ed D 17.2.65.15 sowie zur *administratio* im Zusammenhang mit *societates vectigalium* Pomp 12 ad Sab D 17.2.59 pr sowie Paul 5 sent D 39.4.9.4 = PS 5.1a.5). Vom Text her ist eine Einschränkung auf die Publikanengesellschaft aber keineswegs zwingend.

259 SERRAO, L'impresa in Roma antica, in: DERSELBE, Impresa e responsabilità a Roma nell'età commerciale (1989) 16 - 46 (21 f). SERRAO vergleicht in diesem Zusammenhang D 50.16.185 mit Art 2555 Codice civile, in dem die azienda als „il complesso dei beni organizzati dall'imprenditore per l'esercizio dell'impresa" definiert wird.

260 OPPIKOFER, Das Unternehmensrecht in geschichtlicher, vergleichender und rechtspolitischer Betrachtung (1927) 42 f; WAGNER, Zur wirtschaftlichen und rechtlichen Bedeutung der Tabernen, St. Biscardi 3 (1982) 405 ff. Zumindest von manchen Juristen werden *instrumentum* und *instructum* synonym verwendet, vgl nur Labeo 1 pith D 33.7.5.

261 Zum *fundus cum instrumento* als Beleg für unternehmensrechtliche Ansätze im römischen Recht vgl OPPIKOFER, Unternehmensrecht (1927) 30 - 46; BÜRGE, Römisches und Romanistisches zum Unternehmensrecht, Wirtschaft und Recht (1980) 133 - 151 (140 ff); zur Kritik an OPPIKOFER bei STEINWENTER, Fundus cum instrumento (1942) vgl BÜRGE 149 f.

negotiatio nötigen Wirtschaftsfaktoren[262], anderseits begegnet aber im selben Werk *taberna* mal als Alternative zu *negotium*[263], mal als Beispiel für eine *negotiatio*, wobei *negotium* den Oberbegriff bildet.[264] Der Ausdruck *societas negotiationis* ist damit in einem eher weiten Sinn als Gesellschaft zum Betrieb einer gewerblichen und/oder kommerziellen Unternehmung zu verstehen, ohne daß daraus eine präzisere Festlegung auf ein organisatorisch kompaktes Unternehmen im modernen Sinn abzuleiten wäre.

Die Grenzziehung zwischen *societas alicuius negotiationis* und *alicuius rei* ist als eher fließend anzunehmen. Zum einen ist – wie bereits erwähnt – schon terminologisch *negotium/negotiatio* ein schillernder Begriff, der sowohl eine einzelne Transaktion als auch einen auf Erzielung laufender Umsätze ausgerichteten Geschäftsbetrieb bezeichnen kann. Darüberhinaus zeigt sich etwa am Beispiel der von den Juristen häufig diskutierten *societas ad emendum et vendendum*, daß in den Quellen sowohl „Handelsgesellschaften" begegnen, deren Gegenstand der auf längere Sicht (und vermutlich im größeren Umfang) angelegte Ein- und Verkauf bestimmter Waren[265] bildet, als auch „Gelegenheitsgesellschaften", bei denen durch Ein- und Verkauf einer bestimmten Sache[266] Profit gemacht werden soll.

Freilich ist im Einzelfall eine Unterscheidung im Hinblick auf teilweise divergente Rechtsfolgen durchaus bedeutsam. Insbesondere für Fragen der Beendigung der *societas* bzw für Fragen der *renuntiatio* macht es einen erheblichen Unterschied, ob es bloß um den Ein- und Weiterverkauf einzelner Sachen (*societas ad emendum certam rem*)[267] oder auf Dauer angelegten Handel mit Waren geht. Im Vordergrund des Interesses der römischen Juristen steht aber auch dabei die Analyse des konkreten Gesellschaftsvertrages und nicht die Zuordnung zu dem einen oder anderen „Typus" von *societas*.

---

262 Ulpian 28 ad ed D 50.16.185.

263 Ulpian 28 ad ed D 14.1.1 pr: ... *aequum fuit eum, qui magistrum navi imposuit, teneri, ut tenetur, qui institorem tabernae vel negotio praeposuit.*

264 Ulpian 28 ad ed D 14.3.3.5: *Institor appellatus est ex eo, quod negotio gerendo instet: nec multum facit, tabernae sit praepositus an cuilibet alii negotiationi.*

265 ZB der in den I 3.25 pr erwähnte Handel mit Sklaven, Wein, Öl und Getreide oder die in D 14.4.5.15 und D 17.2.52.4 begegnende Gesellschaft zum Textilhandel (*sagaria negotiatio*). Interessante Einblicke ergeben sich auch aus papyrologischen Quellen, so zB P.Oxy. XXII 2342, der eine Gesellschaft im Weingroßhandel belegt; vgl hiezu den rezenten Beitrag von JAKAB, Berenike vor Gericht, Tyche 16 (2001) 63 ff.

266 ZB in dem „Quadriga-Fall" durch Verkauf eines Viergespanns von Pferden, Celsus-Ulpian D 17.2.58 pr.

267 Vgl Ulpian D 17.2.52.11; Paulus D 17.2.65.4, 10; Labeo-Paulus D 17.2.65.2.

Im folgenden sollen Belege für Partikulargesellschaften (geordnet nach Geschäftszweigen) im Hinblick auf konkrete Vertragsgestaltungen sowie die dabei auftretenden Rechtsprobleme untersucht werden.

1. Handelsgesellschaften

Gesellschaften, bei denen durch Ein- und Verkauf von Waren Profit gemacht werden soll, sind in der Antike nicht erst im römischen Recht bezeugt, sondern finden sich schon im babylonischen und im griechischen Recht.[268] Häufig steuert dabei der eine Partner das Kapital bei, während der andere auf Reisen geht, um die Waren zu erwerben.[269] Der Gewinn (nach Abzug des Kapitals sowie manchmal[270] auch bestimmter Zinsen) wird sodann zwischen Kapitalgeber und Arbeitsgesellschafter – sofern nichts anderes wirksam vereinbart ist nach gleichen Teilen – geteilt.

Einen Hinweis auf eine solche Konstellation bietet etwa Ulpian 30 ad Sab D 17.2.29.1:

> *Ita coire societatem posse, ut nullam partem damni alter sentiat, lucrum vero commune sit, Cassius putat: quod ita demum valebit, ut et Sabinus scribit, si tanti sit opera, quanti damnum est: plerumque enim tanta est industria socii, ut plus societati conferat quam pecunia, item si solus naviget, si solus peregrinetur, pericula subeat solus.*

Im Zusammenhang mit der *magna quaestio* der republikanischen Jurisprudenz nach der Zulässigkeit von unterschiedlicher Beteiligungen an Gewinn und Verlust[271] referiert Ulpian die Meinung des Sabinus, daß eine Vereinbarung

---

268 Vgl etwa SZLECHTER, Le contrat de société en Babylonie, en Grèce et à Rome (1947); zu Griechenland auch BEAUCHET, Histoire du droit privé de la République Athénienne, Bd IV: Le droit des obligations (1897) 340 ff.

269 Zu Fragen der Beiträge des Arbeitsgesellschafters und seiner Haftung jetzt umfassend SANTUCCI, Il socio d'opera (1997); dazu MEISSEL, ZRG-RA 117 (2000) 554 ff.

270 Eine Verzinsung des Kapitalbeitrags neben einer Gewinnbeteiligung begegnet in babylonischen Urkunden im Bereich der Gesellschaftsform *kasap tappûtim* (SZLECHTER, Le contrat de société (1947) 25 ff). In den Quellen zum römischen Recht steuert häufig der eine Gesellschafter Kapital bei und der Gewinn (Erlös minus Kapital) wird geteilt (vgl aber auch die Urkunden Nr.112 und 113 in: SAN NICOLÒ/PETSCHOW, Babylonische Rechtsurkunden aus dem 6. Jahrhundert vor Christus (1960) 118 ff). Ausführlich zum papyrologischen Befund jüngst JAKAB, Berenike vor Gericht, Tyche 16 (2001) 72 ff.

271 Vgl Gai Inst 3.149; I 3.25.2; D 17.2.30. Zur umstrittenen Entwicklung in diesem Bereich siehe insbes GUARNERI-CITATI, Conferimenti e quote sociali in diritto romano, BIDR 42 (1934) 166 ff; WIEACKER, Societas (1936) 261 ff; ARANGIO-RUIZ, Società (1950) 93 ff; HORAK, Rationes decidendi (1969) 158 ff; BONA, Studi (1973) 24 ff; TALAMANCA,

wirksam ist, nach der der Arbeitsgesellschafter nur am Gewinn, nicht aber am Verlust beteiligt ist, wenn der Arbeitsbeitrag des Gesellschafters ebenso hoch zu bewerten ist, wie der Verlust (des Kapitals). Dabei wird - wohl nicht von Sabinus, sondern von Ulpian (oder allenfalls einem nachklassischen Glossator) - hinzugefügt, daß häufig der Beitrag des einen Gesellschafters in Form seiner *industria* so bedeutsam ist, daß er mehr als bloß *pecunia* in die Gesellschaft einbringt, daß der Arbeitsbeitrag also einen eigenen Wirtschaftsfaktor für die Gesellschaft darstellen kann, der bei der Gewinn- bzw Verlustteilung selbständig ins Kalkül zu ziehen ist. Dies wird schließlich anhand des - auch aus der Rhetorik geläufigen[272] - Falles illustriert, daß der eine *socius* zu Gesellschaftszwecken auf Reisen geht und dabei die einschlägigen Reisegefahren auf sich nimmt (*item si solus naviget, si solus peregrinetur, pericula subeat solus.*)

Im Zusammenhang mit der Frage der Risikotragung für gesellschaftsspezifische Gefahren findet sich bei Julian-Ulpian D 17.2.52.4 die Schilderung eines Falles, in dem der zu Gesellschaftszwecken auf Reise gegangene *socius* Schäden erlitt, indem er von Räubern überfallen und sein Geld und andere seiner Sachen geraubt sowie seine Sklaven verletzt wurden. Dabei spricht die Art der Sachverhaltsdarstellung, in der der Gegenstand der Gesellschaft (*sagaria negotiatio*) und die erlittenen Schäden (*suam pecuniam perdidit, servi eius vulnerati sunt resque proprias perdidit*) näher charakterisiert werden, dafür, daß Julian ein konkreter Fall[273] zur Beurteilung vorgelegen war:

> *Quidam sagariam negotiationem coierunt: alter ex his ad merces comparandas profectus in latrones incidit suamque pecuniam perdidit, servi eius vulnerati sunt resque proprias perdidit. dicit Iulianus damnum esse commune ideoque actione pro socio damni partem dimidiam adgnoscere debere tam pecuniae quam rerum ceterarum, quas secum non tulisset socius nisi ad merces communi nomine comparandas proficisceretur. sed et si quid in medicos impensum est, pro parte socium adgnoscere debere rectissime Iulianus probat. proinde et si naufragio quid periit, cum non alias merces quam navi solerent advehi, damnum ambo sentient: nam sicuti lucrum, ita damnum quoque commune esse oportet, quod non culpa socii contingit.*

Costruzione giuridica e strutture sociali fino a Quinto Mucio, in: Società Romana e produzione schiavistica III (1981) 25 ff, 331 ff; WATSON, The Notion of Equivalence of Contractual Obligation and Classical Roman Partnership, Law Quarterly Review 97 (1981) 275 ff; sowie ausführlich zuletzt SANTUCCI, Il socio d'opera (1997) 35 ff.

272 Vgl Pseudo-Quintilian 320, 6 - 9 und 26 - 28.

273 GUARINO, Societas (1972) 61 („tutti i connotati di un caso pratico discusso a suo tempo da Giuliano").

Julian spricht sich für eine gemeinsame Gefahrtragung der Gesellschafter (*damnum esse commune*) aus, sofern die untergegangenen bzw beschädigten Sachen (die im Alleineigentum des Gesellschafters standen) zum Zweck des Einkaufs der Waren für die Gesellschaft mitgeführt wurden.[274]

Nicht Reisegefahren, sondern andere Gefahren, die mit den gehandelten Waren zusammenhängen (wenngleich uU während deren Transport), begegnen im Zusammenhang mit einer Sklavenhandelsgesellschaft[275] bei Labeo-Pomponius 13 ad Sab D 17.2.60.1:

> *Socius cum resisteret communibus servis venalibus ad fugam erumpentibus, vulneratus est: impensam, quam in curando se fecerit, non consecuturum pro socio actione Labeo ait, quia id non in societatem, quamvis propter societatem inpensum sit, sicuti si propter societatem eum heredem quis instituere desisset aut legatum praetermisisset aut patrimonium suum neglegentius administrasset ...*

Die Stelle behandelt die Abgrenzung von Aufwendungen im Rahmen der Gesellschaft (*in societatem inpensum*), die von den *socii* gemeinsam zu tragen sind und solchen, die zwar einen kausalen Zusammenhang zur Gesellschaft aufweisen (*propter societatem inpensum*), dennoch aber in die Risikosphäre des konkret betroffenen Gesellschafters fallen. In letztere Kategorie gehören nach Labeo die Heilungskosten des Gesellschafters, der von flüchtenden Sklaven, die zum Verkauf bestimmt waren, verletzt worden war.

Im Unterschied zu den von Julian als Gesellschaftsaufwendungen behandelten Heilungskosten des auf seiner Einkaufsreise unter die Räuber gefallenen *socius*, verneint Labeo den (anteiligen) Ersatz der durch das Zurwehrsetzen gegen die flüchtenden Sklaven verursachten Heilungskosten. Die unterschiedliche Lösung scheint dabei in einer engeren Konzeption Labeos hinsichtlich des gemeinschaftlich zu tragenden Aufwands zu liegen.[276] Möglicherweise denkt Labeo bei der Kategorie des *in societatem inpensum* nur an jene Aufwendungen, die ausdrücklich für die Verwirklichung des Gesellschaftszweckes in der Vereinbarung der Parteien vorgesehen sind (etwa die

---

[274] Vgl WILLVONSEDER, Die Verwendung der Denkfigur der „condicio sine qua non" bei den römischen Juristen (1984) 49.

[275] Zum Sklavenhandel als Gegenstand von *societates* allgemein vgl Gai Inst 3.148; I 3.25 pr; Labeo-Paul D 17.2.65.5.

[276] GUARINO, Societas (1972) 61 Fn 189. Nach BELOW, Der Arzt im römischen Recht (1953) 70 legt Labeo „einen engeren Kausalzusammenhang (meine Hervorhebung) zwischen Aufwendung und Sozietätszweck zugrunde", dagegen zu Recht zurückhaltender WILLVONSEDER, Conditio sine qua non (1984) 51. Tatsächlich verneint Labeo wohl nicht die Kausalität, sondern die Zurechnung als Gesellschaftsaufwendung; vgl auch HORAK, Rationes decidendi (1969) 188.

vorausgesehenen Reisekosten im engeren Sinn).[277] In dieser Perspektive erscheinen ihm die durch den Sklavenausbruch verursachten Kosten für die Heilbehandlung des *socius* als bloß kausal mit der *societas* zusammenhängende Nachteile, die aber zum „allgemeinen persönlichen Lebensrisiko“ und nicht zu den – vereinbarungsgemäß gemeinsam zu tragenden – gesellschaftsspezifischen Aufwendungen gehören.

Allerdings sollte nicht übersehen werden, daß sich die beiden Fälle auch sachlich unterscheiden. Im einen Fall geht es um die Heilungskosten verletzter Sklaven, im anderen um die Heilungskosten für den *socius* selbst.[278] Während der eine Schaden nach den allgemeinen Regeln des deliktischen Schadenersatzrechts – sofern die sonstigen Voraussetzungen gegeben sind – mit der *actio legis Aquiliae* liquidierbar war, ist dies für die Heilungskosten eines Freien fraglich.[279] Dafür, daß dieser Gesichtspunkt in der Diskussion relevant gewesen sein könnte, spricht, daß in der bei Ulpian 31 ad ed D 17.2.61 belegten gegensätzlichen Entscheidung Julians zum Ersatz von Heilungskosten hervorgehoben wird, daß auch Heilungskosten für den Gesellschafter selbst zu ersetzen sind: *secundum Julianum tamen et quod medicis pro se datum est recipere potest.*[280]

Im Übrigen mag für die unterschiedliche Entscheidung der konkreten Fälle[281] auch der unterschiedliche Geschäftsgegenstand (auf der einen Seite die „harmlose“ *sagaria negotiatio*[282], auf der anderen Seite der gesellschaftlich

---

277 So etwa GANDOLFI, Damnum commune, Studi Volterra III (1971) 540.

278 Jüngst so auch SANTUCCI, Il socio d'opera (1997) 134 ff.

279 Siehe HAUSMANINGER, Das Schadenersatzrecht der lex Aquilia (5. Aufl. 1996) 35 mwN.

280 Aufgrund der Überlieferung ist nicht ganz klar, ob die in D 17.2.61 referierte Meinung des Julian Bezug nimmt auf die Entscheidung des Labeo zum verletzten Sklavenhändler und Julian ebendiesen Fall gegenteilig zu Labeo löst, oder ob er bei der Erörterung des von ihm selbst gelösten Falles der *sagaria negotiatio* die Kosten der Heilbehandlung des überfallenen Textilhändlers als eigene zu ersetzende Schadenskategorie abhandelt; ersteres wird durch die justinianische Kompilation, zweiteres aber durch den palingenetischen Zusammenhang von Ulpian 31 ad ed nahegelegt. GANDOLFI, Studi Volterra III (1971) 427 ff und SANTUCCI, Socio d'opera (1997) 138, schreiben D 17.2.61 dagegen zur Gänze den justinianischen Bearbeitern zu.

281 Zu einem mentalitätsgeschichtlichen Ansatz, dogmatische Positionen anhand sozialer und psychologischer Vorwertungen hinsichtlich des konkreten Falles zu deuten siehe jüngst (anhand von Ulpian 41 Sab D 47.2.39) GAMAUF, Sex and crime im römischen Recht, in: POLASCHEK/ZIEGERHOFER (Hg), Recht ohne Grenzen (1998) 36 ff.

282 Der Ausdruck *sagaria negotiatio* leitet sich von *sagum* ab, womit ein Mantel bzw Umhang, insbes ein Soldatenmantel bezeichnet wird (GEORGES, Handwörterbuch II s.v. sagarius).

gering eingeschätzte Sklavenhandel[283]) eine Rolle gespielt haben.[284] Daß die Juristen – bei denen das Ressentiment gegen Handel als Erwerbsquelle, welches bei vielen antiken Autoren (vor allem in der Republik) mitschwingt[285], als allgemeiner Topos fremd ist – zumindest die Sklavenhändler äußerst argwöhnisch beurteilen, zeigt die bei Paul 2 ad ed D 21.1.44.1 überlieferte Einschätzung: ... *id genus hominum ad lucrum potius vel turpiter faciendum pronius est.*[286] Eine Sonderstellung der Sklavenhändler gegenüber anderen Händlern belegt auch die auf Mela zurückgehende Unterscheidung, derzufolge die Sklavenhändler, nicht zu den *mercatores* gezählt würden (da Menschen nicht als *merx* anzusehen seien), sondern man sie als *venaliciarii* bezeichne.[287] Die in diesem Zusammenhang als Synonym zu *venaliciarii* verwendete, für Sklavenhändler übliche Bezeichnung *mangones* weist einen eindeutig „pejorativen Beiklang"[288] auf.

Vielleicht hat diese negative Einschätzung des Sklavenhändlers[289] bei einer *societas venaliciaria* dazu beigetragen, daß man es als zumutbar ansah, daß der mit der Sklavenaufsicht beschäftigte *socius* das Verletzungsrisiko im Rahmen seines (ja auch in der Gewinn- bzw Verlustteilung berücksichtigbaren) Beitrags zur Gesellschaft allein zu tragen hat. Ein weiterer Gesichtspunkt für die unterschiedliche Behandlung mag darin gelegen sein, daß der Räuberüberfall ein Ereignis von *vis maior* darstellt, das sich der Beeinflussungsmöglichkeit des *socius* entzieht, während bei der Sklavenflucht das

---

283 Zum Mißtrauen gegenüber Sklavenhändlern und ihrer geringen sozialen Anerkennung siehe JAKAB, Praedicere und cavere beim Marktkauf (1997) 16 ff.

284 Dies könnte erklären, warum Labeo zwar eine „elegante Wendung", aber „kein brauchbares Kriterium" – so HORAK, Rationes decidendi (1969) 188 – bietet.

285 Vgl die bei NÖRR, ZRG-RA 82 (1965) 81 f angeführten literarischen Belege; vgl dazu JAKAB, Praedicere und cavere (1997) 22 ff; HÖBENREICH, Annona (1997) 288 ff.

286 Dieser Hinweis auf den zweifelhaften Charakter der Sklavenhändler findet sich im Anschluß an die Darlegung einer Sonderregelung der kurulischen Ädile für die Geltendmachung von Sachmängeln bei Sklavenkäufen. Aufgrund eines besonderen Edikts *adversus venaliciarios* mußten die ädilizischen Rechtsbehelfe bei Sachmangel in einem Fall, in dem der Sklave von mehreren Verkäufern gemeinsam verkauft worden war, nicht gegen alle Verkäufer angestrengt werden, sondern gegen den Hauptgesellschafter (*cuius maior pars aut nulla parte minor esset*).
LENEL, Edictum perpetuum 564, streicht *potius*, geht ansonsten aber von der Echtheit des Begründungssatzes aus.

287 African 3 quaest D 50.16.207: *„Mercis" appellatione homines non contineri Mela ait: et ob eam rem mangones non mercatores, sed venaliciarios appellari ait, et recte.*

288 JAKAB, Praedicere und cavere (1997) 18.

289 MANGONES wurden in der Literatur mit Piraten und Kupplern in einem Atemzug genannt (vgl Sen. Contr. 1,2,9; Mart. 9,5,4; Mart 1,58,1).

(mehr oder weniger geschickte) Verhalten des *socius* vor und während des Ausbruchs der Sklaven relevant gewesen sein kann. Jedenfalls erscheinen in dieser Perspektive die dogmatischen Positionen von Labeo und Julian als nicht notwendigerweise so diametral entgegengesetzt, wie dies in der romanistischen Literatur bislang meist behauptet wurde.[290]

Einen Einblick in die - wohl unstrittig - zu ersetzenden Aufwendungen des auf Reisen gegangenen *socius* ermöglicht Ulpian 31 ad ed D 17.2.52.15:

> *Si quis ex sociis propter societatem profectus sit, veluti ad merces emendas, eos dumtaxat sumptuum societati imputabit qui in eam rem impensi sunt: viatica igitur et meritoriorum et stabulorum, iumentorum carrulorum vecturas vel sui vel sarcinarum suarum gratia vel mercium recte imputabit.*

Als Reisekosten (*viatica*), die der Gesellschaft zuzurechnen sind, figurieren Kosten für Zimmer und Stallgebühren, die Kosten der Tragtiere und Karren für den Gesellschafter, sein Gepäck sowie für die Waren.

Während in diesen Fällen des Fernhandels der auswärtige Ankauf der Waren durch den reisenden Gesellschafter (*quis ex sociis propter societatem profectus*) im eigenen Namen (wenngleich im Innenverhältnis auf Rechnung der Gesellschaft) erfolgt sein wird, begegnet im Zusammenhang mit Handelsgesellschaften durchaus auch der gemeinsame Kauf und Verkauf von Sachen durch Gesellschafter. So wird etwa der gemeinsame Kauf einer Sache (*pariter eandem rem emere*) von Gaius 7 ad ed D 10.3.2 pr als Beispiel für eine Miteigentumsgemeinschaft *cum societate*[291] angeführt. Bei Ulpian 30 ad Sab D 17.2.31 wird klargestellt, daß der gemeinsame Kauf alleine nicht notwendigerweise einen Gesellschaftsvertrag impliziere, sondern das Vorliegen einer *societas* einen entsprechenden Parteienwillen (*affectio societatis*)[292] voraus-

---

[290] Gerade bei Fragen der sog Risikohaftung ist eine stärker kasuistische Vorgangsweise auch im modernen Recht zu beobachten. Zu den vielfältigen Wertungsgesichtspunkten, die heute in der Risikohaftungslehre bei der Abwägung herangezogen werden, vgl etwa BYDLINSKI, Die Risikohaftung des Arbeitgebers (1986) sowie FABER, Risikohaftung im Auftrags- und Arbeitsrecht (2001).

[291] Gaius 7 ad ed D 10.3.2 pr: *Nihil autem interest, cum societate an sine societate res inter aliquos communis sit: nam utroque casu locus est communi dividundo iudicio. cum societate res communis est veluti inter eos, qui pariter eandem rem emerunt: sine societate communis est veluti inter eos, quibus eadem res testamento legata est.*

[292] Ulpian 30 ad Sab D 17.2.31: *Ut sit pro socio actio, societatem intercedere oportet: nec enim sufficit rem esse communem, nisi societas intercedit. communiter autem res agi potest etiam citra societatem, ut puta cum non affectione societatis incidimus in communionem, ut evenit in re duobus legata, item si a duobus simul empta res sit, aut si hereditas vel donatio communiter nobis obvenit, aut si a duobus separatim emimus partes eorum non socii futuri.*

setze.[293] Sofern dem gemeinsamen Kauf eine *societas* zugrundeliegt, wird es sich dabei häufig[294] um eine Gesellschaft zu Handelszwecken gehandelt haben, wie etwa bei dem gemeinsamen Ankauf von Sklaven, der in D 17.2.65.5 erwähnt wird.[295]

Daß Waren (*in casu* wiederum Sklaven) von Gesellschaftern auch gemeinsam verkauft wurden, geht hingegen aus D 21.1.44.1 hervor.[296] Der gemeinsame Verkauf deutet darauf hin, daß die verkauften Sklaven im Miteigentum der Sklavenhändler standen; vermutlich waren sie von ihnen vorher auch gemeinsam erworben worden.

Während in den meisten juristischen Texten, die sich mit einer *societas ad emendum* beschäftigen, auf den Inhalt des Gesellschaftsvertrages nur abstrakt Bezug genommen wird, enthält Ulpian 32 ad ed D 17.2.69 eine spezielle Vertragsgestaltung, die auf einen konkreten Fall[297] zurückgehen dürfte:

> *Cum societas ad emendum coiretur et conveniret, ut unus reliquis nundinas id est epulas praestaret eosque a negotio dimitteret, si eas eis non solverit, et pro socio et ex vendito cum eo agendum est.*

Vgl auch Ulpian 31 ad ed D 17.2.33: *ut in conductionibus publicorum item in emptionibus: nam qui nolunt inter se contendere, solent per nuntium rem emere in commune, quod a societate longe remotum est. et ideo societate sine tutoris auctoritate coita pupillus non tenetur, attamen communiter gesto tenetur* (dazu näher VON LÜBTOW, Gesammelte Schriften I.3, 81 ff). Auch hier wird das *emere in commune* allein von Ulpian nicht als ausreichend für das Vorliegen einer *societas* qualifiziert.

293 Zum Verhältnis von D 10.3.2 pr zu D 17.2.31 und zur Echtheit von *affectio societatis* in D 17.2.31 vgl nun vor allem DROSDOWSKI, Das Verhältnis von actio pro socio und actio communi dividundo (1998) 17 f, 26 Fn 58.

294 Der Ankauf im gemeinsamen Interesse kann freilich auch zu anderen Zwecken dienen, zB der Arrondierung von Grundstücken, was von Julian in Ulpian 31 ad ed D 17.2.52 pr unter einem weiten Societas-Begriff subsumiert wird, *si vero id actum est, ut quasi commune negotium gereretur* (vgl auch Labeo 2 post a Javolen epit D 32.30.4), oder um durch den Erwerb des Nachbargrundstückes eine Bebauung zu verhindern: D 17.2.52.13 (*si aream in commune emerint, ne luminibus suis officeretur*).

295 Paul 32 ad ed D 17.2.65.5: ... *nam si emimus mancipia inita societate, deinde renunties mihi eo tempore, quo vendere mancipia non expedit ...*

296 Paul 2 ad ed aedil curul D 21.1.44.1: *Proponitur actio ex hoc edicto in eum cuius maxima pars in venditione fuerit, quia plerumque venaliciarii ita societatem coeunt, ut quidquid agunt in commune videantur agere: aequum enim aedilibus visum est vel in unum ex his, cuius maior pars aut nulla parte minor esset, aedilicias sanctiones competere, ne cogeretur emptor cum multis litigare, quamvis actio ex empto cum singulis sit pro portione, qua socii fuerunt: nam id genus hominum ad lucrum potius vel turpiter faciendum pronius est.*

297 MISERA, Klagen manente societate, FS Nirk (1992) 699.

Seit langem wird dieser Text zu den großen Rätseln des *corpus iuris* gezählt.[298] Selbst der große Humanist Cuiacius gestand ein, daß kein anderer Text ihn so lange gequält habe wie dieser und daß er dennoch nicht sicher sei, ob er ihn verstanden habe.[299] Tatsächlich ist der Sachverhalt alles andere als klar, zumindest erscheint es praktisch unmöglich, diesen in seinem gesamten Umfang präzise zu rekonstruieren, da die überlieferte Sachverhaltsdarstellung in sich nicht ganz schlüssig ist und vermutlich eine komprimierte (und wohl auch bloß partielle) Wiedergabe der Vereinbarung der Parteien enthält. Für die Kompilatoren dürfte der Text vor allem als Beleg für eine mögliche Klagenkonkurrenz von *actio pro socio* und *actio venditi* interessant gewesen sein.[300] Das Überliefern des konkreten Vertragsinhalts war für sie offenbar weniger bedeutsam.

In den Grundzügen läßt sich der Sachverhalt aus dem Text selbst beschreiben: Mehrere Personen haben sich zu einer *societas ad emendum* zusammengeschlossen, wobei sie übereingekommen sind, daß einer den übrigen die Marktverpflegung[301] leiste (*nundinas id est epulas praestaret*[302]) und sie aus dem Geschäft entlasse (*eosque a negotio dimitteret*). Nach der üblichen Lesart sollen nun die übrigen *et pro socio et ex vendito* gegen den zur Leistung

298 Vgl GLÜCK, Ausführliche Erläuterung der Pandekten XV/2 (1814) 449, der darauf hinweist, daß D 17.2.69 zu den *septem damnatae leges Pandectarum* und *cruces interpretatorum* gezählt wird.

299 CUIACIUS, Observationaum et Emendationum libri XXVIII, in: Opera in tomos XI (Venedig 1758) Pars Prior, Tomus Tertius, c. 92: *A quo tempore juri civili operam dare coepi, nulla me lex diutius torsit, quam l. 69. D. pro socio; nec plane etiam nunc ausim dicere, eam a me legem intelligi.*

300 Zur Frage der Klagenkonkurrenz ausführlicher LAFFELY, Resonsabilité du „socius" (1979) 128 - 135, bes 133 ff mwN. MISERA, FS Nirk (1992) 698 ff, wertet den Text als Beleg für die Tendenz der römischen Juristen zur „rechtlichen Verselbständigung gesellschaftsrechtlicher Abreden", um die prozessualen Nachteile der *actio pro socio* (Infamie, Beendigungswirkung der Klageerhebung) durch die Gewährung einer anderen Klage (hier der *actio venditi*) zu vermeiden; zur Problematik der *actio pro socio manente societate* siehe schon oben im Ersten Abschnitt.

301 *Nundinae* bezeichnet die Markttage bzw den Wochenmarkt. Hier könnten *nundinae* als „Zehrungskosten beim Beziehen eines Marktes" (GEORGES, Handwörterbuch sv nundinus; vgl auch VIR sv nundinae: *victus in tempus mercatus*) zu verstehen sein, wie sich aus dem Zusatz *id est epulas* (*epulae* = Speisen, Gerichte, Mahlzeiten) ergibt.
Zu verschiedensten anderen Erklärungen bzw Textemendationen zu *nundinae id est epulas* vgl GLÜCK, Ausführliche Erläuterung der Pandekten XV/2 (Erlangen 1814) 451 ff.

302 Daß der Zusatz *id est epulas* ein erläuternder ist, macht ihn – entgegen EISELE, ZRG-RA 11 (1890) 7 – noch nicht notwendigerweise interpolationsverdächtig; es ist durchaus plausibel, daß Ulpian selbst den nicht ohne weiteres verständlichen Ausdruck *nundinae* (der im konkreten Geschäftsformular vorkam) erklären wollte.

der *nundinae* verpflichteten *socius* vorgehen können, wenn er diese nicht geleistet habe. *Si eas eis non solverit* wird also als Voraussetzung der Rechtfolge behandelt, während der Inhalt der conventio *ut unus reliquis nundinas id est epulas praestaret eosque a negotio dimitteret* lautet.[303]

Eine einigermaßen plausible Rekonstruktion des Hintergrunds einer solchen Vereinbarung sowie der von Ulpian bejahten Zuständigkeit der *actio pro socio* und der *actio venditi* bereitet allergrößte Schwierigkeiten. Grob gesagt gelingt es den Theorien entweder plausibel zu machen, warum eine *societas* zu bejahen ist, oder aber, warum ein Kaufvertrag vorliegt; warum beides zugleich gegeben ist, und welche genaue Bedeutung dem Ersatz der *nundinae* zukommen soll, bleibt aber eher unklar.

Auf die Basilikentradition[304] zurück geht der Deutungsversuch, demzufolge Primus, der die Absicht hat, einen bestimmten *fundus* von Titius zu erwerben, da er mit Titius keinen guten Kontakt hat, zum Zweck des Erwerbs des *fundus* eine *societas* mit Secundus und Tertius, Freunden des Titius, eingeht, wobei im Innenverhältnis vereinbart wird, daß Primus nach gelungenem Ankauf des *fundus* den übrigen ihre Anteile gegen Erstattung der Aufwendungen ersetzen werde. Secundus und Tertius verhandeln erfolgreich mit dem Verkäufer Titius und erwerben die Liegenschaft.[305]

Der Haupteinwand gegen diese Deutung besteht meines Erachtens darin, daß sie zwar plausibel macht, warum sich der Primus des Secundus und des Tertius bedient, um mit diesen (oder durch diese) die Sache zu erwerben, daß aber doch der gemeinsame wirtschaftliche Zweck, das *essentiale* für das Vorliegen einer *societas*, nicht ersichtlich ist. Erhalten Secundus und Tertius nur Aufwandersatz, so würde man die Qualifizierung als Mandat erwarten; erhalten sie aber einen im voraus bestimmten Preis (der eine Art Provision

---

303 Zuletzt so MISERA, FS Nirk (1992) 699.

304 Anonymus-Scholion *ekékteto* zu B 12.1.67 (SCHELTEMA/HOLWERDA B II, 522 = HEIMBACH I, 781) sowie Kyrillos-Scholion *mathe to digeston* (SCHELTEMA/HOLWERDA B II, 549 = HEIMBACH I, 781).

305 MISERA, FS Nirk (1992) 700, geht davon aus, daß Secundus und Tertius allein den Erwerb vornehmen. Die Wendung *eosque ab negotio dimitteret* spräche mE aber eher für den gemeinsamen Ankauf durch alle drei Gesellschafter, da sie an ein gemeinsames Geschäft (und an eine Miteigentums-Gemeinschaft?) denken läßt, aus der der eine die anderen entläßt. Für die Qualifikation des Innenverhältnisses der *socii* als solche erscheint die Frage, ob der ablösende *socius* einen Anteil an der Sache schon hatte und er nun die übrigen Anteile an der Sache erwirbt, oder aber überhaupt erst jetzt Eigentum an der Sache erwirbt, aber als irrelevant.

enthält), so stellt sich die Frage, ob eine solche Vereinbarung mit den Grundsätzen des *lucrum commune* bei der *societas* vereinbar ist.[306]

MISERA hat dieses Problem erkannt und daraus den Schluß gezogen, daß der Sachverhalt in der Weise zu ergänzen sei, daß „den anderen Gesellschaftern aus dem Erwerb der gekauften Sache durch den zahlenden Gesellschafter später Vorteile erwachsen, zum Beispiel durch eine irgendwie geartete (zeitweise) Beteiligung an dem späteren Gebrauch oder der späteren Nutzung". Dagegen läßt sich aber einwenden, daß eine solche gemeinsame nachträgliche Nutzung nicht nur im Text nicht erwähnt wird, sondern dieser einige Elemente enthält, die gegen eine solche Deutung sprechen. Zum einen wird die Gesellschaft als *societas ad emendum* qualifiziert; ein Terminus, der zwar nicht fest umrissen ist, aber doch eine gewisse Technizität aufweisen dürfte, wie die einschlägigen Belege zeigen. Regelmäßig geht es dabei um Gesellschaften, die durch Ankauf und Verkauf Gewinn erzielen wollen, sodaß davon auszugehen sein wird, daß in einer in einem Juristentext vorkommenden *societas ad emendum* tendenziell auch eine *societas ad vendendum*[307] enthalten ist, wobei der Gesellschaftszweck auf die Erzielung eines Profits durch die Differenz zwischen Ein- und Verkaufspreis (und nicht in einer gemeinsamen Nutzung) ausgerichtet ist. Zum anderen spricht aber meines Erachtens vor allem die Verpflichtung des einen *socius*, die anderen *socii* aus dem Geschäft zu entlassen, dagegen, eine vereinbarte nachträgliche gemeinsame Nutzung der gekauften Sache anzunehmen.

Als eine Option des einen Gesellschafters, die gekaufte Sache gegen Erstattung der Aufwendungen der übrigen auszulösen, versteht DEL CHIARO den Vertrag: „Dans ce texte il faut supposer qu'une société commerciale a été contractée sous la condition que le jour où il plairait à l'un des associés de rembourser aux autres tout ce qu'ils avaient dépensé ou mis dans la société, celle-ci resterait, à dater de ce remboursement, entièrement à son compte."[308] DEL CHIAROS Vorschlag – der sich in ähnlicher Form auch in einer Variante der *Glossa ordinaria* findet – ist zwar mit den angeordneten Rechtsfolgen (*actio pro socio* und *actio venditi*) in Einklang zu bringen; trägt aber nicht wirklich dazu bei, den hinter D 17.2.69 stehenden Sachverhalt zu erhellen, zumal er die *conventio* von D 17.2.69 nicht ganz zutreffend erfaßt. Dem Text ist nicht zu entnehmen, daß die Leistung der *nundinae* und die Ablösung der übrigen

---

306 Vgl dazu im Zusammenhang mit dem sog Trödelvertrag Ulpian 30 ad Sab D 19.5.13 pr: ... *societas non videtur contracta in eo, qui te non admisit socium distractionis, sed sibi certum pretium excepit*; dazu sogleich unten.

307 Insofern erscheinen etwa Gai Inst 3.148, I 3.25 pr und D 17.2.65.5 als paradigmatisch für eine *societas ad emendum*.

308 DEL CHIARO, Contrat de Société (1928) 219.

Gesellschafter – in der Art einer *facultas alternativa* – einfach ins Ermessen des (in der Folge zu klagenden) *socius* gestellt ist. Nach Ulpian ist der eine *socius* von vornherein dazu verpflichtet, die *nundinae* zu leisten. Im übrigen ist es keineswegs so sicher, daß die Klage der übrigen *socii* darauf gerichtet ist, die *nundinae* einzuklagen (siehe dazu unten); selbst wenn dies aber der Fall wäre[309], stellt sich die Frage, warum dann diese Vereinbarung (Abkauf der Anteile gegen Erstattung der konkreten Aufwendungen) als Kaufvertrag (und nicht etwa als Mandat) zu qualifizieren ist.

Der Inhalt der *conventio* von D 17.2.69 wird dagegen zutreffender von ARNÒ erfaßt, dessen Deutung freilich wiederum auf der Rechtsfolgenseite gravierenden Einwänden begegnet. ARNÒ geht zunächst davon aus, daß der eine *socius* (nach unserem Beispiel Primus) zur Leistung der *epulae* verpflichtet ist und die anderen *socii* für den Fall, daß er dieser Verpflichtung nicht nach kommt, verlangen können, aus dem Geschäft (dem Ankauf der Sache bei Titius) entlassen zu werden, sodaß dieses bloß auf Rechnung des Primus geführt wird: „O A (scilicet Primus) coprisse tutte le spese, ovvero l'operazione fosse da ritenersi come fatto per conto proprio di A".[310]

ARNÒ bezieht diese Entlassung aus dem Geschäft aber nicht nur auf das Innenverhältnis der *socii*, sondern möchte dieser *conventio* eine Wirksamkeit im Verhältnis nach außen zumessen, sodaß die zu befreienden *socii* Secundus und Tertius auch vis à vis dem Verkäufer Titius von einer aus dem Ankauf noch bestehenden Verpflichtung befreit sind. Damit postuliert er aber, daß die *conventio* des Gesellschaftsvertrags für den Fall der Nichterbringung intern vereinbarter Beitragspflichten (Leistung der *epulae*) als Vertrag zulasten des Verkäufers Titius wirkt, mit der Folge, daß dieser sich dann nämlich nicht an seine Vertragspartner Secundus und Tertius halten kann, sondern lediglich an Primus.[311] Primus selbst (von dem ARNÒ annimmt, daß er nicht Partner des

---

309 MISERA, FS Nirk (1992) 701, spricht sich dafür aus, *eas* nach dem überlieferten Text auf *nundinas* zu beziehen (so auch Kyrillos; SCHELTEMA/HOLWERDA B II, 522 = Heimbach I, 781); darüberhinaus bejaht MISERA (aaO 702) die Einklagbarkeit nicht nur der Verpflegungskosten, sondern daneben auch des Kaufpreises ieS; so auch die Scholien *ekékteto* (SCHELTEMA/HOLWERDA B II, 522 = HEIMBACH I, 781) sowie *mathe to digeston* (SCHELTEMA B II 549 = HEIMBACH I, 781).

310 ARNÒ, Contratto di società (1938) 314.

311 Dazu ist kritisch anzumerken, daß selbst dann, wenn man wie ARNÒ von einer Haftung des Primus über die *actio ad exemplum institoriae actionis* ausgeht, sich aus den Regeln der adjektizischen Haftung keineswegs ergibt, daß dadurch die Vertragspartner Secundus und Tertius aus dem Geschäft mit dem Verkäufer Titius entlassen wären. Die adjektizische Haftung des Primus aus der analogen Geschäftsleiterklage würde bloß einen zusätzlichen möglichen Beklagten verschaffen; vgl nur WACKE, Die adjektizischen Klagen im Überblick, ZRG-RA 111 (1994) 282.

Kaufvertrags mit Titius war) könne dafür - und hier gesellt sich zu der an sich schon dogmatisch unhaltbaren Konstruktion auch noch eine echte Vergewaltigung des Textes - vom Verkäufer Titius mit einer *actio venditi* in Form einer *actio ad exemplum institoriae actionis* geklagt werden. Während Primus somit *ex vendito* (in Form der frei hinzugefügten *actio ad exemplum institoriae actionis*) von Titius belangt werden soll, wird er *pro socio* von Secundus und Tertius (auf Erstattung der Spesen) geklagt.[312] *Et pro socio et ex vendito cum eo agendum est* würde sich damit auf zwei verschiedene Kläger (*pro socio* von seiten der Mitgesellschafter, *ex vendito* hingegen von seiten des Titius) sowie auf zwei verschiedene Klagsinhalte (*nundinae* im einen Fall, das *pretium* aus dem Kaufvertrag im anderen Fall) beziehen.[313]

Den bisherigen Deutungsversuchen ist gemein, daß sie fast alle von einem Textverständnis ausgehen, bei dem - dem Sinn nach - nach *dimitteret* ein Strichpunkt gesetzt wird. Nicht undenkbar erscheint es freilich, die (in der Florentina ohne Interpunktion überlieferte) Abrede so zu lesen, daß der Teil *si eas eis non solverit* sich auf die Verpflichtung zur Entlassung der Mitgesellschafter aus dem Geschäft bezieht.[314] Der besseren Übersichtlichkeit soll die so gewonnene Struktur des Textes dargestellt werden:

Cum societas ad emendum coiretur
et conveniret, ut unus reliquis nundinas (id est epulas) praestaret
eosque a negotio dimitteret, si eas eis non solverit,
et pro socio et ex vendito cum eo agendum est.

Damit hätten wir hier eine Art Rücktrittsklausel für den Fall, daß der *socius* seinen vereinbarten Beitrag (Leistung der *nundinae*) nicht erbracht hat: Die unversorgten *socii* können von ihm verlangen, daß er sie aus dem Geschäft entlasse, worunter man sich die Ablösung der Anteile der Gesellschafter gegen Leistung eines bestimmten (im Text freilich nicht eigens genannten und aufgrund der Rechtsfolge, daß eine *actio venditi* gewährt wird, auch entbehrlichen) *pretium* vorzustellen hat. Der ökonomische Hintergrund könnte

---

312 ARNÒ, Contratto di società (1938) 315; ähnlich bereits CUIACIUS, der meint daß Primus als „Quasi-Käufer" von den Verkäufern mit der actio venditi belangt werde.

313 Für diese Lösung jüngst aber PH. THOMAS, Another Interpretation of an unintelligible Text, in: Summa Eloquentia. Essays in honor of Margaret Hewett (2002) 228 (232).

314 Vgl auch die englische Übersetzung von GARNSEY (in Mommsen/Krueger/Watson, The Digest of Justinian, Vol II, Philadelphia 1985): „When a partnership has been formed for the purpose of making a purchase, and it has been agreed that one partner should furnish nundinae, that is, feasts, for the rest, and release them from the venture if he fails to furnish them, he can be sued in an action on partnership and also in an action on sale."

sein, daß die *reliqui socii* als Verkäufer im Rahmen der Handelsgesellschaft agieren sollen, während der Beitrag des (kapitalstärkeren) *socius* (unter anderem) in der Beistellung der Verpflegung besteht. Alle *socii* haben zunächst gemeinsam eine Sache erworben; für den Fall der nichtgeleisteten Verpflegung muß der reine Kapitalgesellschafter den anderen ihre Anteile (vermutlich in Höhe ihrer Anteile an dem Titius gezahlten Preis) abkaufen. Die *nundinae* sind in diesem Fall nicht im Vorfeld des Falles angesiedelt (also Aufwendungen, die mit dem Ankauf in Zusammenhang stehen und bereits angefallen sind), sondern sie beziehen sich auf die geplante Verkaufsaktivität; ihre Nichtleistung löst bloß die Einklagung des Versprechens *ut eos a negotio dimitteret* aus, ohne daß das Begehren der *socii/venditores* aber darauf gerichtet wäre, *eas* (*nundinas*) einzuklagen.

In der Perspektive dieser Lesart des Textes läßt sich das Nebeneinander von *societas* und *venditio* besser verständlich machen. Die Verpflichtung zur Ablösung der Mitgesellschafter stellt eine Nebenabrede der konkreten *societas ad emendum* dar[315]; der gemeinsame Gesellschaftszweck liegt dabei im Handel im Sinne einer *societas ad emendum et vendendum*. Nur wenn die vereinbarten *nundinae* nicht geleistet werden, kommt es zu der im vorhinein festgelegten Liquidierung, indem die *socii* ein *pretium certum* erhalten. Als *in continenti* abgeschlossene *conventio* der *societas ad emendum* ist diese mit der *actio pro socio* einklagbar. Zugleich läßt sich diese *conventio* aber für sich isoliert als formloser Kaufvertrag begreifen, dessen Wirksamwerden (mit der Folge der Verpflichtung zur Leistung der Anteile der übrigen *socii* gegen Zahlung eines im vorhinein festgelegten Preises) unter einer aufschiebenden Bedingung (nämlich der Nichtleistung der *nundinae*) steht. Sich der *actio venditi* zu bedienen, ermöglicht dabei die rechtliche Durchsetzung des Anspruchs ohne die infamierenden Folgen einer Verurteilung aus der *actio pro socio*.

Exkurs zum sogenannten Trödelvertrag

D 17.2.69 zeigt, daß es nicht ausgeschlossen war, im Rahmen einer *societas* auch Vereinbarungen zu treffen, denenzufolge ein *socius* eine Sache von den übrigen zu einem bestimmten Entgelt erwerben kann. Folgt man dem soeben entwickelten Deutungsansatz zu D 17.2.69, ist eine solche *conventio*

---

315 Dies wird auch sprachlich in der Wendung *cum societas ad emendum coiretur et conveniret* zum Ausdruck gebracht, in der zunächst festgehalten wird, daß eine *societas ad emendum* eingegangen wurde – was zur hinlänglichen Charakterisierung des typischen Inhalts einer solchen *societas* als ausreichend angesehen worden sein wird – und dann mit *et conveniret* die dabei formlos als *conventio* vereinbarte spezielle Nebenabrede eingeleitet wird.

zumindest als eine *in continenti* geschlossene Nebenabrede (auch) mit der Gesellschafterklage durchsetzbar.

In gewisser Weise der umgekehrte Fall zur Ablösung der Miteigentumsanteile der *socii* gegen ein *certum* liegt beim sogenannten Trödelvertrag (*aestimatum*) vor, bei dem sich jemand (Kommittent) eines anderen (Kommissionär) zum Verkauf seiner Sache bedient und sich dabei ein *certum* als Anteil am Verkaufserlös ausbedingt. Gelingt dem Kommissionär der Verkauf zu einem höheren Preis, so darf er den Mehrerlös behalten, sodaß beide vom Verkauf profitieren. Bezüglich der Einordnung dieses Trödelvertrags als Kontrakt wird von Ulpian 31 ed D 17.2.44 unter anderem auch eine *societas* erwogen und bejaht, sofern die Vereinbarung mit *animus contrahendae societatis* geschlossen worden war:

> *Si margarita tibi vendenda dedero, ut, si ea decem vendidisses, redderes mihi decem, si pluris, quod excedit tu haberes, mihi videtur, si animo contrahendae societatis id actum sit pro socio esse actionem, si minus, praescriptis verbis.*

Reizvollerweise findet sich in den Digesten ein anderer Ulpiantext (30 ad Sab D 19.5.13 pr), der für den Trödelvertrag das Vorliegen einer *societas* ausdrücklich verneint:

> *Si tibi rem vendendam certo pretio dedissem, ut, quo pluris vendidisses, tibi haberes, placet neque mandati neque pro socio esse actionem, sed in factum quasi alio negotio gesto, quia et mandata gratuita esse debent, et societas non videtur contracta in eo, qui te non admisit socium distractionis, sed sibi certum pretium excepit.*

Die scheinbar klare Antinomie von D 17.2.44 und D 19.5.13 pr wurde von der textkritisch ausgerichteten Romanistik als eindeutige Interpolation diagnostiziert: Nicht nur, daß der *animus societatis contrahendae* auf das lange Zeit als exklusiv byzantinisch geltende Animuskonzept verweist, der klare Widerspruch zwischen zwei Texten, die unter dem Namen desselben Juristen überliefert sind, schien eine andere Annahme als die einer nachklassischen Textveränderung eines der beiden Texte (und zwar von D 17.2.44)[316] aus-

[316] Siehe nur die Hinweise im Index Interpolationum s.h.l; weiters etwa auch PRINGSHEIM, Id quod actum est, ZRG-RA 78 (1961) 69.
Auf *id quod actum* est im Zusammenhang mit einer *societas* stellt aber auch Julian in Ulpian 31 ad ed D 17.2.52 pr ab: *Cum duobus vicinis fundus coniunctus venalis esset, alter ex his petit ab altero, ut eum fundum emeret, ita ut ea pars, quae suo fundo iuncta esset, sibi cederetur: mox ipse eum fundum ignorante vicino emit: quaeritur, an aliquam actionem cum eo vicinus habeat.Iulianus scripsit implicitam esse facti quaestionem: nam si hoc solum actum est, ut fundum Lucii Titii vicinus emeret et mecum communicaret, adversus me qui emi nullam actionem vicino competere: si vero id actum est, ut quasi commune negotium gerere-*

zuschließen. Selbst ARANGIO-RUIZ, der (insbesondere für die Frage der Abgrenzung bzw Überschneidung von *communio cum et sine societate*) eine Lanze für die Authentizität des Erfordernisses der *affectio societatis* brach[317], hielt D 17.2.44 für interpoliert: „Qui non solo il nome dell'azione ultimamente citata, quasi unanimamente ritenuto postclassico, ma proprio il ricorso all'intenzione nei confronti di una situazione oggettiva nota in tutti i suoi elementi sembra riportarsi all'idea cerebrina che dell'animus contrahentium si ebbe in età giustinianea".[318] Erstens sei also die Erwähnung der *actio praescriptis verbis* in D 17.2.44 verdächtig, weil diese nachklassisch sei (eine inzwischen überholte Behauptung[319], die damals herrschende Lehre der Romanistik war). Zweitens aber sei juristisch das Abstellen auf den Willen der Parteien völlig unsinnig („idea cerebrina"), da die Vereinbarung als solche den Gegenstand der juristischen Qualifikation bilden muß und nicht die subjektive Etikettierung, etwa nach der Art: „Wir vereinbaren einen Trödelvertrag (der inhaltlich objektiv keine *societas* ist), wollen aber daß es sich um eine *societas* handelt".

Sind aber D 17.2.44 und D 19.5.13 pr wirklich unvereinbar? Zunächst ist davon auszugehen, daß der Ausgangsfall in beiden Fällen grundsätzlich übereinstimmt: Beidemal behält sich der Kommittent für den Fall des erfolgreichen Verkaufs ein *certum* vor; beidemal soll der Kommissionär einen über dieses *certum* hinausgehenden Betrag für sich behalten können.[320] Nach der von Ulpian in D 19.5.13 pr angeführten Auffassung handelt es sich dabei weder um einen Auftrag, noch um eine Gesellschaft: *placet neque mandati neque pro socio esse actionem, sed in factum.* Während Ulpian hier mit *placet* auf eine etablierte Meinung verweist, drückt er sich in D 17.2.44 bei der gegenteiligen Auffassung deutlich zurückhaltender aus: *mihi videtur, si animo contrahendae societatis id actum sit pro socio esse actionem, si minus, praescriptis verbis.* Umgekehrt könnte man die Art und Weise, wie Ulpian in D 19.5.13 pr die

---

tur, societatis iudicio tenebor, ut tibi deducta parte quam mandaveram reliquas partes praestem.

317 ARANGIO-RUIZ, Società (1950) 63 ff.

318 ARANGIO-RUIZ, Società (1950) 69.

319 Zur geschichtlichen Entwicklung der *actio praescriptis verbis* und ihrer Terminologie vgl nun vor allem KRANJC, Die actio praescriptis verbis als Formelaufbauproblem, ZRG-RA 106 (1989) 434 ff.

320 Dagegen versucht HERNANDO LERA, El contrato de sociedad (1992) 36 f, durch eine Sachverhaltsdifferenzierung die beiden Texte zu harmonisieren, indem er unzutreffenderweise behauptet, daß im einen Fall (D 19.5.13 pr) ein Mindestverkaufspreis vereinbart sei, unter dem nicht verkauft werden darf, im anderen Fall (D 17.2.44) aber nicht: Daß in der einen Version abstrakt von einem *certum pretium* gesprochen, im anderen Fall aber eine bestimmte Summe (*decem*) genannt wird, macht keinen juristischen Unterschied.

Ablehnung des Vorliegens einer *societas* begründet, als leicht distanziert empfinden: *societas non videtur contracta in eo, qui te non admisit socium distractionis, sed sibi certum pretium excepit.*

Man gewinnt daraus den Eindruck, daß Ulpian in seinem Sabinuskommentar die traditionelle Auffassung referiert, derzufolge *in factum* (aus einem Innominatkontrakt) zu klagen sei, während er im Ediktskommentar vorsichtig abwägend auch eine *actio pro socio* bejaht. Dabei mag eine Rolle gespielt haben, daß Ulpian für die beiden (zeitlich allerdings in relativ kurzem Abstand zueinander liegenden[321]) Werke möglicherweise unterschiedliches Material als Grundlage verwendet hat. Dies könnte auch erklären, daß im einen Fall für die Klage aus dem Innominatkontrakt die (vermutlich ältere)[322] Bezeichnung *in factum*, im anderen Fall aber die (erst ab Pomponius begegnende) Form *praescriptis verbis* verwendet ist. Die Begründung der Entscheidung in D 19.5.13 pr *societas non videtur contracta in eo, qui te non admisit socium distractionis, sed sibi certum pretium excepit* könnte demgemäß ebenfalls eine traditionelle, vorulpianische Sentenz darstellen, die uU bis auf Sabinus selbst zurückreicht.

In welcher Weise aus dem *id quod actum* ein *animus societatis contrahendae* hervorgehen kann, darüber lassen sich immerhin Vermutungen anstellen. So könnte etwa ein *negotium commune* dann bejaht werden, wenn die Gefahr für den zufälligen Untergang der zum Verkauf bestimmten Sache nicht beim Trödler allein liegt[323], sondern aufgrund der getroffenen Vereinbarung von beiden gemeinsam getragen werden soll.

Daß der Umstand, daß sich der Kommittent ein *certum* vorbehält, in der Spätklassik nicht als zwingender Grund, einen Gesellschaftsvertrag auszuschließen, angesehen werden mußte, erfährt Bestätigung durch ein Responsum des Papinian, welches sich bei Ulp 31 ed D 17.2.52.7 überliefert findet:

> *Item ex facto consultum respondisse se ait libro tertio responsorum: inter Flavium Victorem et Bellicum Asianum placuerat, ut locis emptis pecunia Victoris monumenta fierent opera et peritia Asiani, quibus distractis pecuniam Victor cum certa quantitate reciperet, superfluum Asianus acciperet, qui operam in societatem contulit: erit pro socio actio.*

---

321 HONORÉ, Ulpian (1982), kommt aufgrund sprachstilistischer Untersuchungen zum Ergebnis, daß 31 ad ed im Jahr 215, 30 ad Sab aber im darauffolgenden Jahr entstanden sein dürfte.

322 KRAJNC, ZRG-RA 106 (1989) 465 f; siehe auch ebenda 458 - 460.

323 Zur Gefahrtragung beim *aestimatum* vgl D 19.3.1.1; dazu ANGERER, Die Gefahrtragung bei den sogenannten Innominatkontrakten, FS Wesener (1992) 16 mwN.

Nach der Vereinbarung zwischen Flavius Victor und Bellicus Asianus soll Victor Geld zum Erwerb von Grundstücken beisteuern, auf diesen mittels *opera et peritia* des Asianus Monumente (vermutlich Grabdenkmäler) errichtet werden, von deren Verkaufserlös Victor sein eingesetztes Kapital plus eine bestimmte Summe (*cum certa quantitate*), Asianus aber den Rest erhalten soll. Papinian bejaht die Zuständigkeit der Gesellschafterklage.

Der Victor gebührende Teil am Verkaufserlös wird von manchen als ein bestimmter Prozentsatz des Gewinnes (der Differenz zwischen der von Victor eingebrachten *pecunia* und dem Verkaufserlös der *monumenta*) verstanden;[324] die Formulierung, daß der Kapitalgeber Victor *pecunia cum certa quantitate* erhalten soll, Asianus hingegen das *superfluum*, spricht aber dafür, daß sich Victor einen bestimmten Betrag vom Verkaufserlös ausbedingt, und nicht einen bestimmten Prozentsatz.[325] Damit stellt sich aber die Frage, wie Papinian die Vereinbarung als eine *societas* qualifizieren kann, obwohl im Falle des erfolgreichen Verkaufs der Gewinn des Victor im vorhinein festgelegt ist.

ARANGIO-RUIZ sieht einen Unterschied zum Trödelvertrag darin, daß der Kommittent beim Trödelvertrag nur das Risiko trägt, daß der Verkauf nicht gelingt, er in diesem Fall aber jedenfalls die Sache zurückerhält, während im vorliegenden Fall der Kapitalgeber einen Verlust erleiden könnte, wenn der Verkaufserlös nicht einmal die von Victor eingebrachte Summe erreicht. Aufgrund dieser Risikobeteiligung sei es gerechtfertigt, Victor als *socius* zu betrachten, wenngleich seine Beteiligung am Geschäft mit einer bestimmten Summe, und nicht mit einem bestimmten Prozentsatz festgelegt ist.[326] Dagegen läßt sich aber einwenden, daß es zumindest wirtschaftlich keinen großen Unterschied[327] macht, ob man im einen Fall die – momentan nicht gut verkäufliche – Sache zurückbekommt (oder billiger verkaufen muß) oder im anderen Fall auf den – derzeit nicht gut verkäuflichen – Grundstücken samt Monumenten sitzen bleibt (oder sie mit Verlust verkaufen muß).

Meines Erachtens ist D 17.2.52.7 als Beleg dafür zu werten, daß es bei den Spätklassikern umstritten war, ob die Vorbehaltung eines bestimmten Erlöses für den einen Partner dem Wesen des gemeinsamen Gesellschaftszwecks entspricht; Ulpian findet jedenfalls den von Papinian entschiedenen Fall bemerkens- bzw erinnernswert (D 17.2.52.7) und scheint selbst für eine umfassende Berücksichtigung der konkreten Parteienvereinbarung und eines

---

324 So etwa HERNANDO LERA, Sociedad (1992)114.

325 ARANGIO-RUIZ, Società (1950) 148 und 148 Fn 1 aE.

326 ARANGIO-RUIZ, Società (1950) 148 Fn 1.

327 Sieht man vom Liquiditätsgesichtspunkt ab: Victor verliert Liquidität, weil an die Stelle des Geldes die unverkäufliche Sache tritt, während der Kommittent bloß seine Liquidität nicht erhöht.

darin zutagetretenden *animus societatis contrahendae* (D 17.2.44) eingetreten zu sein. Worin sich ein solcher *animus societatis* bzw die gegenseitige Behandlung als *socii* und nicht als Vertragspartner eines reinen Austauschvertrages zeigt, berichtet Ulpian leider nicht: aus der allgemeinen Vorstellung der *imago societatis* denkt man an gemeinsame Risikotragungsregeln, vielleicht auch eine gemeinsame Vorgehensweise (zB indem auch der Kommittent Arbeit einbringt, um den Verkauf zu fördern) und ähnliches; vielleicht war im Grabdenkmäler-Fall auch ein Miteigentum an den gekauften *loca* gegeben, wobei im vorhinein unter den *socii* nicht nur die Verwendung der *loca*, sondern auch die Aufteilung des erhofften Erlöses fixiert ist.

In der Zuordnung von „Grenzfällen" zur *societas* bei entsprechender Parteienabsicht läßt sich eine Manifestation des Grundsatzes der Parteienautonomie ersehen, welcher für das Recht der *societas* insgesamt charakteristisch ist.[328] Der Sache nach kann man die Rechtfertigung der Subsumtion von Vereinbarungen der Art von D 17.2.44 oder D 17.2.52.7 als *societas* darin sehen, daß die Gesellschafter ungleiche Beiträge leisten. Während der Beitrag des Kommittenten beim Trödelvertrag bzw des Kapitalgebers bei der Monumenteerrichtungs- und Verwertungsgesellschaft von vornherein feststeht und als solcher auch *a priori* bewertbar erscheint, läßt sich der Wert des Beitrags des Arbeitsgesellschafters in gewisser Weise erst *ex post* feststellen: ob der Kommissionär ein tüchtiger Verkäufer bzw Asianus ein tüchtiger Denkmal-Errichter ist, erweist sich letztlich darin, wie hoch jeweils der erzielte Verkaufserlös ausfällt. Zwar findet in der Regel bei einer *societas* die Bewertung der Beiträge der Gesellschafter *a priori* bei der Festlegung der Gewinnanteile im Zuge der Begründung der *societas* statt; vereinzelt scheinen römische Juristen aber auch eine ex-post-Betrachtung angestellt zu haben: Bei Ulpian 30 Sab D 17.2.29.1 wird etwa die Zustimmung des Sabinus zur Meinung des Cassius referiert, demzufolge eine Vereinbarung, daß einer der *socii* nur eine Gewinnbeteiligung haben, aber keinen Verlustanteil tragen soll, als mit dem Recht der *societas* vereinbar (nur) für den Fall bejaht wird, *si tanti sit opera, quanti damnum est.* Ob der Beitrag durch *opera* dem Wert des *damnum* entspricht, oder nicht, läßt sich aber erst nach dem eingetretenen Mißerfolg des Geschäftes beurteilen.[329]

---

328 In ähnlichem Sinn auch SANTUCCI, Socio d'opera (1997) 10 ff Fn 21.

329 BONA, Studi (1973) 30 ff; SANTUCCI, Il socio d'opera (1998) 84 f. Auch bei der Anteilsfestsetzung durch einen Dritten sowie der nachprüfenden Kontrolle (im Rahmen einer *actio pro socio*), ob diese im konkreten Fall den Anforderungen eines *arbitrium viri boni* gerecht wird (Proculus 5 epist und Paul 4 quaest D 17.2.76 - 80) könnte an eine *ex post*-Beurteilung gedacht sein. Celsus 15 dig D 17.2.75 hat aber eine *ex ante*-Perspektive vor Augen, da er davon ausgeht, daß die *societas* als unter der aufschiebenden Bedingung der

2. Handwerkergesellschaften - Societates quaestus ex artificio

Im Nahebereich der Gesellschaften zum Handel im engeren Sinn, bei dem allein durch Ein- und Verkauf von Waren Gewinn angestrebt wird, stehen Gesellschaften für die handwerkliche Produktion von Gütern zum Zweck des Weiterverkaufs. Im Gegensatz zur universalen Erwerbsgesellschaft (*societas universorum quae ex quaestu veniunt*) bezieht sich der Gesellschaftsgegenstand dabei auf das gemeinsame Betreiben eines spezifischen Gewerbes. Gemeinschaftlich erwirtschaftet und geteilt wird also nicht jeglicher auf *opera* beruhender Erwerb, sondern nur jener aus einem bestimmten *artificium* (in D 17.2.71 pr: *societatem coierunt, ut ... quod ex eo artificio quaestus fecissent, commune eorum esset*)

In diesen Bereich gehört etwa der in Papyrusform erhalten gebliebene Entwurf für eine Tischlereigesellschaft aus dem 6. Jh. n. Chr. (FIRA^2 Nr. 158 = P. Cairo Masp 67158), bei der sich Schwiegervater und Schwiegersohn zusammenschließen, um gemeinsam eine Tischlerei zu betreiben und den Erlös aus den verkauften Erzeugnissen zu teilen. Über Kapitalbeiträge der Gesellschafter werden in diesem Vertragsentwurf keine detaillierteren Angaben gemacht, es ist aber davon auszugehen, daß beide jedenfalls ihre Arbeitskraft einbringen. Dabei verpflichten sie sich zur Sorgfalt nach dem Maßstab der „Tischler und Handwerker von Antinoupolis", übernehmen also eine objektive Sorgfaltspflicht.[330]

Ein weiterer Vertragsentwurf aus 568 n Chr aus Antinoupolis betrifft eine Tischlergesellschaft zwischen einem Aurelius Danielis und einem Aurelius Victor (P. Cairo Masp 67159). Dieser Vertrag sieht eine Dauer von einem Jahr vor und beinhaltet insbes Vertragsstrafen für den Fall des Unterbleibens der Arbeitsleistung (außer bei Krankheit) sowie für den Fall der vorzeitigen Kündigung. Auch hier wird für eine als *améleia* bezeichnete objektive *culpa/neglegentia* eingestanden, zu der unter anderem „das Fernbleiben von der Arbeit oder das Ablehnen von Aufträgen"[331] gehört. Zur Sicherung der vertraglichen Ansprüche finden wir die stipulationsweise Vereinbarung von Konventionalstrafen (wie auch in P. Cairo Masp 67158) sowie die wechselseitige Einräumung einer Generalhypothek.

Festsetzung der Anteile durch die konkrete, als *arbiter* nominierte Person geschlossen anzusehen ist.

330 KUNKEL, Diligentia, ZRG-RA 45 (1925) 343; STEINWENTER, Aus dem Gesellschaftsrecht der Papyri, Studi Riccobono I (1932) 503.

331 STEINWENTER, Studi Riccobono I (1932) 503.

Nach antikem Verständnis ebenfalls als (Kunst-)Handwerk – *artificium* – wurde der Grammatikunterricht betrachtet, zu dessen gemeinsamer entgeltlichen Erteilung sich zwei Grammatiklehrer nach dem Zeugnis von Paul 3 epit Alf dig D 17.2.71 pr zusammenschlossen:

> *Duo societatem coierunt, ut grammaticam docerent et quod ex eo artificio quaestus fecissent, commune eorum esset: de ea re quae voluerunt fieri in pacto convento societatis proscripserunt, deinde inter se his verbis stipulati sunt: "haec, quae supra scripta sunt, ea ita dari fieri neque adversus ea fieri? si ea ita data facta non erunt, tum viginti milia dari?" quaesitum est, an, si quid contra factum esset, societatis actione agi posset. respondit, si quidem pacto convento inter eos de societate facto ita stipulati essent, "haec ita dari fieri spondes?", futurum fuisse, ut, si novationis causa id fecissent, pro socio agi non possit, sed tota res in stipulationem translata videretur. sed quoniam non ita essent stipulati " ea ita dari fieri spondes?" sed "si ea ita facta non essent, decem dari?" non videri sibi rem in stipulationem pervenisse, sed dumtaxat poenam (non enim utriusque rei promissorem obligari, ut ea daret faceret et, si non fecisset, poenam sufferret) et ideo societatis iudicio agi posse.*

Das Problem des *responsum*, welches Paulus aus den Digesten des Alfen entnommen hat (und das möglicherweise auf Servius zurückgeht[332]), besteht darin, ob die stipulationsweise Zusicherung einer *poena* für den Fall der Verletzung einer Verpflichtung aus dem Gesellschaftsvertrag dazu führt, daß bei Eintreten der Verfallsvoraussetzungen nur mehr aus der Stipulation geklagt werden kann, oder ob weiterhin die Klagemöglichkeit aus der *actio pro socio* besteht. In der Entscheidung wird danach unterschieden, ob der Gesellschaftsvertrag selbst zu Novationszwecken in Stipulationsform gebracht wurde (in welchem Fall es keine *actio pro socio* mehr gäbe) oder aber – was *in concreto* angenommen wird – lediglich die Vertragsstrafe selbst stipuliert wurde, in welchem Fall eine Konkurrenz von Gesellschafterklage und Stipulationsklage besteht.[333]

Sowohl die papyrologischen Belege für die Tischlereigesellschaften als auch die in den Digesten überlieferte Grammatiklehrergesellschaft sind nicht nur als Beispiele für *societates quaestus ex artificio* bedeutsam, sondern erlauben auch jeweils interessante Einblicke in die Vertragspraxis. Der Vertrag wird jeweils schriftlich niedergelegt (in D 17.2.71 pr: *de ea re quae voluerunt fieri in pacto convento societatis proscripserunt*) und die Verpflichtungen der Parteien

---

332 Vgl SCHULZ, Geschichte der Rechtswissenschaft (1961) 198 f, 254 f.

333 Ausführlicher dazu APATHY, Animus novandi (1975) 238 ff; KNÜTEL, Stipulatio poenae (1976) 67 ff; sowie jüngst ROTH, Alfeni Digesta (1999) 122 ff.

werden durch eine *stipulatio poenae* abgesichert (in D 17.2.71 pr: *deinde inter se his verbis stipulati sunt: "Haec, quae supra scripta sunt, ea ita dari fieri neque adversus ea fieri? Si ea ita data facta non erunt, tum viginti milia dari?"*).[334]

Eine Gesellschaft, bei der der eine Gesellschafter Kapital einbringt, der andere aber seine Arbeitskraft, liegt bei den beiden (jeweils zwischen denselben Personen abgeschlossenen) Verträgen über eine „Transportgesellschaft in der Großen Oase“ vor, welche durch Papyri aus 319 und 320 n Chr belegt ist, deren Edition AMELOTTI und ZINGALE MIGLIARDI zu verdanken ist.[335] Der Zusammenschluß der *socii* verfolgt dabei den Geschäftszweck, entgeltliche Transporte von Handelsreisenden von und zur Oase zu übernehmen. Der nach Abzug des von dem einen *socius* beigebrachten Kapitals verbleibende Gewinn wird zwischen den Gesellschaftern zu gleichen Teilen geteilt.[336]

Bereits erwähnt wurde die Gesellschaft zum Zweck der Errichtung und Verwertung von Monumenten zwischen Flavius Victor und Bellicus Asianus, bei denen ebenfalls der eine als Kapitalgesellschafter, der andere aber als Arbeitsesellschafter fungieren sollte (D 17.2.52.7).

Schließlich läßt sich in die Reihe derartiger Vereinbarungen auch die aus Ciceros Rede Pro Roscio comoedo bekannte Gesellschaft stellen, die der

---

334 ZumVerhältnis einer *condictio* aus einer *stipulatio poenae* und der *actio pro socio* vgl Ulp 20 ed D 17.2.41 und Ulp 45 Sab D 17.2.42; dazu näher KNÜTEL, Stipulatio poenae (1976) 329 ff.

335 AMELOTTI (gemeinsam mit MIGLIARDI ZINGALE), Una società di trasporto nella Grandi Oasi, Studi Luca De Regibus (1969) 167 - 176 = AMELOTTI, Scritti Giuridici (1996) 87 - 98; die Papyri finden sich ediert in: AMELOTTI-MIGLIARDI ZINGALE, Papiri dell'Università di genova I (1974) Nr. 20 und 21 sowie in: Aegyptus 54 (1974) 87 f und 138 f; eine revidierte Fassung findet sich im Appendix bei MIGLIARDI ZINGALE, Papiri dell'Università di Genova II (1980). Dazu auch GOFAS, Quelques observations sur un papyrus contenant un contrat de société (PUG II Appendice 1), Studi Biscardi II (1982) 499 ff sowie DERSELBE, Further Remarks on PUG II, App. 1 = PUG I, 20, in: Proceedings of the XIXth International Congress of Papyrology (1992) 341.
JÖRDENS, Vertragliche Regelungen von Arbeiten im späten griechischsprachigen Ägypten (1990) 358 ff. bezweifelt das Vorliegen einer *societas*, da die beiden Gesellschafter unterschiedliche Beiträge leisten; zu Recht kritisch dazu WILLVONSEDER in seiner Rezension ZRG 112 (1995) 491.

336 GOFAS, Studi Biscardi II (1982) 504, geht aufgrund seiner eigenen Ergänzung der Lücken des Textes allerdings davon aus, daß der Arbeitsgesellschafter auch eine Sacheinlage (und zwar die Transporttiere) erbracht habe. Dagegen, daß diese *quoad dominium* vom Arbeitsgesellschafter eingebracht worden seien, spricht aber, daß bei der Gewinnermittlung nur das vom Kapitalgesellschafter geleistete Kapital von 12 Talenten abgezogen wird; hätte der Arbeitsgesellschafter auch eine Sacheinlage erbracht, so wäre zu erwarten, daß auch diese bei der Gewinnermittlung vorweg abgezogen worden wäre. Freilich könnten die Tiere vom Arbeitsgesellschafter *quoad usum* eingebracht worden sein.

Schaupieler Q. Roscius Gallus mit C. Fannius Chaerea abschloß. Fannius steuerte den – zunächst in seinem Alleineigentum stehenden[337] – Sklaven Panurgus bei, Roscius sollte diesen zum Schauspieler ausbilden, brachte also als Beitrag seine Schauspielunterweisung ein. Die durch Panurgus als ausgebildeten Schauspieler erzielbaren Gagen (bzw ein allfälliger Verkaufserlös) sollten zwischen den Gesellschaftern geteilt werden.[338]

3. Gesellschaften im Bereich der Finanzwirtschaft

a) Argentarier und das römische „Bankwesen"

Als gewerbliche Tätigkeit im Bereich der Finanzwirtschaft, für die die Bildung von *societates* in den juristischen Quellen belegt ist, ist jene der Argentarier zu nennen.[339] Häufig werden in der Literatur in diesem Zusammenhang Bezeichnungen wie zB „Bankiersgesellschaften" verwendet, welche Assoziationen zu modernen Banken wecken. Bevor auf die für die Argentarier-Gesellschaftsverträge relevanten Stellen etwas näher eingegangen wird, soll zunächst kurz auf die Problematik der Identifizierung der Tätigkeit der *argentarii* der römischen Antike mit dem Bankwesen moderner Prägung eingegangen werden.

Zur Frage der „Banken" in der Antike gibt es in den letzten Jahren eine überaus reiche Literatur, die vor allem der Frage nachgeht, inwiefern die antike Finanzwirtschaft mit der modernen gleichzusetzen ist bzw inwiefern spezifische Besonderheiten für die Antike besonders zu beachten sind.[340] Als

---

337 Laut Cic. Q. Rosc. 27, stand Panurgus nach Einbringung in die Gesellschaft im Miteigentum der *socii.*

338 Cic. Q. Rosc.27 - 31.

339 Zu den Argentariern und Argentariergesellschaften allgemein: MITTEIS, Trapezitika, ZRG-RA 19 (1898) 198 ff, bes 203 ff; ARANGIO-RUIZ, Società (1950) 82 f, 144; ANDREAU, Les affaires de Monsieur Jucundus (1974); GARCIA GARRIDO, La sociedad de los banqueros, St. Biscardi III (1982) 373 ff; ANDREAU, La vie financière dans le monde romain (1987) 485 ff; BÜRGE, Fiktion und Wirklichkeit: Soziale und rechtliche Strukturen des römischen Bankwesens, ZRG-RA 104 (1987) 465 ff, bes 476 ff; PETRUCCI, Mensam exercere. Studi sull'impresa finanziaria romana (1991); DE CHURUCCA, Die Gerichtsbarkeit des praefectus urbi über die argentarii im klassischen römischen Recht, ZRG-RA 108 (1991) 304 ff.

340 Vgl etwa BOGAERT, Grundzüge des Bankwesens im alten Griechenland (1986); MASELLI, Argentaria. Banche e Banchieri nella Roma repubblicana (1986) 109 ff; ANDREAU, La vie financière dans le monde romain (1987); BÜRGE, ZRG-RA 104 (1987) 465 ff; PETRUCCI, Mensam exercere. Studi sull'impresa finanziaria romana (1991) – zu diesem kritisch, was die Annahme eines abstrakt existierenden „Finanzunternehmens" in der Antike anbe-

fundamentaler Unterschied ist zunächst einmal an die Beschränktheiten der antiken Buchhaltung zu erinnern, die eine doppelte Buchführung nicht kannte.[341] Auch die antike Wirtschaftsmentalität kennt zwar natürlich Streben nach Gewinn, ein durchgängig „kapitalistisch" ausgerichtetes Denkmuster (sei es im Sinn des späten 19. oder des 20. Jahrhunderts) anzunehmen, geht aber an der antiken Mentalität vorbei.[342] Die Analyse der juristischen Quellen allein kann zu dieser Diskussion freilich nur beschränkt beitragen (siehe dazu schon oben die Bemerkungen über „Holdingkonstruktionen" uä); Gegenüberstellungen mit Erkenntnissen der antiken Wirtschafts- und Sozialgeschichte aufgrund des um literarische, epigrafische, papyrologische und archäologische Quellen angereicherten Materials sind in diesem Bereich unerläßlich. Neuere Forschungen betonen dabei va die Notwendigkeit, zwischen den in Roms Finanzwirtschaft bedeutsamen unterschiedlichen Berufsgruppen und Akteuren zu unterscheiden.

So bildeten insbesondere die *argentarii*[343] ein eigenes – in der Regel von Freigelassenen ausgeübtes – Metier. Zum Betätigungsfeld der Argentarier gehörte vor allem das Betreiben von privaten Versteigerungen[344] und damit die vermittelnde Tätigkeit zwischen Einbringern und Meistbietenden.[345] In diesem Zusammenhang fungierten sie auch als Zahlstelle und gewährten auch Kredite. Eine Kreditierungsfunktion übten sie insbesondere dadurch aus, daß sie im Rahmen ihrer vermittelnden Tätigkeit als Auktionsorganisatoren dem Verkäufer den Kaufpreis sofort auszahlten, gegenüber den Käufern aber in der Regel vorleistungspflichtig waren und den Kaufpreis erst nach Übergabe der

---

langt: ANDREAU, L'impresa finanziaria romana, Labeo 42 (1996) 267 ff, sowie BÜRGE, ZRG-RA 114 (1997) 506 ff; GRÖSCHLER, Die tabellae-Urkunden aus den pompejanischen und herkulanensischen Urkundenfunden (1997) 38 ff.

341 Zur antiken Buchführung vgl GLAUTIER, A Study in the Development of Accounting in Roman Times, RIDA 3e série 19 (1972) 310 ff; THILO, Der Codex accepti et expensi im römischen Recht (1980) bes 79 ff; GRÖSCHLER, Die tabellae-Urkunden (1997) 199 ff.

342 Im Hinblick auf Finanzunternehmen betont dies zuletzt ANDREAU, Labeo 1996, 274; allgemein vgl nur FINLEY, Die antike Wirtschaft (3.Aufl. 1993) 9 ff.

343 Vgl dazu nun vor allem ANDREAU, La vie financière (1987) 485 ff; BÜRGE, ZRG-RA 104 (1987) 476 ff.

344 Zu den römischen Privatauktionen siehe TALAMANCA, Contributi allo studio delle vendite all'asta nel mondo classico (1954); THIELMANN, Die römische Privatauktion (1961); RAUH, Auctioneers and the Roman Economy, Historia 38 (1989) 451 ff.

345 Kritisch zur These THIELMANNS, daß der *argentarius* nicht nur als Vermittler, sondern gegenüber dem Meistbietenden als Verkäufer aufgetreten sei, MAYER-MALY, TR 31 (1963) 127 f, sowie BÜRGE, ZRG-RA 104 (1987) 481 Fn 71; ähnlich wie diese schon KARLOWA, Rechtsgeschichte II (1901) 630 f; SCHÖNBAUER, Zur Erklärung der lex metalli Vispacensis, ZRG-RA 45 (1925) 375 ff; TALAMANCA, Contributi (1954) 115 ff.

Ware verlangen konnten.[346] Im Nahebereich der Argentarier stehen (wahrscheinlich in der Form eines eigenen Nebengewerbes) die *coactores*[347], welche vornehmlich mit der Schuldeneintreibung befaßt waren.[348]

Eine rein bankmäßig spezialisierte Tätigkeit samt systematischer Verknüpfung von Depot- und Kreditgeschäft[349] und die Ausrichtung auf produktive Kredite (die von manchen[350] subintendiert wird) trifft auf die *argentarii* aber nicht zu. Insoweit sie als Zahlstelle dienen und dabei Depot- und Zinsgeschäfte tätigen[351], dürfte dies zunächst primär im Zusammenhang mit ihrem Auktionsgeschäft gestanden haben, wenngleich daraus eine durchaus eigenständige Funktion erwächst, „notwendige Liquiditäten zu verschaffen und zur Verfügung zu halten".[352] Auf diese Funktion als Depot und Zahlstelle dürfte die in den Quellen mehrfach belegte *fides publica*[353] zu beziehen sein, welche mit der Tätigkeit der *argentarii* verbunden wird. Ebendieses Vertrauen in die

---

346 BÜRGE, ZRG-RA 104 (1987) 483. Die Zahlung des Kaufpreises ließ sich der *argentarius* vom Ersteher mittels Stipulation zusichern; vgl etwa SCHÖNBAUER, ZRG-RA 45 (1925) 367 ff.

347 Zu den *coactores* und den *coactores argentarii* vgl ANDREAU, La vie financière (1987) 139 ff; BÜRGE, ZRG-RA 104 (1987) 484 f.

348 GRÖSCHLER, Die tabellae-Urkunden (1997) 54 ff, sieht in den *coactores* hingegen die Betreiber der Versteigerungen, welche, sofern sie auch Darlehen gewährten (und insofern mit den *argentarii* vergleichbar waren), als *coactores argentarii* bezeichnet worden seien. Für die *argentarii* im engeren Sinn sei der Schwerpunkt der Aktivitäten bei der Zahlungsabwicklung, Depotverwaltung und Kreditvergabe anzunehmen (aaO 51).

349 Zur Buchführung der Argentarier siehe etwa THILO, Der Codex accepti (1980) 221 ff; BÜRGE, ZRG-RA 104 (1987) 509 ff.

350 So vor allem PETRUCCI, Mensam exercere (1991).

351 Womit sie der Definition einer „Bank" entsprechen, wie sie von ANDREAU, La vie financière (1987) 17 ff, aufgestellt wurde: eine Kombination von Depotverwaltung, Zahlungsabwicklung (auf fremde Rechnung) und Kreditvergabe.

352 BÜRGE, ZRG-RA 104 (1987) 482.

353 Gaius 1 ad ed prov D 2.13.10.1 (*officium eorum atque ministerium publicam habet causam*); Papinian 9 quaest D 16.3.8 (*idque propter necessarium usum argentariorum ex utilitate publica receptum est*); vgl auch Ulpian 63 ad ed D 42.5.24.2 (*qui pecunias apud mensam fidem publicam secuti deposuerunt*).

fides publica[354] bzw die *utilitas publica* rechtfertigt auch eine bevorzugte Behandlung deponierter Gelder im Falle des Konkurses des Argentariers.[355]

Eine eigene Berufsgruppe auf einem gegenüber den Argentariern sozial etwas niedriger einzustufenden Niveau bilden die *nummularii*, deren Kerngeschäft ursprünglich das Geldwechseln und Prüfen der Geldsorten darstellte.[356] Spätestens ab dem 2. nachchristlichen Jahrhundert übernehmen die *nummularii* freilich auch Depot- und Zinsgeschäfte[357], sodaß sich ihr Betätigungsfeld jenem der *argentarii* annähert. In der juristischen Diskussion schlägt sich dies unter anderem insoweit nieder, als Pomponius dafür eintritt, die für Argentarier geltenden Regeln der Editionspflicht auch auf die *nummularii* anzuwenden.[358]

---

354 MAYER-MALY, Gemeinwohl und Necessitas, FS Erler (1976) 138, versteht die *fides publica* hier als „verkehrsbezogenes Gemeinwohlverständnis".
Im Zusammenhang mit der Deponierung von Geld kann *fides* auch „auf Vertrauen hingegebenes Geld" bedeuten; siehe dazu die Überlegungen von EGGER, Die Stadt auf dem Magdalensberg (1961) 34, der unter *fides* (im Hinblick auf die Wandinschrift Nr.9, loc cit S. 7) einen Barvorschuß versteht, von dem in der Folge Kaufpreiszahlungen abgerechnet werden.

355 Papinian 9 quaest D 16.3.8. Analoges gilt (zumindest in der Spätklassik) für die *nummularii* gemäß Ulpian D 42.5.24.2 (*mensularii* dürfte ein Synonym für *nummularii* sein; zur Bedeutung von *mensula* vgl ANDREAU, Vie financière 466 f) sowie Ulpian 30 ed D 16.3.7.2.
Für die Verwertung läßt D 42.5.24.2 folgende Reihenfolge erkennen: Getrennt gehaltene bzw identifizierbare (dh vor allem verschlossen deponierte) Gelder (*si tamen nummi exstent*) werden vindiziert – für diese besteht also ein echtes Aussonderungsrecht. Offen und ohne Zinsvereinbarung hinterlegte Gelder rangieren nach den bevorrechteten Forderungen, wobei alle Deponenten gem D 16.3.7.2 eine Gläubigergruppe bilden; gegen Zinsen angelegte Gelder werden sodann mit den übrigen Konkursforderungen befriedigt. Vgl dazu BÜRGE, ZRG-RA 104 (1987) 471 Fn 23; GRÖSCHLER, Die tabellae-Urkunden (1997) 46 f.

356 Zu den *nummularii* ANDREAU, La vie financière dans le monde romain (1987) 177 ff; BÜRGE, ZRG-RA 104 (1987) 467 ff.

357 Ulpian 30 ed D 16.3.7.2 erwähnt neben Geldern, die beim *nummularius* als (reguläres) *depositum* hinterlegt wurden, auch gegen Zinsen hingegebene Darlehensgelder, wobei entweder die *nummularii* selbst als Darlehensnehmer fungierten (*fenus cum nummulariis*) oder aber die Zinsgeschäfte durch die *nummularii* auf Rechnung des Geldgebers mit Dritten abgeschlossen wurden (*fenus per ipsos exercere*); vgl dazu BÜRGE, ZRG-RA 104 (1987) 554. In der zunächst genannten Variante, daß das Geld dem *nummularius* gegen – im vorhinein festgelegte – Zinsen kreditiert wurde, bestand die Möglichkeit, daß dieser das Geld selbst zu höheren Zinsen an Dritte weiterverlieh und aus der Differenz einen Gewinn zog (Zinsmargengeschäft).

358 Paul 3 ed D 2.13.9.2: *Nummularios quoque non esse iniquum cogi rationes edere Pomponius scribit: quia et hi nummularii sicut argentarii rationes conficiunt, quia et accipiunt pecuniam*

Als Finanzierungsfachleute sind weiters noch die *negotiatores* zu erwähnen, die im Rahmen des Handels auch immer wieder Geldtransaktionen abwickeln (müssen), um diesen zu finanzieren. Diese Verwobenheit des Groß- und Fernhandels mit der Beschaffung von Liquidität beschreibt BÜRGE plastisch: „In Rom kümmert sich zu dieser Zeit (Ciceros) ... der Financier um den Handel, und indem er handelt, versorgt er den Staat mit liquiden Mitteln".[359]

Neben den professionell tätigen „Geldfachleuten" wird die römische Finanzwirtschaft aber in ganz beträchtlichem Ausmaß durch „private" Darlehensgewährung (*feneratio*) geprägt, welche sich in den Kreisen der Aristokratie[360] genauso findet, wie auf niedrigeren sozialen Stufen.[361]

Aus all dem hier nur ganz knapp Skizzierten läßt sich folgendes Zwischenresumée ziehen: Ein abstraktes (dh von der Zugehörigkeit zu den Berufsgruppen der *argentarii*, *nummularii*, *coactores argentarii* losgelöstes), kompaktes (dh vielfältige Finanzdienstleistungen umfassendes), professionelles (dh nicht auf der privaten Kombination bestimmter Geschäfte beruhendes) und spezialisiertes (also nicht zB Handel mit Finanzierung verbindendes) und auf Dauer angelegtes Finanzunternehmen im Sinn der modernen Banken gab es in Rom wohl nicht.[362] Das ändert nichts daran, daß rein juristisch eine Vielzahl von privatrechtlichen Regeln und Konstruktionen im römischen Recht vorhanden waren, die rein theoretisch ein dem modernen Bankengeschäft funktional entsprechendes Wirtschaften (zumindest in vielerlei Hinsicht) ermöglicht hätten. Daß dieses Potential nicht im vollen Ausmaß realisiert

---

et erogant per partes, quarum probatio scriptura codicibusque eorum maxime continetur: et frequentissime ad fidem eorum decurritur.

359 BÜRGE, ZRG-RA 104 (1987) 495.

360 Wobei für die Darlehensgewährung neben rein ökonomischen auch soziale und politische Motive, *amicitia* etc eine bedeutende Rolle spielten. Das antike Nutzenkalkül hat dabei nicht nur das einzelne Geschäft im Auge (das isoliert betrachtet oft ein unentgeltliches Geschäft wie das *mutuum* oder *mandatum* war), sondern spielte sich innerhalb des Kontexts personaler Abhängigkeiten ab; dazu allgemein BÜRGE, Vertrag und personale Abhängigkeiten im Rom der späten Republik und der frühen Kaiserzeit, ZRG-RA 97 (1980) 105 ff.

361 Zutreffend hat BÜRGE, ZRG-RA 104 (1987) 496, herausgearbeitet, daß der – inschriftlich als Berufsbezeichnung auch gar nicht belegte – Ausdruck *fenerator* kein bestimmtes Gewerbe und auch keine soziale Stellung bezeichnet, sondern im funktionellen Sinn zu verstehen ist. *Fenerator* ist folglich „jeder, der sein Geld gegen Zinsen anlegt, sei dies nun ein eques oder die Inhaberin einer schlichten taberna.... Den Ausschlag für die Wortwahl scheint mehr ein quantitatives Element zu geben, nämlich der Anteil der gegen Zinsen ausgeliehenen Gelder an einem Vermögen" (BÜRGE aaO 500).

362 So vor allem ANDREAU, L'impresa finanziaria romana, Labeo 42 (1996) 267 ff, sowie BÜRGE, ZRG-RA 114 (1997) 506 ff, mit Kritik an SERRAO, DI PORTO, PETRUCCI und MASELLI.

wurde, beruht also weniger auf juristischen Defiziten, sondern auf den spezifischen sozialen, ökonomischen und mentalitätsgeschichtlichen Vorgaben der antiken Welt.

b) Argentarii socii als Gesamtschuldner und Gesamtgläubiger

Aus den juristischen Quellen sind uns für die *argentarii* eine Vielzahl von Sonderregeln überliefert. Diese betreffen va ihre eigentümliche Stellung als Vermittler der Verkäufe bei Versteigerungen. Im einzelnen sind hier die sog *exceptiones argentariae* (*exceptio mercis non traditae*, *exceptio redhibitionis*, *exceptio pecuniae pensatae*)[363], das *receptum argentarii*[364] sowie die Editionspflicht der *argentarii*[365] in fremden Prozessen zu erwähnen.

Einen spezifischen Konnex zu Gesellschaften von *argentarii* weisen dabei die Regeln über solidarische Berechtigungen und Verpflichtungen von *argentarii socii* auf.[366] Hauptquelle zur Gesamtschuldnerschaft der Argentarier ist Rhet. ad Her. 2,3,19:

> *Consuetudine ius est id, quod sine lege aeque ac si legitimum sit usitatum est: quod genus „id quod argentario tuleris expensum, ab socio recte petere possis".*

Als Beispiel für durch *consuetudo* geschaffenes *ius*[367] wird die Regel angeführt, daß eine durch Buchung einer Auszahlung an einen *argentarius* geschaffene Verbindlichkeit auch vom Mitgesellschafter gefordert werden kann. Der Ausdruck *expensum ferre* begegnet in den juristischen Quellen meist im Zusammenhang mit einem Litteralkontrakt[368], kann aber auch die Buchung einer tatsächlich erfolgten Zahlung betreffen.[369] Als Forderungen gegen den

---

363 Siehe dazu TALAMANCA, Contributi (1954) 120 ff; THIELMANN, Privatauktion (1961) 142 ff; BÜRGE, ZRG-RA 104 (1987) 481.

364 Dazu ausführlich BÜRGE, ZRG-RA 104 (1987) 527 ff.

365 Zu Funktion und Eigenheiten der Editionspflicht siehe nun BÜRGE, Zum Edikt De edendo, ZRG-RA 112 (1995) 1 ff, bes 32 ff.

366 Zur Gesamtgläubiger- und Schuldnerschaft der Argentarier siehe ARANGIO-RUIZ, Società (1950) 82 f, 144; SACCONI, Studi sulle obbligazioni solidali (1973) 51 ff; GARCIA GARRIDO, St. Biscardi III (1982) 377 ff; BÜRGE, ZRG-RA 104 (1987) 519 ff; PETRUCCI, Mensam exercere (1991) 336 ff; sowie jüngst GRÖSCHLER, Die tabellae-Urkunden (1997) 110 ff.

367 Zu Unrecht charakterisiert ANDREAU, La vie financière (1987) 630, dies als bloß übliche Vorgehensweise („un simple usage non sanctionné par la loi)".

368 Siehe dazu etwa MEISSEL, Litterarum obligatio, in: Der Neue Pauly (1999) mwN.

369 THILO, Der codex accepti (1980) 95 f; GRÖSCHLER, Die tabellae-Urkunden (1997) 79 Fn 51 mwN.

argentarius, welche auch vom *socius* eingefordert werden können, kämen somit sowohl (durch novierende Buchung entstandene) *nomina transscripticia* als auch (durch reale Auszahlung begründete) *nomina arcaria* in Betracht.

Daß die Regel der Solidarschuldnerschaft der *socii argentarii* wohl nicht auf Obligationen aus Litteralkontrakt beschränkt war[370], findet eine Stütze in einem Papinianfragment, auf welches NÖRR[371] im Zusammenhang mit Rhet. ad Her. 2,3,19 hingewiesen hat:

> Papinian 27 quaest D 45.2.9 pr: *Eandem rem apud duos pariter deposui utriusque fidem in solidum secutus, vel eandem rem duobus similiter commodavi: fiunt duo rei promittendi ...*

Demgemäß entsteht eine Solidarschuldnerschaft auch in dem Fall, in dem jemand dieselbe Sache zum selben Zeitpunkt bei Zweien hinterlegt und dabei beiden für die Rückerstattung *in solidum* vertraut (*utriusque fidem in solidum secutus*). Die Formulierung erinnert auffallend an jene bei Ulpian 63 ad ed D 42.5.24.2 (*qui pecunias apud mensam fidem publicam secuti deposuerunt*), woraus ein Zusammenhang von D 45.2.9 pr mit einem Depot bei zwei *argentarii socii* äußerst wahrscheinlich erscheint. Sollte diese Vermutung zutreffen, so bietet der Hinweis auf die *fides* auch eine überzeugende Erklärung der Regel der Solidarschuldnerschaft der *argentarii socii* mit dem Gedanken des Verkehrsschutzes.[372]

Bemerkenswert erscheint an D 45.2.9 pr aber auch, daß die Solidarschuldnerschaft voraussetzt, daß die Sache *pariter* bei beiden deponiert worden war; sollte es sich bei den Verwahrern um *argentarii* gehandelt haben (wie wir vermuten), bestand also die Besonderheit darin, daß auch bei teilbarem Leistungsgegenstand (etwa Geld)[373] jeder *in solidum* zur Rückgabe verpflichtet war. Die Solidarschuldnerschaft bezieht sich damit nur auf den Umfang der Verpflichtung und nicht auf eine Stellvertretung des einen *socius* durch den anderen, was die Entstehung der Obligation betrifft.

---

370 Eher restriktiv in diesem Sinn aber BÜRGE, ZRG-RA 104 (1987) 523 f; dazu kritisch GRÖSCHLER, Die tabellae-Urkunden (1997) 114 ff, dessen These, bei Forderungen von *argentarii socii* habe es sich stets um Gesamtforderungen gehandelt, aber ins andere Extrem gerät.

371 NÖRR, Divisio und partitio (1972) 13 Fn 46 a.

372 Vgl schon PERNICE, ZRG-RA 3 (1882) 91 f: „die solidarische Verpflichtung beruht auf Rücksichten der Zweckmässigkeit, vor allem der Verkehrssicherheit. Die moderne Welt nahm eine Notwendigkeit dafür bei allen Handelsgesellschaften an, die römische nur für Bankgesellschaften ...“

373 Anders als bei Ulpian, der *deponere* in einem engeren Sinn verwendet und davon das Anlegen von Geld (*credere*) trennt (vgl BÜRGE, ZRG-RA 104 (1987)), ist bei Papinian bei *deponere* auch an ein offenes (unter Umständen verzinsliches) *depositum* zu denken.

Während im modernen Gesellschaftsrecht das Konzept einer Solidarschuld der Gesellschafter aufgrund der geänderten Vorstellungen hinsichtlich der Zulässigkeit direkter Stellvertretung (auch) einen Stellvertretungsaspekt hinsichtlich der Begründung der Verpflichtung beinhaltet[374], sind im römischen Recht die Ebenen der Begründung einer gemeinsamen Schuld und des Umfangs der daraus für die Schuldner erwachsenden Verbindlichkeiten noch deutlich getrennt. So leisten etwa beim Paradefall einer Solidarschuldnerschaft im römischen Recht, der gemeinsamen Übernahme einer identen Stipulationsschuld (*duo rei promittendi*), beide Schuldner das Stipulationsversprechen, die Besonderheit liegt lediglich darin, daß (auch bei teilbarer Leistung) keine geteilte Obligation entsteht, sondern jeder *in solidum* in Anspruch genommen werden kann.

Vor diesem Hintergrund stellt sich die Frage, ob die Regel „*id quod argentario tuleris expensum, ab socio recte petere possis*" so zu verstehen ist, daß eine Auszahlungsbuchung an einen *socius* auch dann den anderen *socius* verpflichtet, wenn dieser gar nicht Partei des Vertrages mit dem Gläubiger war. Oder ob die Regel nicht restriktiver zu verstehen ist, daß nämlich bei zwei (oder mehreren) *argentarii socii* als Schuldnern, jeder nicht nur zum Teil, sondern *in solidum* belangt werden kann.

Gewisse Anhaltspunkte zur Klärung dieser Fragen können vielleicht aus den Quellen gewonnen, welche üblicherweise als Beleg für Gesamtgläubigerschaft der *socii argentarii* herangezogen werden. Auch bei diesen erweist sich, daß in der modernen romanistischen Literatur nicht immer genügend zwischen einer Gesamtgläubigerschaft, bei der die Gläubigerstellung des einen *socius* auch für die Mitgesellschafter die Gläubigerstellung bewirkt, und der Gesamtgläubigerschaft mehrerer, welche ihre Gläubigerstellung jeweils für sich erworben haben, unterschieden wird. Bei genauerer Analyse zeigt sich, daß keine einzige dieser Stellen sich in dem Sinn verstehen läßt, daß ein *socius* durch rechtsgeschäftliches Verhalten auch seine Mitgesellschafter in eine Gläubigerstellung bringt. Vielmehr beschäftigen sie sich mit den Fragen, ob

---

[374] In dem Sinne, daß bei einer Solidarschuld von Gesellschaftern die Schuldbegründung durch den einen auch die (solidarische) Schuld des anderen bewirkt. Vgl etwa § 1203 Satz 2 ABGB: „Ebenso hat aber bei gesellschaftlichen Forderungen oder Schulden jedes Mitglied nur für seinen Anteil ein Recht oder eine Verbindlichkeit zur Zahlung, außer in dem Falle, welcher bei Handelsleuten vermutet wird, daß alle für einen und einer für alle etwas zugesagt oder angenommen haben." Zur umstrittenen Frage, ob dem § 1203 Satz 2 ABGB durch das AHGB bzw das HGB derogiert wurde, oder ob ihm ein aktueller Anwendungsbereich zukommt, siehe THIERY, Die Gesellschaft bürgerlichen Rechts als Unternehmer (1989) 64 ff; OBERHAMMER, RdW 1996, 572 ff sowie RIEDLER, Gesamt- und Teilgläubigerschaft im österreichischen Recht (1998) 93 ff.

und in welcher Weise eine Disposition eines einzelnen von mehreren Gläubigern Gesamtwirkung für die anderen hat.

So geht es etwa bei Paulus 3 ad ed D 2.14.27 pr[375] um die Frage, ob ein *pactum* eines Argentariergesellschafters auch den anderen *socii* schadet:

> *Si unus ex argentariis sociis cum debitore pactus sit, an etiam alteri noceat exceptio? Neratius Atilicinus Proculus, nec si in rem pactus sit, alteri nocere: tantum enim constitutum, ut solidum alter petere possit. idem Labeo: nam nec novare alium posse, quamvis ei recte solvatur: sic enim et his, qui in nostra potestate sunt, recte solvi quod crediderint, licet novare non possint. quod est verum. idemque in duobus reis stipulandi dicendum est.*

Neraz, Atilicinus und Proculus nehmen an, daß nicht einmal dann, wenn einer der Argentariergesellschafter eine unpersönlich gefaßte Abrede getroffen habe (*si in rem pactus sit*), dies den anderen schadet. Es sei nämlich nur festgelegt, daß jeder das Ganze fordern kann. Der prokulianischen Auffassung, welche die Gesamtgläubigerschaft auf die Befugnis, die Leistung (mit Erfüllungswirkung) *in solidum* zu fordern und darüberhinaus die Gesamtwirkung von Dispositionen eines Gläubigers verneint, entspricht die Meinung Labeos, daß einer von mehreren Gesamtgläubigern die Gesamtforderung auch nicht (mit Gesamtwirkung) novieren könne, obwohl wirksam an ihn gezahlt werde.[376] Dasselbe gelte auch bei zwei Gläubigern einer Stipulation.

Über die Entstehung der Forderung der *argentarii socii* enthält der Text keinen Hinweis; daß eine solidarische Berechtigung der *socii* besteht, wird einfach vorausgesetzt. Eine Sonderregel für die *socii argentarii* in Abweichung der allgemeinen Regeln ergibt sich allerdings daraus, daß Ulpian am Ende eigens darauf hinweist, daß das Ausgeführte auch bei zwei solidarisch berechtigten Stipulationsgläubigern gelte.

Eine Gleichstellung von *plures rei stipulandi* und *plures argentarii* begegnet auch in einem anderen Paulusfragment (Paul 62 ad ed D 2.14.9 pr):

> *Si plures sint qui eandem actionem habent, unius loco habentur. Ut puta plures sunt rei stipulandi vel plures argentarii, quorum nomina simul facta sunt: unius loco numerabuntur, quia unum debitum est ...*

Hinsichtlich der Stellung der als Gesamtgläubiger figurierenden *argentarii* wird hier präziser darauf abgestellt, daß die Parallelität zur Stellung der solidarisch berechtigten Stipulationsgläubiger in jenem Fall gegeben ist, in dem die

---

375 Siehe dazu zuletzt GRÖSCHLER, Die Tabellae-Urkunden 111 ff.

376 Für eine Schulenkontroverse spricht, daß die hier abgelehnte Gesamtwirkung einer Novation eines Gesamtgläubigers vom (Sabinianer) Venuleius 3 stip D 46.2.31.1 bejaht wird; vgl APATHY, Animus novandi (1976) 228 ff.

Forderungen der Argentarier zugleich entstanden sind (*plures argentarii, quorum nomina simul facta sunt*). Das läßt an eine Konstellation denken, bei der die *argentarii socii* gemeinsam ein Darlehen gewähren (so wie sie umgekehrt in D 45.2.9 pr gemeinsam und zugleich eine Sache zum Depot empfangen).

Jüngst hat GRÖSCHLER allerdings zur vorliegenden Stelle angemerkt, daß sie für die Frage der Gesamtgläubigerschaft der *argentarii socii* „nichts hergebe".[377] Seine Begründung: es sei von *socii* nicht die Rede (sondern von *plures*), auf die Eigenschaft als Gesellschafter komme es im übrigen nicht an, da ohnedies alle *argentarii* am Vertragsschluß beteiligt waren, „die Gesamtgläubigerschaft mußte hier nicht mit Hilfe einer Rechtsregel konstruiert werden, sondern ergab sich aus dem mit dem Schuldner geschlossenen Vertrag".[378]

Dagegen ist einzuwenden, daß zwar nicht von Gesellschaftern die Rede ist, die als *plures* bezeichneten *argentarii* aber aller Wahrscheinlichkeit nach als Gesellschafter zusammengewirkt haben. Daß alle am Vertragsschluß beteiligt waren, schafft allein aber noch keine Gesamtgläubigerschaft. Die Grundregel des römischen Rechts ist vielmehr, wie GRÖSCHLER selbst richtig ausführt[379], die Teilgläubigerschaft[380] – auch dann, wenn die Verpflichtungen zugleich begründet wurden (*nomina simul facta sunt*). Für Verträge, bei denen mehrere *socii* auf einer Seite stehen, wird dies etwa aus der Sonderregel des Edikts der Ädilen *adversus venaliciarios* (Paul 2 ed aed cur D 21.1.44.1) deutlich, wo zwar die Sachmangelbehelfe gegen den *socius cuius maior pars aut nulla parte minor esset* angestellt werden können, die Kaufklage als solche aber anteilig gegen die einzelnen Mitverkäufer gerichtet ist (*quamvis actio ex empto cum singulis sit pro portione, qua socii fuerunt*).

Für das Vorliegen einer Gesamtgläubigerschaft muß sich die Identität des Schuldinhalts (*unum debitum*) aus dem Vertrag ergeben: Das ist etwa dann der Fall, wenn in der Stipulation mehreren Personen ein *utrique vestri dare* versprochen wurde – oder aber, um auf das hier Interessierende zu kommen, wenn auf der Gläubigerseite mehrere Argentarier-Gesellschafter stehen. Die Rechtsregel von der Gesamtgläubigerschaft der *socii argentarii* ist hier also

---

377 GRÖSCHLER, Die tabellae-Urkunden (1997) 117.

378 GRÖSCHLER, Die tabellae-Urkunden (1997) 117.

379 GRÖSCHLER, Die tabellae-Urkunden (1997) 110.

380 TALAMANCA, Obbligazioni, ED 29 (1979) 51 Fn 350; HONSELL/MAYER-MALY/SELB, Römisches Recht (1987) 281. Die Frage ist in der Literatur freilich umstritten; vgl KASER, Römisches Privatrecht I (2. Aufl.1971) 656 Fn 2. Anderer Ansicht etwa LEVY, Die Konkurrenz der Aktionen und Personen I (1918) 179 f, der „eher ... von allgemeiner Solidarhaftung" ausgeht.

keineswegs entbehrlich, sondern sie wird von D 2.14.9 pr geradezu vorausgesetzt. Die Wendung *nomina facere* könnte dabei wiederum auf einen Litteralkontrakt hindeuten,[381] muß aber meines Erachtens nicht auf einen solchen beschränkt gewesen sein.

Die Parallelität von Gesamtgläubigern bzw -schuldnern (*rei credendi aut debendi*) einerseits und *argentarii quorum nomina simul eunt* andererseits begegnet schließlich in einem weiteren Paulustext (Paul 13 ad ed D 4.8.34 pr):

> *Si duo rei sunt aut credendi aut debendi et unus compromiserit isque vetitus sit petere aut ne ab eo petatur: videndum est, an si alius petat vel ab alio petatur, poena committatur: idem in duobus argentariis quorum nomina simul eunt. et fortasse poterimus ita fideiussoribus coniungere, si socii sunt: alias nec a te petitur, nec ego peto, nec meo nomine petitur, licet a te petatur.*

Paulus erörrtert die Frage, ob, wenn von zwei Gesamtgläubigern oder Gesamtschuldnern einer einen Schiedsvertrag abgeschlossen hat und verboten wurde, daß er geklagt wird oder daß von ihm geklagt wird, die Strafe auch dann verwirkt ist, wenn der andere Gesamtgläubiger oder -schuldner klagt oder verklagt wird. Dasselbe komme bei zwei Argentariern in Betracht, deren Forderungen gemeinsam bestanden. Paulus erwägt in diesen Fällen eine Gleichstellung mit Bürgen (*fideiussores*), wenn sie Gesellschafter sind. Andernfalls gelte aber, daß die Klage des einen dem anderen nicht zuzurechnen sei („es wird von Dir nicht geklagt, obwohl ich klage, und es wird nicht zu meinen Lasten geklagt, obwohl Du verklagt wirst“).[382]

Auch hier meint GRÖSCHLER[383], daß die Stelle für die Gesamtgläubigerschaft der *argentarii socii* nichts hergebe: „Für die Gesamtgläubigerschaft der Bankiers kam es nach der Schilderung des Paulus nämlich gar nicht darauf an, ob diese *socii* waren oder nicht. Er sprach von Bankiers, *quorum nomina simul eunt*, die also – aus welchem Grund auch immer – aus den Forderungen gemeinsam berechtigt waren. Die *societas* spielte erst eine Rolle, als Paulus eine Antwort auf das Problem der Gesamtwirkung des *compromissum* suchte.“ Tatsächlich geht es Paulus nicht um die Gesamtgläubigerschaft im engeren Sinn, sondern um die Frage der Gesamtwirkung des *compromissum*. Dabei stellt er darauf ab, ob die Gesamtgläubiger *socii* sind.

381 So LEVY, Konkurrenz I (1918) 383; zustimmend etwa SACCONI, Studi sulle obbligazioni solidali da contratto in diritto romano (1973) 53, sowie BÜRGE, ZRG-RA 104 (1987) 520.

382 Dazu TALAMANCA, Ricerche in tema di compromissum (1958) 111; SACCONI, Studi sulle obbligazioni solidali (1973) 53 f; BÜRGE, ZRG-RA 104 (1987) 524 f; GRÖSCHLER, Die tabellae-Urkunden (1997) 117 f.

383 GRÖSCHLER, Die tabellae-Urkunden (1997) 118.

Sind sie dies, so tritt er für eine Gesamtwirkung des *compromissum* ein, da ansonsten ein dem Zweck der Vereinbarung widersprechendes Ergebnis aufgrund des internen Regresses des belangten *socius* (der am Zustandekommen des *compromissum* nicht beteiligt war) erzielt würde.[384] Das schließt aber keineswegs aus, daß die zuvor neben den *duo rei* eigens genannten *argentarii quorum nomina simul eunt* ohnedies Gesellschafter waren. Oder, um es anders auszudrücken: Die Rolle, welche eine allfällige *societas* für die Frage der Gesamtwirkung des *compromissum* spielt (wobei es keine Beschränkung auf den Fall einer Argentariergesellschaft gibt), ist nicht gleichzuhalten mit der Rolle, die das Bestehen einer Gesellschaft unter Argentariern für das Entstehen einer Gesamtgläubigerschaft spielt. Das schließt aber weder aus, daß die *argentarii quorum nomina simul eunt* auch tatsächlich *socii* waren, noch, daß ihre Gesamtgläubigerstellung auf das Bestehen einer solchen *societas argentariae* zurückzuführen ist. Auffallend ist jedenfalls, daß die Gesamtgläubigerstellung von Personen, *quorum nomina simul facta sunt* bzw *simul eunt* jeweils mit einer Mehrheit von *argentarii* zusammen in den Quellen auftaucht, sodaß ein Zusammenhang mit den Sonderregeln hinsichtlich der Argentariergesellschaften anzunehmen ist.

c) Die Argentariergesellschaft in D 17.2.52.5

Im Rahmen des vorliegenden Kapitels interessieren wiederum jene Zeugnisse, welche konkrete *societates argentariae* belegen bzw auf die Struktur von solchen Rückschlüsse zulassen. Hier ist va ein Reskript des Septimius Severus zu nennen, welches über Ulpians Ediktskommentar in den Digesten überliefert ist (Ulpian 31 ad ed D 17.2.52.5):

> *Cum duo erant argentarii socii, alter eorum aliquid separatim quaesierat et lucri senserat: quaerebatur, an commune esse lucrum oporteret. et imperator Severus Flavio Felici in haec verba rescripsit: "etiamsi maxime argentariae societas inita est, quod quisque tamen socius non ex argentaria causa quaesiit, id ad communionem non pertinere explorati iuris est".*

---

[384] Ganz ausgezeichnet sind hiezu die Ausführungen GRÖSCHLERS, Die tabellae-Urkunden (1997) 118 - 121, insbes seine Interpretationen von Paul 3 ad ed D 2.14.23, 25 pr und Ulp D 34.3.3.3, wo die Gesamtwirkung eines *pactum de non petendo*, welches mit einem der Gesamtschuldner abgeschlossen wurde, jeweils deshalb bejaht wird, da ansonsten über den internen Regreß unter den Gesellschaftern zweckwidrige Ergebnisse entstünden.

Flavius Felix[385] fragt an, ob ein Gewinn, den einer von zwei *argentarii socii* aus einem separat geführten Geschäft gezogen hat, als gemeinschaftlicher Gewinn zu behandeln ist. Das Reskript des Kaisers Septimius Severus[386] verneint dies: Auch wenn gerade eine Argentarier-Gesellschaft geschlossen wurde, so sei es erprobtes Recht, daß das, was ein Gesellschafter nicht aus dem Argentarier-Geschäft an Profit erzielt, nicht zum gemeinschaftlichen Eigentum gehöre (*ad communionem non pertinere*).

Aus der Anfrage läßt sich zunächst ein interessanter Rückschluß auf den Geschäftsumfang einer *societas argentaria* ziehen, nähert sich diese doch (zumindest nach der Vorstellung des Anfragenden) einer *societas universorum quae ex quaestu veniunt* in der Weise an, daß die Frage entsteht, ob auch ein von einem Gesellschafter *separatim* geführtes Geschäft in die *societas* einzubeziehen sei. *Maxime* ist dabei im Sinn von „gerade, speziell" zu verstehen: es bezieht sich vermutlich auf ein rechtliches Argument, demzufolge bei einer „speziell als Argentariergesellschaft" geschlossenen Gesellschaft ein eher umfassend verstandener Gesellschaftszweck vorliegt.[387] Aufgrund der Vielfalt der Finanztransaktionen im Argentariergewerbe wird sich (insbeson-

---

385 GARCIA GARRIDA, Studi Biscardi III (1982) 374, nimmt an, daß es sich bei Flavius Felix nicht um einen der *socii*, sondern um einen Richter oder Funktionär gehandelt hat. Inschriftlich ist ein Flavius Felix aus einem Fund bei Ravenna als *ex pre(fectus) ann(onae) Afr(icae) pr(ovinciae)* (CIL XI 323) und aus einem Fund in Numidien als *ex princ(eps officii)* (CIL VIII 8344) belegt.

386 HONORÉ, Emperors and Lawyers (2. Aufl.1994) 78 Fn 23, 131 Fn 783, schreibt das Reskript des Septimius Severus der Autorschaft des „Secretary/Assistant Nr. 1" (tätig zwischen 194 und 202) zu.

387 Dagegen glaubt ARANGIO-RUIZ, Società (1950) 145, daß das *maxime* in der Gesellschaftsvereinbarung selbst vorgekommen sei und diese „insbesondere" zu Zwecken des Argentariergeschäftes geschlossen wurde, was offenlasse, ob nicht auch andere Geschäfte von der Gesellschaftsvereinbarung erfaßt seien. Der Einleitungssatz stellt demgegenüber aber nur darauf ab, daß zwei Personen eine Argentariergesellschaft bildeten, ohne eine Andeutung zu machen, daß dies nur der Hauptzweck der *societas* gewesen wäre.
GARCIA GARRIDO, Studi Biscardi III (1982) 374 f, findet dagegen den ganzen Fall banal („no se entiende la cuestión que se somete al emperador ni el rescripto que motiva una pregunta tan clara y obvia"); seine Erwähnung bei Ulpian erkläre sich nur daraus, daß bei einer Argentariergesellschaft im Hinblick auf die speziellen Regeln und Funktionen des Argentariergewerbes ein besonderes öffentliches Interesse (der Gläubiger) bestehe, zu wissen, was an Kapital der *socii* vorhanden ist. Dagegen ist einzuwenden, daß das (zweifellose) Informationsinteresse der konkreten Gläubiger unserer Argentarier nicht erklären kann, warum Ulpian diesen Fall in seinem Ediktskommentar behandelt; darüberhinaus ist gerade im Lichte der Gesamtschuldnerschaft der Argentarier die Frage, ob der Gewinn nur dem einen oder beiden zufällt, für Gläubiger aus Argentariergeschäften nicht relevant (sondern allenfalls für Privatgläubiger der *socii*).

dere bei Finanzgeschäften) tatsächlich oft schwer sagen lassen, ob ein Geschäft im Rahmen der *societas* oder davon unabhängig geführt wird.

Die Sachverhaltsdarstellung im Einleitungssatz[388] scheint dabei darauf abzustellen, daß der Erwerb vom *socius* auf eigene Faust unternommen wurde (*alter eorum aliquid separatim quaesierat*), als Unterscheidungskriterium böte sich folglich die Alternative *separatim (=suo nomine) quaerere* oder *communiter (=societatis nomine) quaerere* an. So wie etwa bei Paul 32 ad ed D 17.2.67.1 bei einer Darlehensgewährung eines *socius*, die aus gemeinsamem Geld (*pecunia communis*)[389] bestritten wurde, darauf abgestellt wird, ob die *feneratio* durch den Gesellschafter *suo nomine* oder *societatis nomine* getätigt wurde.[390]

In der Antwort des Kaisers wird allerdings mit der Bezugnahme auf den Erwerb *non ex argentaria causa* eine etwas andere Perspektive eingenommen, bei der auf den sachlichen Konnex zur *argentaria causa* abgestellt wird. Woraus sich die Zugehörigkeit zur *argentaria causa* ergibt, war den Zeitgenossen offenbar klar; wir sind heute diesbezüglich auf Mutmaßungen angewiesen. Immerhin ist es nicht ausgeschlossen, daß es für diese Frage, was für eine Argentariergesellschaft zu einem typischen Argentariergeschäft zählt, auch darauf ankam, ob das Geschäft von den *socii* gemeinsam getätigt wurde und dabei zB gemeinsame oder zumindest parallele Buchungen vorgenommen wurden – im Sinne von *nomina simul facta sunt* – oder ob der *socius* allein und ohne Bezugnahme auf die Argentariergesellschaft den Erwerb tätigte.[391]

Aus dem Reskript geht weiters (*e contrario*) hervor, daß das, was *ex argentaria causa* erworben wurde, zur *communio* gehöre. Geht man mit

---

388 Freilich läßt sich nicht mit Sicherheit sagen, ob der Einleitungssatz die Frage des Anfragenden wiedergibt, oder bloß die ulpianische Einleitung des Problems darstellt, auf die ursprünglich ein Referat der konkreten Anfrage gefolgt ist, welche einer Kürzung zum Opfer gefallen ist.

389 Zur Darlehensgewährung aus *pecunia communis* vgl auch Paulus 32 ad ed D 12.1.16: *Si socius propriam pecuniam mutuam dedit, omnimodo creditam pecuniam facit, licet ceteri dissenserint: quod si communem numeravit, non alias creditam efficit, nisi ceteri quoque consentiant, quia suae partis tantum alienationem habuit.*

390 Paulus 32 ad ed D 17.2.67.1: *Si unus ex sociis, qui non totorum bonorum socii erant, communem pecuniam faeneraverit usurasque perceperit, ita demum usuras partiri debet, si societatis nomine faeneraverit: nam si suo nomine, quoniam sortis periculum ad eum pertinuerit, usuras ipsum retinere oportet.* Zur Geschäftsführung *societatis nomine* gehört, daß das Risiko – hier der Rückzahlung – gemeinsam getragen wird; darin zeigt sich die gemeinsame Risikotragung als ein typisches Merkmal für gesellschaftsspezifische Geschäfte.

391 Dieselbe Frage stellt sich bezüglich der Solidarschuldnerschaft der Argentarier: wenn diese nicht für jegliche Schulden eines *socius* galt, so muß es Abgrenzungskriterien gegeben haben, was als Argentarierverbindlichkeit ieS anzusehen ist, und was nicht. Dazu sogleich unten.

HONORÉ[392] davon aus, daß das Reskript von einem in der juristischen Terminologie äußerst bewanderten Sekretär redigiert worden war, so ist *communio* nicht nur als schuldrechtlich zu erfolgende Vergemeinschaftung[393] zu verstehen (etwa im Sinne der diesbezüglich noch offenen Fragestellung *an commune esse lucrum oporteret*), sondern könnte einen Hinweis auf Miteigentum der *argentarii socii* an dem, was *ex argentaria causa* erworben wurde, geben.

Ein solches Miteigentum der *argentarii socii* würde insbes bezüglich der Gelder[394] anzunehmen sein, die als offenes *depositum* bei ihnen angelegt wurden. Aus *tabellae*-Urkunden von *argentarii* wissen wir jedenfalls, daß bei Geldauszahlungen diese mit Formulierungen wie *numeratos accepit domo ex risco* oder *ex arca* festgehalten wurden.[395] Naheliegend ist in diesem Zusammenhang die Annahme, daß *argentarii socii* eine solche *arca* als *arca communis*, wie wir sie ansonsten von körperschaftlichen Vereinigungen bezeugt finden, gehabt haben. Sollte dies zutreffen, dann könnte auch eine umstrittene Papinianstelle in den Zusammenhang einer *argentaria societas* gebracht werden (Papinian 3 respons D 17.2.82):

> *Iure societatis per socium aere alieno socius non obligatur, nisi in communem arcam pecuniae versae sunt.*

Im allgemeinen wird diese Stelle auf die *societas Publicanorum* bezogen[396], zählt doch die *arca communis* neben *res communes* und der gemeinsamen Vertretung durch einen *actor* bzw *syndicus* zu den Elementen einer Körperschaft.[397] Ebensowenig wie die *res communes* muß aber die *arca communis* auf solche Körperschaften beschränkt gewesen sein. Daß der Text eher nicht - oder zumindest nicht nur - auf eine körperschaftliche *societas* zu beziehen ist, ergibt sich meines Erachtens daraus, daß bei einer solchen zwar eine *arca communis* vorkommt, die Begründung für die Verbindlichkeit eines *socius* durch das

---

392 HONORÉ, Emperors and lawyers (2.Aufl.1994) 76 ff.

393 In einem solchen schuldrechtlichen Sinn begegnet *communio* etwa bei Paulus 32 ad ed D 17.2.67 pr: ... *societas cum contrahitur tam lucri quam damni communio initur.*

394 Vgl auch die Darlehensgewährung aus *pecunia communis* bei Paul D 17.2.67.1; auch bei dieser *societas*, die keine *societas omnium bonorum* ist und zu deren Gegenstand offenbar (auch) die Gewährung verzinslicher Darlehen *societatis nomine* zählt, könnte es sich um eine Gesellschaft von *argentarii* oder *nummularii* handeln.

395 Ausführlich zu diesen Urkunden nun GRÖSCHLER, Die tabellae-Urkunden (1997) 80 ff.

396 Siehe etwa CIMMA, Ricerche sulle società di publicani (1981) 204.

397 Gaius 3 ad ed prov D 3.4.1.1: *quibus autem permissum est corpus habere collegii societatis sive cuiusque alterius eorum nomine, proprium est ad exemplum rei publicae habere res communes, arcam communem et actorem sive syndicum, per quem tamquam in re publica, quod communiter agi fierique oporteat, agatur fiat.*

(vertretungsbefugte) Verhalten eines anderen sich bei Körperschaften aus den spezifischen Vertretungsregeln des Körperschaftsrechts ergibt und damit eines Hinweises auf die *versio* in die *arca communis* nicht bedürfte.

Nicht nur substantielle Echtheit des Textes[398], sondern auch keine Beschränkung auf eine *societas Publicanorum* nimmt dagegen SERRAO[399] an. Seine Deutung geht vom Realdarlehenscharakter des *mutuum* aus. Er nimmt an, daß der Darlehensnehmer das Darlehen im eigenen Namen und jenem der Mitgesellschafter aufnimmt und mit der *versio* zugleich eine (anteilige) *datio* an die übrigen *socii* stattfindet, wodurch diese zu Schuldnern aus dem Realvertrag werden. Die *obligatio* der einzelnen *socii* soll laut SERRAO im Ausmaß ihrer gesellschaftsrechtlichen Beteiligung bestehen, sodaß es sich hiebei um einen Ausnahmefall handeln würde, bei dem das Innenverhältnis der *societas* nach außen durchschlagen würde.

SERRAO ist in der Verteidigung der Echtheit des Textes und darin, daß dieser nicht notwendigerweise auf eine *societas Publicanorum* bezogen werden muß, zuzustimmen. Im Detail begegnet seine Deutung aber doch Bedenken. Zunächst geht diese von einer Stellvertretung der *socii* durch den Darlehensnehmer aus, die den allgemeinen Regeln des klassischen römischen Rechts widerspricht. Sollte eine derartige wirksame Vertretungsmöglichkeit der Mitgesellschafter für eine Darlehensaufnahme tatsächlich bestanden haben, so würde man erwarten, daß eine solche nicht nur die Darlehens-*conventio*, sondern auch die *datio* betrifft.[400] Mit anderen Worten: Hätte ein (autorisierter) *socius* als direkter Vertreter der anderen fungieren können, müßte im Moment seines Empfanges der Darlehensvaluta (und nicht erst *si pecuniae in communem arcam versae sunt*) die Rückzahlungsverpflichtung entstanden sein. Daß die Zahlungsverpflichtung der Mitgesellschafter darüberhinaus jeweils nur *pro parte societatis* bestanden habe, wie SERRAO annimmt, läßt sich aus dem Text überhaupt nicht ableiten. Da der Gesellschaftsanteil mit dem Miteigentumsanteil nicht ident sein muß (und darüberhinaus auch hinsichtlich des Gewinn- und Verlustanteils unterschiedlich sein kann) ist dies meiner Ansicht nach auch eher unwahrscheinlich.[401]

---

398 Für Unechtheit dagegen noch ARANGIO-RUIZ, Società (1950) 89 f.

399 SERRAO, Studi Volterra V (1971) 744 ff Fn 5 = DERSELBE, Impresa (1989) 68 ff Fn 5.

400 So wird etwa beim Kauf einer Sache durch zwei Personen bei der Übergabe an den einen das (Mit-)Eigentum auch für den anderen erworben, vgl Ulpian 29 ad Sab D 41.1.20.2: *si ego et Titius rem emerimus eaque Titio et quasi meo procuratori tradita sit, puto mihi quoque quaesitum dominium ...*

401 Vgl Ulpian 28 ad ed D 14.3.13.2, wo die Haftung mehrerer Betreiber einer *taberna* für rechtsgeschäftliche Schulden eines als *institor* eingesetzten *servus communis* diskutiert wird. Erwogen werden eine anteilige Haftung a) nach Miteigentumsanteilen am *institor*,

Viel mehr Sinn ergibt der Text dagegen, wenn man ihn auf eine Situation wie in D 17.2.52.5 bezieht: Für die Frage, ob eine Darlehensaufnahme im Rahmen der *societas argentaria* erfolgt (mit der Folge der Solidarschuldnerschaft im Außenverhältnis und der internen Verrechnung im Rahmen der *actio pro socio*) oder getrennt davon, erscheint das Abstellen auf die *versio in arcam communem* durchaus sachgerecht zu sein. Umgekehrt würde dies aber auch mit der Hypothese zusammenpassen, daß nicht jegliche Schuld eines *argentarius* auch seinen *socius* verpflichtet. Neben die gemeinsame Schuldbegründung (*argentarii quorum nomina simul facta sunt*) würde hier noch der Versionstatbestand treten, bei dem aus der *versio* in die *arca communis* die Zugehörigkeit zur *argentaria causa* objektiv feststellbar wäre.

d) Die dakische societas (rei) danistariae

Auf einem siebenbürgischen Wachstäfelchen[402] findet sich ein Beleg für eine *societas danistariae.* Der Ausdruck *danista* leitet sich von den griechischen *daneistes* ab, einer Bezeichnung für Personen, die gegen Zinsen Geld verleihen; er wird (zumindest auch)[403] für Argentarier verwendet, wodurch eine Identifizierung der *societas danistariae* mit einer *societas argentaria* naheliegt. Inhaltlich geht es um Finanzierungsgeschäfte, zu denen sich die beiden Vertragspartner Cassius Frontinus und Iulius Alexander zusammenschließen:

> *Inter Cassium Frontinum et Iulium*
> *Alexandrum societas dani[st]ariae ex*
> *X Kal(endas) Ianuarias q(uae) p(roximae) f(uerunt) Pudente e[t] Polione*
> *cos. in*
> *prid[i]e idus Apriles proximae venturas ita conve*
> *n[i]t, ut, quidq[ui]d in ea societati ab re*
> *natum fuerit lucrum damnumve acciderit,*
> *aequis portionibus su[scip]ere debebunt.*

---

b) nach gleichen Teilen (dahinter könnte sich die Gesellschaftsbeteiligung verbergen), c) nach Miteigentumsanteilen an der *merx* sowie d) eine solidarische Haftung. Julian tritt in Analogie zur solidarischen Haftung bei der *actio exercitoria* und der *actio de peculio* für eine Solidarhaftung ein, was von Ulpian gebilligt wird. Zu D 14.3.13.2 siehe ausführlich DI PORTO, Impresa collettiva (1984) 63 - 65, 83 - 167, 343 ff sowie DROSDOWSKI, Das Verhältnis von actio pro socio und actio communi dividundo (1998) 116 ff.

402 FIRA² Nr. 157 = CIL III p. 950 f; vgl vor allem CIULEI, Les triptyques de Transylvanie (1983) 61 ff.

403 Vgl GRÖSCHLER, Die tabellae-Urkunden (1997) 50 Fn 83.

In qua societate intuli[t Iuli]us Alexander nume
ratos sive in fructo (denarios) [qu]ingentos, et Secundus
Cassi Palumbi servus a[ctor] intulit (denarios) ducentos
sexaginta septem pr[o Fron]tin[o - -]s [-]chum eis
[-]ssum Alburno [--] d[ebeb]it.
In qua societ[ate] si quis d[olo ma]lo fraudem fec[isse de]
prehensus fue[rit], in qua a[sse] uno (denarium) unum[-in]
d[en]ar[ium] unum (denarios) XX [--]alio inferre debe[bi]t,
et tempore perac[t]o de[duc]to aere alieno sive
summam s(upra) s(criptam) s[ibi recipere sive], si quod superfuerit,
dividere d[ebebunt]. Id d(ari) f(ieri) p(raestari)que stipulatus est
Cassius Frontin[us, spopon]dit Iul(ius) Alexander.
De qua re duo paria [ta]bularum signatae sunt.
[Item] debentur Cossae (denarii) L, quos a socis s(upra)s(criptis) accipere debebit.
[Act(um) Deusa]re V Kal. April(es) Vero III et Quadrato cos.[404]

Die Urkunde selbst datiert vom 28. März 167, bezieht sich aber auf eine *societas*, welche für die Dauer vom 10. Tag vor den letzten Kalenden des Januar (= 23. Dezember 166) bis zum Vortag der Iden des April (= 12. April) 167 abgeschlossen wurde. Der Umstand, daß das Dokument erst kurz vor Ende der Gesellschaft abgefaßt wurde, wird damit zu erklären sein, daß die Parteien dieses bereits im Hinblick auf die bevorstehende Liquidierung verfaßt haben; ua mit dem Ziel, die zunächst konsensual[405] begründeten Verpflichtungen aufgrund der Stipulationsklausel eigens einklagbar zu gestalten.[406]

Als Beiträge werden von Iulius Alexander 500 eingebracht, von Secundus (einem Sklaven des Cassius Palumbus als dessen *actor*) für Frontinus 267.[407] Der Gewinn soll nach Abzug von Darlehen und den eingebrachten Summen zu gleichen Teilen (*aequis portionibus*) aufgeteilt werden. Nach der Stipulationsklausel wird in der Urkunde noch festgehalten, daß die *socii* einer gewissen Cossa 50 schulden. Daß die Summe gemeinsam geschuldet wird,

---

404 Wiedergabe nach der Edition von ARANGIO-RUIZ in FIRA² Nr.157.

405 Zu Unrecht sieht GIRARD, Manuel de droit romain (7. Aufl. 1923) 606 Fn 5, in der Urkunde einen Beleg dafür, daß noch im 2. Jahrhundert Bankiergesellschaften durch wechselseitige Stipulationen abgeschlossen wurden; der Abschluß des (längst in Gang gesetzten) Vertrages geschah auch hier offenbar formlos-konsensual.

406 In diesem Sinn schon POGGI, Contratto di società I (1930) 31; CIULEI, Les triptyques (1983) 64.

407 Eine Lücke im Text läßt es offen, ob Frontinus noch weitere Beiträge eingebracht hat.

stimmt mit den für Argentarier geltenden Regeln der Solidar-Schuldnerschaft überein.

Der Beitrag des Iulius erfolgt in Form von *numeratos (denarios) sive in fructo*. POLAY[408] äußerte bezüglich der *fructus* die Vermutung, daß Iulius nicht (nur) Geld, sondern (auch) Getreide beisteuerte, was mit der von anderen aufgestellten Hypothese, es handle sich bei dem von der *societas* betriebenen Geschäft um Getreideverkäufe[409], zusammenpassen würde. Ziemlich konstruiert wirkt dagegen die Deutung, mit *fructus* seien gegen Zinsen angelegte Gelder gemeint, deren Rückzahlung erst zu einem späteren Zeitpunkt fällig wird.[410]

Aufgrund der Bezeichnung *societas (rei) danistariae* wird überwiegend angenommen, daß der Geschäftszweck der Gesellschaft im Gewähren von Darlehen an die lokale Bevölkerung Dakiens bestand.[411] CIULEIS Beobachtung, daß die Dauer der *societas* mit der (Winter-)Periode übereinstimmt, in der in den Minen Dakiens nicht gearbeitet wurde, führt ihn zur plausiblen Annahme, daß es sich bei den Kreditnehmern um Minenarbeiter gehandelt habe, die in der arbeitslosen Zeit auf Darlehen zur Lebenshaltung (also auf Konsumkreditierung) angewiesen waren.[412]

Die beiden Hypothesen zum Geschäftsgegenstand (Darlehensgewährung oder Weizenverkäufe) lassen sich durchaus zwanglos verbinden, wenn man annimmt, daß die Gesellschafter der *societas danistariae* die Getreideverkäufe organisierten, den Verkäufern die Erlöse auszahlten[413] und den Käufern (für relativ kurze Zeit) gegen Zinsen[414] kreditierten. In diesem Zusammenhang macht es Sinn, daß ein Gesellschafter entweder Geld (zur Finanzierung von Weizenkäufen) oder aber Weizen selbst einbringt. Daß bei einem Verkauf von

---

408 POLAY, Ein Gesellschaftsvertrag aus dem römischen Dakien, Acta Antiqua Academiae Scientiarum Hungaricae 8 (1960) 433.

409 So H. J. WOLFF in einem Brief, der bei CIULEI, Les triptyques (1983) 66 f Fn 12, abgedruckt ist; zustimmend BÜRGE, Rezension zu Di Porto, Impresa collettiva e schiavo manager, ZRG 105 (1988) 857 Fn 4.

410 So die Deutung von CIULEI, Les tryptiques (1983) 62 f.

411 ARANGIO-RUIZ, Società 144; POLAY, Acta Antiqua Academiae Scientiarum Hungaricae 8 (1960) 419; CIULEI, Les triptyques (1983) 62.

412 CIULEI, Les triptyques (1983) 65.

413 In diesem Sinn könnte die nicht näher genannte Summe, für die dem Alburnus geschuldet wird, und die unter den Beiträgen des Frontinus figurieren könnte, gedeutet werden: Frontinus bringt als Beitrag eine Forderung für einen Verkauf ein, welche dem Verkäufer Alburnus geschuldet wird (und von ihm vorfinanziert wurde).

414 Aus anderen transsylvanischen Wachstäfelchen (CIL III 930 und 943) leitet man einen Zinssatz von 1% pro Monat ab.

Weizen die *argentarii* sowohl fremden Weizen als auch eigenen anboten, erscheint keineswegs ausgeschlossen.

Ob man den Vertrag einer *societas negotiationis*[415] oder einer *societas unius rei*[416] zuordnet, ist mangels einer klaren begrifflichen Unterscheidung dieser Typen durch die Klassiker eine müßige Fragestellung. Es liegt jedenfalls eine von vornherein befristete (und kurzfristige) Kooperation vor. Bezüglich des Geschäftsgegenstandes bleibt unklar, ob die geschlossene Gesellschaft das Argentariergeschäft, wie wir es aus anderen Quellen kennen, in vollem Umfang abdeckt, oder nicht. Die von den Gesellschaftern beigebrachten Summen waren jedenfalls bescheiden, wenn man bedenkt, daß zur damaligen Zeit nach lokalen Verhältnissen ein Sklave 420 *denarii* kostete.[417]

4. Gesellschaften zur Finanzierung und zum Betreiben von Schiffstransporten

Nicht zuletzt aufgrund der vergleichsweise hohen Transportkosten zu Lande[418] kam in der römischen Antike dem Warentransport mit Schiffen (sei es in der Flußschiffahrt[419], sei es in der Seeschiffahrt) besondere Bedeutung für den Handel zu. Das Finanzieren und Betreiben von Schiffstransporten stellte folglich eine kapitalintensive, lukrative, aber auch risikoreiche Tätigkeit dar, für die das Eingehen von *societates* schon aus allgemeinen Erwägungen zu erwarten ist.

Im Zusammenhang mit Lieferungen für das Heer gab es gemeinschaftlich organisierte Schiffstransporte bei den *societates Publicanorum*; so etwa beim zweiten Punischen Krieg 215 v Chr, als drei Publikanen-Gesellschaften Heereslieferungen nach Spanien übernahmen, allerdings unter der Bedingung, daß der Staat das Risiko für Feinde oder Unwetter beim Schiffstransport über-

---

415 POLAY, Ein Gesellschaftsvertrag aus dem römischen Dakien, Acta Antiqua Academiae Scientiarum Hungaricae 8 (1960) 421 f.

416 ARANGIO-RUIZ, Società (1950) 144; CIULEI, Les triptyques (1983) 63.

417 CIULEI, Les triptyques (1983) 67 Fn 16.

418 Vgl etwa KLOFT, Wirtschaft (1992) 178 sowie allgemein HÖCKMANN, Antike Seefahrt (1985); MEYER-TERMEER, Die Haftung der Schiffer im griechischen und römischen Recht (1978) bes 147 ff: zum Seetransport von Getreide vgl BENKE, ZRG-RA 104 (1987) 193 ff, sowie HÖBENREICH, Annona (1997) 74 ff.

419 Zur nicht zu unterschätzenden Bedeutung der Binnenschiffahrt, für die ebenfalls die Regeln der *actio exercitoria* galten (vgl Ulpian D 14.1.1.6), siehe DI PORTO, Impresa collettiva (1984) 170 - 174.

nehme.[420] Aber auch im sonstigen Handel wurden Schiffstransporte wohl häufig durch *societates* finanziert. Dies bot nicht nur die Möglichkeit, das nötige Kapital durch eine Mehrzahl von Gesellschaftern beizubringen, sondern erlaubte auch, das Risiko zu beschränken. So berichtet Plutarch über Cato den Älteren, daß dieser Schiffstransporte durch die Gewährung von Seedarlehen finanzierte, wozu er sich seines Freigelassenen Quintius bediente. Dabei ging er aber so vor, daß er sein Kapital nicht in einen einzelnen Transport investierte, sondern es gemeinsam mit 49 anderen Gesellschaftern einsetzte, um Transporte mit 50 Schiffen zu finanzieren, sodaß ein allfälliger Untergang eines Schiffes ihn nur zu einem kleinen Teil treffen konnte.[421] Der Zusammenschluß zu einem Finanzierungskonsortium bot somit die Chance auf hohen Zinsgewinn (aus dem *fenus nauticum*) unter gleichzeitiger Streuung des Risikos.

Manche leugnen dagegen einen Zusammenhang von Catos Investition mit einer *societas*, da es sich bloß um einen Anwendungsfall eines *fenus nauticum* (mit Risikostreuung) gehandelt habe.[422] Letzteres trifft zwar zu, das

---

420 Livius 23,49,2: ... *ut, quae in naves imposuissent, ab hostium tempestatisque vi publico periculo essent.* BADIAN, Zöllner und Sünder (1997) 10, schließt daraus, daß die Frachtrisiken normalerweise von den Lieferanten getragen wurden; zumindest für die Staatspacht bejaht dies auch BÜRGE, Index 22 (1994) 393.

421 Plutarch, Cato maior 21. Dazu SZLECHTER, Le contrat de société (1947) 268 ff; ROUGÉ, Recherches sur l'organisation du commerce maritime en méditerranée sous l'empire romain (1966) 426 ff; LITEWSKI, Römisches Seedarlehen, IVRA 24 (1973) 119; LÜBTOW, Catos Seedarlehen, FS Seidl (1975) 103 ff; ROUGÉ, Prêt et société maritime dans le monde romain, in: The Seaborne Commerce of ancient Rome, Memoirs American Academy in Rome (1980) 292 f; DE MARTINO, Sul „foenus nauticum", jetzt in: Diritto privato e società romana (1982) 3 ff; PURPURA, Ricerche in tema di prestito marittimo, Annali Palermo 39 (1987) 235 ff; GIUFFRÉ, „Faenus" e intraprese commerciali, Seminarios Complutenses de derecho romano 7 (1995) 137 Fn 15; SANTUCCI, Il socio d'opera (1997) 29 Fn 1.

422 So insbes ROUGÉ, Recherches sur l'organisation du commerce maritime en méditerranée sous l'empire romain (1966) 427 f.
Die Darstellung von ROUGÉ 430 f, geht darüberhinaus – meines Erachtens zu Unrecht – davon aus, daß für den Seetransport prinzipiell nur *societates publicanorum* in Frage kamen, weil die nichtkörperschaftlichen *societates* kaum mit dem Großhandel zu tun gehabt hätten („la société ordinaire n'avait eu que peu de rapports avec le grand commerce"). Tatsächlich waren aber auch die *societates Publicanorum* weder „Handelshäuser" im frühneuzeitlichen Sinn, noch sind sie als „Aktiengesellschaften" anzusehen (wie ROUGÉ meint). Sie wurden vielmehr für bestimmte Verpachtungen der öffentlichen Hand konstituiert und ihre Bestandsdauer war wohl an die konkret übernommenen *locationes* gebunden. Daß schließlich die *navicularii* als Berufsverband in einem *corpus naviculariorum* organisiert waren, macht noch nicht jede Kooperation von *navicularii* zu einer körperschaftlichen.

schließt aber keineswegs aus, daß unter den Geldgebern ihrerseits eine *societas* bestand. Immerhin berichtet Plutarch ausdrücklich, daß Cato die Geldbedürftigen veranlaßte, eine Gesellschaft von Geldgebern ins Leben zu rufen.[423]

Einen Einblick in die antike Praxis in diesem Bereich ermöglichen weiters die Papyri, in denen sich auch eigenartige Verbindungen von Schifffahrtsgesellschaften und Seedarlehen finden. So betreffen die aus der hellenistischen Zeit Ägyptens stammenden Papyri Berl. 5853 und 5883 = SB 7169 (2. Jahrhundert vor Christus) ein Seedarlehen für Puntschiffer[424], bei denen auf Empfängerseite fünf Personen aufscheinen, die Gesellschafter sein dürften (zwei von ihnen sind Eigentümer des Schiffes, die anderen drei bloße Arbeitsgesellschafter). Die Besonderheit des Vertrages liegt darin, daß anstelle von *usurae maritimae* eine Gewinnbeteiligung (bei heiler Rückkehr des Schiffes) zugesichert wird.[425] Gesichert wird der Anspruch des Gläubigers durch fünf Bürgen, welche mit den Gesellschaftern aber nicht ident gewesen sein dürften.[426]

In den Juristenschriften finden wir Hinweise auf Gesellschaften von Reedern im Zusammenhang mit der adjektizischen Haftung mehrerer *exercitores* über die *actio exercitoria*.[427] Dabei wird das Problem erörtert, in welcher Weise ein einzelner *exercitor*, der mit anderen gemeinsam ein Schiff betreibt (*si plures navem exerceant*), belangt werden kann.

> Ulpian 28 ad ed D 14.1.1.25: *Si plures navem exerceant, cum quolibet eorum in solidum agi potest.*
>
> Gaius 9 ad ed prov D 14.1.2: *Ne in plures adversarios distringatur, qui cum uno contraxerit*
>
> Paulus 29 ad ed D 14.1.3: *Nec quicquam facere, quotam quisque portionem in nave habeat, eumque qui praestiterit societatis iudicio a ceteris consecuturum.*

---

423 Bei allen Unklarheiten der plutarchschen Darstellung läßt sich immerhin eine „Kombination von Seedarlehen und Seefernhandelsgesellschaft" (LÜBTOW, FS Seidl [1975] 107) ausmachen bzw „la curiosa oscillazione del testo tra prestito e società (PURPURA, Annali Palermo 39 [1987] 245) konstatieren.

424 Punt ist eine Landschaft am afrikanischen Ufer des Roten Meeres.

425 Vgl MEYER, Juristischer Papyrusbericht IV, ZRG-RA 46 (1926) 330, unter Hinweis auf WILCKEN, Zeitschrift für die ägyptische Sprache 60, 86 ff. Dazu ausführlich PURPURA, Annali Palermo 39 (1987) 246 ff mwL.

426 STEINWENTER, Studi Riccobono I (1932) 493.

427 Zur Reederklage allgemein siehe etwa WACKE, Die adjektizischen Klagen im Überblick, ZRG-RA 111 (1994) 298 ff mwN.

Als Grundregel wird von Ulpian 28 ad ed D 14.1.1.25 festgehalten, daß bei mehreren Reedern jeder von ihnen über die *actio exercitoria* für die rechtsgeschäftlichen Schulden des von ihnen gemeinsam eingesetzten *magister navis*[428] aufs Ganze (*in solidum*) belangt werden kann.[429]

Als Zweck dieser Regel wird von den Kompilatoren ein Satz aus dem Provinzialediktskommentar des Gaius eingefügt, welcher bei diesem vermutlich auf die *actio de peculio*[430] bezogen war: Dies erfolge, damit nicht derjenige, der mit einer Person kontrahiert habe, nun mit mehreren Prozeßgegnern konfrontiert werde. Das folgende Paulusfragment betont wiederum, daß der Anteil des belangten Gesellschafters am Schiff irrelevant sei, er aber über das *iudicium societatis* Ausgleich im Innenverhältnis erlangen werde. Daraus ergibt sich auch, daß den Fällen solcher Mehrheiten von *exercitores* (zumindest in der Regel) eine *societas* (und nicht etwa bloß eine Miteigentumsgemeinschaft am Schiff) zugrundeliegt. Die Wortwahl (*nec quicquam facere, quotam quisque portionem in nave habeat)* legt darüberhinaus nahe, daß Paulus an einen Fall denkt, in dem die *socii* nicht nur gemeinsam ein Schiff betreiben (wozu das Eigentum am Schiff nicht zwingend erforderlich wäre), sondern tatsächlich Miteigentümer des Schiffes sind.[431] Ulpian (29 ad ed) dagegen benutzt etwa in D 14.1.4 pr den allgemeineren Ausdruck *portio exercitionis*, der auf die Beteiligung am betriebenen Schiffstransport abstellt.

(pr) Si tamen plures per se navem exerceant, pro portionibus exercitionis conveniuntur: neque enim invicem sui magistri videbuntur.
(1) Sed si plures exerceant, unum autem de numero suo magistrum fecerint, huius nomine in solidum poterunt conveniri.

---

428 Daß Ulpian hier von einem gemeinsam eingesetzten *magister navis* ausgeht (der außerhalb der *exercitores* steht), ergibt sich aus einem Vergleich mit Ulpian 28 ad ed D 14.1.4 pr und 1, sowie D 14.3.13.2; SERRAO, Sulla rilevanza esterna del rapporto di società in diritto romano, St.Volterra V (1971) 752 ff = Impresa (1989) 76 ff; DI PORTO, Impresa collettiva (1984) 175 f.

429 Vgl auch Paulus 6 brevium D 14.1.6.1: *Si communis servus voluntate dominorum exerceat navem, in singulos dari debebit in solidum actio.*

430 Vgl Gaius 9 ad ed prov D 15.1.27.8: *Si quis cum servo duorum pluriumve contraxerit, permittendum est ei cum quo velit dominorum in solidum experiri: est enim iniquum in plures adversarios distringi eum, qui cum uno contraxerit: nec huius dumtaxat peculii ratio haberi debet, quod apud eum cum quo agitur is servus haberet, sed et eius quod apud alterum. nec tamen res damnosa futura est ei qui condemnatur, cum possit rursus ipse iudicio societatis vel communi dividundo quod amplius sua portione solverit a socio sociisve suis consequi.*

431 So auch DROSDOWSKI, Das Verhältnis von actio pro socio und actio communi dividundo (1997) 125, der davon ausgeht, daß als Regreßklage in diesem Fall neben der im Text genannten *actio pro socio* auch eine *actio communi dividundo* möglich gewesen sei.

Zu unterscheiden ist nach Ulpian, ob die *socii* einen *magister navis* einsetzen, oder nicht. Setzen sie gemeinsam einen *magister navis* ein, so werden sie für vertragliche Verpflichtungen, die der *magister navis* im Rahmen seiner *praepositio* eingeht, als *exercitores* mittels der adjektizischen *actio exercitoria* belangt, wobei jeder einzelne Gesellschafter *in solidum* haftet (Ulpian D 14.1.1.25). Dieselbe adjektizische Solidarhaftung tritt dann ein, wenn die *socii* einen der ihren als *magister navis* einsetzen (Ulpian D 14.1.4.1). In beiden Fällen ergibt sich eine Außenwirkung der *societas* (Solidarhaftung über *actio exercitoria*), die sich aber nicht als Spezifikum der *societas*, sondern als Spezifikum der adjektizischen Haftung über die *actio exercitoria* präsentiert.

Interessanter für die Frage der Außenwirkung einer *societas* erscheint deshalb jene Variante, in der mehrere Miteigentümer selbst Schiffstransporte betreiben (*per se navem exerceant*). Darunter ist vermutlich zu verstehen, daß sie sich nicht eines *magister navis* bedienen, sondern selbst agieren.[432] Für diesen Fall bejaht Ulpian D 14.1.4 pr eine Haftung *pro portionibus exercitionis*; eine Solidar-Haftung der *exercitores* besteht hier also nicht. Als Begründung führt er an, daß die Reeder hier nicht als wechselseitig als *magistri* handelnd anzusehen seien (*neque enim invicem sui magistri videbuntur*).

Wie hat man sich die Situation hier vorzustellen? Treten die *socii* hier alle gemeinsam gegenüber dem Dritten auf, schließen mit diesem jeweils anteilig die Obligation und haften demgemäß bloß anteilig? Gegen diese Sichtweise wurde die Begründung *neque enim invicem sui magistri videbuntur* angeführt.[433] Wären alle *socii* beim Vertragsschluß anwesend, so wäre nach SERRAO die Frage, ob einer als *magister* des anderen anzusehen sei, unsinnig, denn bei persönlichem Handeln sei eine Stellvertretung ja gar nicht nötig. Fraglich könnte allenfalls sein, ob die Haftung anteilig oder solidarisch ist. SERRAO zieht daraus den Schluß, daß Ulpian hier von dem Fall ausgehen müsse, in dem die *socii* nicht gemeinsam mit dem Dritten kontrahieren, sondern bloß einer von ihnen (als Stellvertreter der anderen). Damit böte die Stelle einen Beleg für eine spezifischen Außenwirkung einer *societas*, wie wir sie nach den allgemeinen Regeln nicht kennen.[434]

432 SERRAO, Studi Volterra V (1971) 752 ff. Anderer Ansicht BRETONE, Servus communis 174 Fn 17, und DI PORTO, Impresa collettiva (1984) 176, die unter *per se exercere* das getrennte Bewirtschaften des Schiffes durch die Miteigentümer (mit oder ohne Einsetzung eines *magister navis*) verstehen; damit läßt sich aber die ulpianische Entscheidung (Haftung nicht *in solidum*, sondern *pro portionibus*, wobei es offenbar um einen gemeinsamen Gläubiger geht) nicht in Einklang bringen.

433 So schon DE MARTINO, Exercitor in: Novissimo Digesto Italiano VI (1960) 1091 f, der den Passus aber für unklassisch hält; dem Argument DE MARTINOS folgend (aber die Klassizität bejahend) SERRAO, Studi Volterra V (1971) 754 = Impresa 78.

434 SERRAO, Studi Volterra V (1971) 754 = Impresa 78.

Gegen die Deutung SERRAOS sind allerdings einige Bedenken geltend zu machen. Zunächst einmal ist Ulpians Entscheidung der Frage gewidmet, ob die Haftung der *plures exercitores* solidarisch oder bloß anteilig sei. Genau diese Frage stellt sich im römischen Recht aber (auch) dann, wenn mehrere Personen gemeinsam als Schuldner eine Verpflichtung eingehen. Ein persönliches Zusammenwirken allein führt dabei keineswegs automatisch zu einer solidarischen Haftung, sodaß kein zwingender Grund besteht, die Stelle auf eine Stellvertretungssituation zu beziehen. Dazu paßt auch der Kontext des Fragments, in dem Ulpian jeweils unterschiedliche Varianten dahingehend behandelt, ob es zu einer solidarischen Haftung der *plures exercitores* kommt, oder nicht.

Umgekehrt gilt für das klassische Recht prinzipiell der Ausschluß der direkten Stellvertretung.[435] Die Haftung von Personen, die am Vertragsschluß selbst nicht beteiligt sind, kommt nur ausnahmsweise in Betracht. Einer der Ausnahmen stellt die *praepositio* eines Freien als *magister navis* dar; in diesem Fall aber (auch wenn es sich dabei um einen der *exercitores* selbst handelt) kommt es zu einer solidarischen Haftung (und nicht bloß einer anteiligen) der „Vertretenen". Da die *praepositio* wohl auch konkludent durch wissentliches Dulden erfolgen kann[436], wird davon auszugehen sein, daß in dem von SERRAO angenommenen Fall, daß die *exercitores* gemeinschaftlich Transporte betreiben, der konkrete Vertrag aber bloß von einem der ihren als „Geschäftsführer" abgeschlossen wird, von den Juristen eine solche *praepositio* (und damit die solidarische Haftung) bejaht worden wäre. Wenn aber einer von ihnen kontrahiert, ohne daß er als *magister navis* angesehen werden kann, so ist er auch nicht imstande, eine anteilige Haftung der Abwesenden zu begründen.[437]

Schließlich spricht aber auch die Wortwahl Ulpians (*si plures per se exerceant* und nicht etwa *si unusquisque per se exerceat*), daß die *exercitores* hier

---

435 Statt vieler vgl etwa KASER, Stellvertretung und „notwendige Entgeltlichkeit", ZRG-RA 91 (1974) 146 ff; HONSELL/MAYER-MALY/SELB, Römisches Recht (1987) 111 ff; ZIMMERMANN, Law of Obligations (1990) 45 f.

436 Vgl Ulpian 28 ad ed D 14.1.1.5: ...*si scit et passus est eum in nave magisterio fungi, ipse eum imposuisse videtur*. Zu Zweifeln an der Echtheit dieser Stelle siehe jedoch WIESMÜLLER, Exercitor, RE Suppl.12 (1970) Sp. 366 f.

437 Zumindest hätte Ulpian eine solche, sowohl vom allgemeinen Stellvertretungsrecht als auch von den speziellen Regeln der adjektizischen Haftung bei der *actio exercitoria* abweichende Regel positiv begründen müssen (und nicht nur die solidarische Haftung mit dem Argument, es bestehe keine wechselseitige Einsetzung als *magister*, ablehnen können). Ulpians Text ist vom Gesichtspunkt der Ablehnung einer solidarischen Haftung getragen, und nicht von dem des Bejahens einer eigentümlichen, sonst nirgends auftretenden Stellvertretungskonstellation.

nicht nur unmittelbar (ohne *magister navis*), sondern auch als Personenmehrheit den Schiffstransport betreiben und dabei mit Dritten kontrahieren.[438]

Denkbar erscheint im übrigen, daß ein anderer unbekannter Jurist mit einem Größenschluß etwa in der Art argumentiert hat: „Wenn selbst bei Einsetzung eines der *socii* als *magister navis* auch die abwesenden solidarisch verpflichtet werden, dann umso mehr, wenn sie gemeinsam beim Geschäft anwesend sind." Dagegen mag sich Ulpian gewandt haben, indem er verneint, daß sie *invicem sui* als *magistri* anzusehen seien, wenn eine *praepositio* eben nicht erfolgt ist.

5. Gesellschaften im landwirtschaftlichen Bereich

Für den in der antiken Wirtschaft an sich sehr bedeutsamen agrarischen Bereich[439] gibt es relativ spärliche Hinweise auf *societates* in den juristischen Quellen. Aus dieser Überlieferungslage darf freilich nicht vorschnell der Schluß gezogen werden, daß hier nur selten Gesellschaftsverträge abgeschlossen wurden.

a) Socii in Catos Formularen

Schon in Catos Formularen (Cato, De agri cultura, c. 144, cl. 13[440]; c. 145, cl. 8[441]) begegnet im Zusammenhang mit der Verdingung der Olivenernte und der

---

438 So im Ergebnis auch ARANGIO-RUIZ, Società (1950) 91.

439 Zur Bedeutung der Landwirtschaft für die römische Wirtschaftsgeschichte vgl DE MARTINO, Wirtschaftsgeschichte des alten Rom (1985) bes 50 ff, 105 ff, 326 ff; FINLEY, Die antike Wirtschaft (3.Aufl. 1993) 108 ff; KLOFT, Die Wirtschaft der griechisch-römischen Welt (1992) bes 205 ff.

440 Cato, De agricultura, Kapitel 144, Klausel 13: *Ne quis concedat, quo olea legunda et facinnda carius locetur, extra quam si quem socium inpraesentiarum dixerit. si quis adversum ea fecerit, si dominus aut custos volent, iurent omnes socii. si non ita iuraverint, pro ea olea legunda et facinnda nemo dabit neque debebitur ei qui non iuraverit.*
VON LÜBTOW, Symbolae Taubenschlag III (1957) 294 f = Gesammelte Schriften I.3 (1989) 75 f, übersetzt und erläutert: „Es soll niemand (von der Teilnahme an der Versteigerung) abstehen, damit das Einbringen und Verarbeiten der Olivenernte teurer vergeben wird, es sei denn, daß jemand von der Versteigerung zurücktritt, den er (nämlich der andere Bieter, zu dessen Gunsten die Abstandnahme erfolgt ist) sogleich (dem Gutsherrn) als seinen (neuen) Gesellschafter benennt. Wenn einer (von den Bietungslustigen) dagegen verstoßen hat, sollen auf Verlangen des Gutsherrn oder seines Aufsehers alle Gesellschafter (nämlich des Redemptors, mit dem dann der Vertrag zustande gekommen ist)

Ölpresse der Ausdruck *socius*; ob damit freilich eine Partei eines Gesellschaftsvertrages im technischen Sinn bezeichnet wurde, ist fraglich.[442] So deuteten etwa LASTIG[443] und PERNICE[444] diese *socii* als freie Arbeiter, die Anteil am Gewinn des Unternehmers haben. In seiner ausführlichen Untersuchung der catonischen *leges* verteidigte demgegenüber LÜBTOW die Technizität der Bezeichnung *socius* und deutete die Klausel vor dem Hintergrund der privaten Versteigerungspraxis (welche von jener der öffentlichen Hand beeinflußt war). *Socius* ist demnach als Mitglied einer Bietergemeinschaft zu verstehen (ähnlich wie der *socius* einer *societas Publicanorum*), wobei der Vertrag mit dem Gutsherrn selbst über die Verdingung der Ernte und des Pressens der Oliven (wie bei den *leges locationis* des *ius publicum*) durch einen *redemptor* abgeschlossen wird.[445]

b) Societates ad pascendum, Politio und Colonia partiaria

Im Zusammenhang mit der Diskussion der Haftung der *socii* untereinander werden von Celsus (gemäß Ulpian 31 ad ed D 17.2.52.2) zwei Anwendungsfälle einer *societas* im agrarischen Bereich erwähnt, und zwar die Hingabe von Vieh zum gemeinsamen Weiden sowie die Hingabe eines Ackers an einen *politor* (einem Fachmann für die bessere Kultivierung eines Grundstückes):

> *Utrum ergo tantum dolum an etiam culpam praestare socium oporteat, quaeritur. et Celsus libro septimo digestorum ita scripsit: socios inter se dolum et culpam praestare oportet. si in coeunda societate, inquit, artem operamve pollicitus est alter, veluti cum pecus in commune pascendum aut agrum politori damus in commune quaerendis fructibus, nimirum*

---

schwören (daß derjenige, der Abstand genommen hat, dies nicht zu Gunsten ihres Gesellschafters, des Redemptors getan hat). Wenn sie nicht so schwören, wird für das Ernten und Verarbeiten der heurigen Oliven niemand dem etwas geben oder schulden, der nicht schwört."

441 Cato, De agricultura, Kapitel 145, Klausel 8: *socium nequem habeto, nisi quem dominus iusserit aut custos.*

442 So auch jüngst im Ergebnis SANTUCCI, Il socio d'opera (1997) 34.

443 LASTIG, ZHR 24 (1879) 410 f.

444 PERNICE, ZRG-RA 3 (1882) 50 f; daß das Verhältnis dieser Arbeiter und ihres „Vormannes" (der mit dem Gutsherrn kontrahiert) im Innenverhältnis als *societas* anzusehen ist, hält PERNICE keineswegs für zwingend, aber auch nicht für ausgeschlossen.

445 Zur gesamten Problematik VON LÜBTOW, Catos Leges venditioni et locationi dictae, Symbolae Taubenschlag III (1957) 286 ff, jetzt in: Gesammelte Schriften I.3 (1989) 67 ff mwN. VON LÜBTOWS eigene Auffassung folgt den Ansätzen von MOMMSEN, Römische Geschichte I (10. Aufl 1907) 852, und KARLOWA, Römische Rechtsgeschichte II (1901) 657 Fn 1.

ibi etiam culpa praestanda est: pretium enim operae artis est velamentum. quod si rei communi socius nocuit, magis admittit culpam quoque venire.

Gemeinschaftlich Vieh zum Weiden zu geben bzw einen Acker zur gemeinsamen Fruchtziehung einem *politor* zu übergeben, werden als Fälle einer *societas* angeführt[446], bei denen eine *ars* bzw *opera* vom einem *socius* beigesteuert werden *(in coeunda societate artem operamve pollicitus est alter)*, woraus Celsus eine Haftung nicht nur für *dolus*, sondern auch für *culpa* ableitet.[447] Dabei dürfte er davon ausgehen, daß sich aus der Behandlung der sachkundigen Leistung des Hirten bzw *politor* als Beitragsäquivalent im Rahmen der *societas* die analoge Anwendbarkeit der Haftungsregeln für entgeltliche Werkleistungen (*locatio conductio*) ergibt.[448] Geteilt wird dabei im Rahmen der Gesellschaft zwischen dem *socius*, der das Vieh bzw den Acker beisteuert, und dem Arbeitsgesellschafter jeweils der erzielte Zuwachs (*in commune quaerendis fructibus*).

Die Übergabe von Vieh im Rahmen einer Gesellschaft zum Weiden begegnet auch im anschließenden Text Ulpian 31 ad ed D 17.2.52.3, diesmal mit dem Zusatz, daß das Vieh als *pecus aestimatum* übergeben wurde:

Damna quae imprudentibus accidunt, hoc est damna fatalia, socii non cogentur praestare: ideoque si pecus aestimatum datum sit et id latrocinio aut incendio perierit, commune damnum est, si nihil dolo aut culpa acciderit eius, qui aestimatum pecus acceperit: quod si a furibus subreptum sit, proprium eius detrimentum est, quia custodiam praestare debuit, qui aestimatum accepit. haec vera sunt, et pro socio erit actio, si modo societatis contrahendae causa pascenda data sunt quamvis aestimata.

Die Stelle beschäftigt sich zunächst mit der Frage der Gefahrtragung für *vis maior*; eine diesbezügliche Haftung der Gesellschafter untereinander wird verneint. Daher haftet auch ein Gesellschafter, dem Vieh unter Festlegung des Schätzwertes im Zeitpunkt der Übergabe zum Weiden gegeben wurde, nicht für unverschuldeten Bandenüberfall oder unverschuldete Feuersbrunst. Aller-

---

446 Die *politio* als zumindest gesellschaftsnahes Geschäft erscheint schon bei Cato De agr. 136; dazu vgl SANTUCCI, Il socio d'opera (1997) 30.

447 Ausführlicher zur Frage des Haftungsmaßstabes unten Dritter Abschnitt E. 7. sowie MEISSEL, Rezension von Santucci, Il socio d'opera, ZRG-RA 117 (2000) 564 f mwN.

448 Vgl Ulpian 32 ad ed D 19.2.9.5: *Celsus etiam imperitiam culpae adnumerandam libro octavo digestorum scripsit: si quis vitulos pascendos vel sarciendum quid poliendumve conduxit, culpam eum praestare debere et quod imperitia peccavit, culpam esse: quippe ut artifex, inquit, conduxit.*

dings haftet der Hirte für *custodia* (auch hier wiederum vergleichbar einem Werkunternehmer[449]).

Die Schätzung der Herde dient hier wohl dazu, die Anteile der *socii* am Gewinn festzustellen. Der eine Gesellschafter bringt das Vieh ein, der andere seine Arbeitskraft. Für die Gewinnfeststellung ist aufgrund der konkreten Vereinbarung zunächst der Beitrag desjenigen, der das Vieh eingebracht hat (wie auch bei anderen Fällen eines Kapitalgesellschafters) abzuziehen; zu diesem Zweck wird die eingebrachte Herde bereits bei der Übergabe einer Schätzung unterzogen. Der Mehrwert der Herde stellt dagegen das *lucrum* dar, welches gemäß dem Gesellschaftsvertrag aufzuteilen ist. Obwohl Ästimationsklauseln in der Antike häufig zum Zweck der Risikoverlagerung abgeschlossen werden[450], hat die Schätzungsabrede hier im speziellen Fall keine Relevanz für die Gefahrtragung für *vis maior*. Sofern hinsichtlich des Weidens eine *societas* abgeschlossen wurde (*si modo societatis contrahendae causa pascenda data sunt*), ist für diese die gemeinsame Gefahrtragung charakteristisch, sodaß das Risiko für Untergang durch *vis maior* auch dann geteilt wird, wenn das Vieh als *pecus aestimatum* übergeben wurde.

Dieser Deutung könnte freilich entgegengehalten werden, daß die Vereinbarung der Parteien auf eine Viehteilpacht[451] hinausläuft, bei der der „Pächter“ abgesehen von der Rückgabe des Grundstocks des Viehs (als *aestimatum*) als Entgelt einen Anteil am Zuwachs als naturale *merx* zu leisten hat.[452] Für die Teilpacht allgemein gibt es in der romanistischen Literatur immer wieder heftige Diskussionen, ob die *colonia partiaria* von den Klassikern als *locatio conductio*, als *societas*, oder aber als Innominatkontrakt qualifiziert wurde. Die derzeit herrschende Lehre geht von der Einordnung der Teilpacht als *locatio conductio* aus.[453] Neben der Argumentation mit dem Ausdruck *colonus partiarius* (der als Pendant zum *colonus, qui ad pecuniam numeratam conduxit* erscheint) und einer Pliniusstelle (Plinius 9,37,3), in der dieser berichtet, daß er von der Verpachtung gegen Geld (*nummis locare*) auf eine solche gegen

---

449 Zur Custodia-Haftung des Werkunternehmers vgl Gai Inst.3.205.

450 Zur Aestimationsabrede als Klausel zur Risikoverlagerung für *vis maior* vgl Bürge, Der Witz im antiken Seefrachtvertrag, Index 22 (1994) 389 ff, bes 397 ff.

451 Zum Begriff der Viehteilpacht vgl BOLLA-KOTEK, Untersuchungen zur Tiermiete und Viehpacht im Altertum (1940) 93 ff; zum Teilpachtvertrag im neubabylonischen Recht vgl . RIES, Die neubabylonischen Bodenpachtformulare (1976) 78 ff.

452 Für Teilpachtverhältnisse ist es charakteristisch, daß man sie sowohl als Pacht (Teil der Ernte als Pachtzins) als auch entgeltliche Erbringung eines Werkes (Teil der Ernte als Lohn) begreifen kann; vgl WASZYNSKI, Die Bodenpacht (1905) 152.

453 Siehe nur KASER, Römisches Privatrecht I (2. Aufl. 1971) 566 Fn 31; HONSELL/MAYER-MALY/SELB, Römisches Recht (1987) 325 Fn 11 jeweils mwN.

Anteile an der Ernte (*partibus locare*) umzusteigen gedenkt, werden va Gaius D 19.2.25.6, C 4.65.8 (a. 231), C 4.65.21 (a. 293) zur Beweisführung herangezogen.[454] Aus diesen Stellen kann aber – wie zu zeigen sein wird – keineswegs gefolgert werden, daß die bei Ulpian vermutete Qualifikation eines Falles der „Viehteilpacht" als *societas* unklassisch sein muß.

Die einzige dieser Stellen, in der ausdrücklich von einem *colonus partiarius* gehandelt wird, ist Gaius 10 ad ed prov D 19.2.25.6:

> *Vis maior, quam Graeci* theou bian *appellant, non debet conductori damnosa esse, si plus, quam tolerabile est, laesi fuerint fructus: alioquin modicum damnum aequo animo ferre debet colonus, cui immodicum lucrum non aufertur. apparet autem de eo nos colono dicere, qui ad pecuniam numeratam conduxit: alioquin partiarius colonus quasi societatis iure et damnum et lucrum cum domino fundi partitur.*

Gaius führt aus, daß der Pächter einen zumutbaren Verlust aufgrund von *vis maior* allein tragen muß, da er ja auch umgekehrt einen unmäßigen Gewinn nicht mit dem Verpächter teilen muß. Das gelte aber nur für den Pächter, *qui ad pecuniam numeratam conduxit* und nicht für den *colonus partiarius*. Letzterer teile Gewinn und Verlust gleichsam nach Gesellschaftsrecht mit dem Grundstückseigentümer.

Da Gaius die gemeinsame Risikotragung bloß mit einem vergleichenden Hinweis auf die *societas* (*quasi societatis iure et damnum et lucrum cum domino fundi partitur*) darlegt, wird überwiegend geschlossen, daß bei der Teilpacht keine *societas* anzunehmen sei.[455] Umgekehrt ergibt sich aber daraus, daß für Gaius im Hinblick auf diese gemeinsame Risikotragung sehr wohl eine Parallele zwischen *colonia partiaria* und *societas* besteht. Daß die Teilpacht hierin von den allgemeinen Regeln der *locatio conductio* abweicht und mit der *societas* übereinstimmt, läßt es keineswegs undenkbar erscheinen, daß zumindest andere Juristen eine Zuordnung der Teilpacht zur *societas* erwogen haben.

Das Reskript Alexanders an Sabinianus Hyginus C 4.65.8 (a. 231) behandelt die Frage der *remissio mercedis* bei der Pacht, wobei im hier interessierenden Zusammenhang die Erwähnung des Sachverhalts bedeutsam ist, in der von der Pacht *certis annuis quantitatibus* die Rede ist. Daraus ergibt sich, daß der Pächter jährlich bestimmte Mengen (vermutlich des Geernteten)

---

454 Vgl KOBLER, Der Teilbau (1928) 25 ff.

455 Für *societas* aber WAASER, Die colonia partiaria des römischen Rechts (1885) 43 ff, der das *quasi* nicht als Vergleichungspartikel, sondern als Explikativpartikel, etwa gleichbedeutend mit *scilicet*, versteht. Zur Einordnung durch die mittelalterliche Jurisprudenz vgl SCHRAGE, Colonia partiaria. Zum Rechtsbegriff der Teilpacht aus der Sicht der Glossatoren, FS Feenstra (1976) 393 ff.

schuldet; eine echte Teilpacht liegt hier aber nicht vor. Die Vereinbarung einer ästimierten (dh einer von vornherein mengenmäßig bestimmten) Naturalleistung ist vom Fall der *colonia partiaria* zumindest begrifflich zu trennen.[456] Die Konstitution belegt folglich lediglich die Zulässigkeit der Vereinbarung einer naturalen *merx* zur Zeit Alexanders.

Ähnliches gilt für das, ebenfalls als Beleg für die Qualifikation der Teilpacht als *locatio conductio* herangezogene, diokletianische Reskript an eine gewisse Antonia (a. 293) C 4.65.21:

> *Si olei certa ponderatione fructus anni locasti, de contractu bonae fidei habito propter hoc solum, quod alter maiorem obtulit ponderationem recedi non oportet.*

Antonia hat ein Grundstück gegen Leistung einer bestimmten Menge der Früchte verpachtet. Diokletian antwortet, daß von dem *contractus bonae fidei* nicht zurückgetreten werden kann, auch wenn ein anderer eine größere Menge als Entgelt angeboten hat. Auch hier liegt eine *colonia partiaria* ieS nicht vor, weil als Entgelt nicht eine *pars olei*, sondern eine *certa ponderatio* (also eine bestimmte Lieferung nach Gewicht) vereinbart war. Die Stelle belegt, daß eine naturale *merx certa* für Diokletian die Qualifikation als *locatio conductio* (welche sich aus dem Ausdruck *locasti* in Verbindung mit dem *bonae fidei contractus* ergibt) nicht ausschließt, sagt aber über die Einordnung der Teilpacht im engeren Sinn nichts Definitives aus.

Ob die *merx* bei der *locatio conductio* (zumindest teilweise) in Geld bestehen muß, war bei den klassischen Juristen vermutlich umstritten. Servius und Afrikan[457] sowie Gaius[458] scheinen dies verneint zu haben, dagegen sprachen sich Ulpian[459] und Paulus[460] für das Gelderfordernis aus.[461] Für Juristen wie Ulpian, welche am *pretium*-Charakter der *merx* festhielten, mußte die Qualifikation der Teilpacht als *locatio conductio* jedenfalls auszuschließen sein; für sie kam folglich wohl nur entweder die Einordnung als *societas* oder als Innominatkontrakt in Frage.

---

456 MAYER-MALY, Locatio conductio (1956) 137.

457 Afrikan 8 quaest D 19.2.35.1.

458 Gaius Inst 3.144 f.

459 Ulpian 32 ad ed D 10.3.23, 30 ad ed D 16.3.1.9.

460 Paul 5 quaest D 19.5.5.2.

461 Vgl dazu MISERA, Der Nutzungstausch bei Nachbarn und Miteigentümern, ZRG-RA 94 (1977) 271; früher wurde das Geld-Erfordernis bei der *merx* verschiedentlich für eine justinianische Interpolation gehalten.

Genau in dieser Perspektive begegnet auch die Übernahme von Vieh zum Weiden unter Vereinbarung der Teilung eines Verkaufserlöses bei Ulpian 30 ad Sab D 19.5.13.1:

> *... sed si puerum docendum vel pecus pascendum tibi dedero vel puerum nutriendum ita, ut, si post certos annos venisset, pretium inter nos communicaretur, abhorrere haec ab area eo, quod hic dominus esse non desinit qui prius fuit: competit igitur pro socio actio. sed si forte puerum dominii tui fecero, idem se quod in area dicturum, quia dominium desinit ad primum dominum pertinere. Quid ergo est? in factum putat actionem Iulianus dandam, id est praescriptis verbis.*

Im Anschluß an die Diskussion einer von Ulpian als Innominatkontrakt qualifizierten Vereinbarung, derzufolge Ego dem Tu Eigentum an einem Grundstück überträgt, Tu auf diesem ein Haus errichten und dieses sodann mit einem Teil des Grundstückes an Ego rückübereignen soll, schildert Ulpian den Fall, daß (ohne Übereignung) ein Sklavenjunge zum Zweck des Unterrichts bzw seiner Versorgung oder Vieh zum Zweck des Weidens übergeben werden und vereinbart ist, daß ein aus dem späteren Verkauf des Sklavenkindes oder des Viehs erzielter Erlös zwischen den Parteien aufgeteilt werden soll. Dieser Fall wird von Ulpian als *societas* qualifiziert.

Der Ausgangsfall D 17.2.52.3 unterscheidet sich von der Weidegesellschaft in D 19.5.13.1 darin, daß nicht der Verkaufserlös als solcher geteilt wird, sondern bloß der Gewinn (also die Differenz zwischen Erlös und *aestimatum*). Daß sich der Eigentümer dabei einen gewissen Teil am Gesamterlös (nämlich das *aestimatum*) vorbehält, läßt die Einordnung unter die *societas* nicht ganz so selbstverständlich erscheinen, wie bei der Hingabe *ad pascendum* in D 19.5.13.1. Dennoch geht Ulpian von einer *actio pro socio* aus, *si modo societatis contrahendae causa pascenda data sunt quamvis aestimata.* Ulpians Einordnung der Viehteilpacht scheint also auch hier[462] stärker auf den Parteienwillen abgestellt zu haben; ist dieser auf das Eingehen einer *societas* gerichtet (was neben der von den Parteien gewählten Terminologie auch anhand der Regelung anderer Punkte des Vertrages zu eruieren sein wird), so liegt für Ulpian ein Gesellschaftsverhältnis (und kein Innominatkontrakt) vor.[463]

---

462 Vgl dazu oben die Überlegungen zu Ulpians Einordnung des Trödelvertrages.

463 Daß es für die Frage der Einordnung der Teilpacht auf den konkreten Parteienwillen ankommt (der allerdings in der Regel auf Pacht hinausläuft), wurde in der älteren Literatur schon öfters zutreffend erkannt. Siehe etwa DERNBURG, Pandekten II (1886) 289 Fn 4; KARLOWA, Römische Rechtsgeschichte II (1901) 639; WASZYNSKI, Die Bodenpacht (1905) 148.

c) Papyrologische Belege für landwirtschaftliche Pachtgesellschaften

In den Papyri finden sich vielfältige Belege für Gesellschaftsverhältnisse im agrarischen Bereich, va in jenen Fällen, in denen Personenmehrheiten als Verpächter oder Pächter auftreten.[464] Bei einer Personenmehrheit auf Verpächterseite handelt es sich in der Regel um Miteigentümer, die ein gemeinsames Grundstück verpachten, es kommen aber auch Pächter vor, die gemeinsam unterverpachten. Dabei kann intern ein Gesellschaftsvertrag unter den Verpächtern bestehen[465], dies muß aber nicht der Fall sein (etwa bei einer schlichten Miterbengemeinschaft). Bei einer Mehrheit von Pächtern[466] geht die Vertragsgestaltung manchmal davon aus, daß das gemeinsam gepachtete Land getrennt bewirtschaftet wird, die Pächter sich aber jeweils auch für die Verpflichtung der anderen Pächter verbürgen, sodaß gegenüber dem Verpächter eine solidarische Verpflichtung besteht.[467] Manchmal wird zwar gemeinsam (mit solidarischer Verpflichtung) gepachtet, anschließend aber eine Teilungsurkunde errichtet, in der (zeitlich begrenzt) das gepachtete Land unter den Pächtern aufgeteilt wird.[468] STEINWENTER nahm an, daß in diesen Fällen im Innenverhältnis idR keine *societas* bestand, da für diese ja das gemeinsame Wirtschaften charakteristisch sei.[469] Angesichts der solidarischen Haftung gegenüber dem Staat (bei der Domanialpacht) bzw gegenüber dem privaten

---

Aus dem papyrologischen Material ergibt sich allerdings, daß der Parteienwille meist auf Abschluß eines Pachtvertrages gerichtet war. Vereinzelt kommen aber auch Gesellschaftsverträge vor wie etwa P. Lips. 18 aus 303 n Chr; dazu KOBLER, Der Teilbau (1928) 28.

464 WASZYNSKI, Die Bodenpacht (1905) 59 ff; SAN NICOLÒ, Ägyptisches Vereinswesen (1913) 148 ff; STEINWENTER, Aus dem Gesellschaftsrechte der Papyri, Studi Riccobono I (1932) 494 ff; TAUBENSCHLAG, Die societas negotiationis im Rechte der Papyri, ZRG-RA 52 (1932) 64 ff.

465 So begegnen etwa in B.G.U. 526 und P. London 314 zwei Verpächter, die als Unternehmer größere Komplexe in Pacht genommen haben und sodann in kleineren Parzellen weiter verpachten, wobei sie im Innenverhältnis als *socii* zu qualifizieren sind; WASZYNSKI, Die Bodenpacht (1905) 61.

466 Die folgenden Ausführungen gelten grundsätzlich für die Staatspacht von Domänen (Domanialpacht) ebenso wie für die Pacht privater Grundstücke.

467 Laut WASZYNSKI, Die Bodenpacht (1905) 61, belegen dies zB P. Petr. II 44 (1. Hälfte des 3. Jh v Chr); Lond. II 163 (88 n Chr), 438 (142 n Chr); B.G.U. 197 (17 n Chr), 591 (56/7 n Chr), 644 (69 n Chr), 938 (4. Jh n Chr); C.P.R. I 42 (4. Jh n Chr), 239 (212 n Chr). TAUBENSCHLAG, ZRG-RA 52 (1932) 73, führt als Beispiel solidarischer Haftung trotz getrennter Bewirtschaftung B.G.U. 586 (302 n Chr) an.

468 Vgl STEINWENTER, Studi Riccobono I (1932) 494 f, der dazu zB B.G.U 234 (142 n Chr), P. Ryl. 157 (135 n Chr), P. Hamb. 65 (141/2 n Chr) anführt.

469 STEINWENTER, Studi Riccobono I (1932) 494.

Verpächter ist aber denkbar, daß zumindest für die Zwecke des internen Regresses hier sehr wohl eine Gesellschaft vorlag, sodaß der *in solidum* belangte Pächter mittels Gesellschafterklage Rückgriff bei den Mitpächtern nehmen konnte.

Es kommt aber auch vor, daß ein einzelner Pächter später einen anderen als *socius* für die gemeinsame Bewirtschaftung des gepachteten Landes aufnimmt[470], ohne daß dies im Außenverhältnis Auswirkungen haben muß.[471]

Liegt im Innenverhältnis ein Pacht-Gesellschaftsvertrag vor, so verpflichten sich die *socii*, jeweils einen aliquoten Teil des Pachtzinses zu zahlen sowie sonstige Kosten mitzutragen. Dafür sind sie mit einer entsprechenden Quote am Gewinn beteiligt.[472] In den Urkunden finden sich darüberhinaus Regelungen hinsichtlich der Arbeitspflichten der *socii* (insbesondere zum gemeinsamen Bebauen und Bewirtschaften des gepachteten Grundstücks), welche auch durch Strafklauseln bestärkt werden.[473]

In Verbindung mit der gemeinsamen Pacht kann auch gemeinsamer Handel Gegenstand einer Gesellschaft sein, wie insbesondere der Gesellschaftsvertrag zweier Obsthändler (P. Lond.V 1794 aus 487 n Chr) belegt, in dem sich die beiden für ein Jahr zusammenschließen, um eine Obstpacht zu übernehmen und Obsthandel zu betreiben.[474]

6. Societates alicuius (unius) rei

Bereits im Zusammenhang mit Handelsgesellschaften allgemein wurde auf die in den Quellen mehrfach begegnenden *societates ad emendum et vendendum* hingewiesen. Beschränkt sich dabei der Gesellschaftszweck auf den An- und Weiterverkauf einer bestimmten Sache (*societas ad emendum et vendendum certam rem* bzw *aliquam rem*), so liegt eine *societas unius rei* vor. Im Gegensatz zu den auf Dauer angelegten *societates* handelt es sich dabei um ein Zielschuldverhältnis: der Umfang der Beiträge ist von vornherein festgelegt und die

---

470 Vielleicht sind die in den juristischen Quellen diskutierten Probleme hinsichtlich eines *socius admissus* (zumindest teilweise) vor dem Hintergrund solcher Pächter- bzw Afterpächtergesellschaften zu sehen.

471 So etwa P. Amh 94 (208 n Chr), Amh.100 (198 - 211 n Chr), Flor III 370 (132 n Chr), London V 1705 (6. Jh n Chr); näher dazu TAUBENSCHLAG, ZRG-RA 52 (1932) 65.

472 SAN NICOLÒ, Ägyptisches Vereinswesen (1913) 151 f, der auf P. Gentilli 3 Z. 13 ff (132/33 n Chr) und B.G.U. 1123 Z. 8 (Zeit des Augustus) verweist; vgl auch TAUBENSCHLAG, ZRG-RA 52 (1932) 66 f, bei dem auch P. Amh. II 94 (208 n Chr) angeführt ist.

473 ZB Petr.II 44 (3.Jh v Chr), dazu näher TAUBENSCHLAG, ZRG-RA 52 (1932) 72 f.

474 TAUBENSCHLAG, ZRG-RA 52 (1932) 74 f.

Kooperation der *socii* auf die Abwicklung eines bestimmten Geschäftes beschränkt. Ist dieses Geschäft abgewickelt, so findet auch die *societas* ihr Ende, ohne daß es einer eigenen *renuntiatio* bedürfte:

> Paulus 32 ad ed D 17.2.65.10: *Item si alicuius rei societas sit et finis negotio impositus, finitur societas ...*
>
> Inst 3.25.6: *Item si alicuius rei contracta societas sit et finis negotio impositus est, finitur societas.*

Während im allgemeinen die Regel *societas morte socii solvitur* gilt, und nur die bis zum Tod des Mitgesellschafters angefallenen Gewinne und Verluste zwischen den überlebenden *socii* und dem Erben abgerechnet werden, vertritt Labeo für eine *societas ad emendam conducendamve certam rem*, daß auch ein nach dem Tod eines *socius* eingetretener Gewinn oder Schaden gemeinschaftlich sei:

> Paulus 32 ad ed D 17.2.65.2: *Si in rem certam emendam conducendamve coita sit societas, tunc etiam post alicuius mortem quidquid lucri detrimentive factum sit commune esse Labeo ait.*

Bei einer solchen *societas unius rei* ist der Gesellschaftszweck offenbar so eingeschränkt, daß aus Praktikabilitätsgründen das Geschäft auch bei Tod eines der *socii* wie vereinbart abgewickelt werden soll.[475] Aus der Wiedergabe der Meinung des Labeo ergibt sich nicht, ob das Geschäft schon zu Lebzeiten des verstorbenen *socius* begonnen wurde; auf ein Wissen bzw Nichtwissen vom Tod des *socius* wird jedenfalls nicht abgestellt. Da das Zitat aber den Eindruck erweckt, es handle sich um eine Regel, welche speziell im Fall einer Gesellschaft zum Kauf oder zur Miete einer bestimmten Sache gelte, dürfte hier nicht an ein Geschäft gedacht sein, welches bereits zu Lebzeiten des Verstorbenen abgewickelt war (und dessen Folgen erst nach seinem Tod eintreten), sondern an ein solches, welches erst *post mortem* zur Abwicklung gelangte (wenngleich Vorbereitungshandlungen schon vorher gesetzt worden sein mögen).

Im selben Buch des Ediktskommentars des Paulus (32 ad ed D 17.2.65.10) findet sich eine neuerliche Erörterung der Problematik des Todes eines *socius*, in der in zweifacher Hinsicht differenziert wird. Zum einen wird darauf abgestellt, ob hinsichtlich des von der *societas* erfaßten Geschäftes noch *res integra*[476] vorliegt, zum anderen wird – unter ausdrücklichem Hinweis auf die

---

475 ARANGIO-RUIZ, Società (1950) 158.

476 Zur Vorstellung von *res integra* allgemein KNÜTEL, Contrarius consensus (1968) 23 ff; MAYER-MALY, Res integra, FS Wesener (1992) 303 ff.

entsprechende Regel beim Mandat[477] – auf eine allfällige Gutgläubigkeit bei der Ausführung des Geschäftes *post mortem* abgestellt:

> *Item si alicuius rei societas sit et finis negotio impositus, finitur societas: quod si integris omnibus manentibus alter decesserit, deinde tunc sequatur res, de qua societatem coierunt, tunc etiam distinctione utemur, qua in mandato, ut si quidem ignota fuerit mors alterius, valeat societas, si nota, non valeat.*

Anschließend an die Erörterung der Beendigung einer *societas alicuius rei* nach Abwicklung des Geschäftes behandelt Paulus die Frage des Einflusses des Todes eines *socius*. Soferne zum Zeitpunkt des Todes noch *res integra* vorliege (*integris omnibus manentibus*[478]), komme es darauf an, ob der überlebende *socius*, der das Geschäft *post mortem socii* führt, dessen Tod kannte oder nicht. War er bezüglich des Todes unwissend, so wird die *societas* als noch bestehend angenommen (*valeat societas*).[479]

E contrario dürfte sich bei bereits begonnenem Geschäft die *societas* jedenfalls – dh auch bei Kenntnis vom Tod eines *socius* – auch auf die Fortführung und die Abwicklung des Geschäftes erstrecken. Verknüpft man die Aussagen von D 17.2.65.10 mit D 17.2.65.2, so ergibt sich, daß bei einer auf Vornahme eines bestimmten Geschäftes gerichteten *societas* dieses Geschäft ungeachtet des Todes eines Gesellschafters zu vollenden ist, sofern nicht *res integra* vorliegt.

---

477 Der Hinweis auf das Mandat dürfte sich auf Paulus 32 ad ed D 17.1 26 pr beziehen.

478 Für Echtheit der Passage ab *quod si* entgegen älteren Interpolationsvermutungen KNÜTEL, Contrarius consensus (1968) 127 f Fn 24.

479 Der Schlußteil ab *ut si* wird allerdings von vielen als nachklassische Verallgemeinerung bzw Zusatz verdächtigt; vgl etwa ARANGIO-RUIZ, Società (1950) 157 f; KNÜTEL, Contrarius consensus (1968) 128 Fn 24. Die Verdächtigung rührt daher, daß Paulus (D 17.1.26 pr, 58 pr) auch beim Mandat zwischen dem Erlöschen des Mandats mit dem Tod einerseits und dem Gewähren einer *actio mandati utilitatis causa* zugunsten des gutgläubigen Auftragnehmers andererseits unterscheidet und folglich auch bei der *societas* zu erwarten wäre, daß für Paulus im Todesfall der Vertrag erlischt, dennoch aber eine *actio pro socio* gewährt wird.
Allerdings erscheint mir ein bloßer Hinweis des Paulus *tunc eadem distinctione utemur, qua in mandato* ohne Hinweis auf das entscheidende Kriterium der *ignorantia* des Handelnden auch sehr knapp. Zu beachten ist auch, daß die Aussage des Paulus nach der Überlieferung im Kontext einer *societas alicuius rei* steht, für die es – wie aus dem Labeo-Zitat in D 17.2.65.2 erschlossen werden kann – für die Frage der Vollendung des Geschäftes *post mortem socii* spezifische Regeln gegeben haben dürfte. Die Einschränkung der *societas* auf ein von vornherein bestimmtes Geschäft sowie die mögliche Betroffenheit mehrerer überlebender *socii* könnte eine etwas andere Sichtweise als beim Mandat nahegelegt haben.

Als konkreter Fall einer *societas unius rei* dürfte der „Quadrigafall" D 17.2.58 pr anzusehen sein, in dem Celsus aus Anlaß eines Briefes von Cornelius Felix eine Verabredung behandelt, derzufolge ein Partner drei Pferde und der andere ein Pferd in eine *societas* zum Zweck des Verkaufes der Pferde als *quadriga* einbringt[480]; hier liegt (zumindest in der einen Variante des Textes) eine *societas ad vendendam certam rem* vor.

Verschiedentlich finden sich Texte, die sich mit dem gemeinsamen Ankauf einer Sache beschäftigen, ohne daß dabei eine Gewinnerzielung durch Weiterverkauf beabsichtigt ist. So wird in einem Reskript von Diokletian/Maximian C 4.37.2 der Fall behandelt, daß der Anfragende gemeinsam mit seinem Onkel väterlicherseits ein Grundstück gemeinsam gekauft und übergeben erhalten hat. Im Reskript wird beschieden, daß, auch wenn der Kaufpreis nur vom Anfragenden bezahlt worden war, dennoch er und sein Onkel mit dem Erwerb der *possessio* Miteigentümer wurden, der Anfragende aber einen Teil des Kaufpreises vom Onkel mittels *actio pro socio* erlangen könne. Welcher wirtschaftliche Zweck *in concreto* mit dem Ankauf des Grundstückes verfolgt werden sollte, ergibt sich aus dem Text allerdings nicht.[481]

Eine *societas ad emendum certum fundum* unter Nachbarn zur Arrondierung der Grundstücke der Nachbarn begegnet bei einem von Julian beurteilten Fall, welcher bei Ulpian 31 ad ed D 17.2.52 pr überliefert ist:

> *Cum duobus vicinis fundus coniunctus venalis esset, alter ex his petit ab altero, ut eum fundum emeret, ita ut ea pars, quae suo fundo iuncta esset, sibi cederetur: mox ipse eum fundum ignorante vicino emit: quaeritur, an aliquam actionem cum eo vicinus habeat. Iulianus scripsit implicitam esse facti quaestionem: nam si hoc solum actum est, ut fundum Lucii Titii vicinus emeret et mecum communicaret, adversus me qui emi nullam actionem vicino competere: si vero id actum est, ut quasi commune negotium gereretur, societatis iudicio tenebor, ut tibi deducta parte quam mandaveram reliquas partes praestem.*

---

480 Dazu MISERA, Zur Gefahrtragung bei der römischen societas, FG Kaser (1986) 201 ff; MAYER-MALY, Quadriga, Estudios D'Ors II (1987) 855 ff; DROSDOWSKI, Das Verhältnis von actio pro socio und actio communi dividundo (1998) 152 ff; ausführlicher dazu unten im Dritten Abschnitt E..

481 Diocletian/Maximian C 4.37.2: *Cum proponas te praedium coniunctodominio cumpatruo tuocomparasse in possessionemque tam te quam ipsum inductum,iuris ratio efficit,ut dominium fundi ad utrumque pertineat. Sane quia pretium a te solo numeratum et sollemnibus pensitationibus cessante socio satisfactum esse dicis iudicio societatis id quod eo nomine praestari oportuerit consequeris.*

Einer von zwei Nachbarn (A) ersucht den anderen (B), ein neben ihren Grundstücken liegendes, zum Verkauf stehendes Grundstück zu kaufen und jenen Teil, der an sein eigenes Grundstück angrenzt (gegen Ersatz der Kosten) an ihn abzutreten. Bald darauf kauft A aber selbst das Grundstück ohne Wissen des B. Es stellt sich nun die Frage, ob der ursprünglich zum Ankauf ersuchte Nachbar B eine Klage gegen den Nachbarn A hat, der den Ankauf durchgeführt hat. Julian entscheidet, daß die Lösung von einer *quaestio facti* hinsichtlich der Vereinbarung der Parteien abhänge.

War bloß vereinbart, daß der Nachbar das Grundstück kaufe und es an den Auftraggeber teilweise übertrage, so gebe es keine Klage. Diesfalls liegt wohl - ohne daß Julian bzw Ulpian dies ausdrücklich[482] festhalten - ein Mandat vor.[483] Da dem Auftragnehmer keine Aufwendungen oder Schäden erwachsen sind, kann er keine *actio mandati contraria* anstellen. Einen Anspruch des Auftragnehmers darauf, den Auftrag durchführen zu können, gibt es nicht. Ebensowenig genügt die Tatsache, daß hier uU auch ein Eigeninteresse des Auftragnehmers gegeben ist, daß dieser mittels *actio mandati contraria* die Herausgabe des ihn interessierenden Teils des Grund-

---

482 Das *mandaveram* am Ende ist untechnisch zu verstehen, da es sich auf jene Variante bezieht, in der eine *societas* (und kein *mandatum*) vorliegt. Umgekehrt könnte das *ut fundum ... communicaret* insofern untechnisch sein, als es in der Variante ohne *societas* eher nicht zu einem Miteigentum kommen dürfte (wenngleich eine *communio pro diviso*, dh real geteiltes Miteigentum, denkbar wäre).

483 Vgl auch Labeo 2 post a Javol epit D 32.30.4: *Qui fundum mandatu meo in societate mihi et sibi emerat, deinde eum finibus diviserat et priusquam mihi traderet, ita eum tibi legaverat "fundum meum illi do".negavi amplius partem deberi, quia verisimile non esset ita testatum esse patrem familias, ut mandati heres eius damnaretur.*

Im Auftrag des Ego wird von Tu gemeinschaftlich für Ego und Tu ein Grundstück gekauft und hierauf dieses durch Grenzen geteilt. Noch bevor Tu dem Ego dessen zugedachten Teil übergeben hat, verstirbt Tu unter Hinterlassung eines Testaments, in dem unter anderem das Vermächtnis enthalten ist: „mein Grundstück gebe ich jenem". Gefragt ist, ob das gesamte Grundstück damit gemeint sei, oder bloß jener Teil, der bei Tu hätte bleiben sollen. Labeo verneint, daß das gesamte Grundstück dem Legatar geschuldet werde, weil es unwahrscheinlich sei, daß ein Hausvater so testiere, daß sein Erbe aus dem Mandat verurteilt werde.

In societate emere ist hier wohl im Sinn von „gemeinsam zum Erwerb von Miteigentum kaufen" zu verstehen; es liegt ein *emere in communem* vor, bei dem aber kein - über den Ankauf selbst hinausgehender - gemeinsamer wirtschaftlicher Zweck vorliegt. Das Rechtsverhältnis ist ein Mandat, und keine *societas*. Das Mandat selbst erlischt zwar mit dem Tod des Auftragnehmers, der Erbe ist aber verpflichtet, das aus dem Mandat Erlangte (den für den Auftraggeber bestimmten Anteil am *fundus*) dem Auftraggeber herauszugeben, andernfalls er aus dem Mandat verurteilt wird. Gleichzeitig sieht man, daß auch bei einem *emere in societate* zuerst Alleineigentum erworben wird, und erst dann der Anteil des anderen diesem übergeben wird.

stücks verlangen könnte, da bezüglich des Teils, den der Auftragnehmer für sich behalten sollte, ein (unverbindliches) *mandatum tua gratia* vorliegt.

Anderes gilt nach Julian freilich, wenn die Vereinbarung als *quasi commune negotium* intendiert war (*si vero id actum est, ut quasi commune negotium gereretur*). In diesem Fall habe der Nachbar einen Anspruch darauf, daß ihm der Käufer nach Abteilung des nach der ursprünglichen Vereinbarung dem Käufer zustehenden Teils den restlichen Teil aufgrund eines *iudicium societatis* abtrete.

Aus dem Abstellen auf das *id quod actum* ergibt sich, daß der wesentliche Unterschied zwischen beiden Varianten in der Intention der Parteien liegt, ein *commune negotium* zu führen. Anders ausgedrückt: daß es – ähnlich wie bei Ulpian D 17.2.44 – darauf ankommt, ob ein *animus contrahendae societatis* vorhanden ist, oder nicht.[484] Der Fall gehört damit zu jener Gruppe von „Grenzfällen", bei denen eine Zuordnung zur *societas* von einem entsprechenden Parteienwillen abhängig gemacht wird.

Bejaht man aber das Vorliegen einer *societas*, da die Parteien ein *commune negotium* führen wollten, so ergibt sich aus dem Gesellschaftsvertrag eine Verpflichtung zur sachenrechtlichen Vergemeinschaftung des Grundstücks bzw zur Abteilung und Übereignung eines Teils an den anderen, welche mittels *actio pro socio* durchsetzbar ist (*societatis iudicio tenebor, ut tibi deducta parte quam mandaveram reliquas partes praestem*).[485] Hier fungiert die *actio pro socio* also nicht als bloße Abrechnungsklage, sondern als Klage auf Erfüllung gesellschaftsvertraglicher Pflichten.

Schließlich sind noch Texte anzuführen, welche *societates alicuius rei* unter Miteigentümern bzw dinglich Mitberechtigten betreffen. Diese Texte zeigen jeweils, daß – bei entsprechendem *animus societatis contrahendae* – das Bewirtschaften einer *res communis* einen tauglichen Gesellschaftszweck bilden kann. Ob in den folgenden Stellen das Miteigentum der *socii* als solches allein Gesellschaftsgegenstand war, oder ob dieses (als „Gesellschaftsvermögen") der Verwirklichung eines darüberhinausgehenden Gesellschaftszweckes diente, läßt sich aus der Überlieferung schwer sagen. Die Schilderung des Sach-

---

484 Vgl PRINGSHEIM, Id quod actum est, ZRG-RA 78 (1961) 32; GANDOLFI, Studi sull'interpretazione degli atti negoziali in diritto romano (1966) 129; HERNANDO LERA, Contrato de sociedad (1992) 35.

485 Die Formulierung bezieht sich offenbar auf eine reale Teilung, welche entweder in Form von Alleineigentum (jeweils an einem Teil) oder aber durch Miteigentum mit realer Teilung (*communio pro diviso*) erzielt werden kann. Zur *communio pro diviso* im römischen Recht siehe insbes PINELES, Die communio pro diviso, Grünhuts Zeitschrift 29 (1902) 689 ff; kritisch zur *communio pro diviso* hingegen SAVIGNY, Obligatonenrecht I (1851) 315.

verhalts, in der jeweils die Betätigung eines Aufwandes für die *res communis* im Vordergrund steht und das Vorhandensein einer *societas* jeweils bloß aus der Gewährung einer *actio pro socio* erschließbar ist, spricht allerdings eher für die erste Variante.

> Ulpian 31 ad ed D 17.2.52.12: *Item si in communem rivum reficiendum inpensa facta sit, pro socio esse actionem ad reciperandum sumptum Cassius scripsit.*

Tätigt einer von mehreren Wasserleitungsberechtigten Aufwendungen zur Wiederherstellung eines gemeinsamen Kanals, so hat er laut Cassius einen Anspruch auf Aufwandersatz mittels einer *actio pro socio*.

Umstritten ist in der Literatur, ob es sich bei dem *rivus communis* um einen Kanal handelt, der zur Ausübung der Servitut dient, welche zugunsten eines im Miteigentum stehenden Grunstücks besteht, und die *socii* die Miteigentümer des *praedium dominans* sind[486], oder aber, ob bloß mehrere Wasserleitungsberechtigte gemeinsam das Wasser über ein fremdes Grundstück leiten, bevor es dann jeweils durch eigene Leitungen auf die eigenen Grundstücke geführt wird.[487]

Ob hier *in concreto* ein über das gemeinsame Bewirtschaften des gemeinsamen Kanals hinausgehener Gesellschaftsgegenstand gegeben war, ist aus der Entscheidung nicht erkennbar; aus dem Text läßt es sich jedenfalls nicht ausschließen, daß der Gesellschaftszweck tatsächlich auf das gemeinsame Betreiben bzw Erhalten des *rivus communis* beschränkt war.

Wird ein in Miteigentum stehendes Gebäude schadhaft und besteht die Notwendigkeit seiner Wiederherstellung, so kann der *socius*, der die Reparaturkosten übernommen hat, diese mittels *actio pro socio* oder *actio communi dividundo* anteilig gegenüber den Miteigentümern geltend machen. Die auf die Prokulianer zurückgehende überwiegende Meinung der Klassik hat darüberhinaus auch eine *cautio damni infecti* für zulässig erachtet.[488]

---

486 Vgl etwa BERGER, Teilungsklagen (1912) 44 Fn 4, 49 Fnn 1 - 3, sowie jüngst TALAMANCA, ED 42 (1990) 829 Fn 159.

487 So insbesondere ARANGIO-RUIZ, Società (1950) 148. Ausführlich zu dieser Problematik nun DROSDOWSKI, Das Verhältnis von actio pro socio und actio communi dividundo (1998) 103 ff mwN, der selbst eher zur zweiten Alternative zu neigen scheint, da ansonsten ein Ausgleich der Aufwendungen auch über die *actio communi dividundo* möglich sein müßte, die im Text aber nicht erwähnt wird (vgl auch DROSDOWSKI aaO 157 Fn 428).

488 Vgl Gaius 28 ad ed prov D 39.2.32. Ausführlich zu dieser Stelle in jüngerer Zeit RAINER, Der Paries communis, ZRG-RA 105 (1988) 507 ff, sowie DROSDOWSKI, Das Verhältnis von actio pro socio und actio communi dividundo (1998) 91 ff mwN.

Eine *oratio Divi Marci* sieht für diesen Fall Sonderregeln vor, wie sich insbesondere aus Ulpian 31 ad ed D 17.2.52.10 ergibt:

> *Idem respondit: socius, qui cessantis cessantiumve portiones insulae restituerit, quamvis aut sortem cum certis usuris intra quattuor menses, postquam opus refectum erit, recipere potest exigendoque privilegio utetur aut deinceps propriam rem habebit, potest tamen pro socio agere ad hoc, ut consequatur quod sua intererat. finge enim malle eum magis suum consequi quam dominium insulae. oratio enim divi Marci idcirco quattuor mensibus finit certas usuras, quia post quattuor dominium dedit.*

Ulpian referiert eine Rechtsmeinung Papinians hinsichtlich des Falls, daß ein Miteigentümer die Kosten für die Wiederherstellung eines schadhaften gemeinschaftlichen Gebäudes gezahlt hat.[489] Dieser kann aufgrund einer *oratio divi Marci*[490] ab Fertigstellung vier Monate lang (anteiligen) Ersatz seiner Aufwendungen zuzüglich bestimmter Zinsen verlangen oder er erhält (nach Ablauf der vier Monate) die Miteigentumsanteile des säumigen Partners. Zudem räumt Papinian dem in Vorlage getretenen *socius* auch eine *actio pro socio* auf das Interesse ein, wobei nicht ganz klar ist, ob dieser Anspruch alternativ zum Erwerb des Eigentums oder aber zusätzlich dazu besteht.[491] Als Begründung für die Gewährung der *actio pro socio* auch nach Ablauf der Viermonatsfrist wird angegeben, daß die Begrenzung der Einforderbarkeit der festgelegten Zinsen mit der Viermonatsfrist im Zusammenhang damit zu sehen sei, daß nach den vier Monaten das Eigentum übergehe. Dies hindert aber laut Papinian nicht daran, auch nach Ende der vier Monate das Interesse mittels Gesellschafterklage einzuklagen.

---

489 Ausführlich zu dieser Stelle nun DROSDOWSKI, Das Verhältnis von actio pro socio und actio communi dividundo (1998) 98 ff und 113 f mwN.

490 Einen Bezug auf diese *oratio* enthalten auch D 42.5.24.1 und C 8.10.4; zum *privilegium exigendi* siehe SCARANNO USSANI, „Privilegium exigendi",Labeo 29 (1983) 261; DERSELBE, Le forme del privilegio (1992) 144 ff

491 DROSDOWSKI, Das Verhältnis von actio pro socio und actio communi dividundo (1998) 102, nimmt an, daß dieser Anspruch alternativ zum Erwerb der Miteigentumsanteile besteht (argumento: *finge enim malle eum magis suum consequi quam dominium insulae*). Eine andere Deutung gibt HONSELL, Quod interest (1969) 162, demzufolge zusätzlich zum Eigentumserwerb der in Vorlage getretene *socius* (auch nach den vier Monaten) das über den Wert der erworbenen Miteigentumsanteile hinausgehende Interesse an der Erlangung seiner Auslagen mittels der *actio pro socio* einklagen konnte. Für HONSELLS Meinung ist ins Treffen zu führen, daß die alleinige Erwähnung einer *actio pro socio* (und nicht der *actio communi dividundo*) darauf zurückgeführt werden könnte, daß nach dem Erwerb der Anteile des säumigen *socius* Miteigentum an der *insula* nicht mehr besteht.

Gesellschaften unter Nachbarn im Zusammenhang mit spezifisch nachbarrechtlichen Problemen begegnen schließlich bei Ulpian 31 ad ed D 17.2.52.13,[492] dessen erster Teil zunächst betrachtet werden soll:

> *Item Mela scribit, si vicini semipedes inter se contulerunt, ut ibi craticium parietem inter se aedificarent ad onera utriusque sustinenda, deinde aedificato pariete alter in eum inmitti non patiatur, pro socio agendum ...*

Vereinbaren Nachbarn einen halbfuß breiten Grenzstreifen zwischen ihren Grundstücken zu vergemeinschaften und auf diesem eine gemeinschaftliche Stützmauer zu errichten, um die Last beider Gebäude zu tragen, so wird dies von Fabius Mela, einem Zeitgenossen Labeos[493], als *societas* qualifiziert.[494] Weigert sich der eine in der Folge, daß an der errichteten Stützmauer etwas befestigt wird, so sei er mit der Gesellschafterklage zu klagen.

Das gemeinsame Interesse der *socii* ergibt sich hier nicht aus der bloßen gemeinsamen Nutzung bzw Bewirtschaftung einer *res communis*, sondern die *collatio* von je einem Grundstreifen zur Begründung von Miteigentum und zur Errichtung des *paries communis* dient dem gemeinsamen Interesse der Abstützung beider Gebäude. Aus diesem akkordierten Gesellschaftszweck ergibt sich, daß die Untersagung der Befestigung eines Bauteils durch einen *socius*, welche an sich aus dem *ius prohibendi* des Miteigentümers wirksam ist, als gesellschaftswidriges Verhalten über die *actio pro socio* sanktionierbar ist.[495]

Worauf die Gesellschafterklage dabei gerichtet ist und ob hier ausnahmsweise *manente societate* geklagt werden soll, läßt sich aus dem Text nicht klar entnehmen. Aus der Ähnlichkeit der von Mela unterstellten Berechtigung zum *tignum immittere*, (die sich aus dem Miteigentum am *paries communis* in Verbindung mit dem Gesellschaftsvertrags hinsichtlich der gemeinsamen Abstützung ergibt) mit einer *servitus tignum immittendi*, ist meines Erachtens ein ähnliches Klageziel wie bei der *actio confessoria* am wahrscheinlichsten: die Feststellung, daß die Untersagung gesellschaftsvertragswidrig ist und die Her-

---

[492] Zur Stelle RAINER, ZRG-RA 105 (1988) 494, 498, 511; TALAMANCA, Società, ED 42 (1990) 829 Fn 159; DROSDOWSKI, Das Verhältnis von actio pro socio und actio communi dividundo (1998) 149 ff.

[493] KUNKEL, Herkunft und soziale Stellung der römischen Juristen (2. Aufl. 1967) 116.

[494] Dafür, daß Ulpian Melas Ansicht widersprochen hätte, wie ARNÒ, Contratto di società (1938) 160, annimmt, gibt der Text keinen Hinweis.

[495] Gemäß Ulpian 71 ad ed D 10.3.12 kommen in einem solchen Fall *actio communi dividundo* und *interdictum uti possidetis* in Betracht; vgl dazu RAINER, ZRG-RA 105 (1988) 502 f; DROSDOWSKI, Das Verhältnis von actio pro socio und actio communi dividundo (1998) 150 f.

stellung des Zustandes, der bestünde, wenn dem *socius* die Einfügung des Bauteils vertragskonform erlaubt worden wäre.[496]

Die Vorstellung, daß die *actio pro socio* hier bloß einer Liquidation der Gesellschaft dienen soll, erscheint dagegen weder sachgerecht, noch bietet Ulpians Text selbst einen Hinweis darauf. Selbst wenn die Stützmauer im Gefolge einer Liquidation der *societas* und einer Aufteilung des Miteigentums (zu der es grundsätzlich der Teilungsklage bedürfte, die in D 17.2.52.13 aber gar nicht erwähnt wird) ins Alleineigentum des einen Nachbarn gelangen sollte, so wären damit die potentiellen praktischen Schwierigkeiten *pro futuro* nicht beseitigt. Das Modell „Heilung durch Teilung" kann sich aufgrund der bleibenden Nachbarschaft der beiden Grundstücke und der essentiellen Funktion der Stützmauer für beide hier nicht bewähren.[497]

Auch in der zweiten Variante in Ulpian 31 ad ed D 17.2 52.13 wird ein Interesse, welches in ähnlicher Weise auch durch eine Servitut (und zwar die *servitus luminum*) [498] erzielbar wäre, *in concreto* durch einen Gesellschaftsvertrag verfolgt:

> ... *idemque et si aream in commune emerint, ne luminibus suis officeretur, et alteri tradita sit nec praestet alteri quod convenit, pro socio actionem esse.*

Zwei Grundstückseigentümer kaufen gemeinsam[499] ein offenbar zwischen ihren Grundstücken befindliches Grundstück zum Zweck, daß der Licht-

---

496 Vgl KASER, Das römische Privatrecht (2. Aufl. 1971) 447. Der Vergleich mit der *vindicatio servitutis* ist freilich nur inhaltlich gemeint, ohne daß die Unterschiede der beiden Klagen geleugnet werden sollen.

497 DROSDOWSKI, Das Verhältnis von actio pro socio und actio communi dividundo (1998) 151, meint dagegen, daß der Teilungsrichter ohne Probleme einem der Nachbarn das Alleineigentum zuweisen könne, da auf Grund des Widerspruchs nicht an die gebaute Mauer angebaut worden sei; daß ein Widerspruch zum *immittere* eines bestimmten Bauteiles ausgesprochen wurde, schließt aber keineswegs aus, daß die Mauer an sich bereits Stützfunktion für beide Gebäude hat.

498 Zum Schutz des Lichteinfalls durch Servituten siehe RAINER, Bau- und nachbarrechtliche Bestimmungen im klassischen römischen Recht (1987) 57 ff.

499 TALAMANCA, Società, ED 42 (1990) 829 Fn 159, und DROSDOWSKI, Das Verhältnis von actio pro socio und actio communi dividundo (1998) 152, nehmen an, daß *in commune emere* sich hier bloß auf einen Erwerb auf gemeinschaftliche Rechnung beziehe. Es ist aber keineswegs ausgeschlossen, daß der Kauf als solcher gemeinsam getätigt wurde, die Übergabe aber lediglich an einen erfolgte. Bei gemeinsamen Kauf und Übergabe bloß an den einen wäre freilich auch eine Stellvertretung beim Besitzerwerb durch den Übernehmer als Quasiprokurator (vgl Ulpian 29 ad Sab D 41.1.20.2) denkbar gewesen.
Jedenfalls ist davon auszugehen, daß es im konkreten Fall noch nicht zur Bildung von Miteigentum gekommen ist; anderer Ansicht FREZZA, Actio communi dividundo, RISG NS 7 (1932) 137.

einfall nicht beeinträchtigt werde. Wird das Grundstück dem einen übergeben und leistet er dem anderen nicht das Zustehende, so gebe es eine *actio pro socio.*

Hier stellt sich insbesondere die Frage, welche Leistungspflicht derjenige, dem das Grundstück übergeben wurde, verletzt hat. Denkbar erscheinen a) die Einräumung des Mitbesitzes und damit des Miteigentums, b) bloß die Einräumung einer *servitus luminum* zugunsten des anderen oder aber c) das bloß faktische Unterlassen einer Bauführung, durch die der Lichteinfall beim *socius* beeinträchtigt würde. Die Qualifikation der Vereinbarung als *societas* spricht meines Erachtens für die Annahme der Variante a), geht aus ihr doch die Annahme eines gemeinschaftlichen Geschäftes (was auch durch das *emere in commune* bestätigt wird) sowie beiderseitige Beitragspflichten hervor.

Sollte diese Interpretation zutreffen, so läge ein Beleg dafür vor, daß zumindest dann, wenn der Gesellschaftszweck auf den Erwerb einer Sache zu Miteigentum gerichtet ist, die Übertragung eines Miteigentumsanteils an den *socius* eine aus dem Gesellschaftsvertrag resultierende Verpflichtung darstellt, welche mittels *actio pro socio* einklagbar ist.

Beiden Varianten gemeinsam ist, daß jeweils das Vorliegen eines Gesellschaftsvertrages zwischen Nachbarn angenommen wird, sofern diese Vereinbarungen bezüglich einer Sache treffen, die zur Verwirklichung gemeinsamer (bzw paralleler) Interessen, in Miteigentum stehen soll. Aus dem Inhalt und dem Zweck der konkreten Gesellschaftsverträge ergeben sich dabei Verpflichtungen zur Begründung von Miteigentum, welche mit dem *iudicium societatis* durchsetzbar sind.

7. Exkurs: Die sogenannte societas Rutiliana

Von einer eigentümlichen *societas* zwischen Patron und Freigelassenem, welche in der Literatur meist unter der Bezeichnung *societas Rutiliana* figuriert[500], handelt Ulpian im Zuge seiner historischen Ausführungen zum Edikt *de bonis libertorum*:

> Ulp 41 ed D 38.2.1 pr - 2: *(pr) Hoc edictum a praetore propositum est honoris, quem liberti patronis habere debent, moderandi gratia. namque ut Servius scribit, antea soliti fuerunt a libertis durissimas res exigere, scilicet ad remunerandum tam grande beneficium, quod in libertos confertur, cum ex servitute ad civitatem Romanam perducuntur*

---

500 Jüngst dazu vor allem WALDSTEIN, Operae libertorum 131 ff; MASI DORIA, Die Societas Rutiliana und die Ursprünge der prätorischen Erbfolge der Freigelassenen, ZRG-RA 106 (1989) 358 - 403 = DIESELBE, Civitas - operae - obsequium (1993) 83 - 136 (italienische Fassung).

> *(1) et quidem primus praetor Rutilius edixit se amplius non daturum patrono quam operarum et societatis actionem, videlicet si hoc pepigisset, ut, nisi ei obsequium praestaret libertus, in societatem admitteretur patronus.*
>
> *(2) Posteriores praetores certae partis bonorum possessionem pollicebantur: videlicet enim imago societatis induxit eiusdem partis praestationem, ut, quod vivus solebat societatis nomine praestare, id quod mortem praestaret.*

§ 1 zufolge habe der Praetor Rutilius[501] die Belastungen der Freigelassenen dadurch eingeschränkt, daß er neben einer Klage auf die versprochenen *operae* bloß eine *societatis actio* zugelassen habe *videlicet si hoc pepigisset, ut, nisi ei obsequium praestaret libertus, in societatem admitteretur patronus.*

Die Qualifikation dieser sogenannten *societas Rutiliana* ist in der Literatur äußerst umstritten, stellt sich doch das Problem, wie D 38.2.1.1 mit jenen Texten in Einklang gebracht werden kann, welche eine *societas libertatis causa* schlechthin als unwirksam ansehen bzw welche Abreden *onerandae libertatis causa* die Durchsetzung verweigern:

> Ulpian 11 ad l Iul et Pap D 38.1.36: *Labeo ait libertatis causa societatem inter libertum et patronum factam ipso iure nihil valere palam esse.*
>
> Ulpian 76 ad ed D 44.5.1.5 - 7: *(5) Quae onerandae libertatis causa stipulatus sum, a liberto exigere non possum. onerandae autem libertatis causa facta bellissime ita definiuntur, quae ita imponuntur, ut, si patronum libertus offenderit, petantur ab eo semperque sit metu exactionis ei subiectus, propter quem metum quodvis sustineat patrono praecipiente.*
>
> *(6) In summa si in continenti impositum quid sit liberto, quod epaioroumenon oneret eius libertatem, dicendum est exceptioni locum facere, sed si post intervallum, habet quidem dubitationem, quia nemo eum cogebat hoc promittere: sed idem erit probandum et hic, tamen causa cognita, si liquido appareat libertum metu solo vel nimia patrono reverentia ita se subiecisse, ut vel poenali quadam stipulatione se subiceret.*
>
> *(7) Si libertatis causa societatem libertus cum patrono coierit et patronus cum liberto pro socio agat, an haec exceptio sit necessaria? et puto ipso iure tutum esse libertum adversus exactionem patroni.*

---

501 Dabei handelt es sich nach fast einhelliger Auffassung um P. Rutilius Rufus, den Prätor von 118 v. Chr; siehe nur MASI DORIA, ZRG-RA 106 (1989) 370 ff.

Aus der vielfältigen und kontroversiellen Behandlung der *societas Rutiliana* sollen zunächst nur schlaglichtartig einige markante Positionen angeführt werden. Nach PERNICE stellt die *societas cum liberto facta*, von der D 38.2.1.1 handelt, keinen Anwendungsfall der *actio pro socio* dar, sondern ist eine Vereinbarung *sui generis*, welche Merkmale einer Konventionalstrafe trägt.[502] Gelegentlich wird sie deshalb in der Literatur auch als „Strafsocietät" bezeichnet. ARANGIO-RUIZ verneint ebenfalls das Vorliegen einer *societas*, und bestreitet, daß das *iudicium societatis* in D 38.2.1.1 und die *actio pro socio* zu identifizieren seien.[503] ALBERTARIO dagegen hält den ganzen auf die *societas* zwischen Patron und Freigelassenen bezüglichen Teil von D 38.2.1.1 für interpoliert.[504]

Eine echte *societas* bejahen hingegen in jüngerer Zeit BEHRENDS[505], WALDSTEIN[506] sowie zuletzt MASI DORIA. Letztere bemüht sich freilich den Widerspruch zwischen der Unzulässigkeit der *societas libertatis causa facta* und der *societas Rutiliana* dadurch zu entkräften, indem sie hervorhebt, daß die in D 44.5.1.7 erwähnte *societas* ohne Bedingung abgeschlossen wird, während die *societas* in D 38.2.1 erst nach Eintritt der Bedingung *nisi ei obsequium praestaret libertus* zustandekommt. *Obsequium*[507] versucht sie dabei im Sinne der Überlegungen MACQUERONS[508] dadurch zu konkretisieren, daß sie darunter ein räumliches Naheverhältnis des Freigelassenen zum Patron und damit

502 PERNICE, ZRG-RA 3 (1882) 101 ff.

503 ARANGIO-RUIZ, Società (1950) 28 Fn 2.

504 ALBERTARIO, Sui negozi conchiusi dal liberto „onerandae libertatis causa", in: Studi III (1936) 391 ff; dagegen überzeugend WALDSTEIN, Operae libertorum (1986) 132, sowie MASI DORIA, ZRG-RA 106 (1989) 374 f.

505 BEHRENDS, Die Rechtsformen des römischen Handwerks, in: Jankuhn et al (Hg), Das Handwerk in vor- und frühgeschichtlicher Zeit (1981) 187 ff. BEHRENDS nimmt aber eine ganz eigentümliche, mit dem klassischen Zustand nicht nur im Hinblick auf den freiheitsbelastenden Aspekt, sondern im Hinblick auf die Dogmatik des Societas-Rechts schlechthin unvereinbare Art von *societas* an, welche real (durch die gemeinschaftliche Zuständigkeit an den *operae*) begründet worden sei. In seiner Interpretation der Stelle unterscheidet er aber nicht ausreichend zwischen der geschuldeten Leistung von *operae* einerseits, der Verpflichtung zu *obsequium* andererseits sowie der Beteiligung eines *socius* am Gewinn. Dagegen zu Recht kritisch WALDSTEIN, Operae libertorum (1986) 140 f, sowie MASI DORIA, ZRG-RA 106 (1989) 390 f.

506 WALDSTEIN, Operae libertorum (1986) 139 ff.

507 Zur (umstrittenen) Bedeutung von *obsequium* ausführlich WALDSTEIN, Operae libertorum (1986) 51 ff.

508 MACQUERON, Le travail des hommes libres dans l'antiquité (1958) 118 ff, bes 123.

zusammenhängende – von den *operae* im engeren Sinn zu unterscheidende – „gewisse typische Hilfeleistungen“[509] versteht.

Demgegenüber hatte WALDSTEIN[510] eine historische Entwicklung vor Augen, bei der der unter Rutilius geschaffene Rechtszustand später (er vermutet durch den Prätor Quintus Mucius Scaevola, wofür sich zwar allgemeine geistesgeschichtliche Gründe anführen lassen, quellenmäßige Hinweise aber leider fehlen[511]) verändert worden sei: Unter Rutilius sei die Vereinbarung einer *societas* für den Fall der Nichtleistung des *obsequium* noch zulässig gewesen, später aber jegliche Gesellschaftsabrede *onerandae libertatis causa* als unstatthaft angesehen worden. Von einer solchen Abschaffung des Rutilianischen Edikts, von der WALDSTEINS entwicklungsgeschichtliche These ausgeht, ist uns jedenfalls kein direkter Beleg überliefert; im Gegenteil wird die (später erfolgte) Zuerkennung einer *bonorum possessio dimidiae partis* noch gerade mit der *imago societatis* (*scilicet Rutiliana*) begründet[512], was äußerst unwahrscheinlich wäre, wenn zu dieser Zeit die *societas Rutiliana* ohnedies bereits der Vergangenheit angehört hätte.

MASI DORIAS Ansatz dagegen ist aus zwei Gründen nicht völlig überzeugend. Erstens stellt die *societas Rutiliana* auch nach ihrer Interpretation eine die Freiheitserlangung beschwerende Abrede dar, ist also – ungeachtet der speziellen Konstruktion mittels einer negativen aufschiebenden Bedingung – durchaus als *onerandae libertatis causa* zu bezeichnen. Zweitens aber ist die Einleitung des Bedingungssatzes mit *videlicet* etwas schillernd: sprachlich läßt sich daraus nicht mit letzter Sicherheit ableiten, daß Rutilius nur in diesem einen Fall (*nisi ei obsequium praestaret libertus*) das *iudicium societatis* gewährte, oder ob dies nur der Hauptanwendungsfall war.

Bei Annahme einer echten *societas* stellen sich freilich eine Reihe von Fragen. In welcher Weise beteiligt sich der Patron an der Gesellschaft? Trägt er etwa auch ein Verlustrisiko, oder ist er nur am Gewinn beteiligt? In der Literatur wurde immer wieder ein Zusammenhang mit der Diskussion um die *societas leonina* hergestellt, deren Unzulässigkeit zur Zeit des P. Rutilius noch nicht etabliert gewesen sei.[513] Eine entsprechende Verknüpfung fehlt aber in den Quellen; außerdem ist der Freigelassene ja sehr wohl am Gewinn beteiligt,

---

509 MASI DORIA, ZRG-RA 106 (1989) 383 = DIESELBE, Civitas Operae Obsequium (1993) 114; in der Sache nicht ablehnend, bezüglich der Herleitung aus Plaut. Men. 1032 - 43 aber zu Recht skeptisch in seiner Rezension zu letztgenanntem Werk WALDSTEIN, Orbis Iuris Romani II (1996) 134 f = TR 65 (1997) 127 f.

510 WALDSTEIN, Operae libertorum (1986) 156.

511 MASI DORIA, ZRG-RA 106 (1989) 375 f.

512 Ulpian 42 ad ed D 38.2.1.2.

513 WALDSTEIN, Operae libertorum (1986) 156.

und nicht nur am Verlust, sodaß die Voraussetzungen *ut alter lucrum sentiret, alter vero nullum lucrum, sed damnum*[514] nicht vorlägen. Vielmehr ginge es hier um das Problem, ob eine Gesellschaftsabrede gültig ist, derzufolge jemand am Gewinn beteiligt wird, der gar keinen Beitrag geleistet hat[515], was an sich als *societas donationis causa* unwirksam wäre.[516]

Worin könnte aber der Beitrag des Patron bestehen? In der Freilassung selbst, die ja als *tam grande beneficium, quod in libertos confertur* (D 38. 2.1 pr) galt? In der Überlassung des Anfangskapitals, welches - selbst wenn es *de facto* vom Freigelassenen selbst herrührt - bis zur Freilassung dem Vermögen des *dominus* zugehörte? Oder ist doch an echte Beiträge *post manumissionem* zu denken? Für letzteres könnte sprechen, daß über das Edikt des Rutilius mit der etwas eigentümlichen Formulierung berichtet wird, *ut ... in societatem admitteretur patronus.* Möglicherweise unterlag der Freigelassene zwar - aufgrund einer bedingten Verpflichtung *nisi ei obsequium praestaret* oä - einer Beschränkung seiner Vertragsabschlußfreiheit hinsichtlich einer *societas* mit seinem Patron, ohne daß die sonstigen allgemeinen Regeln (etwa, daß die Gewinnbeteiligung den Beiträgen der Gesellschaftern zu entsprechen haben und dem Standard der *bona fides* angemessen sein müssen) außer Kraft gesetzt wären.

Eine andere, völlig offene Frage betrifft den zeitlichen Horizont der *societas cum liberto*: Welche Regeln gelten etwa bezüglich der Kündigungsmöglichkeit? MASI DORIA nimmt an, daß der Freigelassene von sich aus die *societas* nicht aufkündigen konnte[517] und daß eine *actio societatis* des Patrons auch *manente societate* zulässig gewesen sei[518], was freilich beides nicht belegt ist. Denkbar ist auch, daß die *societas* befristet (und unter Absicherung durch entsprechende Vertragsstrafen) abgeschlossen wurde, um so die sonst gegebene jederzeitige Auflösungsmöglichkeit durch *renuntiatio* zu verhindern.

In der Praxis dürften Gesellschaften zwischen Patron und Freigelassenem jedenfalls auch in der Kaiserzeit häufig vorgekommen sein. Nicht zuletzt weist darauf die noch nicht völlig geklärte und um Differenzierung bemühte Haltung Ulpians in D 44.5.1 hin. Auf der einen Seite steht bei ihm das Verbot

---

514 Ulpian 30 Sab D 17.2.29.2.

515 Vgl PERNICE, ZRG-RA 3 (1882) 102, demzufolge die Annahme einer *societas leonina* schon daran scheitere, daß eine solche immerhin echte Beiträge aller Gesellschafter voraussetze, der Patron aber gar nichts beisteuere.

516 Ulpian 31 ad ed D 17.2.5.1: ... *donationis causa societas recte non contrahitur.*

517 MASI DORIA, ZRG-RA 106 (1989) 398 = DIESELBE, Civitas Operae Obsequium (1993) 130.

518 MASI DORIA, ZRG-RA 106 (1989) 397 f = DIESELBE, Civitas Operae Obsequium (1993) 129 f.

der Abreden *onerandae libertatis causa*, auf der anderen Seite eine eher restriktive Interpretation dieses Verbotes im Lichte der allgemeinen Regeln des Vertragsrechts sowie einer vermutlich durchaus verbreiteten Vertragspraxis. Ulpian versucht dem Problem (welches gewisse Ähnlichkeiten mit dem des „Vertragsabschlusses unter verdünnter Willensfreiheit" im modernen Recht aufweist), dadurch gerecht zu werden, daß er zwischen Abreden *in continenti (manumissionis)* und solchen *ex intervallo* unterscheidet. Damit läßt sich aber meines Erachtens auch noch das Regime des Rutilianischen Edikts in Einklang bringen: *In continenti* mit der *manumissio* ist bloß die Zusage von Tagwerken zulässig; die Vereinbarung einer *societas cum liberto* ist dagegen von den *operae* zu trennen und kann - um gültig zu sein - erst nach der Freilassung erfolgen.

Daß die bei Ulpian D 44.5.1 diskutierte Unzulässigkeit der Abreden *onerandi libertatis causa* sich nur durch ein postrutilianisches Edikt *de onerandae libertatis causa impositis* erklären lasse, wie vielfach angenommen wird[519], erscheint jedenfalls nicht zwingend. ME könnte es sich dabei auch um eine Interpretation - vielleicht des Edikts des P. Rutilius - durch die Jurisprudenz handeln, welche sich um verfeinerte Differenzierungen bemüht. Zudem darf nicht übersehen werden, daß Paragraph 5 zunächst von einer Stipulation handelt (*quae onerandae libertatis causa stipulatus sum, a liberto exigere non possum*). Aus dem Fortgang des Textes ist ersichtlich, daß die Nichtdurchsetzung einer solchen Abrede *onerandae libertatis causa* mittels *exceptio* geschieht. Dabei könnte es sich zumindest bei dem von Paragraph 5 gemeinten Fall um eine *exceptio metus causa*[520] gehandelt haben, worauf mE die Umschreibung dieser Abreden als solcher, die zu einem dauernden *metus exactionis* führen, einen Hinweis liefert.

Demgegenüber wird in Paragraph 7 eigens ausgeführt, daß bei einer *societas* eine *exceptio* nicht nötig sei, sondern hier der Vertrag schon *ipso iure* nichtig ist. Aus dem Textzusammenhang ergibt sich dabei aber, daß die Nichtigkeit der *societas* an dieselbe materielle Sachlage anknüpft, wie die Gewährung der *exceptio* im Fall der Stipulation, und zwar eine erpresserische

---

519 Vgl LENEL, Edictum perpetuum (3. Aufl.1927) 512 sowie 338 - 341; WALDSTEIN, Operae libertorum (1986) 153 ff.

520 In Ulpians 76. liber ad edictum nehmen (in der Überlieferung) die *exceptio doli mali et metus* den überwiegenden Teil ein; vgl LENEL, Palingenesia II (1889) Ulpian Nr. 1677 ff. Daß der hier interessierende Text daran anschließend schon bei Ulpian unter einer eigenen Rubrik „*quarum rerum actio non datur*" gestanden habe, wie LENEL, Ulpian Nr. 1683 annimmt, und es sich bei der *exceptio* um eine eigene - sonst nirgends dokumentierte - *exceptio onerandae libertatis causa* gehandelt habe, erscheint daher nicht zwingend.

Ausnutzung der Freilassung, um den Freigelassenen zu einem für ihn unzumutbar nachteiligen Rechtsgeschäft zu bewegen.

Im vorliegenden Rahmen kann es nicht darum gehen, das Rätsel der sog *societas Rutiliana* in ihrem komplexen Zusammenspiel von Freilassungsrecht und republikanischem Rechts der *societas* einer vertieften Analyse zu unterziehen, geschweige denn der Frage der Rekonstruktion des Edikts *de onerandae libertatis causa impositis* auf den Grund zu gehen. Immerhin lassen sich aber meines Erachtens Argumente dafür anführen, daß der in D 38.2.1.1 genannten *actio societatis* durchaus ein (konsensualer) Gesellschaftsvertrag zugrundegelegen haben könnte, und daß eine solche *societas Rutiliana* auch im Zuge der weiteren Rechtsentwicklung (sei diese durch prätorische Maßnahmen oder aber, was mE eher anzunehmen ist, durch die Jurisprudenz bestimmt worden) durchaus ihren Platz behaupten konnte (bzw hätte behaupten können). Daß die so gewonnene Einbindung der *societas Rutiliana* in das Gefüge der allgemeinen Regeln des *societas*-Regimes (auch der Zeit nach 118 v Chr) in vielerlei Hinsicht hypothetisch bleibt, soll nicht verkannt werden; schlechthin auszuschließen ist sie aber keineswegs.

E. Societates Publicanorum

In der Aufzählung bei Ulpian D 17.2.5 pr findet sich als eigene Kategorie die *societas vectigalis*. Während sich die drei anderen genannten *societates omnium bonorum*, *negotiationis* und *unius rei* nach dem Umfang der Gesellschaft unterscheiden (wobei unter ihnen darüberhinaus fließende Übergänge anzunehmen sind), erklärt sich die Sonderstellung der *societas vectigalis* einerseits aus dem spezifischen Gegenstand der gemeinsamen Unternehmung - der Übernahme öffentlicher Aufträge (*ultro tributa*) und Steuerpachten durch Gesellschaften von *publicani* -, sowie andererseits va aus ihrer von den anderen *societates* abweichenden körperschaftlichen Struktur.[521]

In den juristischen Quellen der Klassik findet sich allerdings nicht (mehr) die Bezeichnung *societas publicanorum*, sondern *societas vectigalis* bzw *vectigalium*. Die Erklärung dafür dürfte darin liegen, daß sich in der späteren Kaiserzeit das Betätigungsfeld der *publicani* zunehmend auf die Pacht von Abgaben und Zöllen (*vectigalia*) beschränkte.[522]

Der Zusammenschluß Privater zu einer Bietergemeinschaft für die Übernahme von Heereslieferungen und anderer öffentlicher Aufgaben (*ultro tributa*) wie die Errichtung und Instandhaltung von *opera publica* sowie für die Pacht der *scriptura* (Weidegebühr), der *portoria* (Zölle) sowie von Bergwerken und Salinen reicht weit in die Republik zurück. Die ersten zuverlässigen Belege für Staatsaufträge an Private im Bereich des Kultwesens werden von BADIAN für den Beginn des 4. Jahrhunderts vor Christus angenommen.[523] *Societates publicanorum* für Heereslieferungen begegnen dann vor allem im Zusammenhang mit dem Krieg gegen Hannibal[524], wobei das System der Übernahme solcher Aufträge schon länger etabliert gewesen sein muß. Der sich aus dem Ritterstand rekrutierende *ordo publicanorum* bildete jedenfalls,

---

521 ARIAS BONET, Societas Publicanorum, AHDE 10 (1948-49) 270 ff; ARANGIO-RUIZ, Società (1950) 80 ff, 159 ff; ÜRÖGDI, Publicani, RE Suppl. XI (1969) Sp. 1184 ff; CANCELLI, NNDI 17 (1970) 497, 512; BADIAN, Zöllner und Sünder. Unternehmer im Dienst der römischen Republik (1997); CIMMA, Ricerche sulle società di publicani (1981); ENGELMANN/KNIBBE, Das Zollgesetz der Provinz Asia (1989); BRUNT, Publicans in the Principate, in: Roman Imperial Themes (1990) 354 ff; AUBERT, Business Managers (1994) 325 ff; NICOLET, Censeurs et Publicains (2000) 295 ff; MALMENDIER, Societas publicanorum (2002) bes 78 ff, 223 ff.

522 CIMMA, Ricerche sulle società di publicani (1981) 164. Vgl aber Ulpian 55 ad ed D 39.4.1.1: *Hic titulus ad publicanos pertinet. publicani autem sunt, qui publico fruuntur (nam inde nomen habent), sive fisco vectigal pendant vel tributum consequantur: et omnes, qui quod a fisco conducunt, recte appellantur publicani.*

523 BADIAN, Zöllner und Sünder (1997) 7 ff.

524 Liv. 23,48,10 - 49,4.

wie CIMMA[525] nachweisen konnte, schon gegen Ende des 3. Jh v Chr einen wichtigen politischen und ökonomischen Machtfaktor der römischen Gesellschaft.

1. Der Aufbau der Publikanengesellschaften

Über die juristische Struktur der *societas Publicanorum* in der Republik lassen sich aufgrund der spärlichen (vornehmlich literarischen und epigraphischen) Quellenüberlieferung nur vorsichtige Vermutungen anstellen.

Nach außen hin wurde der *locatio*-Vertrag mit dem Staat durch einen *manceps* bzw *redemptor* geschlossen.[526] Dieser kontrahierte im eigenen Namen, vertrat also beim Abschluß des Pachtvertrages nicht unmittelbar die *socii*.[527] Dafür spricht vor allem, daß für die Einhaltung der vom *manceps* eingegangenen Verpflichtungen im Außenverhältnis die *praedes* (eine Art Bürgen, die gleichzeitig *socii* bzw *manceps* sein konnten, aber nicht mußten) sowie beigestellte *praedia* hafteten, nicht aber die *socii* als solche.[528]

Hinsichtlich der Organisation der mit der Steuerpacht in den Provinzen befaßten Gesellschaften berichten die Quellen[529] von einem *magister*, der

---

525 CIMMA, Ricerche (1981) passim; zustimmend VIGNERON, Societates publicanorum, Labeo (1984) 80. Kritisch zur Frage der politischen „Gefährlichkeit" des *ordo Publicanorum* in dieser Zeit aber BADIAN, Rezension zu Cimma, Ricerche, Gnomon 56 (1984) 45 ff sowie BADIAN, Zöllner und Sünder (1997) 12 ff, der im Bericht des Livius hinsichtlich des Einflusses des *ordo Publicanorum* die Zurückprojizierung späterer Zustände vermutet.

526 Fest. s.v. *manceps* sowie *redemptores*; vgl MATEO, Manceps, redemptor, publicanus (1999) 25 ff.

527 CIMMA, Ricerche (1981) 64 ff. Hingegen vertritt zB KNIEP, Societas Publicanorum I (1896) 106 ff, daß der *manceps/redemptor* im Namen der Gesellschaft mit dem Staat kontrahiert habe. MALMENDIER, Societas publicanorum (2002) 80 ff, zeigt auf, daß zwar nur der *manceps* Vertragspartner des Staates war, daß sich aber aus den §§ 46 und 54 der lex Portorii Asiae ergebe, daß ein Wechsel in der Person des *manceps ohne Neukontrahierung möglich war, gerade so, als „ob ein Vertrag mit der Gesellschaft geschlossen worden wäre"*.

528 CIMMA, Ricerche (1981) 67. CIMMA deutet die bei Polybios 6,17,3-4 neben den als *manceps*, *socii* und *praedes* identifizierbaren Personen, die im Zusammenhang mit *societates Publicanorum* stehen, als Gruppe jener, die praedia gaben, ohne persönlich haftende *praedes* zu sein; dieser Deutung zustimmend KLINGENBERG, Rezension zu Cimma, Ricerche, ZRG-RA 99 (1982) 406.

529 Die folgende Darstellung der internen Struktur, welche vor allem den Nachrichten des Cicero zu den sizilischen und bythinischen *societates* zu verdanken ist, stützt sich auf die Auswertung der Quellen durch CIMMA, Ricerche (1981) 70 ff.

seinen Sitz in Rom gehabt und jeweils für ein Jahr[530] bestellt worden sein dürfte. Zu seinen Kompetenzen gehörte es, die Versammlungen der *socii* einzuberufen und zu leiten, dort gefaßte Beschlüsse zu exekutieren; weiters oblag ihm vermutlich das Geschäftsarchiv mit der Korrespondenz sowie die Gesamtbuchhaltung.[531] Dem *magister* waren die in den Provinzen „vor Ort" agierenden *promagistri* untergeordnet, welche mit den *municipia* hinsichtlich der direkten Steuern *pactiones* abschlossen[532] und die Aufzeichnungen (*tabulae accepti et expensi*)[533] führten. Beim Abschluß der *pactiones* sollen die *promagistri* laut CIMMA als direkte Stellvertreter der *socii* aufgetreten sein[534], was quellenmäßig aber nicht klar belegt ist.

Eine herausragende Gruppe von *socii*, die man sich vielleicht als eine Art Gesellschafter-Vorstand vorstellen darf, bilden die *decumani*.[535] Von ihnen sagt Cicero, sie seien *principes et quasi senatores sociorum*.[536] Ihre Beschlüsse (*decreta decumanorum*) werden vom *magister* ausgeführt.[537]

Schließlich begegnen uns noch *participes* bzw *adfines*, welche an der *societas* beteiligt sind, und auch dem Magistrat bekannt gegeben werden mußten[538], ohne aber die Stellung eines *socius* zu haben. Die rechtliche Qualifikation ihrer Beteiligung, ist seit jeher umstritten.[539] SALKOWSKI etwa vertrat die These, daß die Anteile der *socii* von diesen an Dritte (die *participes*) in Form einer Art *emptio spei* veräußert werden konnten, wobei die Gesellschafterstellung im Hinblick auf die Pflichten bei den *socii* verblieb, während die mit der Beteiligung verbundenen Renditen hingegen den *participes* zustanden.[540] Nach KNIEP erwarben die *participes* hingegen von den Gesell-

---

530 Cic. in Verr. 2,2,74,182: ... *qui per eos annos magistri illius societatis fuisse .... magistrum fuisse eo ipso anno.*

531 CIMMA, Ricerche (1981) 79; vgl Cic. Verr. 2,2,74,182 *magistri ... apud quos tabulae fuissent.*

532 Cic. fam. 13,65,1: *Eius (scilicet pro magistri P. Terentii Isponis) summa existimatio agitur in eo ut pactiones cum civitatibus reliquis conficiat.*

533 Cic. Verr. 2,2,76,186.

534 CIMMA, Ricerche (1981) 82 f; der Erklärung CIMMAS, daß eine direkte Stellvertretung in diesem Fall ausnahmsweise im Interesse der effizienten Steuereinhebung und aufgrund der größeren Elastizität des römischen Rechts in den Provinzen zugelassen worden sei, zustimmend KLINGENBERG, ZRG-RA 99 (1982) 407.

535 BADIAN, Zöllner und Sünder (1997) 95 f, vermutet hinter ihnen hingegen eine Art Vorstand des *ordo Publicanorum*, des politischen Interessensverbandes der *publicani.*

536 Cic. Verr.2,2,71,175.

537 Cic. Verr.2,2,72,176.

538 Liv. 43,16,2; Cic. Verr. 2,1,55,143.

539 Vgl CIMMA, Ricerche (1981) 88 ff.

540 SALKOWSKI, Bemerkungen zur Lehre von den juristischen Personen (1863) 39 ff.

schaftern deren Miteigentumsanteil am Gesellschaftsvermögen, was ihnen zwar ebenfalls keine Stellung als *socii* verschaffte, wohl aber die Möglichkeit, mit der *actio communi dividundo* auf Teilung zu klagen.[541] Die plausibelste Deutung dürfte aber nach wie vor jene von MITTEIS[542] sein, der in den *adfines* Personen sieht, die an der *societas* eine Kapitalbeteiligung halten, ohne die Stellung eines *socius* zu haben. Die Kapitaleinlage dürfte mit einer stipulationsweise zugesicherten Verzinsung (eventuell nach Maßgabe des Geschäftserfolges) verbunden gewesen sein.[543] Eine solche Form der Beteiligung war vermutlich vor allem für Personen attraktiv, für die eine Stellung als *socius* nicht in Frage kam. Julius Caesar etwa, der als Senator nicht Gesellschafter einer *societas publicanorum* sein konnte, soll als *particeps* einer solchen fungiert haben.[544]

Etwas zu modernistisch – oder zumindest juristisch nur ganz untechnisch zu verstehen – dürfte allerdings die Vorstellung sein, es habe sich bei solchen Beteiligungen um „nicht eingetragene stimmrechtslose Aktien“[545] gehandelt. Zum einen ist keineswegs klar, daß die *adfines* (wie ein Aktionär) am Vermögen selbst beteiligt waren; zum anderen gibt es keinerlei Anhaltspunkte für ein antikes „Aktienrecht“ (inklusive Aktionärschutz, Gläubigerschutz etc).

Aufschlüsse über Struktur und Eigenheiten der *societates publicanorum* bzw *vectigalium* im Prinzipat ermöglichen auch eine Reihe von Juristentexten aus dem *corpus iuris*. Neben Quellen, in denen ausdrücklich von einer *societas vectigalis* die Rede ist, sind darüberhinaus auch jene heranzuziehen, bei denen aufgrund des Inhalts ein Bezug zur *societas vectigalis* als eigenständiger *societas-*

---

541 KNIEP, Societas Publicanorum I (1896) 236 ff.

542 MITTEIS, Römisches Privatrecht (1908) 413 ff.

543 MITTEIS zustimmend CIMMA, Ricerche (1981) 92 f. VIGNERON, Labeo (1984) 83, kritisiert MITTEIS mit dem Argument, das *depositum irregulare* sei erst viel später (in der Spätklassik) anerkannt worden. Tatsächlich hat MITTEIS im Zusammenhang mit den *adfines* von einem *depositum irregulare* nur als einer der denkmöglichen Konstruktionen gehandelt; daneben erwägt er auch, daß die Beteiligung durch Stipulationen abgeschlossen wurde.

544 Cic. Vatin. 12,29.

545 Vgl BADIAN, Zöllner und Sünder (1997) 137 ff; schon ROSTOWZEW, Staatspacht 372, spricht von einem „auf dem römischen Forum stattfindenden Börsenleben“. Zu Recht kritisierte NICOLET, MEFR 1993, 932, in diesem Zusammenhang die Vorstellung einer „Wallstreet à Rome“. In einem weiten (juristisch untechnischen) Sinn mag BADIANS Charakterisierung als eine Art Kapitalbeteiligung, welche neben Gewinnen (Renditen) auch die Möglichkeit bot, die Beteiligung selbst zu einem „Marktwert“ (aber mangels institutionalisierter Börse wohl nicht zu einem „Börsenwert“) zu veräußern, freilich durchaus treffend sein.

Form erkennbar ist.[546] Trotz der Sonderstellung der *societas vectigalis*, die dabei zutage tritt, ist hervorzuheben, daß die *societas vectigalis* von den Juristen als Anwendungsfall des Konsensualvertrages *societas* aufgefaßt wird.[547]

Eine völlige Ausklammerung der *societas publicanorum* aus der Betrachtung der *societas*, wie sie in manchen Darstellungen erfolgt, würde demgegenüber ein von vornherein unvollständiges Bild vermitteln. Richtig ist natürlich, daß bestimmte Regeln der körperschaftlichen Publikanengesellschaft auf andere *societas*-Formen nicht Anwendung finden; dies rechtfertigt aber keineswegs, diese *societas*-Form aufgrund ihres Konnexes mit dem *ius publicum* gleichsam zu isolieren. So manche moderne Vorurteile gegenüber dem römischen Gesellschaftsrecht (dieses sei rein individualistisch konzipiert und als kaufmännische Unternehmensform ungeeignet etc) beruhen gerade darauf, daß die Publikanengesellschaft *a priori* gar nicht zur Kenntnis genommen wird.

2. Körperschaftlicher Charakter

Im Unterschied zu den sonstigen *societates* kommt (zumindest bestimmten) *societates publicanorum* körperschaftlicher Charakter zu. So werden sie etwa von Gaius in seinem Provinzialediktskommentar als Beispiel für Körperschaften (*corpora*) angeführt.[548]

Gaius weist dabei darauf hin, daß es nicht ohne weiteres gestattet sei, eine körperschaftliche Gesellschaft (*societas*), einen Verband (*collegium*) oder sonst eine Körperschaft (*corpus*) zu bilden, da es diesbezüglich zwingende Regelun-

---

[546] Vgl etwa das Reskript Diokletians und Maximians an den Soldaten Aurelius Victorinus C 4.37.3, in dem die Einklagbarkeit (wohl mittels *actio pro socio*) eines nicht ausgezahlten Gewinnanteils aus einer Gesellschaft zur Pacht von Salzbergwerken aufgrund der in solchen Verträgen einzuhaltenden *fides* zugunsten des Rechtsnachfolgers des verstorbenen *socius* bejaht wird.

[547] Jüngst in diesem Sinne auch MALMENDIER, Societas publicanorum (2002) 227 f.

[548] Gaius 3 ad ed prov D 3.4.1 pr: *Neque societas neque collegium neque huiusmodi corpus passim omnibus habere conceditur: nam et legibus et senatus consultis et principalibus constitutionibus ea res coercetur. paucis admodum in causis concessa sunt huiusmodi corpora: ut ecce vectigalium publicorum sociis permissum est corpus habere vel aurifodinarum vel argentifodinarum et salinarum. item collegia Romae certa sunt, quorum corpus senatus consultis atque constitutionibus principalibus confirmatum est, veluti pistorum et quorundam aliorum, et naviculariorum, qui et in provinciis sunt.*

gen durch *leges*, *senatus consulta* und Kaiserkonstitutionen gebe.[549] Als Beispiele für anerkannte *corpora* führt Gaius verschiedene *societates publicanorum* an: Gesellschaften zur Pacht von öffentlichen Abgaben sowie Pachtgesellschaften von Gold-, Silber- und Salzminen. Weiters bestünden in Rom gewisse Berufsverbände (*collegia*), deren Körperschaftscharakter durch Senatsbeschlüsse und Kaiserkonstitutionen bestätigt wurde, wie jene der Bäcker und gewisser anderer, wie der *navicularii* (Schiffsbetreiber), die es auch in den Provinzen gebe.

Die Struktur eines solchen *corpus* wird von Gaius analog zur Struktur des Gemeinwesens (*ad exemplum rei publicae*) gesehen. Als spezifische Eigenheiten nennt Gaius dabei ein gemeinschaftliches Vermögen (*res communes*), eine gemeinsame Geldtruhe (*arca communis*) sowie die Vertretung durch einen *actor* oder *syndicus*.[550]

Als Körperschaft wird die *societas* selbst als Zurechnungssubjekt behandelt; die einzelnen *socii* treten demgegenüber in den Hintergrund. Die *societas* kommt damit einer juristischen Person nahe. So führt Florentin in seinen Institutionen[551] aus, daß sie wie die *hereditas iacens* als Zurechnungssubjekt an der Stelle einer Rechtsperson stehe:

> Florentin 8 inst D 46.1.22: *Mortuo reo promittendi et ante aditam hereditatem fideiussor accipi potest, quia hereditas personae vice fungitur, sicuti municipium et decuria et societas.*

Schließt ein vertretungsbefugtes Organ (namens der *societas*) ein *pactum*, so wirkt dieses zugunsten bzw zulasten der *societas*:

> Ulpian 4 ad ed D 2.14.14: *Item magistri societatium pactum et prodesse et obesse constat.*

Vertreten durch einen *actor* oder jemand anderen kann eine körperschaftliche Gesellschaft auch eine *bonorum possessio* erlangen.[552]

---

549 Zur Relevanz der *consuetudo* in Angelegenheiten der Steuerpächter vgl Paulus 52 ad ed D 39.4.4.2: *In omnibus vectigalibus fere consuetudo spectari solet idque etiam principalibus constitutionibus cavetur.*

550 Gaius 3 ad ed prov D 3.4.1.1: *quibus autem permissum est corpus habere collegii societatis sive cuiusque alterius eorum nomine, proprium est ad exemplum rei publicae habere res communes, arcam communem et actorem sive syndicum, per quem tamquam in re publica, quod communiter agi fierique oporteat, agatur fiat.*

551 Zu Florentins Institutionen allgemein jüngst QUERZOLI, Il sapere di Fiorentino (1996); dazu die Rezension von GAMAUF, ZRG-RA 116 (1999) 345 ff.

552 Ulpian 39 ad ed D 37.1.3.4: *A municipibus et societatibus et decuriis et corporibus bonorum possessio adgnosci potest. proinde sive actor eorum nomine admittat sive quis alius, recte*

3. Haftung für Delikte der familia publicanorum

Spezifische Haftungsregeln für deliktisches Verhalten von „Unternehmensangehörigen" ergeben sich aus dem prätorischen *edictum de publicanis* (D 39.4). Dieses sieht bei *publici nomine* vorgenommener, gewaltsamer Einziehung durch den Steuerpächter oder ein Mitglied seiner *familia* eine Klage auf das *duplum* vor. Eine *noxae deditio* (anstelle der Bußzahlung) ist nicht möglich, außer die Täter werden *in iure* exhibiert, allerdings befreit die Restitution des unrechtmäßig Entzogenen von der Haftung.[553]

Für die Zugehörigkeit eines Sklaven zur *familia publicanorum* kommt es nicht auf das Eigentum des *publicanus* am Sklaven, sondern auf dessen funktionelle Zugehörigkeit zu Aktivitäten im Rahmen der Eintreibung öffentlicher Abgaben an.[554] Insofern liegt hier also dem Haftungsregime eine unternehmensbezogene Konzeption zugrunde.[555]

Einem Reskript von Septimius Severus und Antoninus zufolge wird bei mehreren *publicani*, die unzulässige Eintreibungen getätigt haben, die Klage auf das *duplum* nicht mehrfach gegeben (anders als bei anderen Deliktsklagen gibt es also keine kumulative Konkurrenz); die Steuerpächter haften jeweils auf einen Teil (*omnes partes praestabunt*), wobei der Ausfall eines *publicanus* durch den anderen abzudecken ist (*quod ab alio praestari non potest, ab altero exigetur*).[556]

4. Actio pro socio manente societate

Eine Besonderheit bei der *societas vectigalis* liegt nach Paulus D 17.2.65.15 darin, daß bei ihr auch regelmäßig *manente societate* geklagt werden konnte. Diese Ausnahmeregelung hängt mit der besonderen Bestandsfestigkeit der körperschaftlichen *societates* zusammen, welche jedenfalls für die Dauer der übernommenen Pacht Bestand haben sollten, in der Praxis aber noch darüberhinaus eine besondere Kontinuität aufgewiesen haben dürften.[557] Wie im

---

competet bonorum possessio: sed et si nemo petat vel adgnoverit bonorum possessionem nomine municipii, habebit municipium bonorum possessionem praetoris edicto.

553 Ulpian 55 ad ed D 39.4.1 pr und 4; vgl LENEL, Edictum perpetuum (3. Aufl. 1927) 387 f.

554 Ulpian 55 ad ed D 39.4.1.5.

555 BÜRGE, Römisches und Romanistisches zum Unternehmensrecht, WuR 32 (1980) 139.

556 Modestin 2 de poenis D 39.4.6.

557 Vgl Tacit. ann. 13.50, der im Zusammenhang mit *societates vectigalium*, welche 58 n Chr bestanden, ausführt, daß die meisten von diesen noch zu Zeiten der Republik durch

folgenden näher ausgeführt, sind dabei eine ganze Reihe von Situationen denkbar, in denen *manente societate* durch *iudicium* offene Ansprüche unter den Gesellschaftern (oder ihren Erben) geregelt werden mußten.

5. Morte socii non solvitur

Erstaunlicherweise gibt es in den überlieferten Juristenschriften fast kein Material, das sich auf konkrete Fälle von Publikanengesellschaften bezieht.[558] Gewisse Hinweise auf Vertragsgestaltungsmöglichkeiten ergeben sich aber unter anderem aus Erörterungen der Juristen über die Frage der Nachfolge von Erben in die Gesellschafterstellung.

Der Bestand einer körperschaftlichen *societas publicanorum* ist grundsätzlich vom Mitgliederwechsel unabhängig.[559] Im Unterschied zu den anderen *societates* beendet folglich auch der Tod eines *socius* die Gesellschaft nicht notwendigerweise. Ob sein Erbe in die Stellung des Erblassers als *socius* nachrückt, oder aber bloß ein Auseinandersetzungsguthaben beanspruchen kann, dürfte - abgesehen von allfälligen Bestimmungen in den *leges locationis* - vom konkreten Gesellschaftsstatut und/oder vom Willen der übrigen Gesellschafter abhängen, wie sich aus Pomponius 12 ad Sab D 17.2.59 pr ergibt:

> *Adeo morte socii solvitur societas, ut nec ab initio pacisci possimus, ut heres etiam succedat societati. haec ita in privatis societatibus ait: in societate vectigalium nihilo minus manet societas et post mortem alicuius. sed ita demum, si pars defuncti ad personam heredis eius adscripta sit, ut heredi quoque conferri oporteat: quod ipsum ex causa aestimandum est. quid enim, si is mortuus sit, propter cuius operam maxime societas coita sit aut sine quo societas administrari non possit?*

Konsuln oder Volkstribunen konstituiert worden seien: *plerasque vectigalium societates a consulibus et tribunis plebei constitutas acri etiam tum populi Romani libertate.*

BRUNT, Publicans in the Principate, in: Roman Imperial Themes (1990) 370, vermutet, daß diese faktische Kontinuität („this degree of factual permanence") dazu geführt habe, Publikanengesellschaften Körperschaftsstatus zu gewähren; mE läßt sich eher umgekehrt aus dem Körperschaftscharakter die Langlebigkeit erklären.

558 Siehe etwa oben Diocletian/Maximian C 4.37.3; Celsus 16 dig D 28.5.60.1 behandelt den Fall, daß ein Erblasser einen *socius* aus einer *societas salinarum* zum (Mit-)Erben („zu jenem Anteil, zu dem er mein Mitgesellschafter in der Salzpacht ist") einsetzt, woraus sich über die *societas* selbst aber konkret nur ableiten läßt, daß die *socii* an ihr zu einer bestimmten Quote beteiligt waren.

559 Statt vieler MOMMSEN, De Collegiis et sodaliciis Romanorum (1843) 86; CIMMA, Ricerche (1981) 239.

Pomponius hebt hervor, daß bei der *societas vectigalium* die Gesellschaft auch nach dem Tod eines *socius* fortbesteht. Ansonsten gelte dagegen die Regel *morte socii solvitur societas*, wobei es auch nicht möglich sei, durch eine anderweitige Vereinbarung von vornherein festzulegen, daß der Erbe in die Gesellschaft nachfolge.

Im Gegensatz dazu scheint es bei einer *societas vectigalium* zulässig gewesen zu sein, eine Nachfolge des Erben in die Gesellschafterstellung vorzusehen. Dies geschieht dadurch, daß der Anteil des Verstorbenen auf die Person des Erben übertragen wird.[560]

Wenn es zu einer solchen *adscriptio* der *pars defuncti* auf den Erben kommt, so treffen diesen auch Beitragspflichten für die weiterlaufende Gesellschaft (während bei den privaten Gesellschaften der Tod die Gesellschaft beendet und der Erbe bloß Abrechnungsansprüche im Hinblick auf den Anteil des Erblassers hat), weshalb es nötig ist abzuschätzen, ob der Erbe als Ersatz des verstorbenen *socius* fungieren kann.

CIMMA versteht dies so, daß es im Ermessen der überlebenden *socii* stehe, ob es zur Fortführung mit dem Erben kommt, ähnlich wie es bei den anderen *societates* den überlebenden *socii* freisteht, die *societas* (allerdings als durch Konsens neu begründete) weiterzuführen.[561] Meines Erachtens deutet die Formulierung *quod ipsum ex causa aestimandum est*[562] darauf hin, daß es hier zu einer Entscheidung durch einen Dritten kommt.[563] Dabei muß nicht notwendigerweise an eine *actio pro socio* gedacht werden, sondern es kommt insbesondere ein *arbitrium viri boni* in Betracht, wobei das dabei einzuhaltende Verfahren bereits durch Gesellschaftsvertrag und Ausschreibungsbedingungen

---

560 ARANGIO-RUIZ, Società (1950) 161, nimmt an, daß die *adscriptio* nicht erst nach dem Tod des *socius* erfolge, sondern bereits bei der Übernahme der Steuerpacht (oder bei der Begründung des Gesellschaftsvertrags). Die Formulierung, daß die *pars defuncti ad personam heredis* hinzugeschrieben wird, bezieht sich aber eindeutig auf die Zeit nach dem Tod des Gesellschafters. Allerdings dürfte die Frage einer allfälligen *adscriptio* eines Erben sowie das dabei einzuhaltende Verfahren *in abstracto* bereits im Gesellschaftsvertrag und/oder den Ausschreibungsbedingungen festgelegt worden sein.

561 CIMMA, Ricerche sulle società di publicani (1981) 238. Von einer Befugnis der Überlebenden, das Weiterbestehen der *societas* (und nicht nur die Frage der Aufnahme des Erben als *socius*) festzulegen, geht ARNÒ, Contratto di società (1938) 111, aus.

562 Dieser Passus wurde von GAUDEMET, Etude sur le régime juridique d'indivision en droit romain (1934) 97 f, als unklassisch verdächtigt; für Echtheit dagegen etwa DEL CHIARO, Le contrat de société (1928) 263 f, ARNÒ, Contratto di società (1938) 111, sowie vor allem CIMMA, Ricerche (1981) 238 Fn 225. Vgl jüngst auch MONTANARI, Impresa e responsabilità (1990) 18, sowie SANTUCCI, Il socio d'opera (1997) 99 f Fn 151 mwN.

563 Vgl schon MITTEIS, Römisches Privatrecht (1908) 410 bei Fn 72, der von einem „erzwingbaren Recht" des Erben auf Aufnahme in die *societas* (bei Vorliegen bestimmter Voraussetzungen) ausgeht.

präfiguriert gewesen sein dürfte. Ein bloßes Abstellen auf die Willensbildung der überlebenden *socii* erscheint auch deshalb eher unwahrscheinlich, als neben den Interessen des Erben ja auch Interessen des *locator* betroffen sein können. Bedenkt man, daß vor der Erteilung des Zuschlages in der Regel die Namen der *socii* bekanntgegeben werden müssen, so erhellt daraus das evidente Interesse der öffentlichen Hand, nicht nur die Person des *manceps* zu kennen und adäquate *praedes* und *praedia* als Sicherheiten zu erhalten, sondern auch über die Zusammensetzung der *societas* Bescheid zu wissen. Die Stelle gibt darüberhinaus einen deutlichen Hinweis darauf, daß die Funktion der *socii* jene von aktiv durch *opera* beitragenden Personen ist, welche für die konkrete Abwicklung der übernommenen öffentlichen Aufgaben zuständig sind.[564]

Informationen zur Frage des Nachrückens eines Erben in die Gesellschafterstellung enthält auch Ulpian 31 ad ed D 17.2.63.8:

> *In heredem quoque socii pro socio actio competit, quamvis heres socius non sit: licet enim socius non sit, attamen emolumenti successor est. et circa societates vectigalium ceterorumque idem observamus, ut heres socius non sit nisi fuerit adscitus, verumtamen omne emolumentum societatis ad eum pertineat, simili modo et damnum adgnoscat quod contingit, sive adhuc vivo socio vectigalis sive postea: quod non similiter in voluntaria societate observatur.*

Zunächst erörtert Ulpian, daß der Erbe eines *socius* zwar nicht *socius* werde, ihm aber als Rechtsnachfolger des Erblassers zur Durchsetzung von Ansprüchen, die sich aus der Gesellschafterstellung des Erblassers ergeben, die *actio pro socio* zustehe. Auch bei den *societates vectigalium* und der übrigen (zu ergänzen: körperschaftlichen) Gesellschaften gelte dies, sofern der Erbe nicht als Gesellschafter aufgenommen worden sei (*nisi fuerit adscitus*). Allerdings scheint ein weiterer Unterschied zwischen einer *societas vectigalis* und einer nichtkörperschaftlichen darin zu bestehen, daß bei einer nichtkörperschaftlichen *societas* der Erbe nur Ansprüche geltend machen kann, die zu Lebzeiten des Erblassers entstanden sind[565], während sich die Partizipation des Erben am *emolumentum* und *damnum* bei einer *societas vectigalis* (selbst wenn er nicht die Gesellschafterstellung erlangt hat) auch auf spätere Zeitpunkte bezieht.[566]

---

[564] Vgl dazu BRUNT, Publicans in the Principate, in: Roman Imperial Themes (1990) 362 f, sowie SANTUCCI, Il socio d'opera (1997) 100.

[565] Vgl aber Paulus D 17.2.65.2; dazu oben.

[566] Überzeugend CIMMA, Ricerche (1981) 233 (gegen die Interpolationsvermutungen, welche vor allem von MITTEIS, Römisches Privatrecht (1908) 411, und GAUDEMET, Indivision

Fraglich ist, ob die bei Pomponius erwähnte *adscriptio* und das bei Ulpian genannte *adsciscere* des Erben gleichzusetzen sind, oder nicht. Eine Identifikation wurde etwa von MITTEIS[567] postuliert, während insbesondere ARANGIO-RUIZ[568] eine solche energisch bestritt. Während es sich beim *adsciscere* um eine Kooptation des Erben als neues Mitglied und damit „praktisch um einen neuen Gesellschaftsvertrag handle", bezieht sich laut ARANGIO-RUIZ die *adscriptio* auf einen früheren Zeitpunkt.[569] CIMMA wiederum sieht als Unterschied, daß es bei Ulpian nur um die Frage der Aufnahme des Erben in die (weiterbestehende) *societas* geht, während bei Pomponius von der *adscriptio* des Erben auch der Weiterbestand der *societas* als solcher abhängig sei.[570]

Aufgrund der – eher auf Kürzungen als auf Interpolationen zurückzuführenden[571] – problematischen Textstruktur beider Fragmente lassen sich all diese Fragen nicht eindeutig klären. Geht man aber von der substantiellen Echtheit der beiden Texte aus und kombiniert man sie mit Plausibilitätsargumenten allgemeinerer Art, so lassen sich gewisse Konturen ausmachen, welche in die Richtung der Hypothesen von MITTEIS weisen.

Die erste Gemeinsamkeit von D 17.2.59 pr und D 17.2.63.8 hinsichtlich des Sonderstatus einer *societas vectigalis* besteht darin, daß sowohl Pomponius als auch Ulpian davon ausgehen, daß diese durch den Tod eines *socius* nicht aufgelöst wird. Pomponius sagt dies ausdrücklich (*societas manet*), bei Ulpian ergibt es sich daraus, daß auch ein nach dem Tod des ursprünglichen *socius* eingetretener Gewinn oder Schaden mit dem Erben verrechnet wird. Aus der Betonung des Gegensatzes zu den anderen *societates* ergibt sich dabei, daß hier nicht an ein Fortführen der Gesellschaft aufgrund neuerlichen Konsenses der anderen *socii* gedacht ist, sondern an einen echten Weiterbestand der ursprünglichen *societas*.

Beiden Texte ist weiters zu entnehmen, daß der Erbe nicht automatisch Gesellschafter anstelle des verstorbenen *socius* wird, daß er es aber unter Umständen werden kann. Pomponius deutet an, daß diesbezügliche Regelun-

---

(1934) 97 ff, erhoben wurden); ähnlich wie CIMMA auch BRUNT, Publicans in the Principate, in: Roman Imperial Themes (1990) 374 f.

567 MITTEIS, Römisches Privatrecht (1908) 409; MITTEIS gesteht aber zu (aaO 411 Fn 71), daß *adsciscere* „mehr auf einen Kooptationsbeschluß deutet, als auf eine Klausel des ursprünglichen Vertrags".

568 ARANGIO-RUIZ, Società (1950) 161.

569 ARANGIO-RUIZ, Società (1950) 161; siehe dazu aber schon oben die kritischen Anmerkungen in Fn 544.

570 CIMMA, Ricerche (1981) 238.

571 BRUNT, Publicans in the Principate, in: Roman Imperial Themes (1990) 367.

gen schon vorher[572] getroffen werden (das läßt sich *e contrario* aus *nec ab initio pacisci possimus* und *haec ita in privatis societatibus ait* in Verbindung mit der Gegenüberstellung dieses Zustandes mit jenem bei den *societates vectigalium* schließen). Zugleich schreibt er aber auch von einer *pars defuncti*, welche *ad personam heredis* überschrieben werde, was sich meines Erachtens nur auf einen Zeitpunkt nach dem Tod des *socius* beziehen kann. Ebenfalls einen Bezug auf eine „Aufnahme" nach dem Tod klingt im *adsciscere* bei Ulpian an. Von diesem *adsciscere* des Erben ist dessen Stellung als *socius* abhängig (und nicht bloß dessen Beteiligung an Gewinn oder Verlust) - so wie von der *adscriptio* bei Pomponius abhängig ist, ob der Erbe in die Gesellschafterstellung nachrückt. Die beiden unterschiedlichen Zeitpunkte lassen sich dadurch erklären, daß zum einen im vorhinein (*in abstracto*) Regelungen im Gesellschaftsvertrag und/oder der *lex locationis* für den Fall des Todes eines *socius* getroffen wurden. Dabei war wahrscheinlich festgelegt, ob es im Fall des Todes zu einer *successio* des Erben in die Gesellschafterstellung kommen konnte, oder ob der Erbe bloß durch Auszahlung eines Auseinandersetzungsguthabens „abgeschichtet" wurde.

War nun die Möglichkeit einer Nachfolge des Erben vorgesehen, so gab es vermutlich Regelungen, in welcher Weise dies zu geschehen hatte. Aus dem Pomponiustext scheint zu folgen, daß es dazu einen Entscheidungsmechanismus geben konnte, der die Entscheidung eines Dritten (sei es ein *iudex* oder ein *arbiter*) vorsah, bei Ulpian deutet die Wortwahl eher auf einen Willensentscheidung der übrigen *socii*. Der Ausdruck *adsciscere* muß aber keineswegs so verstanden werden, daß es diesbezüglich lediglich auf den Willen der übrigen *socii* ankam: wie bereits erwähnt, ist aus allgemeinen Erwägungen eine Berücksichtigung auch der Interessen des *locator* zu erwarten; darüberhinaus ist es keineswegs ausgeschlossen, daß im Streitfall

---

572 Auf eine solche vorherige Vereinbarung bei einer *societas Publicanorum* könnte sich auch der häufig für interpoliert gehaltene Passus *nisi in coeunda societate aliter convenerit* in Paulus 32 ad ed D 17.2.65.9 beziehen: *Morte unius societas dissolvitur, etsi consensu omnium coita sit, plures vero supersint, nisi in coeunda societate aliter convenerit ...*
Eine Kürzung des originalen Textes und substantielle Echtheit (allerdings ohne Bezug zu einer Publikanengesellschaft) vertritt auch TALAMANCA, Società, ED 42 (1990) 841, unter Hinweis auf postjustinianische Basilikenscholien (Nachweise aaO 841 Fn 301). TALAMANCA weist richtig darauf hin, daß es nicht um ein vorweg geschlossenes *pactum* hinsichtlich der Übernahme des Erben in die Gesellschaft, sondern bloß um die Frage des Weiterbestehens der *societas* nach dem Tod eines *socius* unter den übrigen geht. TALAMANCA zustimmend auch SANTUCCI, Il socio d'opera (1997) 17. Interpolationsverdacht dagegen bei ARANGIO-RUIZ, Società (1950) 159; GUARINO, Solutio societatis, Studi Grosso III (1969) 15 ff; BONA, Studi 51 Fn 85.

durch *iudicium* oder *arbitrium* über die Frage, ob das *adsciscere* gerechtfertigt ist, entschieden wurde.

6. Klage auf Ausschluß eines socius?

Gewisse Rückschlüsse im Hinblick auf mögliche Organisationsformen von Steuerpächtergesellschaften, aber auch im Hinblick auf das Innenverhältnis der *socii* lassen sich schließlich aus Paulus 5 sent D 39.4.9.4 = Psent 5.1a.5 ziehen:

> *Soci(i) vectigalium si separatim partes administrent, alter ab altero minus idoneo in se portionem transferri iure desiderat.*

Demgemäß bestand die Möglichkeit für die *socii vectigalium*, die *administratio* so aufzuteilen, daß ein *socius* jeweils für einen bestimmten Bereich (vermutlich ein bestimmtes Gebiet oder eine bestimmte Abgabenart) zuständig war. Erwies er sich dabei als zahlungsunfähig (*minus idoneus*[573]), so konnte der andere die Übertragung des Anteils des anderen begehren (*in se portionem transferri iure desiderat*). Während im Normalfall einer Gesellschaft die Zahlungsunfähigkeit (*egestas*) eines *socius* zum Ende der *societas* führt (bzw die mangelnde Eignung des anderen Gesellschafters zur außerordentlichen Kündigung berechtigt), kann hier *manente societate* auf Übertragung der *portio* gedrungen werden.[574]

Sofern unter *portio* der Anteil an der Gesellschaft zu verstehen ist, würde dies bedeuten, daß der weniger geeignete *socius* in diesem Fall von der *societas* ausgeschlossen wird.[575] Eher unwahrscheinlich erscheint dagegen, daß *portio* bloß den zugewiesenen Verwaltungsbereich bezeichnen soll, sodaß es nur zu einer administrativen Veränderung, nicht aber zu einer Änderung in der Beteiligung an der Gesellschaft käme. Die Formulierung *iure desiderat* deutet jedenfalls auf ein durchsetzbares Recht, welches vermutlich mittels *actio pro socio* eingeklagt werden konnte.

---

573 HEUMANN/SECKEL, Handlexikon, s.v. idoneus.

574 CIMMA, Ricerche (1981) 228 f.

575 Auch dabei mag sich wiederum das Problem der Berücksichtigung der Interessen des Staates als Verpächter stellen. Die *socii* müssen bei der Verpachtung im vorhinein bekanntgegeben werden; vermutlich ist auch eine gewillkürte Veränderung der *socii* nur mit Approbation des Vertragspartners möglich. Wahrscheinlich gab es bereits in den Versteigerungsbedingungen entsprechende Klauseln.

F. Resümee und Schlußfolgerungen

a) Im Rahmen der *societas* findet sich im klassischen römischen Recht eine Vielfalt von Gesellschaftsverhältnissen, deren gemeinsame Klammer darin besteht, daß es sich dabei um Kooperationsverträge handelt, die im Innenverhältnis mittels *actio pro socio* durchsetzbar sind. Die Unterschiedlichkeit der Anwendungsfälle und der vertraglichen Ausgestaltungsmöglichkeiten war den römischen Juristen durchaus bewußt; sie findet ihren Ausdruck in verschiedenen „Katalogen" von *societas*-Formen, die uns insbesondere von Hoch- und Spätklassikern überliefert sind.

b) Ausgehend von der Gliederung nach den Modalitäten des Gesellschaftsvertrages bei Paulus D 17.2.1 pr lassen sich auf unbestimmte Zeit vereinbarte (*in perpetuum*), auf bestimmte Zeit (*ad tempus*) geschlossene, ab einer Frist (*ex tempore*) beginnende sowie unter einer Bedingung (*sub condicione*) eingegangene *societates* unterscheiden. Im Bereich der befristeten Gesellschaftsverträge entwickeln die römischen Juristen dabei in Auseinandersetzung mit den in der Vertragspraxis vorgefundenen Nebenabreden (insbesondere dem *pactum ne societate intra certum tempus abeatur*) jene Kündigungsregeln, welche im wesentlichen auch heute noch für Dauerschuldverhältnisse als gültig angesehen werden. Die Jurisprudenz setzt sich dabei mit den in konkreten Verträgen und Vertragsformularen vorkommenden Klauseln auseinander, ist dabei aber bemüht, sich mittels des Standards der *bona fides* einen flexiblen Beurteilungsspielraum zu sichern, der auch gegenüber konkreten Kündigungsklauseln Ermessensentscheidungen ermöglicht. Dementsprechend zeitigt auch bei Fehlen einer Kündigungsbeschränkung eine dolose Kündigung oder eine solche zur Unzeit Schadenersatzfolgen; umgekehrt wird auch bei befristeten Gesellschaften eine vorzeitige Kündigung aus wichtigem Grund zugelassen. Daß befristete *societates* in der Praxis durchaus häufig vorkamen, läßt sich vor allem anhand papyrologischer Befunde gut nachweisen.

c) Eine anschauliche Gliederung nach dem Umfang bzw dem Geschäftsgegenstand der *societates* liegt Ulpian D 17.2.5 pr zugrunde, welcher als Unterarten der Gesellschaften *societas universorum bonorum*, *societas negotiationis alicuius*, *societas vectigalis* und *societas rei unius* anführt. Die in der ulpianischen Aufzählung genannten Gesellschaftsarten bilden aber, wie eine ausführliche Analyse der juristischen Quellen zeigt, keine in sich abgeschlossenen „Gesellschafts-Typen". So finden sich etwa auch innerhalb der Universalgesellschaften durchaus unterschiedliche Ausgestaltungsformen, welche von der *specialiter* als *societas omnium bonorum* geschlossenen allumfassenden Vermögensgemeinschaft hin zur umfassenden Erwerbsgesellschaft (*societas universorum, quae ex quaestu veniunt*) reichen, bei der unentgeltlicher Erwerb nicht vergemeinschaftet wird. In den Juristenschriften finden sich zudem bei genauerer Analyse eine Reihe von Zwischenformen. Der Übergang zu den sog Partikulargesellschaften, dh jenen, deren Geschäftsgegenstand von vornherein ein beschränkterer ist, erweist sich dabei als ein fließender, wie auch die Grenze zwischen *societas negotiationis* (dh einer auf Gewerbe bzw Handel ausgerichteten Gesellschaft) und *societas unius rei* (einer Gelegenheitsgesellschaft) keineswegs exakt gezogen werden kann. Vor dem Hintergrund der in den Juristenschriften und Urkunden zutagetretenden Vertragspraxis erweisen sich Thesen wie jene GUARINOS, welcher streng zwischen bloßen Verwaltungsgesellschaften („società di mero godimento“) und auf Gewinnerzielung ausgerichteten Erwerbsgesellschaften („società questuarie“) unterscheiden möchte, als nicht haltbar. Aber auch KASERS Vermutung, die bei Ulpian D 17.2.5 pr aufgezählten Gesellschaftsbezeichnungen würden jene Blankettworte wiedergeben, welche in der *demonstratio* der Formel der *actio pro socio* genannt werden mußten, wird eher mit Skepsis zu beurteilen sein.

d) Als historische Vorläufer der *societas omnium bonorum* sind die altrömische Hauserbengemeinschaft (*consortium ercto non cito*) und das diesem nachgebildete „Wahlkonsortium“ anzusehen. Bei diesen in der Klassik nicht mehr anzutreffenden Gesellschaftsformen findet sich eine gesamthandartige Gemeinschaft, bei der das Vermögen nicht nach ideellen Quoten aufgeteilt ist; von einzelnen Genossen eingegangene Rechtsverhältnisse mit Dritten erzeugen Rechtswirkungen für alle Genossen als Gemeinschaft. Das Vermögens- und Haftungsmodell des *consortium* steht damit dem Modell der OHG und anderer Gesamthandgemeinschaften näher als der klassischen *societas*, welche ihrerseits vermögensrechtlich als Summation von individuellen Berechtigungen (Miteigentum nach ideellen Anteilen) konstruiert ist.

e) Für die Analyse der Anwendungsmöglichkeiten des Konsensualkontrakts *societas*, welche im Zweiten Abschnitt im Vordergrund steht, lassen sich – in einer auch sozial- und wirtschaftsgeschichtlich ausgerichteten Perspektive – Gliederungen im Hinblick auf den Geschäftsgegenstand vornehmen. Dementsprechend wurden etwa innerhalb der *societates negotiationis* Handelsgesellschaften, Handwerker-Gesellschaften, Gesellschaften im Bereich der Finanzwirtschaft, Gesellschaften zum Zweck von (Schiffs-)Transporten und Gesellschaften im landwirtschaftlichen Bereich jeweils in eigenen Unterkapiteln erörtert. Im Rahmen dieser losen Gruppierungen wurden die

Juristenschriften und Reskripte sowie das Urkundenmaterial vor allem im Hinblick auf Belege für konkrete *societates*, dabei verwendete Vertragsklauseln und die dabei auftretenden typischen Rechtsprobleme untersucht.

Vorschnelle quantitative Schlußfolgerungen hinsichtlich des realen Vorkommens können aus diesem Material zwar nicht gezogen werden; immerhin lassen sich aus diesem Blickwinkel jedoch Beobachtungen erzielen, welche bei einer rein dogmatisch-abstrakten oder aber historisch-spekulativen Perspektive *a priori* verdeckt würden. So finden sich etwa entgegen vielfachen theoretischen entwicklungsgeschichtlichen Perspektiven in den Quellen der klassischen Zeit relativ viele Belege für Universalgesellschaften; in persönlicher Hinsicht handelt es sich dabei aber fast ausschließlich um Gesellschaften zwischen Geschwistern und solchen zwischen Eheleuten. Relativ starke papyrologische Evidenz läßt sich zB auch für zeitlich befristete *societates* beibringen, was zeigt, daß die einschlägige Diskussion von Kündigungsbeschränkungen in der Jurisprudenz keineswegs bloß eine theoretische Fragestellung darstellte.

f) Was das inhaltliche Profil der societas und insbes ihre Abgrenzung zu den Innominatkontrakten anbelangt, so sind bei den Spätklassikern (vor allem Ulpian) zahlreiche „Grenzfälle" (partiarische Leistungsaustauschverhältnisse und Ähnliches) festzustellen, für deren Zuordnung zur *societas* auf den *animus contrahentium* bzw auf das *id quod actum est* abgestellt wird. Entgegen älteren Interpolationsvermutungen (welche hier Einflüsse einer angeblich erst in der Nachklassik aufgekommenen Animus-Lehre sahen) dürften diese Stellen substantiell als durchaus echt anzusehen sein.

g) Aus den juristischen Quellen, welche einen erkennbaren Bezug auf einen konkreten Vertrag aufweisen, und den inschriftlichen Belegen lassen sich auch gewisse Grundmuster der Gesellschaftsvertragspraxis aufzeigen: So wurden diese – ungeachtet der Formfreiheit der *societas* – häufig in schriftlicher Form festgehalten und mit Strafklauseln in Stipulationsform zur Durchsetzung von Beitragspflichten, für Kündigungsbeschränkungen etc verbunden. Aus dieser Kombination von *societas* und *stipulationes poenae* erklärt sich möglicherweise auch, warum in den Quellen das Problem von Gesellschaftsklagen *manente societate* nur am Rande thematisiert erscheint: Häufig werden Vertragsverstöße über die stipulationsförmigen Vertragsstrafen sanktioniert worden sein, wodurch sich auch die schwierigen Fragen der Schadensberechnung, allfälliger Kompensationen etc erübrigten. Aus den Urkunden ergibt sich weiters – entgegen den theoretischen Ausführungen etwa TALAMANCAS – das Schema zur Berechnung von *lucrum* und *damnum*: Der Kapitaleinsatz wird zunächst einmal vom Erlös abgezogen; ein positiver Saldo stellt einen Gewinn dar, ein negativer hingegen den Verlust.

h) Herkömmlicherweise wird die römische *societas* als „reine Innengesellschaft, die bloß schuldrechtliche Wirkungen *inter partes* entfaltet" beschrieben. Nachdem die *societas* für die prozessual denkenden römischen Juristen nichts anderes ist als das Vertragsverhältnis, welches mittels *actio pro socio* durchgesetzt wird, und letztere eine Klage der Gesellschafter untereinander (oder allenfalls ihrer Rechtsnachfolger) darstellt, ist eine solche Aussage in sich logisch zwingend, aber auch tautologisch: Es wird damit in etwa soviel ausgedrückt wie, daß im Innenverhältnis eine Gesellschaft immer Innengesellschaft ist. Die Frage muß aber dahingehend gestellt werden, ob die – im Innenverhältnis als *societas* konstituierten Gesellschaftsverhältnisse im römischen Recht auch Außenwirkungen aufweisen konnten und wie diese allenfalls aussahen.

Hiezu erscheint es notwendig, einige Vorüberlegungen zur modernen gesellschaftsrechtlichen Terminologie und deren Übertragbarkeit auf historische Phänomene anzustellen. In der Terminologie des modernen Gesellschaftsrechts unterscheidet man Innen- und Außengesellschaften je nachdem, ob die Gesellschaft ausschließlich ein Rechtsverhältnis der Gesellschafter untereinander darstellt, oder ob die Gesellschaft im Rechtsverkehr als Gesellschaft auftritt.[576] Das Reichsgericht definierte demgemäß etwa die Innengesellschaft als eine „Gesellschaft, bei der eine gemeinsame Vertretung fehlt und bei der die Geschäfte nach außen im Namen eines Gesellschafters geschlossen werden, nach innen aber für Rechnung der Gesellschaft".[577] Umgekehrt liegt folglich eine Außengesellschaft vor, wenn die Gesellschaft nach außen hin rechtsgeschäftlich tätig wird, sei es, daß die Gesellschafter gemeinsam „als Gesellschaft" auftreten, sei es, daß einer der Gesellschafter die übrigen namens der Gesellschaft wirksam vertritt. Noch etwas enger wird der Begriff der Außengesellschaft bei KARSTEN SCHMIDT gefaßt, wenn dieser für die Außengesellschaft verlangt, daß diese „als Rechtsträger" nach außen hin in Erscheinung tritt.[578] In SCHMIDTS Definition werden Gesellschaften, die keine

---

[576] Siehe nur FLUME, Allgemeiner Teil des Bürgerlichen Rechts I/1 (1977) 4 ff; KASTNER/DORALT/NOWOTNY, Grundriß des österreichischen Gesellschaftsrechts (5. Aufl. 1990) 37 f.

[577] RGZ 166, 163. Dieselben Kriterien wendet der BGH an, der darauf abstellt, daß die Innengesellschaft „nach außen nicht auftritt, daß bei ihr eine Vertretung der sämtlichen Gesellschafter fehlt" (BGHZ 12, 314).

[578] K. SCHMIDT, Gesellschaftsrecht (3. Aufl. 1997) § 43 II, 1284 ff.

eigene Rechtsträgerschaft bzw Rechtssubjektivität aufweisen, von vornherein als Innengesellschaft definiert.

Für die Zwecke der historischen Rechtsvergleichung erscheint allerdings ein allzu enger Begriff der Außengesellschaft nicht zweckmäßig. Dabei ist zu bedenken, daß etwa das Konzept der Juristischen Person im modernen Sinn im wesentlichen erst eine Schöpfung des 19. Jahrhunderts darstellt. Im Lichte KARSTEN SCHMIDTS Definition könnten für das römische Recht allenfalls die körperschaftlichen *societates publicanorum* als Außengesellschaft bezeichnet werden. Dabei würde hinsichtlich aller anderen *societates* aber eine Differenzierung dahingehend, ob das Gesellschaftsverhältnis auch nach außen in Erscheinung tritt und allenfalls auch nach außen Rechtswirkungen entfaltet, von vornherein ausgeschlossen sein. Ähnliches gilt für die Frage der Vertretung. Nach den allgemeinen Regeln des klassischen Rechts ist die direkte Stellvertretung durch Freie grundsätzlich nicht möglich; direkte Stellvertretung kommt deshalb auch bei *societates* grundsätzlich nur dort in Betracht, wo eine adjektizische Haftung der *socii* besteht, sei es über einen gemeinsam als *institor* eingesetzten Geschäftsleiter, einen als *magister navis* eingesetzten Kapitän oder aber über die spezifischen Haftungstatbestände bei Gewaltunterworfenen (insbesondere die *actio de peculio vel de in rem verso*).

Aus diesem Grund ist im gegebenen Zusammenhang von einem offenerem Begriff der Außengesellschaft auszugehen, welcher jene Gesellschaftsverhältnisse bezeichnen soll, welche nicht bloße schuldrechtliche Wirkungen im Innenverhältnis zeitigen, sondern bei denen die Gesellschaft (bzw als Rechtsträger: die Gesellschafter) nach außen hin für die Gesellschaft (dh mit erkennbaren Bezug zur Gesellschaft) in Erscheinung treten. Demgemäß geht es also darum, Gesellschaftsverhältnisse mit Außenwirkungen von solchen ohne Außenwirkungen zu unterscheiden.

Legt man einen solchen weiten Begriff der Außengesellschaft zugrunde, so ist etwa der gemeinsame Erwerb von Sachen durch *socii*, welche erkennbar als *societas* auftreten, als „Gesellschaft mit Außenwirkung" anzusehen, wohingegen etwa der bei D 17.2.74 zugrundegelegte Fall, daß ein *socius* einen Erwerb im eigenen Namen, aber im Innenverhältnis auf Rechnung der Gesellschaft tätigt, eine reine Innengesellschaft darstellt.

Demgemäß finden sich bei der *societas* sowohl Fälle einer reinen Innengesellschaft, aber durchaus auch Außengesellschaften. Zu diesen sind auch jene Handelsgesellschaften zu zählen, bei denen die *socii* im Außenverhältnis gemeinsam auftreten. Aufgrund des prinzipiellen Fehlens der Möglichkeit der direkten Stellvertretung müssen aber auch bei den nach außen hin als *societas* auftretenden Gesellschaftsverhältnissen (sieht man vom Sonderfall der körperschaftlichen *societas publicanorum* ab) die *socii* jeweils im eigenen Namen für sich agieren und jeweils über ihren eigenen Anteil verfügen. Gewisse Vertretungswirkungen nach außen hin ergeben sich allerdings im Zusammenhang mit adjektizischen Klagen, bei Argentariern sowie bei den Sklavenhändlern.

i) Bei den Argentariern, der wichtigsten Gruppe von „Geldfachleuten" im antiken Rom (deren Bezeichnung als „Bankiers" angesichts der Unterschiede zwischen der antiken und modernen Finanzwirtschaft mißverständlich wäre), werden *socii* gegenüber Dritten solidarisch berechtigt und verpflichtet. Ob dabei aber jegliches rechtsgeschäftliche Handeln eines *socius* Vertretungswirkungen zugunsten und zulasten der Mitgesellschafter erzeugt, ist quellenmäßig nicht klar beantwortbar. Angesichts der restriktiven Haltung des klassischen römischen Rechts zur Frage der direkten Stellvertretung durch Freie erscheint eine eher zurückhaltende Interpretation angebracht, derzufolge die Sonderregel für Argentarier sich darauf beschränkt, daß bei diesen anstelle der sonst bei Mehrheiten von Schuldnern bzw Gläubigern im Zweifel gegebenen Teilschuldverhältnissen Gesamtschuldverhältnisse bestanden. Diese Auffassung steht im Einklang damit, daß in einer Reihe von Quellen bei Schuldner- und Gläubigermehrheit solidarische Rechtswirkungen dann bejaht werden, wenn es sich um *socii* handelt, welche zumutbarerweise einen entsprechenden Regreß im Innenverhältnis herstellen können.

j) Bei den Sklavenhändlergesellschaften zeigen sich Außenwirkungen der *societas* darin, daß bei einem gemeinsamen Verkauf von Sklaven, der Käufer die ädilizischen Rechtsbehelfe nicht gegen alle Verkäufer anstellen muß, sondern sich darauf beschränken kann, den „Hauptgesellschafter" zu klagen. Aber auch diese Sonderregel besteht vor dem Hintergrund einer grundsätzlich angenommenen Mehrheit von Verkäufern als Vertragspartner, welche aus dem Kaufvertrag jeweils anteilig berechtigt bzw verpflichtet sind, weshalb auch hier eher an koordiniertes gemeinsames Auftreten als an eine wirksame Stellvertretung durch einzelne *socii* (wie SERRAO sie postuliert) zu denken ist.

k) Ein besonders ausgeprägtes Außenverhältnis besteht schließlich bei den Gesellschaften der Steuerpächter, welche körperschaftlichen Charakter haben. Aufgrund der spärlichen Überlieferung sind in diesem Bereich zwar viele Fragen offen, immerhin läßt sich aber für diese *societates* eine der modernen juristischen Person nahekommende Struktur vermuten. So handelt die *societas vectigalis* bzw *publicanorum* – nach dem Muster der *res publica* – durch eigene Organe, verfügt über eine *arca communis* und *res communes*. Inwiefern durch das Handeln der „Geschäftsführer" (*redemptores*, *mancipes*, *magistri*, *actores* oder *syndici*) die einzelnen *socii* unmittelbar berechtigt oder verpflichtet werden, ist umstritten und aufgrund der Quellenlage auch nicht eindeutig beantwortbar. Feststeht, daß diese Gesellschaftsform vor allem in der Republik wirtschaftlich äußerst bedeutsam war und ihre rechtliche Organisation einen hohen Grad an Komplexität aufwies, deren Einzelheiten freilich in vielerlei Hinsicht dunkel bleiben.

Dritter Abschnitt

RES EX SOCIETATE COMMUNES

Ausgewählte Fragen zum Miteigentum am Gesellschaftsvermögen

A. Einleitung

Thema dieses Abschnittes sind die Bezüge zwischen dem konsensualen Gesellschaftsvertrag (*societas*) einerseits und dem quotenmäßig geteilten Miteigentum (*communio, condominium*) andererseits. Untersucht werden soll insbesondere, inwieweit die Begründung von Miteigentum unter Gesellschaftern von *societates* belegbar ist, dh ob im römischen Recht die Einbringung von Gesellschafterbeiträgen *quoad dominium* vorkam. In der Folge werden die rechtlichen Konsequenzen, die sich aus Miteigentum der *socii* ergeben (Verfügungen, Teilungsverzicht, Klagenkonkurrenz zwischen *actio communi dividundo* und *actio pro socio*) behandelt.

Zur Frage des Zusammenhanges von *societas* und *condominium* wurden von der romanistischen Wissenschaft des 20. Jahrhunderts ganz unterschiedliche Forschungshypothesen formuliert.

Die eine Extremposition bildet die Auffassung, derzufolge - zumindest bei bestimmten Societas-Formen die sachenrechtliche Einbringung der Beiträge der *socii* in das im Miteigentum stehende Gesellschaftsvermögen geradezu konstitutiv gewesen sei. Letztere These wurde in ersten Drittel dieses Jahrhunderts va von einem Teil der italienischen Romanistik[1] vertreten. Nach dieser Auffassung habe es im (frühen) römischen Recht eine eigene *societas re contracta* gegeben, welche der *societas consensu contracta* gegenüberzustellen sei. Dabei soll es sich um ein real zustandegekommenes Schuldverhältnis gehandelt haben, für das es - im Gegensatz zur konsensualen *societas* - wesentlich gewesen sei, daß die Gesellschafter Vermögen einbringen, welches Miteigentum wird (Einbringung *quoad dominium*).[2] Diese Theorie der *societas* als Realkontrakt hat bereits ausführliche und fundierte Kritik erfahren.[3] Sie kann heute wohl als widerlegt angesehen werden.[4]

---

1 EIN, Le azioni dei condomini, BIDR 36 (1931) 73 ff (bes 76 ff); FREZZA, Actio communi dividundo, Rivista italiana per le scienze giuridiche N.S. 7 (1932) 3 ff (bes 108 ff); DERSELBE, Rezension von Arangio-Ruiz, Societas re contracta e communio incidens, SDHI 1 (1935) 188 ff; ALBERTARIO, I nuovi frammenti di Gaio, in: Per il XIV Centesimo della codificazione giustinianea (1934) 515 ff = Studi di diritto romano Bd 5 (1937) 462 ff.

2 Im folgenden wird von der heute in der (deutschsprachigen) Gesellschaftslehre üblichen Dreiteilung der Einbringung *quoad dominium* („zu Eigentum"), *quoad sortem* („dem Werte nach") und *quoad usum* („zur Nutzung") ausgegangen (vgl nur K. SCHMIDT, Gesellschaftsrecht [3. Aufl. 1997] § 20 II S. 570). Zu beachten ist, daß das ältere Schrifttum und zB die italienische Romanistik bloß zwischen Einbringung *quoad sortem* und *quoad usum* unterscheiden, wobei *quoad sortem* als Einbringung zu (Mit-)Eigentum (also im Sinne der hier gebrauchten Terminologie synonym mit *quoad dominium*) zu verstehen ist.

3 WIEACKER, Societas (1936) passim; ARANGIO-RUIZ, Societas re contracta e communio incidens, Studi Riccobono, Bd 4 (1936) 355 ff (hier hält er die *societas re contracta*

Auf der entgegengesetzten Seite des Spektrums steht die Auffassung, derzufolge Miteigentum der *socii* etwas gänzlich Atypisches für die römische *societas* sei; eine Erscheinung, die bloß ausnahmsweise und in bestimmten Konstellationen zustandekomme.[5] Wenn in den Quellen von einer *communicatio bonorum* bei der *societas* die Rede sei, so sei damit in der Regel bloß eine rechnerische, schuldrechtliche Vergemeinschaftung, nicht aber die Bildung von Miteigentum zu verstehen. Als Prototyp der Einbringung von Gesellschafterbeiträgen sei somit eine Einbringung *quoad usum* (oder *quoad sortem* im Gegensatz zur Einbringung *quoad dominium*) anzunehmen, dh es kommt allenfalls zu einer schuldrechtlichen, nicht aber zu einer sachenrechtlichen Vergemeinschaftung der Güter.

Natürlich findet sich auch eine *media sententia*. Prominenteste Vertreter einer gemäßigten Sichtweise sind ARANGIO-RUIZ und KASER. Für sie stellt die *societas* des klassischen Rechts einen Konsensualvertrag dar, für den ein im Miteigentum der Gesellschafter stehendes Gemeinschaftsvermögen zwar nicht notwendig war, wohl aber häufig vorgekommen sein dürfte.[6] Gemeinsames Merkmal dieser Richtung ist, daß die Einbringung von Gesellschafterbeiträgen in die *societas quoad dominium* für zumindest möglich gehalten wird, wobei es *in concreto* auf die Vereinbarung der Parteien sowie auf den spezifischen Gegenstand der *societas* ankommen soll.

Im einzelnen ist in der Analyse zwischen den unterschiedlichen Typen der *societas* zu unterscheiden, dh insbesondere nach dem mehr oder weniger umfassenden Gesellschaftsgegenstand bzw Gesellschaftszweck. Wie im vorangegangenen Abschnitt erörtert, finden wir im römischen Recht neben „Universalgesellschaften" wie der *societas omnium bonorum* und der ähnlich umfassenden *societas omnium quae ex quaestu veniunt*, auch beschränktere Formen („Partikulargesellschaften") wie die *societas negotiationis*, die sich auf die gemeinsame Führung eines bestimmten Betriebes erstreckt und die *societas unius rei*, einer Gelegenheitsgesellschaft, die eine einzelne geschäftliche Aktivität zum Gegenstand hat. Daß bei diesen verschiedenen Gesellschaftsformen – unter denen es freilich, wie gezeigt, fließende Übergangsformen gibt

---

immerhin noch für eine „nachklassische Tendenz"); noch deutlicher ablehnend ARANGIO-RUIZ, La società in diritto romano (1950) 32 ff.

4 Vgl jüngst DROSDOWSKI, Das Verhältnis von actio pro socio und actio communi dividundo (1998) 20 ff.

5 Am markantesten wohl WIEACKER, Societas (1936). WIEACKERS Konzeption auf die Interpretation der *communicatio omnium bonorum* gemäß D 17.2.1.1 übertragend CORNIOLEY, FS Lübtow (1970) 510, und GUARINO, Societas (1972) 21 Fn 60.

6 KASER, Neue Literatur zur societas, SDHI 41 (1975) 293 ff.

– auch die Frage nach dem Miteigentum jeweils eigens zu stellen ist, erscheint von vornherein klar.

B. Miteigentum bei der societas omnium bonorum

1. Die Quellen

Der überlieferungsmäßige Ausgangspunkt für die Erörterung der *communicatio bonorum* bei der *societas omnium bonorum* findet sich in Form einer kleinen Katene am Beginn des Digestentitels *pro socio*:

> Paulus 32 ad ed D 17.2.1.1: *In societate omnium bonorum omnes res quae coeuntium sunt continuo communicantur.*
>
> Gaius 10 ad ed prov D 17.2.2: *quia, licet specialiter traditio non interveniat, tacita tamen creditur intervenire.*
>
> Paulus 32 ad ed D 17.2.3 pr: *Ea vero, quae in nominibus erunt, manent in suo statu: sed actiones invicem praestare debent.*

Zuerst wird in einem Paulusfragment ausgeführt, daß alle – wie sich aus der Gegenüberstellung in D 17.2.3 pr ergibt: körperlichen – Sachen der Gesellschafter bei einer Universalgesellschaft *continuo communicantur*, dh – je nach Deutung – „sofort" oder aber „fortlaufend" vergemeinschaftet werden. In dem von den Kompilatoren eingeschobenen Gaius-Fragment wird dies mit einer *traditio tacita* begründet. Hinsichtlich des Vermögens von Gesellschaftern einer *societas omnium bonorum*, welches in Forderungen gegen Dritte besteht, führt Paulus D 17.2.3 pr sodann aus, daß diese Forderungen in derselben Form weiterbestehen (*manent in suo statu*), daß die Gesellschafter aber wechselseitig verpflichtet sind, die Klagen einander abzutreten (*actiones invicem praestare debent*).

In der Interpretationsgeschichte dieser Fragmente wurden immer wieder folgende Fragen aufgeworfen und diskutiert:

a) Was ist unter *communicantur* exakt zu verstehen – eine sachenrechtliche Vergemeinschaftung, oder bloß eine rechnerische, schuldrechtliche Berücksichtigung im Rahmen der *actio pro socio*?

b) Wie läßt sich die *communicatio omnium bonorum*, wenn man sie als sachenrechtliche Vergemeinschaftung versteht, erklären – mit den allgemeinen Regeln des Eigentumserwerbs oder aufgrund der Annahme einer eigentümlichen, womöglich auf altrömische Ursprünge hindeutenden, Sonderregel?

c) Schließlich: Wie ist *continuo* zu übersetzen: „sofort, unmittelbar" oder „fortlaufend"? Mit anderen Worten: Werden bloß alle gegenwärtigen Güter, oder auch die nach Begründung der *societas* erworbenen Güter vergemeinschaftet?

Im allgemeinen wurde der Text in seiner überlieferten Gestalt in dem Sinn verstanden, daß bei Begründung einer *societas omnium bonorum* sämtliche körperlichen Sachen der *socii* sachenrechtlich vergemeinschaftet werden, wobei das *continuo* darauf hinweist, daß hier eine automatische Übertragung bzw Erwerb von Miteigentumsanteilen durch einen Gesamtakt erfolgt. Für die Kennzeichnung dieses Phänomens hat sich (seit dem 19. Jahrhundert) der – freilich nicht quellenmäßige – Ausdruck *transitus legalis* eingebürgert.

Während bis ins 19. Jahrhundert die romanistische Forschung damit beschäftigt war, Umfang und Funktionsweise des sog *transitus legalis* zu klären, brachte das 20. Jahrhundert eine Reihe von Theorien, welche die herkömmliche Sichtweise des *transitus legalis* radikal in Frage stellten, indem man mittels einer stärker historisch ausgerichteten Herangehensweise und/oder textkritischer Konjekturen völlig neue Hypothesen aufstellte.

Zum Zweck der Differentialdiagnose sollen zunächst einige dieser von der traditionellen Lesart abweichenden Interpretationen von *transitus-legalis*-Skeptikern vorgestellt und diskutiert werden (2.). Dabei wird sich zeigen, daß doch gute Argumente für die herkömmliche Auffassung sprechen, derzufolge D 17.2.1.1 von einem sachenrechtlichen Vergemeinschaftungsakt handelt, der zur Bildung von Miteigentum führt.

Sodann soll der Frage der dogmatischen Konstruktion dieser Vergemeinschaftung nachgegangen werden (3.), und schließlich diskutiert werden, ob der *transitus legalis* auch zukünftigen Erwerb miteinschließt (4.).

2. Die Skeptiker des transitus legalis

a) Die radikale interpolationistische Kritik Riccobonos

Mit dem Pathos des Fortschrittsglaubens des beginnenden 20. Jahrhunderts[7] unterzog RICCOBONO D 17.2.1.1 einer fundamentalen Textkritik. In einer 1912 und 1913 publizierten, breit angelegten Untersuchung ging er der *traditio ficta* in den römischen Quellen nach.[8] Für ihn stellte die *traditio ficta* eine von Justinian eingeführte Kategorie dar, in der das griechisch-byzantinische

7 RICCOBONO, ZRG-RA 33 (1912) 268: „Io spero di poter dare in questo scritto la soluzione completa dei problemi posti. Nè questa fiducia è un atto di superbia, ma è di fede nelle risorse della scienza, che si rinnova ogni giorno con nuovi mezzi e metodi d'indagine.... mezzi nuovi, che permettono sopratutto una sempre maggiore accolta di materia prima."

8 RICCOBONO, Traditio ficta, ZRG-RA 33 (1912) 259 ff, sowie ZRG-RA 34 (1913) 159 ff.

System[9] des Eigentumserwerbes kraft Parteieneinigung über das klassisch-römische System des Erwerbs kraft *traditio* gesiegt habe.[10]

Dementsprechend sei auch der erklärende Hinweis auf die *traditio tacita* in D 17.2.2 nicht echt, sondern nachklassischen Ursprungs. Gaius, dem „pedantischen Sabinianer", den RICCOBONO als „semplice come acqua" charakterisiert, seien Konstruktionen wie das Besitzkonstitut keineswegs zuzutrauen, eindeutig handle es sich um eine justinianische Fälschung.[11]

Auch ein allfälliger Zusammenhang der *societas omnium bonorum* mit dem *consortium ercto non cito* könne den automatischen Erwerb nicht erklären, weil es beim *consortium* nicht um einen neuen Rechtszustand gehe, sondern um die bloße Fortsetzung des gemeinsamen Bewirtschaftens; die Mit-Berechtigung der Hauserben am Hausvermögen sei ohnehin schon vor dem Tod des *paterfamilias* gegeben und werde dann nur fortgeführt.[12]

„*Con assoluta certezza*" läßt sich laut RICCOBONO[13] der ursprüngliche klassische Text dagegen folgendermaßen rekonstruieren:

> *In societate omnium bonorum omnes res, quae coeuntium sunt* <*continuo*> *[traditione mancipatione aut in iure cessione singulae] communicantur.*

RICCOBONO streicht also das *continuo* im Text als justinianisch und fügt dafür die drei rechtsgeschäftlichen Formen des Eigentumserwerbes (*traditio*, *mancipatio*, *in iure cessio*) ein, sodaß kein automatischer Miteigentumserwerb stattfindet, sondern ein ganz „normaler" Eigentumserwerb kraft einzelner Verfügungsgeschäfte.[14]

---

9 Zeitgeistig sieht er dabei einen Anwendungsfall der Auseinandersetzung zwischen „Reichsrecht" und „Volksrecht".

10 RICCOBONO, ZRG-RA 33 (1912) 270 uö. Dementsprechend sei es auch dogmengeschichtlich nicht verwunderlich, daß im mittelalterlichen gemeinen Recht sowohl das eine als auch das andere System vertreten worden sei, lassen sich doch beide auf die römischen Quellen - wenn auch laut RICCOBONO das eine auf das klassische und das andere auf das nachklassisch-justinianische Recht - zurückführen.

11 RICCOBONO, ZRG-RA 34 (1913) 188.

12 Hier erweist sich RICCOBONO als Anhänger der These vom gentilizischen Eigentum, welche va von BONFANTE vertreten wurde.

13 RICCOBONO, ZRG-RA 34 (1913) 190. Zustimmend POGGI, Il contratto di società II (1934) 77.

14 Ähnlich SCHULZ, Classical Roman Law (1951) 551, demzufolge alle Texte, die für einen automatischen Erwerb von Miteigentum bei der *societas omnium bonorum* ausgehen, unecht („spurious") seien. Einen kompilatorischen Eingriff („decisa impronta compilatoria") konstatiert ua auch BONA, Studi sulla società consensuale (1973) 77 Fn 61.

Aus heutiger Sicht erweist sich der wissenschaftspositivistische Optimismus[15] RICCOBONOS hinsichtlich der Zuverlässigkeit seiner Deutung freilich als überzogen. Zurecht wurden gegen seinen Rekonstruktionsversuch - selbst von seiten der Skeptiker[16] des *transitus legalis* - Einwände erhoben: Die Aussage des Paulus wird in RICCOBONOS Rekonstruktionsvorschlag zur Wiedergabe einer Selbstverständlichkeit[17], bei der zudem nicht zu erklären ist, wieso diese Aussage gerade im Hinblick auf die *societas omnium bonorum* getroffen wird.[18] Des weiteren würde man erwarten, daß die angeblich byzantinische Erfindung der *traditio ficta*, sollte es sich dabei um ein verallgemeinerungsfähiges Konzept handeln, von den Kompilatoren an prominenterer Stelle ins System eingefügt worden wäre, als beim Sonderfall der *societas omnium bonorum*. Zusinnbar wäre den Kompilatoren ja vielleicht noch das allfällige Wegstreichen der altzivilen Rechtsgeschäftsformen der *mancipatio* und der *in iure cessio*, aber dann hätten sie diese - wie in vielen anderen Fällen - im Text wohl durch *traditio* ersetzt bzw die *traditio* nicht gestrichen.

Auch die von RICCOBONO[19] angeführte Gegenüberstellung der Überlieferung derselben Konstitution Diokletians und Maximians in Consultatio 6.10 und C 8.53.11, wo tatsächlich in der justinianischen Überlieferung *traditio*, *mancipatio* und *in iure cessio* weggelassen sind, bietet bei genauerer Analyse kein Argument für seine Konjektur. Der - laut Angabe der *consultatio veteris cuiusdam iurisconsulti*[20] aus dem Corpus Hermogenianus stammende - Text der Konstitution aus dem Jahr 293 (den ich der besseren Verständlichkeit halber etwas gegliedert habe) wird in Consultatio 6.10 folgendermaßen überliefert:

---

15 Vgl das Zitat RICCOBONOS oben Fn 7.

16 Vgl etwa CORNIOLEY, FS von Lübtow (1970) 499; GUARINO, Societas (1972) 21 Fn 60.

17 ARANGIO-RUIZ, Società (1950) 127. Weniger schlagend ist mE das Praktikabilitätsargument von ARANGIO-RUIZ, Società (1950) 132, demzufolge es eine „echte Sysiphusarbeit" gewesen wäre, sollte man für die Vergemeinschaftung bei der *societas omnium bonorum* eine Fülle von Einzelrechtsübertragungen benötigt haben. Falls es keinen Rechtserwerb qua Gesamtakt gegeben haben sollte, dann ist die Erforderlichkeit von Einzelverfügungen zur Einräumung des Miteigentums eben die Konsequenz. Der bloße Umstand, daß etwas praktisch wäre, stellt noch keinen rechtshistorischen Beweis für die Existenz einer entsprechenden Regel dar.

18 Es sei denn, man wollte behaupten, daß dies die einzige Societas-Form darstellt, bei der die Gesellschafter wechselseitig dingliche Rechte einräumen.

19 RICCOBONO, ZRG-RA 34 (1913) 192.

20 Allgemein zur (seit CUIACIUS so genannten) *consultatio veteris cuiusdam iurisconsulti* (FIRA II^2 591 ff) vgl WENGER, Die Quellen des römischen Rechts (1953) 548 f, sowie SCHINDLER, Consultatio veteris cuiusdam iurisconsulti, Mnemeion Solazzi (1964) 272 ff.

Cum de bonis tuis partem quidem tertiam penes te retinuisse, partem vero tertiam in eum, quem tu in potestate habebas, ac tertiam in emancipatum donationis titulo contulisse commemores,

1) non est iuris incerti, in eum quidem, qui in sacris familiae tuae remanet, destinationem magis paternae voluntatis factam, quam perpetuam donationem pervenisse:

2) nec in emancipatum translatam, si generaliter eidem partem tertiam bonorum donasti, quia generaliter bonorum portionem donari non posse, cum singulae res nominari debeant, quae [tradi]tione mancipatione vel in iure cessione transferunt et reliqua.

In der Überlieferung von Consultatio 6.10 wird neben der Schenkung an einen Gewaltunterworfenen (Variante 1), deren Gültigkeit verneint wird, ein weiterer Fall diskutiert (Variante 2): und zwar die Schenkung eines Teils des gesamten Vermögens an einen *emancipatus*. Im Zusammenhang mit dieser zweiten Variante findet sich der Hinweis darauf, daß die Schenkung eines Vermögensteils als Ganzes (*generaliter*) nicht möglich sei, weil für den Eigentumserwerb die einzelnen Sachen, welche durch *traditio*, *mancipatio* und *in iure cessio* übertragen werden, bezeichnet werden müssen (*singulae res nominari debeant*). In der Entscheidung findet sich somit im wesentlichen der Gedanke des sachenrechtlichen Spezialitätsgrundsatzes ausgedrückt.

Von den justinianischen Kompilatoren wird in der Wiedergabe der Konstitution in C 8.53.11 aber nicht nur der Hinweis auf die drei Verfügungsgeschäfte unterdrückt (und durch eine *traditio tacita*, *ficta* oä ersetzt, wie es der von RICCOBONO angenommenen Entwicklung entsprechen würde), sondern die gesamte Variante der Schenkung an den *emancipatus*![21]

Im übrigen tendiert die Romanistik bekanntlich heute nicht mehr dazu, das Traditionssurrogat des Besitzkonstituts als interpoliert anzusehen. Vielmehr ist davon auszugehen, daß sich die Ursprünge des Besitzkonstituts sehr wohl auf die Klassiker zurückführen lassen[22], wenngleich dogmengeschichtlich die systematische Durchdringung des Besitzkonstituts va den Glossatoren und Kommentatoren zu verdanken ist.[23]

---

21 Dafür überliefert C 8.53.11.1 einen Satz (*delegationes autem nominum in emancipatum collatae perfectam donationem efficiunt*), der in cons 6,10 fehlt.

22 Javolen D 41.2.21.3; Celsus 41.2.18 pr; Ulpian D 6.1.77. Siehe dazu GORDON, Studies in the transfer of property by traditio (1970) 13 - 35; WACKE, Das Besitzkonstitut als Übergabesurrogat in Rechtsgeschichte und Rechtsdogmatik (1974) 9 ff.

23 Dazu ausführlich BIERMANN, Traditio ficta (1891) 36 ff; WACKE, Besitzkonstitut (1974) 18 ff mwN.

Insgesamt mutet der textkritische Beitrag RICCOBONOS zur Deutung des Paulusfragments aus heutiger Sicht fast ein wenig kurios an und ist eher von wissenschaftshistorischem Interesse für die Geschichte der Interpolationenforschung, denn von hermeneutischem Wert für das Verständnis von D 17.2.1.1.

b) Die „societas omnium bonorum iuris civilis" Bianchinis

Eine originelle Deutung des Paulusfragments D 17.2.1.1 wurde von BIANCHINI[24] präsentiert. Sie geht – ganz entgegen der allgemeinen Auffassung – davon aus, daß es zwei verschiedene Typen von *societates omnium bonorum* gegeben habe. Die eine sei eine *societas universorum bonorum iuris gentium* gewesen, die durch bloßen Konsens zustandegekommen sei; von dieser Form handle insbes Gaius Inst 3.148. Die in D 17.2.1.1 figurierende *societas omnium bonorum* sei hingegen eine *societas iuris civilis*, die durch ein ziviles Rechtsgeschäft begründet worden sei. Diese zweite Art der *societas omnium bonorum* soll aus dem – aus Gaius Inst 3.154 a bekannten – Wahlkonsortium (welches *ad exemplum fratrum* durch *certa legis actio* vor dem Prätor geschaffen wurde) hervorgegangen sein. Im Unterschied zum Wahlkonsortium der älteren Zeit stehe das Gesellschaftsvermögen bei der *societas omnium bonorum iuris civilis* aber im Miteigentum nach Bruchteilen (und nicht in Gesamthandeigentum); außerdem bestehe das in Gaius Inst 3.154 b geschilderte Alleinverfügungsrecht jedes *socius* in der Klassik nicht mehr.[25]

Geht man von der Existenz einer solchen zivilen *societas*-Form aus, so läßt sich nach BIANCHINI die Rechtsfolge der *communicatio omnium bonorum* als Konsequenz des zivilen Rechtsgeschäftes, durch das diese *societas* begründet wurde, verstehen. Dieses konstitutive Rechtsgeschäft sei eine *in iure cessio* gewesen, wobei jeder *socius* Anteile seines Vermögens auf die anderen *socii* übertragen habe.[26]

Gegen BIANCHINIS Deutung sind freilich verschiedene Einwände zu erheben, die hier nur kurz skizziert werden können: Zunächst sind die von ihr gesammelten Belege für ein *aliud genus societatis*, das sie in der zivilen *societas*-Form zu finden glaubt, seit dem Fund des Gaius von Antinoe mit großer Plausibilität auf die *societas proprium civium Romanorum* (Gaius Inst 3.154 a) der *olim*-Zeit zu beziehen, welche nach richtiger Ansicht in der Früh-

---

24 BIANCHINI, Studi sulla societas (1967) 37 ff; der Grundgedanken geht auf LEVY, Neue Bruchstücke aus den Institutionen des Gaius, ZRG-RA 54 (1934) 292 ff, zurück.

25 BIANCHINI, Studi (1967) 49, 115.

26 BIANCHINI, Studi (1967) 47.

klassik nicht mehr gebräuchlich ist.[27] Folglich gibt es in der Klassik wohl nur einen Typ der *societas omnium bonorum*[28] - und zwar die konsensuale Gesellschaft des *ius gentium*.[29]

Zudem kann man mit der für die angebliche zivile *societas* konstitutiven *in iure cessio* wohl kaum vereinen, daß - wie BIANCHINI dies ausdrücklich bejaht[30] - auch der zukünftige Erwerb der *socii* laufend vergemeinschaftet werde.

c) Erwerb kraft in iure cessio (hereditatis)?

In ähnlicher Weise wie BIANCHINI suchten auch andere Romanisten die *communicatio omnium bonorum* vor dem Hintergrund einer postulierten *in iure cessio* zu deuten. So stellte sich etwa TORRENT ein Rechtsgeschäft in der Art der *in iure cessio hereditatis* vor.[31] Bei der in *iure cessio hereditatis* übernimmt der Erwerber die Erbenstellung in ihrer Gesamtheit; ähnliches soll - bezogen auf die Anteile am Vermögen der *socii* - bei der *societas omnium bonorum* geschehen.

Auch diese Annahme kann aber das Fragment D 17.2.1.1 in seinem Zusammenhalt mit D 17.2.3 pr nicht befriedigend erklären: Nimmt man nämlich eine *in iure cessio* in der Art der in *iure cessio non aditae hereditatis* an, so ist nicht verständlich, wieso bloß *res corporales* durch den Gesamtakt übergehen sollen, nicht aber auch Forderungen, welche gemäß D 17.2.3 pr eigens - wohl durch *mandatum ad agendum in rem suam* - übertragen werden müssen. Bei der *in iure cessio non aditae hereditatis* - dh einer Erbschaftsabtretung vor Antritt der Erbschaft - gehen ja (wie ua schon WIEACKER erkannt hat) auch die Forderungen *uno actu* auf den Erwerber über.[32] Bei der *in iure cessio aditae hereditatis* - einer Abtretung nach Erbschaftsantritt - hingegen gehen zwar nur die Rechte an *res corporales* über; die Forderungen

---

27 BRETONE, Labeo 6 (1960) 163 ff; TELLEGEN, RIDA 27 (1980) 295 ff; ANKUM, Israel Law Review 29 (1995) 105 ff.

28 Wiewohl es je nach Vereinbarung durchaus unterschiedliche Formen der *societas universorum* gibt, je nachdem, ob neben dem gesamten gegenwärtigen auch aller zukünftiger Erwerb vergemeinschaftet wird usw. Dazu schon oben im Zweiten Abschnitt.

29 Kritisch zu BIANCHINI bereits CORNIOLEY, L' „aliud genus societatis“, Index 1 (1970) 306 ff.

30 BIANCHINI, Studi (1967) 35, 40 f.

31 TORRENT, Consideraciones sobre la „societas omnium bonorum“, Rivista Italiana per le scienze giuridiche 11 (1963-1967) 205 ff. Gegen TORRENT schon CORNIOLEY, FS Lübtow (1970) 497 f.

32 Vgl WIEACKER, Societas (1936) 145; CORNIOLEY, FS von Lübtow (1970) 498.

aber erlöschen überhaupt, was wiederum in Widerspruch zu der in D 17.2.3 pr geschilderten Rechtslage steht.[33]

Schließlich ist aber mE der fundamentale Einwand gegen diese Art von Erklärungsversuch darin zu sehen, daß in D 17.2.1.1 von einem förmlichen Rechtsgeschäft nicht die Rede ist, und in Einklang mit der traditionellen Auffassung die *societas omnium bonorum* in D 17.2.1.1 nichts anderes als ein Anwendungsfall des (nach Gaius Inst 3.148 aus dem *ius gentium* kommenden) Konsensualvertrages *societas* darstellt.

d) Communicatio als bloße schuldrechtliche Verrechnung der Beiträge

Während die bisher behandelten *transitus-legalis*-Skeptiker *communicare* so wie die traditionelle Lehre als sachenrechtliche Vergemeinschaftung (Einbringung *quoad dominium*) verstanden, besteht der mE interessanteste Versuch von *transitus-legalis*-Skeptikern darin, *communicare* in einer anderen Bedeutung zu sehen, und zwar als bloß schuldrechtliche Einbringung der Beiträge, wobei die dinglichen Rechte unangetastet den einbringenden Gesellschaftern verbleiben. Im Sinne der in der gesellschaftsrechtlichen Dogmatik heute üblichen Dreiteilung von Einbringung *quoad usum*, *quoad sortem* und *quoad dominium*, läge demzufolge eine Einbringung *quoad sortem* vor: Die Sachen werden für die Zwecke der Gesellschaft benutzt und im Hinblick auf die Gefahrtragung und ähnliches schuldrechtlich als Gesellschaftsvermögen behandelt, sachenrechtlich aber stehen sie weiterhin im (Allein-)Eigentum der Gesellschafter.

Diese Auffassung wurde in jüngerer Zeit va von CORNIOLEY[34] vertreten, in GUARINO[35] hat sie einen weiteren prominenten Anhänger gefunden.[36]

---

[33] Siehe nur KASER, Das römische Privatrecht I (2. Aufl. 1975) 722.

[34] CORNIOLEY, De la communicatio rerum dans la societas omnium bonorum, FS von Lübtow (1970) 493 ff; ähnlich schon CUQ, Manuel de droit romain (2. Aufl. 1928) 497 f. CORNIOLEY verallgemeinert hier die Lehre WIEACKERS, demzufolge *communicare* idR lediglich im Hinblick auf die Abrechnung von Gewinn- und Verlustposten im Rahmen der *actio pro socio* zu verstehen sei. Allerdings macht WIEACKER gerade für den *transitus legalis* eine Ausnahme, weil er in diesem ein „Fossil" des *consortium* sieht; WIEACKER, Societas (1936) 139 ff. WIEACKER bejaht also ausdrücklich die sachenrechtliche Vergemeinschaftung bei der *societas omnium bonorum.* Des weiteren verträgt sich die antikontraktuelle Societas-Konzeption WIEACKERS, welcher bekanntlich Verpflichtungen zur Beitragsleistung bei der *societas* verneint, nicht mit CORNIOLEYS Annahme, die *quoad sortem* eingebrachten Beiträge müßten laufend den anderen *socii* zur gemeinsamen Disposition überlassen werden. Vgl CORNIOLEY, FS von Lübtow (1970) 510: „Dès la conclusion du contrat de société chacun des associés est tenu, de par les obligations que lui impose la fides dans le cadre d'une société de tous les biens, soit de laisser les autres socii accomplir sur ses biens les actes d'usage nécessités par le but social, soit de les accomplir lui-même conformément à l'intérêt de tous, soit encore de se plier à la volonté commune

Tatsächlich ist zu konzedieren, daß die für das Einbringen von Beiträgen in den Quellen verwendeten Ausdrücke *communicare*, *conferre*, *in commune redigere* etc keineswegs immer im Sinne eines sachenrechtlichen Vergemeinschaftens der Sachen zu verstehen sind, sondern auch bloß schuldrechtliche Ausgleichspflichten betreffen können. Wenn in den Quellen etwa von einem *commune esse* im Hinblick auf *lucrum*, *damnum*, *detrimentum* und ähnlichem die Rede ist, so handelt es sich idR bloß um die rechnerische Berücksichtigung des Gewinnes bzw Verlustes (zB im Rahmen der *actio pro socio*).[37] Insbes das für das Einbringen eines Beitrages verwendete *conferre* (bzw das Substantiv *collatio*) muß nicht die Begründung von Miteigentum bedeuten: so ist etwa in Celsus D 17.2.58.1 die Rede von einem *conferre pecuniam ad mercem emendam*, wobei im Fortgang des Textes auch zu einem Zeitpunkt *post collationem* von *mea pecunia* die Rede ist, die *collatio* im konkreten Fall also offenbar nicht zu Miteigentum führte, wohl aber zu einer gemeinsamen Gefahrtragung der *socii*.[38]

---

en ce qui concerne les actes de disposition, que le bien de la société pourrait exiger à leur égard."

35 GUARINO, Societas consensu contracta (1972) 21 Fn 60. GUARINO deutet den Text von D 17.2.1.1 im Sinne einer laufenden rechnerischen Vergemeinschaftung: „La communicatio non significava nel senso classico la messa in commune dei beni dei soci, ma la messa in commune dei vantaggi che da essi si potevano trarre, cioè, in altri termini, il vincolamento continuo dei beni."

Wenn er in der Folge dann den *transitus legalis* für nachklassischen Ursprungs hält („di conio postclassico"), ist nicht klar, ob er den Text des Fragments D 17.2.1.1 für nachklassisch hält - wofür spricht, daß er sich in der Folge (aaO 22) die Frage stellt, ob zumindest ein Bezug auf die *societas omnium bonorum* im klassischen Original vorgekommen ist -, oder ob er bloß die Deutung der *communicatio* iSd *transitus legalis* als nachklassisch ansieht, den Text des Fragments aber für im wesentlichen intakt (nur letzteres wäre konsistent mit seiner Interpretation des Textes!).

36 Von dem Verständnis von D 17.2.1.1 als einer bloß schuldrechtlichen Verpflichtung, alles gegenwärtige und zukünftige Vermögen zu vergemeinschaften, scheint HERNANDO LERA, El contrato de sociedad (1992) 134 f, auszugehen. Ob er aber eine schuldrechtliche oder eine sachenrechtliche Vergemeinschaftung annimmt, wird nicht ganz klar; im Fußnotenapparat bezieht er sich einerseits auf BIANCHINI und andererseits auf CORNIOLEY, ohne auf die Unterschiede in deren Theorien einzugehen. Für bloß schuldrechtliche Verpflichtung wohl auch VELASCO, La posicion del obligado en la societas consensual (1986) 149: „La regla que se aplicaba era que todos los bienes presentes y las adquisiciones futuras licitas cualquiera qui fuese su causa ... debian ser aportados por los socios."

37 WIEACKER, ZRG-RA 69 (1952) 355 f.

38 GUARINO, Societas consensu contracta (1972) 63, deutet *collatio* plausibel als gemeinsames Festlegen der gesellschaftsvertraglichen Zweckbestimmung des Geldes durch die *socii* (im Unterschied zur bloß einseitigen *destinatio* durch einen einzelnen Gesellschafter).

Der Ausdruck *communicare* selbst kommt in den Quellen zur *societas* häufig vor; soweit es sich dabei um Fälle einer partiellen *societas* handelt, werden diese Stellen im folgenden Kapitel näher erörtert werden. Hier mag zunächst der Hinweis genügen, daß in den Stellen außerhalb eines *societas*-Zusammenhangs *communicare* durchwegs technisch im Sinn des Begründens von Miteigentum verwendet wird: So wird in Ulp 6 fideicomm D 32.20 ein Fall erörtert, in dem eine Sache einerseits einer Person fideikommissarisch, andererseits einer anderen Person in Form eines Legats vermacht wird, wobei hinzugefügt wird, daß dies *non communicandi animo, sed utrique in solidum* geschieht. Hier bedeutet *communicandi animo* wohl „mit dem Willen, Miteigentum zu schaffen". Der erklärende Zusatz wird aber seit CUIACIUS als justinianische Glosse angesehen, in welchem Fall zumindest ein Beleg dafür vorliegt, daß in justinianischer Zeit *communicare* im Sinne von „Miteigentum begründen" verstanden wurde. Bei Scaevola 22 dig D 32.41 pr wiederum führt das *communicare emptionem*[39] zwischen Mann und Ehefrau dazu, daß der Ehefrau ein Anteil am gekauften *fundus* zukommt, auf den zu verzichten der Ehemann die Frau fideikommissarisch ersucht. Auch hier impliziert das *communicare* also die Bildung von Miteigentum. Schließlich begegnet uns *communicari* technisch als „zu Miteigentum werden" zB im Zusammenhang mit der *commixtio* in Ulp 16 ad ed D 6.1.5 pr, wo Ulpian die Meinung des Pomponius referiert, demzufolge bei einer willentlichen *commixtio* von Weizen die Mengen *communicata videbuntur*, weshalb eine Teilungsklage zustehe (*et erit communi dividundo actio*).[40]

Auch jene Stellen, in denen die Rede davon ist, daß beim Erwerb einer Sache durch den *socius* dieser zunächst Alleineigentum erwirbt, er die Sache später aber (*societatis nomine*) *communicare debet* (D 17.2.74), sprechen mE sehr wohl für eine technische Bedeutung im Sinne von „sachenrechtlich (durch eigenen späteren Rechtsakt) vergemeinschaften".[41]

Der entscheidende Einwand gegen die These von der bloß schuldrechtlichen Bedeutung der *communicatio* kann aber mE dem Fortgang des Paulusfragments in D 17.2.3 pr entnommen werden. Die Deutung als bloße rechnerische Vergemeinschaftung kann nämlich nicht befriedigend erklären, wieso für Forderungen in D 17.2.3 pr eigene Regeln vorsieht.

---

39 *Emptionem* steht wohl für den Gegenstand des Kaufes, dh den gekauften *fundus*.

40 Für Echtheit dieses Satzes entgegen der durch VAN WARMELO, TR 25 (1957) 134 f, erhobenen Interpolationsbehauptung SCHERMAIER, Materia (1992) 164.

41 In D 17.2.38.1 ist darüberhinaus von *res ex societate communes* die Rede, was allgemein belegt, daß Miteigentum der Gesellschafter aufgrund einer *societas* bestehen kann; vgl auch KASER, SDHI (1975) 294.

Wenn es bloß um interne Verrechnung gehen soll, wieso wird dann im Paulustext zwischen Rechten an *res corporales* (D 17.2.1.1) und Forderungen (D 17.2.3 pr) differenziert? Für eine schuldrechtliche Berücksichtigung der Positionen am Ende der *societas* kann der Unterschied zwischen dinglichen und obligatorischen Rechten wohl nicht bedeutsam sein. Wenn aber in D 17.2.3 pr für die Forderungen hervorgehoben wird, daß sie zunächst unangetastet bleiben (*manent in suo statu*), so wohl deshalb, um einen Unterschied zu den *res corporales*, welche *continuo communicantur*, hervorzuheben. Zudem aber ist aus dem Fortgang des Textes ersichtlich, daß diese Forderungen an die anderen *socii* (anteilweise) abzutreten sind (*actiones invicem praestare debent*), was der Theorie von der rechnerischen Abrechnung schlichtweg widerspricht.

Als Ergebnis dieses Abschnittes läßt sich festhalten, daß *omnes res communicantur* in D 17.2.1.1 sehr wohl bedeutet, daß es bei der konsensualen *societas omnium bonorum* zur Bildung von Miteigentum von seiten der Gesellschafter kommt. Nun gilt es zu überlegen, wie diese umfassende sachenrechtliche Vergemeinschaftung der Güter von den römischen Juristen konstruiert worden sein mag.

3. Zur Konstruktion des transitus legalis

a) Die Besitzkonstitutstheorie

aa) Die These von der *communicatio bonorum* durch Besitzkonstitut

Seit den Glossatoren[42] wird als eine Erklärung der *communicatio omnium bonorum* das (freilich erst später so genannte) *constitutum possessorium* angeführt. Die Gesellschafter erwerben demnach aufgrund der Vereinbarung der *societas omnium bonorum* jeweils dadurch Mitbesitz und Miteigentum an

---

42 Vgl AZO in der Summe zum Codex 4.37: *Communicantur omnes res corporales sociorum statim, quas habent tempore illo quo societas initur. Tacite enim videtur fieri traditio unicuique sociorum ab altero. Et ideo dominium et possessio queritur cuicumque ab altero pro parte.* In der Summe zum Institutionentitel De rerum divisione (I 2.1) schreibt Azo: *Societate etiam contracta omnium bonorum continuo communicantur omnia corporalia, quasi facta traditione eo quod quisque videtur velle incipere possidere partim nomine suo partim nomine socii, ut D. de acquirenda possessione l. 18.* (zitiert nach BIERMANN, Traditio ficta 54 f.)
Übrigens scheint AZO bezüglich der vorhandenen Vermögensgegenstände, die vergemeinschaftet werden, *continuo* als „sofort" zu interpretieren, in der zweiten Stelle interpretiert er aber *continuo* in Verbindung mit dem Besitzkonstitut im Hinblick auf zukünftig zu erwerbende Sachen im Sinn von „laufend". Zu diesem Problem näher unten D.

den Sachen der übrigen, indem jeder *socius* ab nun seine Sachen teilweise als Detentor für die restlichen *socii* innehat. Die *societas* hat dabei sowohl die Funktion eines Erwerbstitels, als auch einer *causa detentionis*.

Im 19. Jahrhundert fand diese Ansicht ihren prominentesten Vertreter in FRIEDRICH CARL VON SAVIGNY. Im „Recht des Besitzes" führt SAVIGNY aus, daß „bei einer societas universorum bonorum die Tradition aller einzelnen Sachen als geschehen angenommen (wird), sobald der Vertrag abgeschlossen ist, was wieder nicht anders als durch ein Constitutum gedacht werden kann. Der Grund liegt wahrscheinlich darin: wegen der Mannigfaltigkeit der Gegenstände ist hier eine wirkliche Tradition beschwerlich, folglich ungewöhnlich, folglich ist im Gegentheil dasjenige Geschäft gewöhnlich und zu präsumieren, welches allein eine wahre Tradition ersetzen kann, und dieses Geschäft ist eben das Constitutum."[43]

In der Romanistik des 20. Jahrhunderts wurde die Besitzkonstitutslösung vor allem von ARANGIO-RUIZ verteidigt, der sie zudem etwas differenzierter ausformulierte. Ein ziviler Eigentumserwerb durch Besitzkonstitut sei nur an den *res nec mancipi* möglich gewesen; bei den *res mancipi* sei hingegen zunächst bloß bonitarisches Eigentum an den Anteilen erworben worden, das zivile Eigentum hingegen erst durch *usucapio*. Die Vereinbarung aus der *societas* habe dabei jeweils als *iusta causa traditionis* bzw *usucapionis* gedient.[44]

bb) Kritikpunkte an der Besitzkonstitutslösung

1. Insbesondere im Zuge der interpolationenkritischen Radikalkritik der Quellen wurde das Besitzkonstitut häufig für unklassisch gehalten. Dementsprechend vertraten manche Autoren die Meinung, daß der *transitus legalis* zwar durch Besitzkonstitut erklärbar wäre, das Besitzkonstitut aber nicht klassisch, sondern byzantinisch sei. Wie bereits oben im Hinblick auf RICCOBONO ausgeführt, geht man heute wieder davon aus, daß das Besitzkonstitut sich – zumindest ansatzweise – auf die Klassiker zurückführen läßt[45], wenngleich die theoretische Durchdringung des Besitzkonstituts wohl erst den mittelalterlichen Juristen zu verdanken ist; ein entscheidender

---

43 SAVIGNY, Das Recht des Besitzes (6. Aufl. 1837) § 27 D, S. 374 f. Er fügt hinzu: „Unsere Juristen sind von jeher weit entfernt gewesen, diese einfache Ansicht des römischen Rechts, nach welcher nicht einmal ein eigener Name für dieses Institut nöthig gefunden wurde, zu der ihrigen zu machen."

44 ARANGIO-RUIZ, Società (1950) 123 ff. Für Besitzkonstitut ua auch ARNÒ, Il contratto di società (1936) 72 f.

45 Javolen D 41.2.21.3; Celsus 41.2.18 pr; Ulpian D 6.1.77. Siehe dazu GORDON, Studies in the transfer of property by traditio (1970) 13 - 35; WACKE, Das Besitzkonstitut als Übergabesurrogat in Rechtsgeschichte und Rechtsdogmatik (1974) 9 ff.

Einwand gegen die Besitzkonstitutslösung resultiert aus diesem Argument folglich nicht.[46]

2. Andere Kritiker bejahten zwar die Klassizität des Besitzkonstituts, bezweifelten aber, ob die *societas* eine taugliche *causa* für den Eigentumserwerb bzw für die Detention sein könne. Dieses Argument wurde va von WIEACKER[47] gegen die Deutung über das Besitzkonstitut ins Treffen geführt.

Tatsächlich kennen die römischen Quellen zum Besitz- und Eigentumsrecht keinen eigenen Erwerbstitel *pro socio* in der Weise, wie sie *pro emptore*, *pro dote* und andere als *iusta causa possessionis*, *traditionis* und *usucapionis* anführen. Andererseits findet sich in den Quellen überhaupt keine taxative Aufzählung der Erwerbstitel und damit ist *a priori* auch eine *societas* als *causa* nicht auszuschließen. Wenn nun die römischen Juristen sogar bei Innominatkontrakten uU einen Eigentumserwerb bejahen (ohne eine eigene Bezeichnung für diesen Titel zu kennen), so ist das mE umso mehr für einen anerkannten Kontrakt wie die *societas* anzunehmen.

Auch der bei Ulpian D 19.5.13.1 für den Ausschluß einer *societas* – im Hinblick auf die Vereinbarung, daß A dem B ein Grundstück übereignet, damit dieser dort ein Wohnhaus errichtet und dieses mit einem Teil des Grundstücks zurückübereignet – gebrauchte Begründungssatz *nemo societatis contrahendae rei suae dominus esse desinit* ist nicht als genereller Ausschluß der Tauglichkeit einer *societas*-Vereinbarung als *iusta causa* zu verstehen.[48]

Richtig ist, daß der Abschluß einer *societas* nicht notwendigerweise zu Eigentumsänderungen führen muß; in diesem Sinn ist die *societas* kein regelmäßiger Titel für den Eigentumserwerb. Dieses Schicksal teilt die *societas* aber mit „unverdächtigeren" Verträgen wie zB dem Mandat. Auch ein Eigentumserwerbstitel *pro mandato* ist nicht überliefert, dennoch bezweifelt man nicht, daß zB bei der indirekten Stellvertretung über ein Einkaufmandat,

---

46 Dazu ausführlich BIERMANN, Traditio ficta (1891) 36 ff; WACKE, Besitzkonstitut (1974) 18 ff mwN.

47 WIEACKER, Societas (1936) 140; er folgt dabei LAST, Besitzlehre (1913) 190. Kritisch spricht schon CORNIOLEY, FS Lübtow (1970) 500, von „vues assez personelles de M.Wieacker quant au défaut de iusta causa".

48 Sofern es bloß um die Übertragung von Miteigentumsanteilen geht, hört der übertragende *socius* nicht auf, (anteiliger) Eigentümer zu sein. Der essentielle Grund der Ablehnung einer *societas* in D 19.5.13.1 scheint darin zu liegen, daß das Geschäft stärker Austauschcharakter hat, und es deshalb am Element des gemeinsamen Gesellschaftszweckes mangelt. Lautete die Vereinbarung so, daß A und B Miteigentümer des Grundstückes samt Haus würden, so hätten die Klassiker wohl eine *societas* bejaht, wie dies bei den in D 19.5.13.1 am Ende diskutierten Varianten jeweils der Fall ist: *ergo si quis areae dominium non transtulerit, sed passus sit te sic aedificare, ut communicaretur vel ipsa vel pretium erit societas. idemque et si partis areae dominium transtulerit partis non, et eadem lege aedificare passus sit.*

der Mandatar zunächst für sich Eigentum erwirbt, um es dann dem Mandanten zu übertragen, sodaß für die zweite Verfügung wohl das Mandat als *iusta causa* fungiert.[49] Zuletzt ist noch auf D 17.2.38.1 hinzuweisen, wo von *res ex societate communes* die Rede ist, was zumindest in die Nähe der gesuchten Formulierung *ex causa societatis* kommt.

3. Als Gegenargument wurde auch angeführt, das Besitzkonstitut eigne sich (wie *traditio*, *mancipatio* etc) bloß zur Übertragung des Eigentums, nicht aber zur Abspaltung des ideellen Anteils und Übertragung dieses Anteils an einen anderen.[50]

Dagegen spricht das Beispiel der *mancipatio usufructu deducta*, bei der sehr wohl in einem Rechtsgeschäft einerseits Eigentum übertragen, zugleich aber ein (aus dem Vollrecht abgespaltenes) beschränktes dingliches Recht „zurückbehalten" wird. Meines Erachtens macht es hier auch keinen wesensmäßigen Unterschied, daß der *ususfructus* ein beschränktes dingliches Recht darstellt, der Miteigentumsanteil aber eine ideelle Mitberechtigung am Eigentum selbst, ist doch auch der *ususfructus* (gedanklich) aus dem unbeschränkten Volleigentum „herausgelöst". (Daß der Volleigentümer gemäß Modestin 6 diff D 41.7.3 nicht bloß einen ideellen Anteil derelinquieren und sich einen Teil vorbehalten kann – *atquin totius rei dominus efficere non potest, ut partem retineat, partem pro derelicto habeat*, liegt wohl an der spezifischen Eigenart der Dereliktion und ist kein grundsätzliches Argument gegen die „Abspaltung" eines ideellen Anteils durch den Alleineigentümer.)

4. Bedenken wurden auch dahingehend geäußert, daß die Vorstellung des Mitbesitzes den römischen Juristen fremd sei, ja sie ihn geradezu ablehnten, wie sich aus der Regel *plures eandem rem in solidum possidere non possunt*[51] ergebe.

---

49 Ähnliche Argumente lassen sich für die Frage anführen, ob die *societas* als *causa detentionis* geeignet ist. Wenn zB WACKE, Besitzkonstitut (1974) 10 Fn 34, in einem Prokuratorverhältnis bereits eine ausreichende *causa detentionis* sieht, wird wohl auch eine *societas* bei entsprechender Vereinbarung eine taugliche *causa detentionis* darstellen können.

50 WIEACKER, Societas (1936) 144; CORNIOLEY, FS Lübtow (1970) 501.

51 Paulus 54 ad ed D 41.2.3.5. Er begründet dies mit den Worten: *non magis enim eadem possessio apud duos esse potest, quam ut tu stare videaris in eo loco, in quo ego sto, vel in quo ego sedeo, tu sedere videaris.* Paulus zitiert aber auch zustimmend Sabinus, der vertreten hat, daß sowohl *precario dans* als auch *precario accipiens* Besitzer seien und referiert die Meinung des Trebaz, daß zur selben Zeit dieselbe Sache von einem *iuste* und von einem anderen *iniuste* besessen werden könne, was Labeo verneinte. Vgl auch Ulp 28 ad ed D 13.6.5.15, der Celsus mit dem Satz zitiert: *duorum quidem in solidum dominium vel possessionem esse non posse.*

Die Möglichkeit der Übertragung eines ideellen Anteils, aber auch dessen Verpfändung ist nach den Quellen jedenfalls belegt: Der Eigentumserwerb an dem ideellen Anteil vollzieht sich dabei entsprechend den allgemeinen Regeln durch die *traditio* bzw die Einräumung der *vacua possessio*. So ist etwa bei in Miteigentum stehenden Sachen die Schenkung eines Anteils gem FV 282 möglich:

> *Communes res in solidum donari nequeunt, sed portiones eorum qui donant ad eos qui dono accipiunt transitum faciunt ...*[52]

Nach FV 282 können also in Miteigentum stehende Sachen (durch einen Miteigentümer allein) nicht wirksam schenkungshalber übereignet werden, wohl aber können die Miteigentümer über die ihnen gehörenden Anteile wirksam verfügen.

Auch verschiedene andere Konstitutionen und Juristentexte belegen, daß zB beim Verkauf einer *portio sua* eines Grundstücks der Eigentumserwerb von der Übergabe der *vacua possessio* abhängig ist.[53] Aus diesen Stellen, die von der Einräumung der *possessio* bzw der *traditio* als Erwerbsmodus für ideelle Anteile handeln, ergibt sich aber, daß die römischen Juristen darin offenbar keinen Widerspruch zur Regel *plures in eandem rem in solidum possidere non possunt*[54] sehen. Dementsprechend lehrte schon SAVIGNY, daß der „Mitbesitz" an ideellen Anteilen einer Sache durchaus nebeneinander möglich sei: „jeder besitzt einen Theil der Sache allein, die übrigen Theile gar nicht, und daß diese Theile nicht reell, sondern ideell abgesondert sind, macht juristisch betrachtet gar keinen Unterschied. ... sie stehen zu einander ungefähr in dem Verhältniß, wie die Besitzer zweyer benachbarten Häuser".[55]

Dies belegt nicht zuletzt auch der bereits oben angeführte Text der Consultatio 6.10: Als Problem wird dort bei der Schenkung eines Drittels des Vermögens die Tatsache angesehen, daß *generaliter* das Vermögen verschenkt wurde, während richtigerweise die einzelnen Gegenstände, an denen Eigentum

---

In beiden Stellen wird also die *possessio* mehrerer Personen *in solidum* verneint, nicht hingegen der gemeinsame Besitz von Miteigentümern.

52 Der Text bejaht im Fortgang auch die Zulässigkeit einer *donatio inter absentes: nec ambigi oportet donationes etiam inter absentes, si ex voluntate donantium possessionem ii quibus donatum est nanciscantur, validas esse.* Dahinter könnte sich übrigens ein Besitzerwerb durch Besitzkonstitut verbergen, wenn man annimmt, daß die Schenkungsempfänger abwesend sind und dennoch *ex voluntate donantium* zu besitzen beginnen!

53 Beispielsweise D 10.3.7.13, D 19.1.13.17; ausführlich zu diesen beiden Stellen MISERA, Akzession und Surrogation zufolge einer adiudicatio, ZRG-RA 103 (1986) 383 ff.

54 Paulus 54 ad ed D 41.2.3.5; siehe oben Fn 50.

55 SAVIGNY, Das Recht des Besitzes (6. Aufl. 1837) 179 f.

übertragen werden soll (in der Urkunde[56]) bezeichnet werden müssen (*singulae res nominari debeant*). Kein Problem wird offenbar darin gesehen, Miteigentumsanteile zunächst abzuspalten und sodann (durch *traditio*, *mancipatio* oder *in iure cessio*) zu übereignen.

5. BIANCHINI schließlich weist darauf hin, daß die von ARANGIO-RUIZ präsentierten Regeln des Eigentumserwerbs (Erwerb quiritischen Eigentums durch *traditio* an *res nec mancipi*, Ersitzung quiritischen Eigentums an *res mancipi*) nur für römische Bürger (und Nichtrömer mit *commercium*) gelten könnten. Bei einer *societas omnium bonorum* zwischen Römern und Nichtrömern würde das aber dazu führen, daß die Nichtrömer bloß Mitbesitz, nie aber (quiritisches) Miteigentum erwerben könnten. Ein solches, die *socii* ungleich behandelndes Regime stehe aber im Widerspruch zum Prinzip der Gleichheit der Gesellschafter.[57] Dem ist mE entgegenzuhalten, daß die Frage der Eigentumsberechtigung von Nichtrömern (die mit der *constitutio Antoniniana* weitgehend obsolet wird) kein *societas*-spezifisches Problem darstellt. Im übrigen können selbst Römer an Provinzialgrundstücken kein *dominium ex iure Quiritium* haben, was wohl nicht ausschließt, daß auch solche Provinzialgrundstücke zum Gegenstand einer *societas omnium bonorum* gehören können.

Daraus ist zu folgern, daß dort, wo dies aufgrund der allgemeinen personen- und sachenrechtlichen Regeln möglich ist, sehr wohl die von ARANGIO-RUIZ dargelegten Folgen eintreten (die freilich für *societates* mit Nichtrömern, die Berechtigung an Provinzialgrundstücken etc nur *mutatis mutandis* gelten können).

Was das Argument der Gleichheit anbelangt, so ist auch darauf hinzuweisen, daß ganz allgemein *societates* durchaus zwischen Personen geschlossen werden können, *qui non sunt aequis facultatibus* (Ulpian D 17.2.5.1). Eine Gleichheit in der rechtlichen[58] bzw materiellen[59] Ausgangsposition ist nicht das Wesentliche, sondern die faire, der *bona fides* entsprechende Behandlung der *socii* im Rahmen der Gesellschaftsvereinbarung. Die so verstandene „Gleichheit der *socii*" drückt sich primär auf der schuldrechtlichen Ebene aus und bestimmt das *oportere ex fide bona* bei der *actio pro socio*.

---

[56] SCHINDLER, Consultatio veteris cuiusdam iurisconsulti, Mnemeion Solazzi (1964) 307.

[57] BIANCHINI, Studi (1967) 38. In Wirklichkeit löst auch BIANCHINI das Problem nur dadurch, daß sie den Zugang zur von ihr postulierten *societas iuris civilis* schon *per definitionem* auf römische Bürger beschränkt.

[58] Man denke nur an die *societas cum servo*; zu dieser SOLAZZI, La società col servo (1955) in: Scritti giuridici VI (1972) 687 ff.

[59] Siehe nur die ganze Diskussion um die *magna quaestio* der Zulässigkeit unterschiedlicher Gewinn-und Verlustquoten.

6. Schließlich ist noch auf zwei Argumente einzugehen, die ua GIRARD gegen die Erklärung über das Besitzkonstitut geltend gemacht hat.[60] Erstens könne sich ein Eigentumserwerb *qua* Besitzkonstitut nur auf jene Sachen erstrecken, die im Zeitpunkt des Abschlusses auch im Besitz eines *socius* stehen, nicht hingegen auf solche, die ihm zwar gehören, an denen er aber aktuell keinen Besitz hat.[61] Zweitens sei nicht einzusehen, warum ein Erwerb *qua* Besitzkonstitut auf den Fall der *societas omnium bonorum* beschränkt geblieben sei.

Für Sachen, die im Eigentum, nicht aber im Besitz der *socii* stehen, scheint Paulus D 17.2.1.1 auszusprechen, daß sie auch von der Regel *continuo communicantur* erfaßt seien; allerdings läßt sich mE aus dem Text (*res quae coeuntium sunt*) nicht mit Sicherheit ableiten, ob dieser Fall wirklich mitgedacht ist, oder nicht. Man könnte argumentieren, daß von der Textlogik her der Unterschied zwischen der Vergemeinschaftung von *res corporales* einerseits (*continuo communicantur*) und *res incorporales* andererseits im Vordergrund zu stehen, und die Formulierung *res quae coeuntium sunt* interpretativ auf Sachen, die im Besitz und Eigentum der *socii* stehen, einzuschränken ist. Allerdings ist GIRARD zuzustimmen, daß der sofortige Erwerb *qua* Besitzkonstitut an Sachen, die im Eigentum, nicht aber im Besitz der *socii* stehen, nicht begründbar ist.

Hinsichtlich des zweiten Arguments muß man differenzieren: Schon begrifflich macht eine Vergemeinschaftung aller Sachen nur bei einer *societas omnium bonorum* Sinn, da bei *societates*, die vom Gegenstand her eingeschränkter sind, von vornherein das allfällige Gesellschaftsvermögen auf bestimmte Sachen beschränkt ist, deren Übertragung den Gegenstand von einzelnen Verfügungen bilden dürfte. Das *generaliter tradere* wird dort also aus sachlichen Gründen nicht zur Anwendung kommen. Soweit aber das *constitutum possessorium* dazu dienen kann, den Miteigentumserwerb bei der *societas omnium bonorum* zu bewerkstelligen, so ist kein Grund ersichtlich, warum dies nicht auch bei eingeschränkteren Societas-Formen möglich gewesen sein soll.

Resümierend läßt sich feststellen, daß die Besitzkonstitutstheorie nicht nur eine Reihe hervorragender Vertreter aufzuweisen hat, sondern sich im großen und ganzen auch gegen die gar nicht so geringe Anzahl von Einwänden verteidigen läßt; dennoch konnte sie sich nicht restlos durchsetzen.

Vor allem die beiden von GIRARD angeführten Argumente (Sonderstellung der *societas omnium bonorum* und der scheinbar vom Besitzerwerb

---

60 GIRARD, Manuel élémentaire de droit romain (7. Aufl. 1924) 608 Fn 4.

61 Darum lehnt ua auch HÄGERSTRÖM, Der römische Obligationenbegriff (1927) 124, die Annahme eines *constitutum possessorium* ab .

unabhängige Eigentumserwerb an allen Sachen) bewog immer wieder Autoren dazu, die *communicatio omnium bonorum* nicht über die allgemeinen Regeln des Eigentumserwerbes zu erklären, sondern eine eigene Rechtsregel anzunehmen; auf diese Erklärung bezieht sich streng genommen auch der Ausdruck *transitus legalis*, sodaß man diese Auffassung als „Theorie des *transitus legalis* ieS“ bezeichnen könnte. Diese Auffassung soll nun im folgenden etwas ausführlicher dargestellt und sodann – was ihren Erklärungswert anbelangt – mit der Besitzkonstitutslösung konfrontiert werden.

a) Transitus legalis - die Annahme einer eigenen Rechtsregel

aa) Die These des *transitus legalis* im engeren Sinn

Ausgangspunkt dieser Theorie im 19. Jahrhundert dürfte eine These PUCHTAS sein. In seiner Abhandlung über den Besitz geht dieser in Opposition zu SAVIGNY (der wie oben erwähnt die Besitzkonstitutsthese vertrat) und kommt zum Schluß, daß bei der *societas omnium bonorum* bloß das Eigentum, nicht aber der Besitz übergehe: „In der That aber steht in jenen Stellen kein Wort davon, daß die socii außer dem Miteigenthum auch den Besitz erwerben, und dadurch fällt die Frage, wie dieser Besitzerwerb zu denken sey, selbst weg“.[62]

Wenngleich PUCHTAS Ansicht auf einer etwas eigenartigen Interpretation von D 17.2.2 beruht[63], gab sie doch den Anstoß für eine besitzkonstitutsunabhängige Interpretation von D 17.2.1.1 durch eine Reihe von Autoren.[64] So wird etwa von HARBURGER[65] vertreten, daß es sich beim Vermögensübergang bei der *societas omnium bonorum* um eine kraft Gesetzes eintretende Rechtsfolge handle. *Tacita traditio* interpretiert er als „vom Gesetz angenommene Traditio“. Diese Regel sei nicht dispositiv („hier steht das Gesetz über dem Willen der Parteien“) und stelle eine *praesumtio iuris ac de*

---

62 GEORG FRIEDRICH PUCHTA, Besitz, in: Weiske's Rechtslexicon, Bd II (1839) 63 = Kleine civilistische Schriften (1851) 439.

63 Er argumentiert aus dem *quia licet specialiter traditio non interveniat*, daß überhaupt kein Besitzerwerb stattfinde, und ignoriert, daß zumindest eine *tacita traditio* von Gaius bejaht wird. Zu Recht kritisch dazu schon HARBURGER, Das constitutum possessorium (1881) 75 f.

64 Einher geht dies mit der im 19. Jh gängig werdenden Verwendung des Ausdrucks *transitus legalis*, der ja auf eine eigene gesetzliche Regel verweist.

65 HARBURGER, Das constitutum possessorium (1881) 74 ff.

iure dar.[66] Zustimmung findet HARBURGERS These unter anderem bei LAST, der ebenfalls einen Eigentums- und Besitzerwerb kraft rechtens annimmt.[67]

Unter den Vertretern dieser Rechtsregel-Doktrin lassen sich in der Folge zwei Richtungen unterscheiden. Die einen bejahen die Rechtsregel in einem eher positivistischen Sinn, um in ihrem System die Vergemeinschaftungs-Regel aus D 17.2.1.1, die ihnen mit dem herkömmlichen sachenrechtlichen Instrumentar nicht erklärlich erscheint, rechtsquellenmäßig einzureihen. Für andere hingegen, wie etwa PERNICE[68] und va WIEACKER hat dieser Erklärungsversuch hingegen eine entwicklungsgeschichtliche Konnotation: Er weist für sie auf das alte *consortium ercto non cito* hin und belegt demgemäß den genetischen Zusammenhang zwischen *societas omnium bonorum* und der altrömischen Hausgenossenschaft der *sui heredes* nach dem Tod des *pater familias*.

So folgt etwa WIEACKER den Ausführungen LASTS, erweitert sie aber um einen entwicklungsgeschichtlichen Aspekt, indem er den *transitus legalis* als „Fossil" des *consortium* im klassischen Recht der *societas* deutet.[69]

WIEACKER bejaht die Klassizität des *transitus legalis*[70], lehnt aber eine Deutung über das *constitutum possessorium* ab, weil die *societas* nicht zu den Rechtsverhältnissen zähle, die zur Detention berechtige[71]; im übrigen sei nicht einzusehen, warum das Besitzkonstitut - falls es für die *societas omnium bonorum* funktioniere - auf diese Gesellschaftsform beschränkt geblieben sei.[72] WIEACKER leugnet im übrigen die Authentizität der eingeschobenen Begründung aus dem Gaius-Provinzialediktskommentar, dessen *traditio tacita* „byzantinischen Schulgeist" atme. Auch eine Deutung über einen dinglichen Vertrag sei allenfalls den Byzantinern, nicht aber den klassischen Juristen zusinnbar.[73]

---

66 HARBURGER, Das constitutum possessorium (1881) 76. HARBURGER geht aber davon aus, daß diese *praesumtio* nur für das im Abschlußzeitpunkt gegenwärtige Vermögen der *socii* gelte, das später erworbene Vermögen müsse anteilsmäßig übertragen werden.

67 LAST, Fragen der Besitzlehre (1913) 190; er bezieht aber auch den zukünftigen Erwerb mit ein (LAST, Besitzlehre 188). Bei LAST, Besitzlehre 190, findet sich auch - die später von WIEACKER aufgegriffene Behauptung -, daß eine *societas* keine taugliche *causa detentionis* für ein Besitzkonstitut abgeben könne.

68 PERNICE, ZRG-RA 3 (1882) 87 f.

69 WIEACKER, Societas (1936) 139 -147.

70 Als Beweis sieht WIEACKER, Societas (1936) 140, vor allem den Fortgang des Paulustextes in D 17.2.3 pr an. Er geht auch davon aus, daß der *transitus legalis* nicht nur das gegenwärtige, sondern auch das zukünftige Vermögen umfasse (aaO 144)

71 Vielleicht bietet aber gerade D 17.2.1.1 den Gegenbeweis?

72 WIEACKER, Societas (1936) 141.

73 WIEACKER, Societas (1936) 142 f.

Erklärlich sei der *transitus legalis* vielmehr nur als Relikt des zivilen nachgeformten *consortium* im Recht der *societas omnium bonorum*: „So scheinen wiederum Züge, die nur dem dogmatischen Aufbau des altzivilen Formalaktes angemessen waren, auf das formfreie Geschäft ausgedehnt worden zu sein."[74]

Dieser Erklärungsansatz ist übrigens gar nicht so neu, sondern läßt sich bis ins 12. Jahrhundert zurückverfolgen. So erwähnt schon ACCURSIUS, der selbst in seiner Glosse wohl zur Besitzkonstitutslösung tendiert[75], daß andere darin einen Spezialfall sehen: *alii ut Az(o?)*[76] *dicunt quod hoc est speciale ut dominium sine possessione acquiratur*. Und ODOFREDUS (+ 1265) weist darauf hin, daß die *tacite interveniens traditio* in zweifacher Weise gedeutet werde: Neben der Besitzkonstitutstheorie gebe es auch eine, namentlich von PLACENTINUS (+ 1192) vertretene Auffassung, derzufolge eine Sonderregel vorliege, die mit der *societas* als *species fraternitatis* zusammenhänge: *quod speciale est in actione pro socio quae est species fraternitatis.*[77]

bb) Kritikpunkte an der These des *transitus legalis* im engeren Sinn

Ähnliche Einwände, wie sie schon gegenüber den Theorien, die mit einer *in iure cessio* operieren, erhoben wurden, gelten auch für diese Theorie des *transitus legalis*, welcher auf das alte (Wahl-)Konsortium zurückgehen soll.[78] Wenn man sich nämlich die *certa legis actio*, durch die das Wahlkonsortium begründet wird, nach dem Muster der *in iure cessio non aditae hereditatis* als Akt der Universalsukzession vorstellt, wäre davon auszugehen, daß nicht nur *res corporales*, sondern auch Forderungen mitumfaßt sind (so wie bei den *sui heredes* ebenfalls *eo ipso* mit dem Tod des *paterfamilias* die vererblichen Forderungen auf die Hauserben übergehen).

Argumentierte man hingegen, daß die *certa legis actio* beim Wahlkonsortium eine Form der *in iure cessio* gewesen sei, bei der bloß sämtliche *res corporales* vergemeinschaftet wurden, während Forderungen zunächst unangetastet blieben, würde sich ein nicht unbeträchtlicher Unterschied

---

74 WIEACKER, Societas (1936) 147.

75 Er schreibt zu D 17.2.2: *quod suo nomine possidebat nomine communi videtur incipere possidere. sic possessio acquiritur (...)* Dabei verweist er - so wie Azo - auf den Celsustext D 41.2.18 pr.

76 Sollte hier Accursius seinen Lehrer Azo mißverstanden haben?

77 Ad l.1 § 1 D. pro socio; vgl BIERMANN, Traditio ficta (1891) 55.

78 Abgesehen von WIEACKER vertreten diese Auffassung auch: LAST, Besitzlehre (1913) 188 ff; DE ZULUETA, Gaius Vol. II (1953) 178 Fn 2; DAUBE, Cambridge Law Journal 6 (1938) 381; GORDON, Studies in the transfer of property by traditio (1970) 35.

zwischen *consortium ercto non cito*[79] und dem *consortium ad exemplum fratrum suorum* ergeben, was zur Formulierung *eandem habere societatem poterant* in Gai Inst 3.154 a in Widerspruch stünde. Dieser Unterschied bestünde auch bei dem von WIEACKER angenommenen adoptionsähnlichen Geschäft.

c) Zur Deutung des Gaius-Fragments D 17.2.2

Wir haben bis jetzt versucht, die Argumentation hinsichtlich der *communicatio omnium bonorum* lediglich auf den Paulustext zu stützen und insbesondere aus der Gegenüberstellung von *res corporales* und *res incorporales* den sachenrechtlichen Charakter der *communicatio* zu begründen.[80] Nun ist es aber an der Zeit, auch den eingeschobenen Gaius-Text näher zu betrachten.

Natürlich ist bei einem solchen eingeschobenen kurzen Text der Verdacht einer gewissen Manipulation von seiten der Kompilatoren naheliegend. Aus diesem Grund wurden solche Katenen von „Interpolationenjägern" immer äußerst skeptisch betrachtet. Genauso falsch wie ein unkritischer Umgang mit solchen „Zusammenstellungen" wäre aber ihre apriorische Etikettierung als „byzantinisch" bzw justinianisch.

Klar ist, daß der Hochklassiker Gaius nicht den Text des Spätklassikers Paulus kommentiert haben kann; denkbar ist aber doch, daß er immerhin über dasselbe Thema schrieb, das in D 17.2.1.1 vorkommt, die Zusammenstellung der Kompilatoren in der Sache also korrekt erfolgt ist.

Die Authentizität des Gaius-Fragments läßt sich - abgesehen von seiner stilistischen Unverfänglichkeit - anhand zweier Kriterien prüfen: dem palingenetischen Zusammenhang im Kommentar des Gaius sowie der sachlichen Schlüssigkeit des Textes.

Nach der *inscriptio* stammt D 17.2.2 aus dem 10. Buch des Gaius zum Provinzialedikt, welches offenbar die Konsensualkontrakte zum Gegenstand hatte. Die in den Digesten überlieferten Fragmente aus diesem 10. Buch betreffen Mandat, Societas, Emptio-venditio und Locatio-conductio.[81] LENEL

---

79 Außer man meint wie etwa TALAMANCA, Società, ED 42 (1990) 816, daß auch beim *sui-consortium* die Forderungen gar nicht gemeinschaftlich waren.

80 Verfehlt wäre es freilich, aus der sachenrechtlichen Vergemeinschaftung bei der *societas omnium bonorum* zu schließen, daß es sich dabei um einen Realvertrag handelt, wie dies SZLECHTER, Le contrat de société (1947) 229 ff, zu tun scheint.

81 LENEL, Palingenesia iuris civilis I (1889) Gaius Nr. 231 - 246. Möglicherweise eine Ausnahme bildet D 50.17.46 (Gaius Nr. 231), dessen exakte Zuordnung - LENEL denkt an die *fiducia* - schwierig ist.

ordnete dementsprechend D 17.2.2 zu den anderen Fragmenten *Pro socio* innerhalb dieses 10. Buches.[82]

Die Wahrscheinlichkeit, daß sich D 17.2.2 tatsächlich auf die *societas omnium* (bzw *totorum*) *bonorum* bezogen hat, erscheint umso größer, als ein anderes der überlieferten Gaius-Fragmente aus dem 10. Buch zum Provinzialedikt sich ausdrücklich auf die *societas totorum bonorum* und die sachenrechtliche Qualifikation des gemeinsamen Gesellschaftsvermögens bezieht:

> Gaius 10 ad ed prov D 17.2.68
> *Nemo ex socis plus parte sua potest alienare, etsi totorum bonorum socii sint...*

Dieser Text bietet gleichzeitig einen schönen Beleg dafür, daß die *socii totorum bonorum* gemeinsames Vermögen in Form von Miteigentum nach ideellen Anteilen gehabt haben. Interessant ist die - letztlich verneinte - Überlegung, daß bei einer *societas totorum bonorum* eher als bei anderen Societas-Formen eine Verfügung eines einzelnen mehr als bloß den eigenen Anteil betreffen könnte. Vielleicht ist diese Idee durch eine Assoziation zur Vermögensordnung des - Gaius noch geläufigen[83] - altrömischen *consortium ercto non cito* ausgelöst worden. Sie mag aber auch einfach deshalb nahegelegen sein, weil bei einer umfassenden Vermögensgemeinschaft, bei der auf der Erwerbsseite sämtliche Güter (inklusive der neuhinzukommenden) sachenrechtlich vergemeinschaftet werden, sodaß alle *socii* partizipieren, aufgrund der Symmetrie auch auf der Veräußerungsseite eine „Partizipation" der übrigen *socii* (durch Übertragung auch ihres Anteils durch den veräußernden *socius*) denkbar erschien.

Nachdem der palingenetische Test ein positives Ergebnis erbracht hat, ist nun D 17.2.2 einer inhaltlichen Analyse zu unterziehen.

Gaius führt aus, daß eine *tacita traditio* angenommen wird, auch wenn nicht *specialiter* eine Übergabe erfolge. *Tacita traditio* wurde von vielen Autoren als Bezeichnung für das Besitzkonstitut verstanden und im Sinne von *traditio ficta* gelesen.[84] Mit anderen Worten: D 17.2.2 wurde so behandelt, als ob Gaius geschrieben hätte, es läge keine *traditio vera* vor, sondern bloß eine *traditio ficta*. Das entspricht aber eher der Projektion der Interpreten als dem Text des Gaius.

Meines Erachtens ist sein Blickpunkt ein anderer: Den Hintergrund für seine Aussage bildet das sachenrechtliche Spezialitätsprinzip. Im klassischen

---

82 LENEL, Palingenesia iuris civilis I (1889) Gaius Nr. 233.

83 Vgl Gai Inst 3.154 b.

84 Aus diesem Grund behandelt etwa auch RICCOBONO, Traditio ficta, den Text.

römischen Recht war es grundsätzlich nur möglich, Sachenrechte an einzelnen (im Sinn von speziell bestimmten) Sachen zu übertragen bzw zu erwerben. Der quotenmäßige Erwerb eines Anteils an einem Vermögen war hingegen nicht möglich, wie etwa aus der schon oben zitierten Konstitution Diokletians (Consultatio 6.10) erhellt. Als Problem wird bei der Schenkung eines Drittels des Vermögens die Tatsache angesehen, daß *generaliter* das Vermögen verschenkt wurde, während richtigerweise die einzelnen Gegenstände, an denen Eigentum übertragen werden soll, bezeichnet werden müssen.

Den Gegenbegriff zu *generaliter* bildet in den Quellen regelmäßig *specialiter*. Nimmt man nun an, daß im Gegensatz zur pauschalen schenkungsweisen Übertragung (*generaliter donare*) das Verschenken eines bestimmten (individuell bezeichneten) Gegenstandes als *specialiter donare* bezeichnet wurde, so drängt sich die Assoziation mit Gaius D 17.2.2 auf (*licet specialiter traditio non interveniat, tacita tamen creditur intervenire*). Möglicherweise soll der Ausdruck *traditio tacita* hier darauf hinweisen, daß die Gegenstände (anläßlich der Vergemeinschaftung) nicht einzeln bezeichnet werden, sondern pauschal erfaßt sind. *Tacita traditio* bezeichnet dann gar keine eigene Art von Übergabe, sondern weist darauf hin, daß bei der *societas omnium bonorum* – vermutlich *utilitatis causa* – eine Ausnahme vom Spezialitätsgrundsatz im Sachenrecht gemacht wird.[85]

Dies mag man sich folgendermaßen vorstellen: Dem Spezialitätsgrundsatz entsprechend müßten auch bei der Vergemeinschaftung von Sachen bei der *societas omnium bonorum* Verfügungen hinsichtlich aller einzelnen Sachen der *socii* stattfinden. Vermutlich konnte man diese Verfügungen dadurch bewerkstelligen, daß die einzelnen Sachen in der Vereinbarung ausdrücklich genannt wurden.

Der Vereinbarung selbst müßte man dabei eine Doppelnatur zuerkennen. Einerseits stellt sie die Begründung der *societas omnium bonorum* dar, in der sämtliche Sachen der *socii*, die vergemeinschaftet werden sollen, genannt werden, zugleich bewirkt sie aber auch die sachenrechtliche Vergemeinschaftung der namentlich aufgeführten Sachen. Sie wäre also zugleich Verpflichtungs- und Verfügungsgeschäft – ein Phänomen, das für Vereinbarungen, bei denen ein Besitzkonstitut vorliegt, charakteristisch ist.

Gaius bejaht den Erwerb nun selbst für den Fall, daß die einzelnen Güter nicht namentlich in der Verfügung genannt werden, und nimmt diesbezüglich eine *tacita traditio* an. Hiebei drängt sich der Vergleich mit dem *pignus tacitum*

---

85 DAUBERMANN, Die Sachgesamtheit als Gegenstand des klassischen römischen Rechts (1993) 147, kommt jüngst zum Ergebnis, daß es im klassischen römischen Recht „letztlich keine sicheren Hinweise für eine Anerkennung von Sachgesamtheiten als Rechtsobjekte" gebe.

auf: Darf man vermuten, daß hier ein ähnlicher Entwicklungsvorgang stattgefunden hat, der von einer regelmäßigen Vertragspraxis (in dem oben beschriebenen Sinn) zu einer stillschweigend angenommenen Regel geführt hat?

Aus all dem läßt sich aber die spezifische Natur der *traditio* selbst freilich nur indirekt erschließen, sagt doch Gaius nach unserer Interpretation lediglich, daß auch dann, wenn nicht sämtliche Sachen namentlich bei der *traditio* angeführt sind, sie stillschweigend als Gegenstand der *traditio* angesehen werden.

Da Gaius aber von einer *traditio* spricht und das Besondere des Falles in der interpretativen Annahme der stillschweigenden Anführung sämtlicher Sachen sieht, spricht mE mehr dafür, hier eine Art Besitzkonstitut anzunehmen, als eine eigene sachenrechtliche Erwerbsregel.[86]

Bloß „eine Art" Besitzkonstitut deshalb, weil im Gegensatz zum Regelfall doch Abweichungen bestehen: Erstens wird bloß ein Anteil ab nun detentionshalber für einen anderen innegehabt; folglich auch bloß „Mitbesitz" verschafft. Zweitens wird im Normalfall des Zusammenlebens und -wirtschaftens der Mitbesitz nicht nur durch den ursprünglichen Besitzer als Detentor für den Erwerber innegehabt, sondern real gemeinsam ausgeübt werden[87], sodaß hier – zumindest in der Praxis – häufig gar kein Besitzerwerb „*solo animo*" vorliegen mag.

Insgesamt aber ist der Verdacht nicht ganz von der Hand zu weisen, daß die Konstruktion bzw systematische Einordnung dieses Eigentumserwerbes die römischen Juristen weniger beschäftigt hat, als die späteren Interpreten. Die Klassiker sahen die *societas omnium bonorum* wohl eher als Sozialphänomen, dessen juristische Bewältigung im Bedarfsfall durch Annahme stillschweigender Abreden geschieht, damit das von den Parteien Gewollte erzielt werden kann. Dabei wird man den „lebensgeschichtlichen Zusammenhang" (WIEACKER), das zu vermutende soziale Umfeld solcher *societates omnium bonorum* mitbedenken müssen. Zurecht vermutet man, daß in der Realität die *societas omnium bonorum* ähnliche Sachverhalte abgedeckt hat, wie einst im altrömischen Recht das *consortium ercto non cito*, nämlich umfassende

---

86 Vgl auch WIEACKER, Rezension zu Guarino, Societas consensu contracta, IURA 24 (1973) 245: „Gerade die (in dieser Form interpolierte) traditio tacita deutet auf eine klassische Auseinandersetzung mit Traditionssurrogaten zurück."

87 Man denke etwa an den von Plutarch, Aemil. 5.7. geschilderten Fall der 16 Aelier, die gemeinsam mit Frauen und Kindern unter einem Dach gewohnt haben sollen. Obwohl Plutarch über die Rechtsgrundlage des Zusammenlebens nichts ausdrücklich sagt, wird von vielen (vgl VAN WARMELO, TR 25 (1957) 148 Fn 41 mwN) vermutet, daß hier ein *consortium ercto non cito* vorgelegen sei.

Lebensgemeinschaften unter Brüdern oder Ehegatten.[88] Bei solchen miteinander lebenden Personen wird die, für die Übertragung von Miteigentum ausreichende Einräumung des Mitbesitzes normalerweise schon durch das Zusammenleben gegeben sein.[89] Dennoch wird man auf die Vorstellung eines Besitzkonstituts (oder einer ähnlichen Form eines Traditionssurrogates) zur Erklärung von D 17,2.1.1 nicht herum kommen.[90]

Die hier vorgetragene Interpretation paßt sich durchaus in unser heutiges Bild der sachenrechtlichen Systematik der römischen Juristen ein. In ihr verbindet sich das Festhalten an den allgemeinen Regeln (Eigentumserwerb durch *traditio*, die Besitzerwerb voraussetzt) mit der nötigen Flexibilität (nötigenfalls Annahme des Besitzerwerbes durch Traditionssurrogat) und verwirklicht damit jene „eigenartige Mischung von Präzision und Offenheit“[91], welche nach NÖRR allgemein die römische Jurisprudenz auszeichnet.[92]

Die Annahme eines besitzkonstitutsartigen Erwerbes ist insbes dann nötig, wenn man *continuo* im Sinn von „sofort“ übersetzt, da ein mit dem Abschluß gleichzeitiger, allumfassender Erwerb von realem Mitbesitz schwer vorstellbar ist.[93] Ob aber der gleichsam automatische Erwerb gem D 17.2.1.1 sich bloß auf das gegenwärtige Vermögen der *socii* bei Abschluß der *societas omnium bonorum* bezieht, soll im Folgenden näher untersucht werden.

---

88 Dazu schon oben im Zweiten Abschnitt; vgl auch KASER, SDHI 41 (1975) 283 ff.

89 KARLOWA, Römische Rechtsgeschichte II (1901) 654; DEL CHIARO, Le contrat de société en droit privé romain (1928) 128: „La tradition des biens se produisait par le seul fait que les individus commencaient ... vivre en communauté.“; KUNKEL, Ein unbeachtetes Zeugnis über das römische consortium, Mél. A. B. Schwarz (1954) 77 (unabhängig davon, ob KUNKEL Unrecht damit hat, im Brief des Plinius 8.18 ein *consortium* zu sehen, was ua TELLEGEN, Was there a consortium in Pliny's letter VIII 18 ?, RIDA 3ieme série, tome 28 (1980) 295 ff, überzeugend widerlegt hat); KASER, SDHI (1975) 302.

90 Dies könnte auch der Sinn des Stephanos-Scholions zu B 12.1.2 *kai dicha traditionos* (SCHELTEMA/HOLWERDA B II, 450,1 = HEIMBACH I, 729) sein: der Miteigentumserwerb findet auch hinsichtlich solcher Sachen statt, bei denen eine Traditio durch Einräumung von realem Mitbesitz nicht erfolgt.

91 NÖRR, Zur Reskriptenpraxis in der hohen Prinzipatszeit, ZRG-RA 111 (1981) 43.

92 Des weiteren ist daran zu erinnern, daß uns dingliche Wirkungen bloßer Vereinbarungen im römischen Recht öfters begegnen. Man denke etwa an das Pfandrecht, das als beschränktes dingliches Recht schon durch bloße *conventio pignoris* zustandekommt.

93 Umgekehrt entspricht der Erklärung KASERS über den durch die Lebensgemeinschaft real gegebenen Mitbesitz, daß KASER *continuo* offenbar iSv „laufend“ versteht, dh von einer permanenten sachenrechtlichen Vergemeinschaftung ausgeht, die auch zukünftigen Erwerb erfaßt. Demgemäß würden die anläßlich des *societas*-Abschlusses noch nicht tradierten Sachen der *socii* einfach in der Folge mit der Einräumung realen Mitbesitzes laufend automatisch vergemeinschaftet.

4. Vergemeinschaftung auch später erworbener Sachen?

Verschiedentlich wurde die Möglichkeit bejaht, daß der Mechanismus des *transitus legalis* - wie immer man diesen im einzelnen versteht - auch die während der *societas omnium bonorum* erworbenen Sachen Anwendung findet.

Die Erstreckung auf den späteren Erwerb wird dabei sowohl von Autoren, die eine eigene Regel des *transitus legalis* annehmen[94], als auch bei einigen Vertretern der Besitzkonstitutslösung für gegeben erachtet.

Für die Konstruktion über die Transitus-legalis-Regel genügt es dazu, diese Regel inhaltlich so zu deuten, daß sie auch später Erworbenes umfaßt. Die Besitzkonstitutsvariante erfordert hingegen zur dogmatischen Erklärung einer Erstreckung auf den späteren Erwerb die Annahme eines antizipierten Besitzkonstituts. Ein solches hatte wohl schon AZO[95] im Sinn, wenn er in der Summe zum Institutionentitel De rerum divisione (I 2.1) schreibt:

> *Societate etiam contracta omnium bonorum continuo communicantur omnia corporalia, quasi facta traditione eo quod quisque videtur velle incipere possidere partim nomine suo partim nomine socii, ut D. de acquirenda possessione l. 18.*

Die Zulässigkeit eines solchen antizipierten Besitzkonstituts im klassischen römischen Recht ist freilich - besonders im Hinblick auf die Regeln der Stellvertretung durch freie Personen - in der modernen romanistischen Forschung umstritten.[96] Meines Erachtens ist die Überlieferung hinsichtlich des Besitzkonstituts insgesamt zu schmal, um eindeutige Antworten geben zu können. Angesichts dieser unzureichenden Quellenlage erscheint es aber auch zu apodiktisch, das antizipierte Besitzkonstitut für völlig ausgeschlossen zu halten.

---

94 Ältere Literatur bei LAST, Besitzlehre (1913) 188 f. LAST nimmt hier einen eigenen Fall eines „Eigentumsübergangs und Besitzerwerbs kraft Rechtens" an. Vgl auch GIRARD, Manuel élémentaire de droit romain (7. Aufl. 1924) 608 Fn 4, der von einer „survivance des règles du consortium" spricht.

95 Vgl BIERMANN, Traditio ficta (1891) 54 f.

96 So verneint WACKE, Besitzkonstitut (1974) 12, die Zulässigkeit des antizipierten Besitzkonstituts, hält aber unter Berufung auf Celsus D 41.2.18 pr ein In-sich-Konstitut für möglich (aaO 10 f). Wenn man sogar letzteres akzeptiert (wobei ohne Mitwirkung und Wissen des Vertretenen der Prokurator für diesen *qua* Konstitut Besitz verschaffen können soll, also auch der *animus possidendi* vom Vertreter suppliert wird), so müßte man mE erst recht ein antizipiertes Konstitut (bei dem der Vertretene für den zukünftigen Fall seinen Erwerbswillen *a priori* durch die Vereinbarung mit dem Vertreter kundgibt) für vorstellbar halten.

Konstruktiv läßt sich also die Erstreckung der automatischen sachenrechtlichen Vergemeinschaftung auf den zukünftigen Erwerb durchaus bewältigen; ob es sie aber wirklich gab, muß anhand der Quellen zur *societas omnium bonorum* näher geprüft werden.

Wie bereits erwähnt, ist die Wendung *continuo communicantur* in D 17.2.1.1 nicht ganz eindeutig. Tatsächlich bedeutet *continuo* in den meisten Juristentexten zwar „sofort, sogleich", es kann sich aber auch im Sinn von „in ununterbrochener Folge" auf eine andauernde Wirkung oder Handlung beziehen[97], sodaß D 17.2.1.1 von manchen auch für den zukünftigen Erwerb herangezogen wurde.[98] Allerdings weist die Charakterisierung der Gegenstände als *omnes res quae coeuntium sunt* doch auf jene Sachen hin, die bereits den *socii* gehören, und nicht auf jene, die sie erst erwerben werden.

Auch die (bekanntlich auf Material des 6. Jahrhunderts zurückgehende) Basiliken-Überlieferung spricht dafür, *continuo* hier im Sinne von *statim* zu verstehen und damit bloß auf die gegenwärtigen Güter der *socii* zu beziehen. *Continuo* wird in den Basiliken nämlich mit *parachrema* wiedergegeben[99], was soviel wie „auf der Stelle, sogleich, unverzüglich" bedeutet.[100]

Selbst wenn man aber D 17.2.1.1 nicht auf zukünftig erworbene Sachen bezieht, so könnte doch der Mechanismus, der zuerst funktioniert, auch in der Folge wiederum zur Anwendung kommen. Eine Stütze dafür wurde immer wieder[101] in D 17.2.3.1 gesehen:

> *Cum specialiter omnium bonorum societas coita est, tunc et hereditas et legatum et quod donatum est aut quaqua ratione adquisitum communioni adquiretur.*

---

97 HEUMANN-SECKEL, sv continuo, ordnen D 17.2.1.1 weder der einen, noch der anderen Bedeutung zu. Als einzigen Beleg für die Bedeutung „in ununterbrochener Folge" führen sie D 48.5.32 an, bei dem es sich interessanterweise - so wie bei D 17.2.1.1 - um ein Paulus-Fragment (*libro secundo de adulteriis*) handelt (wobei es um eine Fristenberechnung im Bereich des römischen Strafrechts geht). Allerdings zitiert Paulus in D 12.6.6.2 eine Aussage des Celsus, in der *continuo* im Sinn von *statim* verwendet wird.

98 ARANGIO-RUIZ, Società (1950) 134. Ebenfalls auf den zukünftigen Erwerb bezieht den *transitus legalis* schon AZO, ein Großteil der gemeinrechtlichen Lehre, sowie - von den „Rechtsregel"-Theoretikern etwa LAST, Besitzlehre (1913) 188; WIEACKER, Societas (1936) 144.

99 Basiliken XII 1 (SCHELTEMA/VAN DER WAL A II, 676; HEIMBACH I, 728).

100 *Specialiter* wird von den Basiliken mit *rhetos* (dh *nominatim*, ausdrücklich benannt) wiedergegeben, was zur Deutung des Gaiusfragments im Sinne des Spezialitätsgrundsatzes paßt.

101 So etwa in jüngerer Zeit KASER, SDHI 41 (1975) 302 f. Kritisch dazu ANKUM, Societas omnium bonorum and dos in Classical Roman Law, Israel Law Review, Vol. 29 (1995) 109.

ARANGIO-RUIZ hält D 17.2.3.1 aufgrund der von ihm verdächtigten „certa qual personificazione della communio" nicht für echt.[102] Er billigt vielmehr BESELERS Konjektur[103], demzufolge Paulus *communicari debet* geschrieben habe und es lediglich um die Frage gegangen sei, welche späteren Vermögenszuwächse von der *societas omnium bonorum* erfaßt sind. Aber auch wenn man diesem textkritischen Verdacht nicht folgt, so könnte die Interpretation von ARANGIO-RUIZ im Kern durchaus zutreffen: Die Stelle handelt vom Umfang der von einer *societas omnium bonorum* erfaßten Vermögensgegenstände[104] und grenzt die jeglichen Erwerb umfassende *societas omnium bonorum* im Sinn der *societas universarum fortunarum* (wie sie etwa in Ulpian D 17.2.73 genannt wird) von der auf geschäftlichen Erwerb beschränkten *societas universorum quae ex quaestu veniunt* ab, sagt aber nichts über die spezifische Art und Weise der Akquisition durch die Gesellschaftergemeinschaft.

Ein Hinweis auf eine laufende Vergemeinschaftung könnte aus dem letzten Teil von Gaius Epitome 2.9.16 entnommen werden:

> *Societatem inire possumus aut omnium bonorum aut unius alicuius negotiationis. et potest ita iniri societas, si tamen hoc inter socios convenit, ut unus pecunia det, alter operam suam pro pecunia ponat. et huius definitio etiam verbo inita valet ita, ut quidquid tempore quolibet modo fuerit adquisitum, sociis commune est.*

Die Wendung *quidquid tempore quolibet modo fuerit adquisitum, sociis commune est* könnte dahingehend verstanden werden, daß das, was während des Bestandes der *societas* erworben wird, sogleich Miteigentum der Gesellschafter wird (*sociis commune est*). Dagegen ist aber einzuwenden, daß die Intention des Textes dahingeht, die Gültigkeit eines mündlich vereinbarten Gesellschaftsvertrages zu betonen (*et huius definitio etiam verbo inita valet ...*) und im übrigen *commune esse* allein nicht zwingend auf Miteigentum an Sachen bezogen sein muß, sondern sich zB auf den Gewinn aus der gemeinsamen Unternehmung iSv *lucrum commune* beziehen kann.

Die meisten Autoren[105] beziehen denn auch den *transitus legalis* ausdrücklich nur auf jenes Vermögen, welches zu Beginn der *societas omnium bonorum* im Eigentum eines der *socii* steht. Dabei wird verschiedentlich[106]

---

102 ARANGIO-RUIZ, Società (1950) 133.

103 BESELER, Beiträge zur Kritik der römischen Rechtsquellen 5 (1931) 32.

104 Dazu ausführlicher schon oben im Zweiten Abschnitt.

105 JÖRS/KUNKEL/WENGER, Römisches Recht (1949) 242.

106 ARANGIO-RUIZ, Società (1950) 134; CORNIOLEY FS Lübtow (1970) 507; zustimmend GUARINO, Societas (1972) 21 Fn 60.

auch für den zukünftigen Erwerb bei der *societas omnium bonorum* die Regel von Paulus D 17.2.74 für gültig angesehen:

> *Si quis societatem contraxerit, quod emit ipsius fit, non commune: sed societatis iudicio cogitur rem communicare.*

Demgemäß wird die gekaufte (und übergebene) Sache zunächst Eigentum des den Erwerb vornehmenden *socius* und erst in einem zweiten Schritt kommt es zu einer Vergemeinschaftung, welche nötigenfalls durch ein *iudicium societatis* durchsetzbar ist.

Noch deutlichere Belege geben jene von einer *societas omnium* (bzw *totorum* oder *universorum*) *bonorum* handelnden Stellen, in denen davon die Rede ist, daß der *socius omnium bonorum* gezwungen werde bzw nicht gezwungen werde, bestimmte Sachen zu vergemeinschaften.[107]

In Ulpian 31 ad ed D 17.2.52.8 wird von Papinian die Frage behandelt, ob der in einem *voluntarium consortium* mit seinem Bruder lebende *socius* verpflichtet ist, *stipendia ceteraque salaria in commune redigi* und von ihm bejaht, sofern nicht der eine emanzipiert, der andere aber noch unter der Gewalt des Vaters steht; eine Entscheidung, die mit der Sonderstellung des *peculium castrense* zusammenhängen dürfte. In Ulpian 1 resp D 17.2.73 wird die Verpflichtung bejaht, bei einer *societas universarum fortunarum* eine Erbschaft zu vergemeinschaften – *hereditatem cuivis eorum delatam in commune redigendam.*

Wäre der spätere Erwerb in der *societas omnium bonorum* automatisch gemeinschaftlich geworden, so hätte sich in diesen Fällen die Frage gar nicht gestellt, ob der *socius* dazu gezwungen wird, den Erwerb zu vergemeinschaften, oder nicht.[108]

In diesem Zusammenhang kann auch auf einen Beleg verwiesen werden, auf den ANKUM jüngst aufmerksam gemacht hat.[109] In Papinian D 17.2.81 wird ua die Variante erörtert, daß nach dem Tod der Tochter des einen *socius*

---

107 Vgl Ulpian 31 ad ed D 17.2.52.16, demzufolge *universa in societatem conferre debere Neratius ait, si omnium bonorum socius sit.* Weiters heißt es dort, daß auch der Erlös aus einer *actio iniuriarum* oder einer *actio legis Aquiliae* vom *socius omnium bonorum* einzubringen ist: *conferre debere respondit.*
Bei der *collatio* von Geld stellt sich freilich die Frage, ob hier an der gesamten Geldsumme Miteigentum begründet wird, oder aber ein Teil an die übrigen *socii* als Ausgleichsleistung gezahlt wird, wobei diese daran Alleineigentum erwerben. KASER, SDHI 41 (1975) 294, nimmt Miteigentum an Geld bei der Bildung der *societas omnium bonorum* sowie bei der *arca communis* an.

108 In diesem Sinn auch PERNICE, ZRG-RA 3 (1882) 86.

109 ANKUM, Societas omnium bonorum and dos in Classical Roman Law, Israel Law Review, Vol. 29 (1995) 124.

(*omnium bonorum*)[110] die *dos profecticia*, welche aus den Mitteln der *societas omnium bonorum* bestritten worden war, an den Vater zurückfällt. Papinian entscheidet, daß der Vater das Geld an die *societas* zurückzuerstatten habe: *reddi pecuniam societati debuisse*. Daß er das Geld (anteilig) zurückgeben muß, bedeutet aber wohl, daß es nicht automatisch in die Miteigentumsgemeinschaft der *socii (omnium bonorum)* gefallen ist.

Aufschlußreich ist auch Paulus 32 ad ed D 17.2.65.3:

> *Diximus dissensu solvi societatem: hoc ita est, si omnes dissentiunt. quid ergo, si unus renuntiet? Cassius scripsit eum qui renuntiaverit societati a se quidem liberare socios suos, se autem ab illis non liberare. quod utique observandum est, si dolo malo renuntiatio facta est, veluti si, cum omnium bonorum societatem inissemus, deinde cum obvenisset uni hereditas, propter hoc renuntiavit: ideoque si quidem damnum attulerit hereditas, hoc ad eum qui renuntiavit pertinebit, commodum autem communicare cogetur actione pro socio. quod si quid post renuntiationem adquisierit, non erit communicandum, quia nec dolus admissus est in eo.*

Der Text thematisiert die Folgen einer dolosen Kündigung eines Gesellschaftsvertrags. Diese befreie, laut Cassius, den Kündigenden nicht von seinen Verpflichtungen gegenüber den Mitgesellschaftern, wohl aber habe er Nachteile allein zu tragen. Als Beispielsfall führt Paulus nun einen *socius omnium bonorum* an, dem eine Erbschaft zugefallen ist, woraufhin er dolos die *societas* aufkündigt. Sein *dolus* dürfte darin liegen, daß er versucht, den Erwerb der Erbschaft zu verheimlichen, um seiner Vergemeinschaftungspflicht nicht nachkommen zu müssen. Der Anfall der Erbschaft (wenngleich nicht unbedingt deren Antritt) liegt offenbar vor der Kündigung, was sich einerseits aus dem zeitlich gleichgeschalteten *cum societatem inissemus/cum hereditatem obvenisset*, sowie aus dem letzten Satz (*si quis post renuntiationem adquisierit, non erit communicandum)* ergibt. Der Text ist insofern ein weiterer Beleg gegen die automatische Vergemeinschaftung bei der *societas omnium bonorum*, als die von Paulus vertretene Rechtsfolge darin liegt, daß aufgrund der *actio pro socio* ein aus der Erbschaft stammender Vorteil zu vergemeinschaften ist: *commodum autem communicare cogetur actione pro socio*. Demgegenübergestellt wird im letzten Satz ein Erwerb nach einer (zulässigen)

---

110 Der Text selbst bezieht sich nicht ausdrücklich auf eine *societas omnium bonorum*, wird aber seit langem auf eine solche bezogen. Die Tatsache, daß die *socii* eine eigene *conventio* geschlossen haben, *ut de communi dos constitueretur*, und daß Papinian seine Entscheidung eigens mit diesem *pactum* rechtfertigt (*pactum ex aequitate sic nobis interpretantibus*), könnte allerdings ein Hinweis darauf sein, daß keine *societas omnium bonorum* vorliegt. Bei einer solchen, bei der *quaqua ratione adquisitum communioni adquiretur* (D 17.2.3.1), wäre das Argument mit dem *pactum* entbehrlich.

Kündigung: *non erit communicandum.* E contrario läßt sich schließen, daß vor der zulässigen *renuntiatio* bzw bei doloser *renuntiatio* zwar eine Vergemeinschaftungsverpflichtung, aber keine *eo ipso* erfolgende Vergemeinschaftung stattfindet.

Umgekehrt gibt es Erwerbsfälle, in denen selbst bei einer *societas omnium bonorum* keine Vergemeinschaftung stattfindet. Dies ist bei deliktischem Erwerb der Fall. So findet sich bei Ulpian 31 ad ed D 17.2.52.17 eine Neraz-Entscheidung überliefert, derzufolge ein Gesellschafter dasjenige, was er aus verbotenen Gründen erwirbt, nicht einzubringen habe:

> *Socius omnium bonorum non cogi conferre, quae ex prohibitis causis adquisierit.*

Und Ulpian selbst formuliert in 30 ad Sab D 17.2.53 ganz allgemein:

> *Quod autem ex furto vel ex alio maleficio quaesitum est, in societatem non oportere conferri palam est, quia delictorum turpis atque foeda communio est.*

Die sachenrechtliche Einbringung erscheint hier deutlich als eine Funktion der schuldrechtlichen Verpflichtung; da sie von dieser abhängig ist, und ein Vertrag zur Vergemeinschaftung deliktischer Einkünfte nichtig wäre, kann es diesbezüglich keine Verpflichtung geben. Auch hier ist also die Vorstellung eines automatischen Erwerbs keinesfalls gegeben.

Freilich ist es *in casu* möglich, daß doch auch Sachen, die aufgrund von Delikten „erworben" wurden, gemeinschaftlich werden, was insbesondere bei furtivem Geld denkbar ist, das in eine gemeinsame Kasse eingebracht wird. Auf einen solchen Fall dürfte der Fortgang des gerade zitierten Ulpian-Textes D 17.2.53 zu beziehen sein:

> *plane si in medium collata sit, commune erit lucrum.*[111]

Je nachdem, ob die anderen *socii* in einem solchen Fall vom *furtum* gewußt haben oder nicht, ist entweder bloß der Wert der eingebrachten Sache, oder aber zusätzlich auch die Deliktsbuße im Falle der Verurteilung des einen *socius* als *fur* von den Gesellschaftern gemeinsam zu tragen. Des ergibt sich aus Ulpian 30 ad Sab D 17.2.55:

---

[111] Daß hier auch ein deliktischer Erwerb den anderen *socii* zugute kommt, könnte darin begründet sein, daß der *socius*, der das Delikt begangen hat, sich nicht bei der Herausforderung des deliktisch Erworbenen gegenüber den anderen *socii* auf sein eigenes deliktisches Verhalten berufen können soll (vgl Pomponius 13 ad Sab D 17.2.54: *non aliter recipere debet, quam si damnatus sit*); es dürfte also der in der Parömie *nemo turpitudinem suam allegans auditur* ausgedrückte Rechtsgedanke dahinter stehen.

Si igitur ex hoc conventus fuerit qui maleficium admisit, id quod contulit aut solum aut cum poena auferet: solum auferet, si mihi proponas insciente socio eum in societatis rationem hoc contulisse: quod si sciente, etiam poenam socium agnoscere oportet: aequum est enim, ut cuius participavit lucrum participet et damnum.

Daß auch bei einer *societas omnium bonorum* (zumindest rechnerisch) ein eigenes Vermögen der einzelnen *socii* angenommen wird, zeigt schließlich die bei Ulpian 31 ad ed D 17.2.52.18 referierte Diskussion der *veteres* zur Frage, ob eine von einem *socius* zu tragende Buße aus einem Iniuria-Delikt *ex communi* zu tragen sei, oder nicht:

Per contrarium quoque apud veteres tractatur, an socius omnium bonorum, si quid ob iniuriarum actionem damnatus praestiterit, ex communi consequatur ut praestet. et Atilicinus Sabinus Cassius responderunt, si iniuria iudicis damnatus sit, consecuturum, si ob maleficium suum, ipsum tantum damnum sentire debere. cui congruit, quod Servium respondisse Aufidius refert, si socii bonorum fuerint, deinde unus, cum ad iudicium non adesset, damnatus sit, non debere eum de communi id consequi, si vero praesens iniuriam iudicis passus sit, de communi sarciendum.

Die von Atilicinus, Sabinus und Cassius getroffene Unterscheidung kennt als Alternative einerseits ein *consequi ex communi*[112] und anderseits ein *ipsum tantum damnum sentire* des verurteilten *socius*. Das setzt aber voraus, daß keineswegs automatisch Vermögenszugänge und Vermögensabgänge der Gesellschafter auf die übrigen Gesellschafter durchschlagen.

Die These, daß bei zukünftigem Erwerb durch Gesellschafter auch bei einer *societas omnium bonorum* der einzelne am Erwerb beteiligte *socius* zunächst allein Eigentum erwirbt, und erst in der Folge gesellschaftsrechtlich (in der Regel) zur Vergemeinschaftung verpflichtet ist, findet eine Entsprechung beim Erwerb von beschränkten dinglichen Rechten. So thematisiert Ulpian 37 ad ed D 47.2.52.18 den Erwerb eines Pfandrechts durch einen *socius omnium bonorum*:

Si ex duobus sociis omnium bonorum unus rem pignori acceperit eaque subrepta sit, Mela scripsit eum solum furti habere actionem, qui pignori accepit, socium non habere."

Der Text handelt von der Frage, ob beim Diebstahl einer Sache, welche einem von zwei *socii omnium bonorum* zum Pfand gegeben worden war, nur dieser –

---

[112] *Ex communi* dürfte hier nicht so sehr die sachenrechtliche Bedeutung von „aus dem in Miteigentum stehenden Vermögen", sondern schuldrechtlich im Sinn von „auf gemeinsame Rechnung" zu verstehen sein.

als aufgrund der Custodia-Haftung des Pfandgläubigers „Interessierter" – die *actio furti* gegen den Dieb habe, oder ob auch der andere *socius* aktiv legitimiert ist. Aus der Entscheidung durch Mela ergibt sich, daß nur der eine Pfandberechtigter (und Partner des Pfandrealvertrages) geworden ist. Daß ein Zweifel dahingehend möglich war, ob nicht auch der andere *socius* die *actio furti* geltend machen kann, ergab sich wohl deshalb, weil der andere – ohne selbst Pfandberechtigter zu sein – indirekt in seiner Qualität als *socius omnium bonorum* als „Interessierter" hinsichtlich des Pfandes anzusehen ist. Diese mittelbare Betroffenheit reicht aber für Mela nicht aus, um ein für die Diebstahlsverfolgung ausreichendes rechtliches Interesse zu begründen.

Schließlich ist auf C 3.38.4, ein Reskript der Kaiser Diokletian und Maximian aus dem Jahr 290 n Chr hinzuweisen, welches in seinem Kern wohl den klassischen Rechtszustand wiedergibt:

> *Si patruus tuus ex communibus bonis res comparavit sibi negotium gerens, non omnium bonorum socius constitutus, pro competentium portionum modo indemnitati tuae consuli oportet: et ideo rem emptam eum communicare contra formam iuris postulas.*

Auch hier finden wir wieder einen Beleg dafür, daß bei der *societas omnium bonorum* jeglicher (nichtdeliktische) Erwerb zu vergemeinschaften ist, wobei aber auch dort – so wie es sich der Anfragende wohl für den eigenen Fall vorgestellt hat – der *socius* eine *communicatio* durch eigenes Zutun (dh die Übertragung von Miteigentumsanteilen) herbeiführt, diese also nicht *ipso iure* geschieht. Für den konkreten Sachverhalt wird freilich entschieden, daß die bloße Tatsache, daß der *patruus* unter Verwendung gemeinschaftlichen Vermögens eine Sache für sich erworben hat, den Neffen nur zur Entschädigung (aus der Einordnung im Codex-Titel C 3.38 läßt sich vermuten: über eine *actio familiae erciscundae* oder eine *actio communi dividundo*) verpflichtet ist.

Auf der Passivseite der Verfügungen ergibt sich ein symmetrisches Bild: Veräußert ein *socius omnium bonorum* ohne Zustimmung der anderen Gesellschafter eine gemeinschaftliche Sache, so überträgt er bloß seinen (ideellen) Anteil, wie insbes aus dem bereits erwähnten Gaius-Text 10 ad ed prov D 17.2.68 pr erhellt:

> *Nemo ex sociis plus parte sua potest alienare, etsi totorum bonorum socii sint.*

Damit ergibt sich im klassischen römischen Recht die paradoxe Situation, daß selbst bei der *societas omnium bonorum* trotz umfassender und laufender Vergemeinschaftung ein individualistischer Zug unverkennbar ist: Trotz sachenrechtlicher *communicatio bonorum* bleiben den *socii* (ideelle) Anteile, über die sie (im Außenverhältnis) wirksam verfügen können (D 17.2.68 pr).

Wozu hingegen ein automatisches „Durchschlagen" von Zu- und Abgängen im Vermögen der *socii* führen würde, hat der Wiener Handelsrechtler KARL ADLER in einer 1895 erschienen Schrift[113] mittels eines Gedankenexperiments aufgezeigt:

> *„Denken wir uns eine solche societas zwischen zwei Gesellschaftern, an der Jeder zur Hälfte theilnimmt. Ihm gehört nur die Hälfte von jeder körperlichen Sache, er hat Anspruch auf die Hälfte von jedem Activum. Veräußert er nun die Hälfte einer Sache, so gehört ihm nach der lex societatis von dem Rest wieder die Hälfte. Diese kann er wieder an denselben Käufer zur Hälfte veräussern, und so bleibt durch die fortgesetzte Halbirung nur ein Theil in der Gesellschaft, der praktisch gleich Null ist."*[114]

Das Ergebnis wäre, daß jeder *socius* – wie im altrömischen *consortium* – ein Alleinverfügungsrecht hätte, was aber in Widerspruch zu dem für die Klassik belegten Rechtszustand steht.[115]

Was die Verpfändung gemeinschaftlicher Sachen anbelangt, so fehlen uns zwar Belege für den Fall, daß ein *socius omnium bonorum* eine gemeinschaftliche Sache ohne Zustimmung der anderen verpfändet, aber es besteht kein Anlaß zum Zweifel, daß hier die allgemein für den Miteigentumsfall überlieferten Regeln zur Anwendung kommen. Demgemäß erhält der Pfandgläubiger, wenn ein *socius* eine *res communis* ohne Verfügungsbefugnis hinsichtlich der Anteile der übrigen zum Pfand gibt, ein dingliches Sicherungsrecht nur am Anteil des Pfandbestellers. Dies ergibt sich aus Ulpian 19 ad ed D 10.3.6.8, der eine Entscheidung Julians wiedergibt:

> *Si fundus communis nobis sit, sed pignori datus a me, venit quidem in communi dividundo iudicio, sed ius pignoris creditori manebit, etiamsi adiudicatus fuerit: nam et si pars socio tradita fuisset, integrum maneret. arbitrum autem communi dividundo hoc minoris partem aestimare debere, quod ex pacto vendere eam rem creditor potest, Iulianus ait.*

---

113 ADLER, Zur Entwicklungslehre und Dogmatik des Gesellschaftsrechts (1895). Er beschäftigt sich in diesem Buch va mit dem Gesellschaftsvermögen bei der OHG. Für den Hinweis auf die Schrift ADLERS danke ich Josef Pauser.

114 ADLER, Entwicklungslehre (1895) 7.

115 ADLER, Entwicklungslehre (1895) 8, der gerade ein solches Alleinverfügungsrecht sowie allgemein eine Solidarhaftung aller *socii* für Schulden eines einzelnen für die Klassik behauptet, muß folglich aus dem Gaius-Text D 17.2.68 pr (in methodisch wohl abzulehnender Weise) *e contrario* schließen, daß die zu Gaius gegenteilige Meinung prominent vertreten worden sei.

Auch wenn die *pars fundi* des Miteigentümers, der verpfändet hat, im Rahmen des Teilungsverfahrens dem anderen übertragen wird, bleibt das Pfandrecht erhalten – offenbar bestand es nur an dieser *pars*, und nicht am gesamten *fundus*, sonst wäre die Entscheidung anders formuliert worden. Der Teilungsrichter hat nach Julian jedenfalls bei der Wertbemessung auf jenen Teil Rücksicht zu nehmen, den der Gläubiger aufgrund der Verpfändung verkaufen lassen darf.

Wiederum findet sich der klassische Rechtszustand auch in einer diokletianischen Konstitution belegt, und zwar C 3.38.7:

> *Si fratres vestri pro indiviso commune praedium citra vestram voluntatem obligaverunt et hoc ad vos secundum pactum divisionis nulla pignoris facta mentione pervenit, evictis partibus, quae ante divisionem sociorum fuerunt, in quibus obligatio tantum constitit, ex stipulatu, si intercessit, alioquin quanti interest praescriptis contra fratres agere potestis. nam si fundi scientes obligationem dominium suscepistis, tantum evictionis promissionem sollemnitate verborum vel pacto promissam probantes eos conveniendi facultatem habetis.*

Wurden gemeinschaftliche Grundstücke von den Brüdern der Anfragenden ohne deren Zustimmung verpfändet und später im Teilungsverfahren den Anfragenden zugesprochen, so können die Pfandgläubiger (nur) eine Teileviktion aufgrund ihres Pfandrechts vornehmen. Ein Pfandrecht hatten sie also nur an jenen ideellen Anteilen erworben, die zum Zeitpunkt der Pfandbestellung im Eigentum der pfandbestellenden Brüder gestanden waren.

5. Ergebnisse

Continuo communicantur (D 17.2.1.1) ist sehr wohl als sachenrechtliche Vergemeinschaftung aller körperlichen Sachen der *socii* mit Abschluß der *societas omnium bonorum* zu verstehen. Die Gegenthese von einer bloßen Einbringung *quoad sortem* (im Sinne eines Gegensatzes zu einer *quoad dominium*) erscheint insbes mit D 17.2.3 pr unvereinbar.

Dieser sog *transitus legalis* gem D 17.2.1.1 (den man vielleicht eher als *transitus socialis* bezeichnen sollte) bezieht sich bloß auf das gegenwärtige Vermögen der *socii omnium bonorum*, bezüglich jeglichen zukünftigen sonstigen (nichtdeliktischen) Erwerbs besteht aber – bei der *specialiter* als *societas omnium bonorum* geschlossenen Vereinbarung – eine Verpflichtung zur Vergemeinschaftung (D 17.2.3.1).

Zum Verständnis der rechtlichen Natur des *transitus legalis* ist Gaius D 17.2.2 aufgrund seines palingenetischen Zusammenhangs durchaus heranzuziehen. Für Gaius erscheint wesentlich, daß der Erwerb kraft *transitus legalis* nicht im Hinblick auf speziell genannte Sachen, sondern *generaliter* erfolgt, also eine Ausnahme zum Spezialitätsgrundsatz vorliegt. Der Ausdruck *tacita traditio* könnte dabei auf einen Entwicklungsvorgang deuten, bei dem der Vertragspraxis eine besondere Rolle für die Anerkennung des *transitus legalis* zugekommen ist.

Für die rechtliche Konstruktion des *transitus legalis*, kommt sowohl eine Art Besitzkonstitut, als auch die Annahme einer eigenen Rechtsregel (*transitus legalis* im engeren Sinn) in Betracht. Der Hinweis auf eine angenommene *tacita traditio* bei Gaius spricht aber eher dafür, daß die römischen Juristen den *transitus legalis* als einen Fall des Eigentumserwerbs durch *traditio* (wenngleich mit Besonderheiten) gesehen haben.[116] Dabei mag der Erwerb des Mitbesitzes für den Erwerb der Miteigentumsanteile teilweise real (Stichwort: umfassende Lebensgemeinschaft), teilweise aber durch eine Art Besitzkonstitut erfolgt sein.

Sowohl *transitus legalis* als auch die sachenrechtliche Vergemeinschaftung später erworbener Sachen belegen, daß zumindest bei der *societas omnium bonorum* eine Einbringung der Beiträge *quoad dominium* erfolgt und dabei *ex causa societatis* (und nicht bloß *in occasione societatis* wie zB beim gemeinsamen Kauf einer Sache) Miteigentum übertragen wird.

---

116 Zum Besitzkonstitut tendiert auch TALAMANCA, Istituzioni di diritto romano (1990) 599; noch deutlicher DERSELBE, Società - Diritto romano, ED 42 (1990) 824. TALAMANCA meint, daß diese gewagte Konstruktion („costruzione ardita") aufgrund des Einflusses des *consortium ercto non cito* zustandegekommen sei.

C. Miteigentum bei partiellen societates

1. Einleitung

Nachdem im vorangegangenen Kapitel eine Einbringung der Gesellschafterbeiträge *quoad dominium* zumindest für die *societas omnium bonorum* bestätigt werden konnte, soll nun die Frage der sachenrechtlichen Qualifikation bei anderen *societas*-Formen untersucht werden.

Im Lichte der Ergebnisse des Zweiten Abschnittes ist dabei zunächst daran zu erinnern, daß auch für diese Fragestellung die Vielfalt der möglichen Erscheinungsformen von Gesellschaftsverträgen im römischen Recht ins Kalkül zu ziehen ist. Eine Fragestellung dahingehend, ob „im Zweifel“ oder „in der Regel“ bei der römischen *societas* eine Einbringung von Sacheinlagen *quoad dominium*, *quoad sortem* oder *quoad usum* stattgefunden hätte (wie sie im Gemeinen Recht und va im 19. Jahrhundert gerne diskutiert wurde), leidet folglich von vornherein unter dem Mangel, daß es „Die“ *societas* schlechthin gar nicht gegeben hat, es sei denn im Sinne eines Minimums von Gemeinsamkeiten (Konsens hinsichtlich einer gemeinsamen Zweckverfolgung). Die moderne Perspektive eines (dispositiven) *corpus* des Gesellschaftsrechts, welches die *naturalia negotii* enthält, denengegenüber abweichende konkrete Parteienvereinbarungen als *accidentalia* stehen mögen, spiegelt die Sichtweise von Juristen, die mit einer kodifizierten Privatrechtsordnung leben; für das römische Recht der *societas* erscheint sie dagegen eher irreführend.

Wenn etwa GUARINO ausführt, bei partikulären *societates* habe es kein Gemeinschaftsvermögen gegeben, es sei aber möglich gewesen, ein solches – gleichsam ausnahmsweise – durch *pacta adiecta* vorzusehen,[117] so suggeriert dies eben jene Kohärenz eines materiellen römischen Gesellschaftsrechts, welches angesichts der Vielgestaltigkeit der Anwendungsformen der *societas* gar nicht bestand. Wie sich im Zweiten Abschnitt gezeigt hat, handelte die römische Jurisprudenz Rechtsfragen der *societas* vornehmlich vor dem Hintergrund der jeweiligen Vertragsgestaltung ab, dh sie entwickelte ihre Lösungen jeweils bezogen auf die konkreten Vereinbarungen (*pacta conventa*). Ein durchgestaltetes (dispositives) Regelwerk, das sich aus der Vertragspraxis entwickelt und dann – von dieser in gewisser Weise losgelöst – festigt,[118] wie wir es etwa aus dem Bereich der *emptio venditio* kennen, konnte sich bei der *societas* angesichts der ganz unterschiedlichen Anwendungsfälle nur in viel geringerem Ausmaß ausbilden. Deshalb kann es im Folgenden auch nicht

---

[117] GUARINO, Societas consensu contracta (1972) 59 ff.

[118] Im Sinne einer Entwicklung „von der lex contractus zur lex de contractu“.

darum gehen, wie „typischerweise" bei partikulären *societates* Sacheinlagen sachenrechtlich qualifiziert wurden, sondern es soll bloß gezeigt werden, daß es *in concreto* durch Vereinbarungen in Gesellschaftsverträgen auch außerhalb des Bereichs der *societas omnium bonorum* durchaus zur Bildung eines im Miteigentum der *socii* stehenden, den Zwecken der Gesellschaftszweckverfolgung dienenden „Gesellschaftsvermögens" kommen konnte. Rückschlüsse auf die statistische Häufigkeit sind dabei wiederum nicht zu ziehen.

Zum Entstehen von Miteigentum bei partiellen *societates* kann es aus vielfältigen Gründen kommen. Daß es in vielerlei Konstellationen zugleich Miteigentum zwischen mehreren Personen und zugleich einen Gesellschaftsvertrag zwischen denselben gab, ist an sich auch unumstritten. Die Existenz solcher Überschneidungen von *societas* und *communio* wird insbesondere durch die vielen Texte bewiesen, welche sich mit der Frage der (Teil-)Konkurrenz von *actio pro socio* und *actio communi dividundo* beschäftigen bzw die Zuständigkeit beider Klagen in einem konkreten Fall behandeln. Diese Problematik wurde zuletzt ausführlich von DROSDOWSKI[119] analysiert, auf dessen Thesen und Ergebnisse im letzten Kapitel (E.) eigens eingegangen wird.

Auch nicht näher einzugehen wird im folgenden auf jene beiden Fallgruppen zu sein, in denen selbst WIEACKER[120] das Vorkommen von Miteigentum innerhalb eines Gesellschaftsverhältnisses nicht geleugnet hat:

a) Eine *societas*, deren Anlaß gerade die Verwaltung von zufällig entstandenem Miteigentum ist: Handelt es sich dabei um eine fruchtragende Sache und werden aus der gemeinschaftlich verwalteten Sache Früchte gezogen, so erwerben die *socii* an diesen Miteigentum. In diesen Fällen bildet das Miteigentum geradezu den Ausgangspunkt des Gesellschaftsvertrages; zu denken ist etwa an Fälle der jüngeren Erbengemeinschaft, wenn sich die Miterben zusammenschließen, um das ererbte Vermögen gemeinsam weiter zu bewirtschaften, wenn der Gesellschaftszweck also im *paternam hereditatem habere* besteht.

b) Erwerb von Vermögen durch einen *servus communis* der Gesellschafter: Sind die Gesellschafter gemeinschaftlich Eigentümer eines Sklaven[121] und bedienen sie sich dessen zum Erwerb von Sachen, so fallen diese Sachen nach allgemeinen sachenrechtlichen Regeln (grundsätzlich entsprechend der

[119] DROSDOWSKI, Das Verhältnis von actio pro socio und actio communi dividundo im klassischen römischen Recht (1998).

[120] WIEACKER, ZRG-RA 69 (1952) 333 f.

[121] Zum Miteigentum an Sklaven vgl BRETONE, Servus communis (1958); TORRENT, Relacion entre „communio" y copropriedad, Studi Grosso II (1968) 111 ff.

Anteile der *socii*, wovon aber kasuistisch Ausnahmen gemacht werden[122]) in ihr Miteigentum. Die damit zusammenhängenden Lösungen, insbesondere auch jene der adjektizischen Haftung der *socii*, stehen zwar funktional im Zusammenhang mit dem römischen Gesellschaftsrecht, lassen aber nur wenig Rückschlüsse auf die Dogmatik der *societas* ieS zu. Ausführliche neuere Untersuchungen zu diesem Bereich sind etwa SERRAO[123], DI PORTO[124] und FÖLDI[125] zu verdanken; auf ihre einschlägigen Arbeiten dazu ist hier bloß zu verweisen.

Umstritten ist dagegen die Frage, ob *socii* aufgrund der *societas* verpflichtet oder auch nur in der Lage waren, Miteigentum an Vermögensgegenständen *societatis causa* an Mitgesellschafter zu begründen bzw zu übertragen.

Eng verknüpft ist diese Frage mit dem Streit darüber, ob die klassische *societas* Beitragspflichten der Gesellschafter gekannt hat[126]. Bekanntlich wurde dies von WIEACKER heftig bestritten, der lediglich eine Abrechnungspflicht am Ende der *societas* annahm[127]. Für WIEACKER verbietet sich eine Klage auf Erbringung des Beitrages aus der „Ökonomie des öffentlichen Rechtszwanges", die sich „auf die Korrektur des Vertrauensbruches beschränkt"[128].

Da es nach WIEACKER keine Beitragspflichten gab, sieht er auch keinen Anlaß, eine sachenrechtliche Vergemeinschaftung durch die Bildung von Miteigentum anzunehmen. Dort, wo die Quellen von Miteigentum von Gesellschaftern sprechen, ist dies nach WIEACKER gleichsam akzidentiell:

---

122 Vgl TALAMANCA, Istituzioni (1990) 411.

123 SERRAO, Impresa e responsabilità a Roma nell'età commerciale (1989).

124 DI PORTO, Impresa collettiva e schiavo „manager" in Roma antica (1984); DERSELBE, Filius, servus e libertus, Strumenti dell'imprenditore romano, in: MARRONE, Imprenditorialità e diritto nell'esperienza storica (1992) 231 ff.

125 FÖLDI, Remarks on the legal structure of enterprises in Roman law, RIDA, 3e série 43 (1996) 179 ff.

126 Daran knüpft sich die Frage, ob solche Beitragspflichten allenfalls mit einer *actio pro socio* (*manente societate*) durchsetzbar wären. Es erscheint allerdings - entgegen WIEACKERS Argumentation - sinnvoll, diese Fragen auseinanderzuhalten. Denn selbst wenn es nicht möglich gewesen sein sollte, daß man mittels *actio pro socio* auf die Erbringung von Beiträgen klagen konnte mit dem Ziel, damit das Funktionieren einer *societas* für die Zukunft zu sichern, sondern mit der Erhebung der *actio pro socio* die *societas* als solche beendet wurde, so ist doch denkbar, daß die Nichterbringung der geschuldeten Beiträge gerade ein solcher Fides-Bruch war, der zur Erhebung der Klage berechtigte. Daß in diesem Fall aber nicht nur Abrechnungspflichten bestehen, wie WIEACKER meint, sondern auch die Nichteinbringung der Einlage sanktioniert wird, stellt einen Reflex einer echten Beitragspflicht dar.

127 Vgl etwa WIEACKER, ZRG-RA 69 (1952) 309, 325.

128 WIEACKER, ZRG-RA 69 (1952) 342.

wenn man etwa zur Verwaltung von Miteigentum eine *societas* gegründet hat bzw bei gemeinsamer Nutzung eines *servus communis*, kommt es notwendigerweise zum Erwerb von Miteigentum, ansonsten aber nicht. Daß WIEACKER den noch eigens zu erörternden Fall des gemeinsamen Erwerbs des Eigentums an einer Sache zB durch Kauf nicht anführt, ist insofern symptomatisch, als sich gerade an diesem Fall Schwächen seiner Konzeption zeigen.

2. Gemeinsamer Erwerb und gemeinsame Veräußerung von Sachen durch Gesellschafter bei Handelsgesellschaften

Als weiterer Fall des Entstehens von Miteigentum unter Gesellschaftern, welcher sich bei WIEACKER nicht findet, wird von MISERA[129] der gemeinsame Kauf einer Sache angeführt. Auf diese Konstellation ist im folgenden näher einzugehen, handelt es sich dabei doch um Erscheinungen, welche im Zusammenhang mit Handelsgesellschaften naheliegen und durch die einschlägigen Quellen auch durchaus bestätigt werden.

Schließen sich A und B zusammen, um gemeinsam das Geld für den Kauf einer Sache aufzubringen und den Gewinn aus dem Weiterverkauf zu teilen, so erscheint die Nichtleistung des vereinbarten Kapitalbeitrags durch A, durch den der gemeinsame Erwerb unmöglich gemacht wird, als Verstoß gegen die *bona fides*, weil es die *bona fides* erfordert, die getroffene Vereinbarung einzuhalten[130]. In einem solchen Fall ist am Bestehen einer Beitragspflicht wohl nicht zu zweifeln. Kommt A dieser Pflicht aber nicht nach, so wird dies für ihn die Sanktion nach sich ziehen, von B mit der *actio pro socio* auf den Schaden durch das entgangene Geschäft geklagt zu werden.[131]

Daran ändert auch die „freie Kündbarkeit" der *societas* (Gaius 3.151) nichts. Kann B das Geschäft ohne den Kapitalbeitrag des A nicht tätigen und entgeht ihm damit der Gewinn, so erscheint eine allfällige Kündigung durch A als eine „zur Unzeit", wodurch A zu Schadenersatz verpflichtet wird.[132]

---

129 MISERA, FS Kaser (1986) 210.

130 Vgl Ulpian D 19.1.11.1 (im Hinblick auf Nebenabreden beim Kauf).

131 Fraglich ist dann aber, worauf der *iudex* den A verurteilt: Kann B ihn auf Leistung des Beitrags klagen - damit das Geschäft getätigt werden kann? Oder kann B ihn bloß auf den Teil des Gewinnes klagen, der erzielbar gewesen wäre? Was gilt, wenn das Geschäft als solches gar nicht mehr getätigt werden kann? Der Unterschied zwischen beiden Varianten wird dann prekär, wenn der Gewinn aus dem Geschäft nicht sicher bzw objektivierbar erscheint. Ein *lucrum cessans*, welches allzu spekulativ ist, wird man auch mit der *actio pro socio* nicht einklagen können; der Erbringung der Beitragsleistung für die Durchführung des geplanten Geschäftes stehen hingegen diese Schwierigkeiten nicht entgegen.

Werden hingegen beide Kapitalbeiträge geleistet und kommt es zum Erwerb der Sache, so sind nun zwei Möglichkeiten denkbar:

Die eine Variante besteht darin, daß einer der *socii* (A) Alleineigentum an der Sache erwirbt, sie weiterverkauft und daraufhin mit seinem Partner im Innenverhältnis den Erlös teilt. In diesem Fall hat der andere Partner (B) hinsichtlich des Gewinnanteils bloß einen schuldrechtlichen Anspruch aus der *societas*. Kommt es vor dem Weiterverkauf der Sache zum Konkurs des A, so trägt B das Insolvenzrisiko; des weiteren kann er seinen „Anteil" an der Sache nicht so leicht übertragen, weil eine Forderungsabtretung in der Form einer Novation der Zustimmung des Partners bedürfte.

Die zweite Variante besteht darin, daß A und B gemeinsam das Eigentum an der Sache erwerben.[133] Sie veräußern sie daraufhin gemeinsam (oder einer der beiden mit Zustimmung des anderen). In diesem Fall hat jeder der beiden sachenrechtlich Miteigentum; bezüglich seines Miteigentumsanteils trägt er nicht das Insolvenzrisiko des Partners, er könnte über den Anteil selbständig verfügen.

Der Vergleich der beiden Möglichkeiten zeigt, daß zwar auch ohne die Bildung von Miteigentum der Gesellschaftszweck erreicht werden kann, daß aber die zweite Möglichkeit zumindest zwei Vorteile mit sich bringt, die eine derartige Rechtsgestaltung als im Interesse der Parteien gelegen erscheinen läßt: erstens die für beide *socii* gegebene, selbständige Verfügungsmöglichkeit über den eigenen Anteil und zweitens der Ausschluß des Insolvenzrisikos des Mitgesellschafters.

Eine Bildung von Miteigentum am Handelsobjekt wird etwa bei Sklavenhändlergesellschaften regelmäßig vorgekommen sein, wie sich insbesondere aus Paulus D 17.2.65.5 und D 21.1.44.1 ergibt. Im ersten Text wird unter anderem ausgeführt, daß nach Begründung der *societas* gemeinsam Sklaven gekauft wurden (*emimus mancipia inita societate*), wobei die Bildung von Miteigentum auf Seiten der gemeinschaftlich erwerbenden Gesellschafter zumindest im Bereich des Möglichen liegt. Im zweiten Text geht es um Sachmangel-Gewährleistungsansprüche aus dem Edikt der kurulischen Ädilen: Wird von einer Sklavenhändlergesellschaft ein (mangelhafter) Sklave gekauft, so wird dem Käufer die Klage aus dem Edikt der kurulischen Ädilen gegen denjenigen gewährt *cuius maxima pars in venditione est*. Die Entscheidung der Ädilen wird auf die *aequitas* gestützt und mit einer gewissen Skepsis gegenüber den profit-

---

132 Auch nach WIEACKER, ZRG-RA 69 (1952) 315, kann A in einem solchen Fall auf jenen Schaden verurteilt werden, der durch die dolose Aufkündigung entstanden ist.

133 Wurde der Kaufvertrag von beiden *socii* gemeinsam abgeschlossen wurde, so genügt es für den Eigentumserwerb, wenn die Ware einem der beiden übergeben wird; nach Ulpian 29 ad Sab D 41.1.20.2 fungiert der Empfänger dabei als Quasiprokurator für den anderen. Dazu vgl FLUME, Rechtsakt und Rechtsverhältnis (1990) 87.

gierigen Sklavenhändlern gerechtfertigt. Über die Sklavenhändler heißt es darüberhinaus: *quidquid agunt in commune videantur agere.* Werden die Sklaven von den Gesellschaftern gemeinsam ge- und verkauft, so ist ein Miteigentum der Händler an ihnen naheliegend.

In diesem Zusammenhang erscheint interessant, daß die *actio empti* gegen die einzelnen Gesellschafter jeweils im Ausmaß ihres Anteils an der *societas* – *actio ex empto cum singulis sit pro portione, qua socii fuerunt* – geltend gemacht werden muß. Dies läßt darauf schließen, daß auch die Bestimmung der *maior pars*, die für die *actio redhibitoria* bzw *actio quanti minoris* den Passivlegitimierten festlegt, sich nach dem Gesellschaftsanteil richtet. Sinnvoll erscheint dies alles unter der Prämisse, daß die *socii* an den zu verkaufenden Sklaven jeweils im Ausmaß ihres *societas*-Anteils Miteigentümer sind und im Ausmaß dieses Anteils als Verkäufer auftreten.

Miteigentum an den Sklaven bei einer Sklavenhändlergesellschaft geht schließlich aus Labeo-Pomponius 13 ad Sab D 17.2.60.1 hervor, wo davon die Rede ist, daß ein *socius* durch fliehende Sklaven, welche im Miteigentum der Gesellschafter stehen, verletzt wird (*socius cum resisteret communibus servis venalibus ad fugam erumpentibus vulneratus est*).

3. Einbringung von Sachen quoad dominium bei societates alicuius rei

Daß aufgrund eines Gesellschaftsvertrages eine zunächst im Alleineigentum des einen *socius* stehende Sache anteilig ins Miteigentum des anderen Gesellschafters übertragen werden konnte, belegt ua Ciceros Rede Pro Roscio. Cicero führt darin aus, daß der von Roscius auszubildende Sklave Panurgus zunächst Fannius allein gehört habe, aufgrund der Gesellschaft aber im Miteigentum gestanden habe: *Panurgus, inquit, fuit Fanni; is fit ei cum Roscio communis.*[134] Aus diesem Miteigentum an Panurgus ergibt sich auch der Anspruch beider Partner gegenüber dem Q. Flavius, jenem Ersatzpflichtigen, der Panurgus getötet hatte. Selbst wenn man Ciceros Aussage als bloße prozeßtaktische Behauptung ansehen sollte, so würde dies nichts daran ändern, daß es Cicero zumindest plausibel erschien, daß Fannius seinen Sklaven Panurgus in der Weise in die Gesellschaft einbringt, daß Miteigentum an diesem begründet wird. Pro Roscio belegt damit zumindet die Möglichkeit einer Einbringung *quoad dominium*.[135]

---

134 Cicero Pro Rosc. 27; vgl auch Pro Rosc. 32.

135 Miteigentum der *socii* begegnet auch bei dem von Cicero in Pro Quinctio behandelten Gesellschaftsvertrag. Nach Ciceros Worten (Quinct. 12) hatte Sex. Naevius zunächst mit C. Quinctius in Gallien eine *societas*, welche sich auf eine stattliche Viehzucht sowie einen

Dem Fall der *societas* zwischen Roscius und Fannius nicht unähnlich ist jene Konstellation, welche bei Ulpian 30 ad Sab D 19.5.13.1 diskutiert wird:

> *... sed si puerum docendum vel pecus pascendum tibi dedero vel puerum nutriendum ita, ut, si post certos annos venisset, pretium inter nos communicaretur, abhorrere haec ab area eo, quod hic dominus esse non desinit qui prius fuit: competit igitur pro socio actio. sed si forte puerum dominii tui fecero, idem se quod in area dicturum, quia dominium desinit ad primum dominum pertinere. quid ergo est? in factum putat actionem Iulianus dandam, id est praescriptis verbis. ergo si quis areae dominium non transtulerit, sed passus sit te sic aedificare, ut communicaretur vel ipsa vel pretium, erit societas. idemque et si partis areae dominium transtulerit, partis non, et eadem lege aedificare passus sit.*

Auch hier wird eine Vereinbarung erörtert, derzufolge ein (Sklaven-)Junge zur Ausbildung oder Vieh zum Weiden oder ein Knabe zur Versorgung übergeben wird und der spätere Erlös aus einem Verkauf geteilt werden soll. Wird dabei nicht (wie im zuvor von Ulpian behandelten Fall, daß Ego dem Tu das Alleineigentum an einem Grundstück übertragt, damit dieser darauf ein Haus errichtet und dieses samt eines Teils des Grundstücks rückübereignet) der Empfänger Allein-Eigentümer des Sklavenjungen bzw des Viehs, so komme hier die *actio pro socio* zur Anwendung. Dabei werden der auszubildende Knabe bzw das zu weidende Vieh *quoad dominium* in die Gesellschaft eingebracht und stehen im Miteigentum der *socii*.[136] Aus dem folgenden ergibt sich, daß umgekehrt nur die Übertragung von Alleineigentum an den Vertragspartner mit einer *societas* unvereinbar ist (weshalb eine *actio praescriptis verbis* aus einem Innominatkontrakt gewährt wird), eine Vereinbarung, daß Miteigentum begründet wird, schließt dagegen eine *societas* nicht aus. Bezogen auf den Grundstücksfall heißt es nämlich, daß eine *societas* vorliege, wenn vereinbart wird, daß Miteigentum am Grundstück bestehen

einträglichen Landbesitz erstreckte (*erat ei pecuaria res ampla et rustica sane bene culta et fructuosa*). Nach dem Tod des C. Quinctius bestand die Gesellschaft mit dessen Bruder und Erben P. Quinctius fort. Daß das Gesellschaftsvermögen in Miteigentum gestanden habe, ergibt sich aus Ciceros Behauptung, daß P. Quinctius im Zuge seines Streits mit Naevius von gemeinschaftlichen Sklaven am Zutritt gemeinschaftlicher Weiden und Felder gehindert worden sei (Cic. Quinct. 28: *Quinctius ... de saltu agroque communi a servis communibus vi detruditur*); vgl auch Cic. Quinct. 46, 81, 85 und 90. Neben den *servi communes* gab es offenbar auch im Alleineigentum des P. Quinctius stehende *servi privati* (Quinct. 90).

136 TALAMANCA, Costruzione giuridica e strutture sociali fino a Quinto Mucio, in: Società romana e produzione schiavistica III (1981) 332 Fn 108; SANTUCCI, Il socio d'opera (1997) 180 Fn 178.

soll oder aber von vornherein nur eine *pars* ins Eigentum des anderen übertragen wurde: *si quis areae dominium non transtulerit, sed passus sit te sic aedificare, ut communicaretur vel ipsa vel pretium, erit societas. idemque et si partis areae dominium transtulerit, partis non, et eadem lege aedificare passus sit.* Dem Wesen der *societas* entspricht es offenbar nicht, das ganze Eigentum an einer Sache dem anderen zu übertragen, wohl aber, wie sich aus dem letzten Satz zeigt, einen Miteigentumsanteil zu übertragen.

Ein Text, in dem ebenfalls von einer sachenrechtlichen Vergemeinschaftung die Rede sein könnte, ist der bekannte Quadriga-Fall[137] Ulpian 31 ad ed D 17.2.58 pr:

> *Si id quod quis in societatem contulit extinctum sit, videndum, an pro socio agere possit. tractatum ita est apud Celsum libro septimo digestorum ad epistulam Cornelii Felicis: cum tres equos haberes et ego unum, societatem coimus, ut accepto equo meo quadrigam venderes et ex pretio quartam mihi redderes. si igitur ante venditionem equus meus mortuus sit, non putare se Celsus ait societatem manere nec ex pretio equorum tuorum partem deberi: non enim habendae quadrigae, sed vendendae coitam societatem.*

Ego bringt ein Pferd und Tu bringt drei Pferde ein, um eine *quadriga* zu bilden, Diese soll Tu gewinnbringend verkaufen und dem Ego ein Viertel des Erlöses herausgeben. Vor dem Verkauf stirbt das Pferd des Ego. Celsus entscheidet, daß Tu aus dem Erlös seiner drei Pferde dem Ego nichts herauszugeben habe; die Gefahr des zufälligen Untergangs des Pferdes trägt also der Eigentümer Ego. Begründet wird dies mit dem spezifischen Gesellschaftszweck, der nicht auf ein längerfristiges gemeinsames Haben der Quadriga, sondern auf den sofortigen Verkauf gelautet habe.

Daran schließt nun eine Variante:

> *ceterum si id actum dicatur, ut quadriga fieret eaque communicaretur tuque in ea tres partes haberes, ego quartam, non dubie adhuc socii sumus.*

Hier wird offenbar der in der Begründung zur ersten Variante angeführte Differenzfall des *quadrigam habere* auszuführen. Dabei stellt sich die Frage, ob mit der Wendung *ut quadriga fieret eaque communicaretur tuque in ea tres partes haberes, ego quartam* eine sachenrechtliche Vergemeinschaftung (also Bildung von Miteigentum) oder aber bloß eine schuldrechtliche Vergemeinschaftung gemeint ist.

---

137 Vgl dazu ausführlich MISERA, FS Kaser (1986) 205 ff sowie jüngst DROSDOWSKI, Das Verhältnis von actio pro socio und actio communi dividundo (1998) 152 mwN.

Unter der schuldrechtlichen Vergemeinschaftung wäre zu verstehen, daß schuldrechtlich hinsichtlich der *quadriga* so verfahren wird, als ob sie zu einem Viertel dem einen und zu drei Viertel dem anderen gehöre (mit den entsprechenden Konsequenzen für die Risikotragung des zufälligen Untergangs etc).

Die hM[138] deutet hier die Stelle im Sinne der Bildung von Miteigentum. Dagegen führt MISERA als Argument ins Treffen, daß die Art des Einbringens (*conferre*) wohl in beiden Varianten des Fragments dieselbe sei und sich der Unterschied der Rechtsfolgen allein aus dem jeweils anderen Zweck der Gesellschaft ergebe[139]. Der Zweck der Gesellschaft und die Frage der Bildung von Miteigentum hängen aber eng zusammen: gerade wenn der Zweck der Gesellschaft auf *quadrigam habere* gerichtet ist, also auf das dauernde gemeinsame Nutzen und Verwerten der *quadriga*, ist die Bildung von Miteigentum (wie oben erörtert) die für die Gesellschafter günstigere Variante.

Das *id quod actum est* scheint in der Variante außerdem nicht bloß einen (durch Interpretation erschließbaren) Sinn und Zweck der Vereinbarung zu meinen, sondern mit *tu in ea tres partes haberes, ego quartam* eher die konkrete Formulierung der Partner wiederzugeben. Dann unterscheiden sich die beiden Varianten aber nicht nur durch das von den Parteien jeweils (wenn auch nicht äußerlich in der Vereinbarung unterschiedene) Gewollte, sondern eben sehr wohl in dem, was nachweislich ausgemacht wurde. Daß mit einer solchen anderen Vereinbarung („an der Quadriga sollst Du drei Viertel Anteile haben, ich ein Viertel") auf die Begründung von Miteigentum abgezielt wurde, erscheint damit durchaus plausibel.

Folgt man dieser Deutung, daß in der zweiten Variante Miteigentum an der *quadriga* begründet werden sollte, so stellt sich die Frage nach der Konstruktion des Eigentumserwerbs.

KASER denkt an den Fall einer Akzession: Durch die Bildung einer *quadriga* als Sachgesamtheit (*universitas rerum*)[140] komme es notwendigerweise zu einer *communio pro indiviso*[141]. Dies mag mE im Ergebnis für die zweite Variante zutreffen[142]; wäre die Aussage KASERS aber richtig, so müßte es auch

---

138 Nachweise bei MISERA, FS Kaser (1986) 206 Fn 22.

139 MISERA, FS Kaser (1986) 207.

140 Zur *universitas rerum* siehe DAUBERMANN, Die Sachgesamtheit als Gegenstand des klassischen römischen Rechts (1993); zum Quadriga-Fall 127 ff sowie jüngst DROSDOWSKI, Das Verhältnis von actio pro socio und actio communi dividundo im klassischen römischen Recht (1998) 152 ff. Zu letzterem siehe auch unten E.

141 KASER, SDHI (1975) 294 Fn 60.

142 Allerdings tritt die sachenrechtliche Folge des Miteigentums nicht „notwendigerweise" auf, sondern deshalb, weil die Parteien eine entsprechende Vereinbarung getroffen haben.

in der ersten Variante (arg. „notwendigerweise"), in der ja auch eine Quadriga gebildet wird (wenn auch zum Zweck des baldigen Verkaufs) zu einer *communio pro indiviso* kommen. Daß dem nicht so ist, geht aber aus der klaren Unterscheidung vom Tod „meines Pferdes" (*equus meus mortuus est*) und dem Erlös aus dem Verkauf „deiner Pferde" (*ex pretio equorum tuorum partem*) hervor[143]. Vielmehr läßt sich die *quadriga* als eine aus körperlich und rechtlich selbständigen Teilen zusammengesetzte Einheit begreifen, an deren einzelnen Teilen jedenfalls verschiedene Personen Eigentum haben können.[144]

Für den Zweck des Verkaufs der *quadriga* ist jedenfalls ein einheitliches sachenrechtliches Schicksal nicht Voraussetzung: Tu kann zB an seinen drei Pferden Eigentum als *dominus* übertragen, bezüglich des vierten Pferdes mag er veräußerungsbefugter Nichteigentümer sein.

Demnach ist in der ersten Variante mit dem Gesellschaftszweck des *quadrigam vendere* jeweils getrenntes Eigentum des Ego an einem, des Tu an drei Pferden gegeben, im zweiten Fall aufgrund der konkreten Vereinbarung aber entweder an eine Einbringung *quoad sortem* oder aber eine solche *quoad dominium* zu denken. Trifft letzteres zu, so begegnet uns hier sehr wohl quotenmäßig geteiltes Miteigentum, wobei Ego ein Viertel und Tu drei Viertel Anteile halten.[145] Die Logik des Textes besteht dabei darin, daß bei einer Einbringung ohne Eigentumsübertragung in der Variante des auf *quadrigam habere* gerichteten Gesellschaftszweckes eine gemeinsame Gefahrtragung bejaht wird (und die Einbringung damit als eine solche *quoad sortem* erscheint), dieselbe Lösung hinsichtlich der Gefahrtragung aber auch in dem Fall gilt, wo nicht nur die gemeinsame dauernde Bewirtschaftung der *quadriga* vereinbart wird, sondern dieser Zweck von den Parteien auch durch die sachenrechtliche Vergemeinschaftung (im Verhältnis ¼ zu ¾) deutlich wird.

Zuletzt ist an jene Belege für Miteigentum zu erinnern, welche schon im Zweiten Abschnitt bei den Finanzgesellschaften behandelt wurden. So weist etwa bei den Gesellschaften der *argentarii* vieles darauf hin, daß bei diesen nicht nur die *socii* nach außen hin Solidarschuldverhältnisse begründeten, sondern daß das Gesellschaftsverhältnis auf der sachenrechtlichen Ebene zur Bildung eines im Miteigentum stehenden Gesellschaftsvermögens führte,

---

143 Überzeugend MISERA, FS Kaser (1986) 206; DAUBERMANN (1993) 136.

144 Siehe nur KASER, Römisches Privatrecht I (2. Aufl.1971) 383.

145 Offen bleibt, ob in dieser Variante die Quadriga als Sachgesamtheit anzusehen ist, die im *condominium* steht, oder ob an den die Quadriga bildenden Pferden jeweils das Miteigentum besteht; meines Erachtens werden beide Varianten von der getroffenen Entscheidung zur Gefahrtragung erfaßt, die Frage des Miteigentums ist also für letztere nicht das Entscheidende.

welches als *pecunia communis* bzw als *arca communis* vom sonstigen Privatvermögen der *socii* unterschieden war.[146]

Alle diese Hinweise - welche hier ohne Anspruch auf Vollständigkeit angeführt wurden - bestätigen das Bild, daß auch bei Partikulargesellschaften die Einbringung von Kapitalbeiträgen (*pecunia* im Gegensatz zu *opera*, also als Oberbegriff von Geld und Sacheinlagen) durchaus auch *quoad dominium* erfolgen konnte. Dieser Befund wird in den folgenden Kapiteln noch ergänzt um die Diskussion der Klassiker zu zwei Problembereichen: den Kündigungs- bzw Teilungsbeschränkungen einerseits und der Konkurrenz von *actio pro socio* und *actio communi dividundo* andererseits. Beide Fragenkomplexe sind ohne ein im Miteigentum der *socii* stehendes Gesellschaftsvermögen nicht denkbar.

146 Dazu oben im Zweiten Abschnitt IV.D.

D. Teilungsbeschränkungen und Kündigungsbeschränkungen

Daß Gesellschafter zugleich Miteigentümer von Sachen sein können, welche zur Verwirklichung des Gesellschaftszweckes dienen, ergibt sich auch aus jenen Stellen, in denen das Verhältnis zwischen einem *pactum ne res communis dividatur* und einem *pactum ne societate abeatur* von den Juristen diskutiert wird. Bei einem *pactum ne intra certum tempus dividatur* wird von Miteigentümern vereinbart, daß hinsichtlich der gemeinschaftlichen Sache für eine bestimmte Zeit[147] keine Klage auf Teilung eingebracht werden soll; bei einem *pactum ne abeatur* wird die (ordentliche) Kündigung der Gesellschaft für bestimmte Zeit ausgeschlossen. Beide *pacta* wirken stabilitätsfördernd - im einen Fall bezogen auf die Miteigentumsgemeinschaft, im anderen Fall auf das Gesellschaftsverhältnis.

Die Vereinbarung solcher Teilungs- bzw Kündigungsverbote reicht sehr wahrscheinlich in die Republik zurück. Vermutlich schon Sabinus[148] stellt klar, daß diese beiden Vereinbarungen begrifflich zu trennen sind, wie aus Ulpian 30 ad Sab D 17.2.1 geschlossen werden kann:

> *Si convenerit inter socios, ne intra certum tempus communis res dividatur, non videtur convenisse, ne societate abeatur ...*

Die von Ulpian wiedergegebene Aussage des Sabinus deutet darauf hin, daß Teilungsverbote auch im Zusammenhang mit Miteigentum von Gesellschaftern vorkamen und daß in einem solchen Fall zumindest manche (namentlich nicht genannten) Juristen die von Sabinus und Ulpian abgelehnte Meinung vertraten, daß ein vereinbartes Teilungsverbot auch als Kündigungsbeschränkung hinsichtlich der *societas* zu verstehen sei.[149]

Bezüglich der Wirkung eines Teilungsverbotes scheinen die Frühklassiker davon ausgegangen zu sein, daß ein solches *pactum* auch die Veräußerung der Anteile an der *res communis* ausschließe, während die Spätklassiker eine für den Erwerber günstigere, differenzierte Lösung vertraten, so etwa Ulpian 30 ad Sab D 17.2.16.1:

---

147 Ein gänzlicher Ausschluß der Teilung ist dagegen unzulässig. Vgl Paulus D 10.3.14.2: *Si conveniat, ne omnino divisio fiat, huiusmodi pactum nullas vires habere manifestissimum est: sin autem intra certum tempus, quod etiam ipsius rei qualitati prodest, valet.* Zur substantiellen Echtheit dieser häufig für interpoliert gehaltenen Stelle siehe DI PORTO, Impresa collettiva (1984) 152 f.

148 LENEL, Palingensia Iuris Civilis II (1889) Ulpian Nr.62; BONA, Studi (1973) 119 f; LITEWSKI, RIDA 25 (1978) 282 Fn 10; DI PORTO, Impresa collettiva (1984) 133.

149 Zur Befristung von Gesellschaften mittels *pacta ne abeatur* siehe oben im Zweiten Abschnitt.

Qui igitur paciscitur ne dividat, nisi aliqua iusta ratio intercedat, nec vendere poterit, ne alia ratione efficiat, ut dividatur. sed sane potest dici venditionem quidem non impediri, sed exceptionem adversus emptorem locum habere, si ante dividat, quam divideret is qui vendidit.

Der erste Teil des Fragments ist wohl Sabinus zuzuschreiben, der Teil ab *sed sane potest dici* hingegen Ulpian.[150] Nach Sabinus schließt das *pactum ne dividatur* auch eine Veräußerung[151] des Anteils aus, damit nicht auf andere Weise der Zweck des Teilungsverbotes umgangen werden kann. Ulpian erwägt dagegen, daß der Zweck des Teilungsverbotes auch dadurch erreichbar ist, indem gegenüber dem Erwerber ebene jene *exceptio* gewährt wird, welche auch gegenüber dem paktwidrig vorgehenden Veräußerer selbst hätte erhoben werden können.

Während Ulpian diese eigene Lösung eher vorsichtig präsentiert (*sed sane potest dici*), wird dieselbe Lösung von Paulus 3 ad Plaut D 10.3.14.3 als ohne Zweifel bestehend präsentiert (*non est dubium*):

Si inter socios convenisset, ne intra certum tempus societas divideretur, quin vendere liceat ei, qui tali conventione tenetur, non est dubium: quare emptor quoque communi dividundo agendo eadem exceptione summovebitur, qua auctor summoveretur.

Dem zeitlich befristeten Teilungsverbot kommt somit in der Spätklassik nicht mehr die Wirkung eines dinglichen Veräußerungsverbotes zu, wohl aber wirkt eine *exceptio pacti conventi*, welche sich gegen die Erhebung der Klage auf Teilung richtet, dinglich und bindet insofern auch den Erwerber des Anteils. Zumutbar erscheint eine solche Bindung des Rechtsnachfolgers in zweifacher Hinsicht: Zum einen erhält er mit dieser Lösung immerhin Eigentum am gekauften Anteil, während er nach der älteren Lösung derivativ gar kein Eigentum erwerben konnte. Zum anderen ist das *pactum ne dividatur* ohnedies nur für eine bestimmte Zeit zulässig und damit das Ende der Bindung ein wohl absehbares.

Eine Einschränkung der Verfügungsmöglichkeit eines *socius* über den eigenen Anteil begegnet schließlich noch in einem weiteren, aufgrund der bruchstückhaften Überlieferung schwer deutbaren Fragment (Paul 6 ad Sab D 17.2.17 pr):

Sed et socius qui alienaverit contra pactionem accipit committit et tenetur societatis aut communi dividundo iudicio.

---

150 So die ganz überwiegende Meinung in der modernen Romanistik. Vgl nur DI PORTO, Impresa collettiva (1984) 153; DROSDOWSKI, Das Verhältnis von actio pro socio und actio communi dividundo (1998) 86 mwN.

151 *Vendere* ist hier im Sinne von *alienare* zu verstehen.

Veräußert ein *socius* entgegen einer getroffenen *pactio* seinen Miteigentumsanteil, so haftet er aus der *actio pro socio* oder der *actio communi dividundo*. Nach verbreiteter Ansicht handelt es sich bei der *pactio*, gegen welche der veräußernde *socius* verstößt, um ein *pactum ne dividatur*.[152] DI PORTO hingegen vertritt, daß Paulus hier ein *pactum ne venderet* im Auge habe.[153] Er argumentiert durchaus überzeugend[154] damit, daß bei einem *pactum ne dividatur* ja gerade Paulus die Veräußerung als solche nicht unwirksam sein läßt, sondern bloß das einredeweise Geltendmachen der Teilungsbeschränkung auch gegenüber dem Rechtsnachfolger des *socius* bejaht. Folgt man DI PORTO, so belegt D 17.2.17 pr das Vorkommen einer weiteren Art von stabilitätsfördernden Nebenabreden unter Gesellschaftern, denenzufolge nicht bloß die Teilung der in Miteigentum stehenden Sache zeitlich beschränkt wird, sondern für eine bestimmte Zeit die Veräußerung ausgeschlossen sein soll.

Durchaus fraglich ist dabei, ob die Veräußerung *contra pactionem* als solche wirksam ist. Jene Autoren, die in D 17.2.17 pr ein *pactum ne dividat* unterstellen, gehen von der spätklassischen Interpretation desselben aus und nehmen demgemäß die Wirksamkeit der Veräußerung an. Diesfalls stellt sich allerdings die Frage, wieso der vertragstreue *socius* gegen den vertragsbrüchigen Veräußerer neben der *actio pro socio* auch die *actio communi dividundo* erheben kann. Letztere setzt ja noch bestehendes Miteigentum voraus. Seit der Glosse wurde deshalb immer wieder vermutet, es handle sich hier um eine *actio communi dividundo utilis*, eine Klage, welche nach Beendigung der Miteigentumsgemeinschaft gewährt wird, wenn es keinen sonstigen Rechtsbehelf gibt.[155]

---

152 Zuletzt DROSDOWSKI, Das Verhältnis von actio pro socio und actio communi dividundo (1998) 85, der damit argumentiert, daß in dem von den Kompilatoren vorangestellten Fragment Ulpian 30 ad Sab D 17.2.16.1 ein *pactum ne dividatur* diskutiert wird.

153 DI PORTO, Impresa collettiva (1984) 158.

154 DROSDOWSKI, Das Verhältnis von actio pro socio und actio communi dividundo (1998) 85 Fn 115, erhebt gegen DI PORTOS Argumentation den Einwand, dieser übersehe, daß die Termini *vendere* in D 10.3.14.3 und D 17.2.16.1 nicht technisch gebraucht seien und sich nicht auf das Verpflichtungsgeschäft *venditio* beziehen, sondern auf die Eigentumsübertragung (*alienatio*). Dies ist zwar zutreffend, ändert aber nichts an der Stichhaltigkeit der Argumente DI PORTOS gegen die Zugrundelegung eines *pactum ne dividatur* in D 17.2.17 pr. Eine *pactio*, welche die *alienatio* ausschließt, ist als solche durchaus denkbar und nicht dadurch widerlegbar, daß ein anderes zwar ähnliches, aber davon zu unterscheidendes *pactum* (das *pactum ne dividat*) von den Spätklassikern nicht als ein die Veräußerung verhinderndes interpretiert wird.

155 Glosse Communi dividundo ad D 17.2.17 pr; ausführlich dazu DROSDOWSKI, Das Verhältnis von actio pro socio und actio communi dividundo (1998) 87 ff, der selbst den

Bei Annahme eines Veräußerungsverbotes erscheint es dagegen denkbar, daß einer solchen *pactio* dingliche Wirkung zugemessen wird[156] und die Unwirksamkeit der Veräußerung eben in der Tatsache, daß nach wie vor der vertragsbrüchige *socius* Miteigentümer ist und folglich mit der *actio communi dividundo* belangbar ist, zum Ausdruck kommt.

In all diesen Texten wird deutlich, daß die römischen Juristen durchaus Sensibilität dafür aufbrachten, daß bei einem in Miteigentum stehenden Gesellschaftsvermögen das Veräußern eines Miteigentumsanteils durch einen *socius* bzw das Geltendmachen der *actio communi dividundo* für das Verfolgen des Gesellschaftszweckes nachteilige Folgen haben konnte und daß deshalb ein Bedürfnis nach „stabilitätsfördernden" Instrumenten bestand. Als solche boten sich entsprechende *pacta conventa* wie etwa das *pactum ne dividatur* an.
Während eine ältere namentlich von Sabinus vertretene Lösung bei einem Teilungsverbot sogar eine dingliche Wirkung dahingehend annahm, daß die Veräußerung als solche unwirksam war, gewährten die Spätklassiker Ulpian und Paulus immerhin eine dinglich wirkende *exceptio* gegen die Individual-Rechtsnachfolger des *socius*, mittels der die Nichtteilung - so wie gegen den Vertragspartner - durchgesetzt werden konnte. Die spätklassische Lösung nimmt zwar stärker auf die individuellen Rechtspositionen des Veräußerers und des Erwerbers Rücksicht, es wäre aber unrichtig, in ihr einen Beleg für den manchmal erhobenen Vorwurf zu sehen, demzufolge das römische Gesellschaftsrecht strikt individualistisch gewesen und keine Handhabe für stabile Gesellschaftsverhältnisse geboten habe. Mit der Zuerkennung einer dinglichen Wirkung des Teilungsverbotes wird dem Stabilitätsinteresse der *societas* sehr wohl Rechnung getragen. Sollte dagegen überhaupt eine Nichtveräußerung der Miteigentumsanteile vereinbart worden sein, so war eine solche - zumindest für eine bestimmte Zeit - wohl auch in der Spätklassik möglich, wie sich aus der oben entwickelten Deutung von D 17.2.17 pr ergibt.

Text folgendermaßen ergänzen möchte: *et tenetur societatis aut <si socii non fuerunt, utili> communi dividundo iudicio.*

156 So wie dies Sabinus auch hinsichtlich des *pactum ne dividat* annimmt (D 17.2.16.1 erster Satz).

E. Zur Konkurrenz von actio pro socio und actio communi dividundo

1. Einleitung

Das Verhältnis von Gesellschafterklage und Teilungsklage wurde in der jüngst erschienenen Monographie von DROSDOWSKI ausführlich erörtert.[157] Im Folgenden werden DROSDOWSKIS Darlegungen, denen durchwegs sorgfältige Exegesen der einschlägigen Quellen zugrundeliegen, als Ausgangspunkt genommen und da und dort durch kritische Bemerkungen oder weitergehende Hypothesen ergänzt.[158]

2. Actio communi dividundo directa und utilis

Daß Aufwendungen, die nach Auflösung einer *societas* auf eine *res communis* getätigt wurden, nicht mehr mit der *actio pro socio*, sondern lediglich mit der *actio communi dividundo* geltend gemacht werden können, wird von Paulus D 17.2.65.13 folgendermaßen begründet: *quia non est verum pro socio communiterve id gestum esse*. DROSDOWSKI will das *communiterve* als „sachlich unrichtig" streichen, hält die Begründung ansonsten aber für echt. Aufgrund der Formulierung *quia non est verum*, sowie der Tatsache, daß verschiedentlich auch *post distractam societatem* entstandene Ansprüche mit der *actio pro socio* durchsetzbar waren, vermutet er eine diesbezügliche Kontroverse. Ansprechend ist dabei seine Deutung, daß die Klassiker eine Erstreckung der *actio pro socio* auf nach Beendigung der Gesellschaft entstandene Ansprüche vor allem dort erwogen haben, wo eine anderweitige Durchsetzung (insbesondere über die Teilungsklage) nicht möglich war.[159]

Als problematisch könnte diese Erklärung freilich im Hinblick auf Paulus D 17.2.65.9 angesehen werden. Bezogen auf eine *societas*, die durch den Tod eines *socius* aufgelöst wurde, wird hier für den Erwerb aus einer *res communis* auch für und gegen den Erben die Gesellschafterklage gewährt: *sed quod ex re communi postea quaesitum est ... tam ab herede quam heredi praestandum est*. Hier liegt also (zunächst) - auch nach Beendigung der *societas* durch den Tod des *socius* - eine *res communis* vor, sodaß prinzipiell immer noch eine

[157] DROSDOWSKI, Das Verhältnis von actio pro socio und actio communi dividundo im klassischen römischen Recht = Schriften zur Rechtsgeschichte, Heft 72 (1998).

[158] Die folgenden Ausführungen beruhen auf einer Rezensionsmiszelle, die in Orbis Iuris Romani V (1999) 15 ff, erschienen ist.

[159] DROSDOWSKI, Actio pro socio und actio communi dividundo (1998) 24.

Teilungsklage möglich sein müßte; dennoch wird eine *actio pro socio* bejaht. Allerdings könnte man das *quod ex re communi postea quaesitum est* so verstehen, daß die *res communis* nach dem Tod des einen Gesellschafters (wirksam) veräußert wurde und sich die (mittels *actio pro socio* durchsetzbaren) Ansprüche nun auf das dafür Erworbene beziehen.

Daß auch bei Bestehen einer *societas* eine Teilungsklage zulässig ist, ergibt sich aus Gaius D 10.3.2 pr (*nihil autem interest, cum societate an sine societate res inter aliquos communis sit: nam utroque casu locus est communi dividundo iudicio*). Ist die *res communis* aber untergegangen, so gibt es grundsätzlich keine Teilungsklage mehr (Paulus D 10.3.1: ... *denique cessat communi dividundo iudicium, si res communis non sit*). Hinsichtlich schuldrechtlicher Ansprüche der Miteigentümer im Hinblick auf die gemeinsame Sache wurde allerdings auch nach Beendigung der Miteigentumsgemeinschaft eine *actio communi dividundo utilis* gewährt (Ulpian D 10.3.6.1, Gaius D 10.3.11, Julian-Paulus D 10.3.14.1[160]), eine Konstruktion, die von Papinian D 10.2.31 mit der Fiktion des Nichtuntergangs der gemeinsamen Sache erklärt worden sein soll. Wenn Paulus D 10.3.1 also nach Untergang der Sache die Teilungsklage ausschließe, sei dies (in Einklang mit den Basilikenscholien) lediglich auf die *actio communi dividundo directa* zu beziehen.[161]

3. Praestationes personales als Gegenstand der Teilungs- und der Gesellschafterklage

Für die Darstellung der jeweiligen Klageziele der *actio pro socio* und der *actio communi dividundo* analysiert DROSDOWSKI zuerst Paulus D 10.3.1, der die Notwendigkeit der Teilungsklage damit begründet, *quod pro socio actio magis ad personales invicem praestationes pertinet quam ad communionem rerum*

160 Leider geht DROSDOWSKI auf diese schwierige Stelle nicht näher exegetisch ein. Er begnügt sich im wesentlichen (S. 29 Fn 73) mit einem Hinweis auf die umfangreiche Studie RICCOBONOS, Dal diritto romano classico al diritto moderno. A proposito del fr.14 D.X,3 Paulus III „ad Plautium“, in: Annali Palermo 3-4 (1917) 165 - 730. Vgl zu dieser Stelle aber nun BÜRGE, Retentio im römischen Sachen- und Obligationenrecht (1979) 211 ff.

161 DROSDOWSKI, Actio pro socio und actio communi dividundo (1998) 30. Von der analogen Teilungsklage nach Sachuntergang zu unterscheiden ist eine andere *actio communi dividundo utilis*, die bei sonstigen Rechtsgemeinschaften, wie zB bei gemeinsamem Pfandrecht (Ulpian D 10.3.7.6) oder gemeinsamem Nießbrauch (Ulpian D 10.3.7.7, Sabinus-Paulus D 45.3.32) gewährt wurde. LENEL (Das edictum perpetuum [3. Aufl.1927] 212 f; anderer Ansicht BERGER, Zur Entwicklungsgeschichte der Teilungsklagen im klassischen römischen Recht [1912] 68 ff). folgend nimmt DROSDOWSKI 27, an, daß diese zweite Form einer analogen Teilungsklage eigens im Edikt proponiert gewesen sei.

divisionem. Diese Formulierung lasse es „nicht als absolut ausgeschlossen" erscheinen, „daß der Richter der *actio pro socio* auch die sachenrechtliche Teilung des Gesellschaftsvermögens vornimmt".[162] Demgegenüber stehe aber der klare quellenmäßige Befund, daß eine rechtsgestaltende Zuweisung des Eigentums durch *adiudicatio* nur im Rahmen der *actio communi dividundo* (sowie der *actio familiae erciscundae* und *actio finium regundorum*) möglich ist (Gaius Inst 4.42). DROSDOWSKI wirft Paulus vor, „sprachlich äußerst ungenau" formuliert zu haben und versteht die Aussage mit dem Stephanos-Scholion zu Basiliken 12.2.1[163] sowie der neuen Übersetzung von BEHRENDS[164] in dem Sinn, daß die *actio pro socio* nur die *praestationes personales* erfasse, nicht hingegen die Aufteilung der Miteigentumsgemeinschaft. Allerdings könnte man dieser korrigierenden Interpretation (bei weitgehender Übereinstimmung hinsichtlich des Ergebnisses) entgegenhalten, daß die komparativische Wendung *pro socio actio magis ad personales invicem praestationes pertinet quam ad communionem rerum divisionem* vielleicht doch nicht so unsinnig erscheint, wenn man bedenkt, daß erstens die *praestationes personales* nicht nur in der *actio pro socio*, sondern (hinsichtlich der *res communis*) auch im Teilungsverfahren abgehandelt werden können, sowie zweitens eine einvernehmliche Aufteilung des Miteigentums sehr wohl im Rahmen der Abrechnung der *societas* (auch im Rahmen eines *iudicium societatis*, welches ja nicht unbedingt durch eine Kondemnation enden mußte, sondern - schon im Hinblick auf die infamierende Wirkung einer Verurteilung - in der Praxis häufig durch ein *pactum* beendet worden sein dürfte!) erfolgen kann. All das könnte Paulus dazu bewogen haben, davon zu schreiben, daß die *praestationes personales* eher (aber nicht ausschließlich) durch die *actio pro socio* erfaßt werden, aber nicht (so sehr) die Aufteilung des Miteigentums.

Zu den schuldrechtlichen Ansprüchen, die mit der *actio pro socio* durchsetzbar sind, zählen laut DROSDOWSKI „eine Reihe von wechselseitigen Pflichten, beispielsweise zur Leistung versprochener Beiträge, zur Teilung des Gewinns, zum Ersatz von Aufwendungen oder Schäden". Dabei geht er jedoch (unter anderem MISERA[165] folgend) davon aus, daß die *actio pro socio*

---

162 DROSDOWSKI, Actio pro socio und actio communi dividundo (1998) 33; ähnlich schon ARANGIO-RUIZ, La società in diritto romano (1950) 198.

163 SCHELTEMA/HOLWERDA, Basilicorum libri LX, B II (1954) 552 = HEIMBACH, Basilicorum libri LX, Bd I (1833) 791.

164 Übersetzung von D 10.3.1 durch BEHRENDS in: BEHRENDS/KNÜTEL/KUPISCH/SEILER, Corpus Iuris II (1995).

165 MISERA, Klagen manente societate. Zu Klagemöglichkeiten der Gesellschafter bei bestehender Gesellschaft im klassischen römischen Recht, Festschrift für Rudolf Nirk (1992) 697 ff, sowie (leicht überarbeitet) DERSELBE in: SDHI 60 (1994) 395 ff.

lediglich als Abrechnungklage (zwischen jeweils zwei *socii*) fungiert habe und eine *actio pro socio manente societate* in der Regel[166] ausgeschlossen war.[167] In gleicher Weise habe es auch eine *actio communi dividundo manente communione*[168] in der Klassik nicht gegeben.[169] Hinter diesen prozessualen Gegebenheiten, die bei aufrechter Gesellschaft bzw Gemeinschaft in der Regel keinen Rechtszwang zulassen, stünde die spezifisch römische Zurückhaltung, in bestehende Gemeinschaften einzugreifen, welche auch beim Familienverband und bei den Körperschaften zu finden sei.

4. Zur Frage des Rechtszwangs während aufrechter Gemeinschaft

In dieser Streitfrage der Romanistik empfiehlt es sich, die unterschiedlichen Betrachtungsebenen auseinanderzuhalten. Zunächst geht es um die technische, prozessuale Frage des Klagezieles, welches mit der Erhebung einer *actio pro socio* bzw einer *actio communi dividundo* verfolgt wird. Der Quellenbefund ergibt, daß man mit der Gesellschafterklage auf umfassende Abrechnung

---

166 Als Ausnahme ist insbes der Fall der in Paulus D 17.2.65.15 angeführten *societas vectigalium* zu nennen, welcher eine (weitgehend) körperschaftliche Struktur eigen ist. Dazu vgl CIMMA, Ricerche sulle società di publicani (1981) 221 ff.

167 DROSDOWSKI, Actio pro socio und actio communi dividundo (1998) 36 ff, 45 ff. Diese Auffassung als „traditionelle Lehre" zu qualifizieren (S. 36) ist vielleicht nicht ganz glücklich. In der Frage gibt es eher zwei traditionelle Ansichten. Einer Tradition, die zumindest im deutschen Sprachraum derzeit wohl die herrschende ist (ua LEVY, WIEACKER, KASER, MISERA) steht eine andere gegenüber, die vor allem von prominenten italienischen Romanisten (ua ARANGIO-RUIZ, BIANCHINI, GUARINO, DI PORTO) vertreten wird. Bei näherer Analyse gibt es innerhalb und zwischen den beiden Ansichten alle Arten von *sfumature*.

168 Dementsprechend geht DROSDOWSKI davon aus, daß Julian-Paulus D 10.3.14.1, wo von einer *actio communi dividundo manente communione* die Rede ist, von den Kompilatoren überarbeitet worden sei (S. 46). Das richtige Verständnis dieser Wendung in dieser Stelle liegt jedoch in der speziellen Fallkonstellation des von Julian entschiedenen Falles, wie BÜRGE, Retentio (1980) 217 f, unter Hinweis auf ein Kyrillus-Scholion zu Basiliken 12.2.14 nachweisen konnte: Hat ein Miteigentümer auf die gemeinsame Sache Aufwendungen gemacht, und später seinen Anteil verkauft, so kann er vom anderen Miteigentümer anteiligen Verwendungsersatz mittels einer *actio utilis* verlangen, auch wenn zwischen dem Käufer seines Anteils und dem anderen Miteigentümer noch keine Teilung vorgenommen wurde. Diese Deutung läßt freilich Julian-Paulus D 10.3.14.1 gar nicht als Beleg für die Auffassung, man habe in der Klassik *manente communione* eine Teilungsklage erheben können, erscheinen!

169 Während aufrechten Bestandes der *communio* wären damit schuldrechtliche Ansprüche der Miteigentümer wohl nur über die *actio legis Aquiliae*, eine *actio negotiorum gestorum* oder Vertragsklagen abwickelbar.

geklagt werden konnte (womit wohl implizit die Beendigung vorausgesetzt bzw zugleich ausgedrückt wird), bei der Teilungsklage auf Teilung des Miteigentums und Abrechnung. Wäre nun dieser Inhalt des Klagebegehrens der einzig denkbare, so könnte man sich eine Erhebung der beiden Klagen ohne Beendigung der jeweiligen Gemeinschaften tatsächlich nicht gut vorstellen. Diese Überlegungen bilden das Hauptargument der Vertreter der Auffassung, bei aufrechter Gemeinschaft gebe es weder Gesellschafter- noch Teilungsklagen.

Es stellt sich allerdings die Frage, ob durch eine *praescriptio pro actore* dieser Streitgegenstand nicht jeweils eingeschränkt werden konnte. Sollte durch eine solche *praescriptio pro actore* eine Einschränkung des Streitgegenstandes im Formularverfahren möglich gewesen sein, so hätte etwa bei der *societas* ein Gesellschafter nicht auf umfassende Abrechnung klagen müssen, sondern auch bloß auf Ausgleich eines bestimmten Vermögensnachteils (etwa im Rahmen der gemeinsamen Gefahrtragung für *damnum commune*) oder auf Abrechnung der wechselseitigen Ansprüche bis dato (ohne Beendigung der *societas*) klagen können. In ähnlicher Weise kann man sich bei der Teilungsklage fragen, ob der Prätor diese in einem konkreten Fall nicht in der Weise gewähren konnte, daß der *iudex* nicht angewiesen wurde, eine *adiudicatio* vorzunehmen (die zur Aufteilung führt), sondern bloß über das *quidquid ob eam rem alterum alteri praestare oportet* hinsichtlich schuldrechtlicher Ausgleichsansprüche für Verwendungen, Nutzungen und Schäden zu entscheiden.

Von diesen Problemen der theoretischen prozessualen Möglichkeiten in gewisser Weise unabhängig steht die weitere Frage, was denn römische Gesellschafter und Miteigentümer in der Praxis getan haben, in welcher Weise sich also die Mentalität der handelnden Privatrechtssubjekte ausgedrückt hat. Dabei ginge es aber um ein empirisches Urteil über Regel- und Ausnahmefall, und nicht darum, was juristisch möglich war.

Daß die Vorstellung des „gerichtsfreien Raums bei bestehendem Gemeinschaftsverhältnis nicht ausnahmslos gegolten“ hat, wird von DROSDOWSKI[170] selbst zutreffend hervorgestrichen: Er nennt – neben der Möglichkeit einer einschränkenden *praescriptio pro actore* – die Übung, gesellschaftsvertragliche Ansprüche durch Strafstipulation zu sichern (und dadurch eigens durchsetzbar zu gestalten), weiters die Möglichkeit Vergleiche abzuschließen, eine Konfliktlösung durch ein *arbitrium viri boni* herbeizuführen, sowie schließlich die subtile Vorgangsweise der Juristen, einzelne Ansprüche aus einer *societas* oder einer *communio* „isoliert zu betrachten und diese damit der Subsumption unter einen der anerkannten Kontraktstypen zugänglich zu machen“.[171] Etwas

---

170 DROSDOWSKI, Actio pro socio und actio communi dividundo (1998) 46.

171 DROSDOWSKI, Actio pro socio und actio communi dividundo (1998) 48.

zu restriktiv ist DROSDOWSKI meines Erachtens im Hinblick auf die Möglichkeit, daß klassische Juristen (auch außerhalb der *societas publicanorum*) zumindest in einzelnen Entscheidungen eine *actio pro socio* oder *actio communi dividundo* bei aufrechter Gemeinschaft als Lösung ins Auge gefaßt haben. Auf diesen Punkt wird bei der Erörterung der Einzelexegesen des zweiten Teils noch kurz zurückzukommen sein.

5. Zur Formel der actio communi dividundo

Offen läßt DROSDOWSKI[172], ob die Formel der Teilungsklage den Zusatz *ex fide bona* enthalten habe oder nicht. Im Sinne einer textkonservativeren Vorgangsweise wird man die (freilich va spätklassischen) Belege[173], welche für eine Qualifizierung der *actio communi dividundo* als *bonae fidei iudicium* sprechen, eher als Indiz dafür werten können, daß die Teilungsklage den Zusatz *ex fide bona* enthalten hat, wobei die mangelnde Erwähnung in der Aufzählung der *bonae fidei iudicia* bei Gaius Inst 4,62 (wo unter anderem auch die *actio commodati* und die *actio pigneraticia* fehlen[174]) keinen zwingenden Gegenbeweis bietet. Dabei ist auch daran zu erinnern, daß die neuere Forschung sogar einen prägenden Einfluß der Teilungsklage des Legisaktionenverfahrens (einer *legis actio per iudicis arbitrive postulationem*, vgl Gaius Inst 4.17a) auf die Ausformung der *bonae fidei iudicia* des Formularverfahrens annimmt.[175]

Bezüglich des Klagezieles der Teilungsklage ist zu beachten, daß diese nicht nur auf Aufteilung bzw Zuteilung des Eigentums über die *adiudicatio* gerichtet ist, sondern auch auf schuldrechtlichen Ausgleich hinsichtlich dreier Größen von *praestationes* (vgl Ulpian D 10.3.3 pr): Haftung für zugefügte Schäden (*si quid in communi damnum datum factumve est*), auszugleichende Aufwendungen eines Miteigentümers (*si quid eo nomine abest alicui sociorum*) sowie Ausgleich gezogener Nutzungen (*si quid ad aliquem sociorum pervenit ex re communi*). Bezüglich dieser drei Kategorien von *praestationes* kann es nun

---

172 DROSDOWSKI, Actio pro socio und actio communi dividundo (1998) 42 Fn 136.

173 Vgl Ulpian D 10.3.4.2, Julian-Paulus D 10.3.14.1, Julian D 10.3.24 pr, Gaius D 41.1.45.

174 Zum *bonae-fidei-iudicium*-Charakter der *in ius* konzipierten *actio commodati* und der *in ius* konzipierten *actio pigneraticia in personam* vgl schon LENEL, Edictum perpetuum (3. Aufl. 1927) 253 und 255.

175 KASER/HACKL, Das römische Zivilprozeßrecht (2. Aufl. 1996) 157. Der weite Spielraum, den der *iudex* bzw *arbiter* bei der *legis actio per iudicis arbitrive postulationem* (auf die DROSDOWSKI nicht eingeht) gehabt haben dürfte, spricht auch eher gegen den von ihm (S. 51) angenommenen Entwicklungsverlauf, demzufolge die schuldrechtlichen Ansprüche ursprünglich nicht in der *actio communi dividundo* geltend gemacht werden konnten.

zu Überschneidungen mit der *actio pro socio* und einer (teilweisen) Konkurrenz kommen (vgl Paulus D 17.2.38).[176]

Eingehender beschäftigt sich DROSDOWSKI[177] mit dem ersten Satz in Ulpian D 17.2.43: *si actum sit communi dividundo, non tollitur pro socio actio, quoniam pro socio et nominum rationem habet et adiudicationem non admittit.* Entgegen HERNANDO LERA, der davon auszugehen scheint, daß bei einer Gesellschaft mit Miteigentum im Rahmen einer *actio communi dividundo* auch sämtliche gesellschaftsvertraglichen Ansprüche abgerechnet werden können[178], stellt DROSDOWSKI zurecht klar, daß die Aussage, daß die Gesellschafterklage *et nominum rationem habet* (weshalb nach erfolgter Teilungsklage das Geltendmachen einer *actio pro socio* weiter möglich ist) auf solche Gesellschafteransprüche zu beziehen ist, welche nicht Gegenstand des vorangegangenen Teilungsverfahrens sein konnten (zB für Gesellschaftszwecke aufgenommene Darlehen, die keinen Zusammenhang zur *res communis* aufweisen).

6. Schadenersatzansprüche als Gegenstand von Teilungs- und Gesellschafterklage

Bei den Schadenersatzfällen rückt zunächt die Korrumpierung eines *servus communis* durch einen Miteigentümer in den Blickpunkt. Laut Julian-Ulpian D 11.3.9 pr haftet dieser aus der *actio servi corrupti*, aber auch aus der Teilungsklage, sowie - *si socii sint* - aus der Gesellschafterklage. An diesem Text ist für DROSDOWSKI bemerkenswert, daß auch Julian das Vorliegen einer *societas* im technischen Sinn als Voraussetzung für die *actio pro socio* anspricht, sowie, daß bezüglich des zugefügten Schadens Gesellschafterklage und Teilungsklage konkurrieren. Daß Julian darüberhinaus in extensiver Interpretation des Edikts (demzufolge der Eigentümer aktivlegitimiert ist) die *actio servi corrupti* auch einem Miteigentümer gegen den korrumpierenden Miteigentümer gewährt, hängt für ihn nicht nur damit zusammen, daß mit dieser Klage das *duplum* einforderbar ist, sondern auch damit, daß diese Deliktsklage (anders als die Teilungs- und Gesellschafterklage) keine Aufhebung der Gemeinschaft voraussetze, sodaß dahinter das „Begehren, den

176 DROSDOWSKI, Actio pro socio und actio communi dividundo (1998) 41 ff.

177 DROSDOWSKI, Actio pro socio und actio communi dividundo (1998) 51 ff.

178 HERNANDO LERA, El contrato de sociedad. La casuistica jurisprudential clasica (1992) 257 ff. HERNANDO LERA interpretiert (nicht überzeugend) D 17.2.43 so, daß in der auf die Teilungsklage folgenden Gesellschafterklage Ansprüche geltend gemacht worden seien, die zur Gänze ohnedies im Teilungsverfahren hätten geltend gemacht werden können, vom Teilungsrichter *in concreto* aber nicht berücksichtigt wurden.

Schadenersatzanspruch selbständig einklagbar zu machen“[179] gestanden haben könnte.

Die Variante, daß der von einem Miteigentümer korrumpierte *servus communis* einen Dritten geschädigt hat und diesem zwecks *noxae deditio* übergeben wurde, behandelt Paulus D 9.4.10. Er entscheidet zunächst wie Julian, daß der geschädigte Miteigentümer gegen den korrumpierenden Miteigentümer eine *actio servi corrupti* geltend machen kann. Darüberhinaus erörtert Paulus die Frage weiterer Anspruchsgrundlagen im Innenverhältnis, wobei er den Fall vor Augen hat, daß es nach der *noxae deditio* keine *res communis* mehr zwischen den beiden gibt: *ceterum si nihil praeterea post noxae deditionem commune habebit, pro socio vel, si socii non fuerunt, in factum agi poterit.*

Gibt es kein Miteigentum mehr, so scheidet die *actio communi dividundo* für die Geltendmachung des Schadenersatzanspruchs aus. Im Falle einer *societas* bleibt jedoch die Möglichkeit der *actio pro socio*; waren die (ehemaligen) Miteigentümer dagegen nicht Gesellschafter, bejaht Paulus eine *actio in factum*. DROSDOWSKI legt plausibel dar, daß diese *actio in factum* wohl nichts anderes ist, als eine analoge Teilungsklage (*actio communi dividundo utilis*). Daß Paulus von einer *actio in factum*, und nicht von einer *actio utilis* spricht, deute nicht auf einen sachlichen Unterschied, sondern sei damit zu erklären, daß Paulus hier *actio in factum* in einem weiten, untechnischen Sinn gebraucht.[180]

Wird ein Miteigentümer dadurch geschädigt, daß der andere ohne seine Zustimmung einen Toten auf dem *fundus communis* bestattet, so steht nach Pomponius D 17.2.39 eine *actio pro socio* zu; Trebatius und Labeo sprechen sich für diesen Fall nach dem Bericht von Ulpian D 10.3.6.6 für eine *actio in factum* aus; Ulpian selbst bejaht in D 11.7.2.1 eine *actio familiae erciscundae* oder eine *actio communi dividundo*.[181] DROSDOWSKI meint, daß man aus

---

179 DROSDOWSKI, Actio pro socio und actio communi dividundo (1998) 63.

180 DROSDOWSKI, Actio pro socio und actio communi dividundo (1998) 71 f. Zur Tendenz der Spätklassiker, *actio in factum* und *actio utilis* nicht mehr exakt auseinanderzuhalten vgl SELB, Actiones in factum und Formeltechnik, Festschrift Demelius (1973) 223 ff, DERSELBE, Formulare Analogien in „actiones utiles“ und „actiones in factum“ am Beispiel Julians, Studi Biscardi III (1982) 315 ff, sowie GRÖSCHLER, Actiones in factum (2002) 34 ff.

181 Ulpian D 11.7.2.1: *Qui mortuum in locum alienum intulit vel inferre curavit, tenebitur in factum actione ... an et socius teneatur, si ignorante socio intulerit, tractari potest: est tamen verius familiae erciscundae vel communi dividundo conveniri eum posse.* Daß hier die Rede von *socii* ist, dennoch aber nur die Erbteilungs- und die Teilungsklage, nicht aber die Gesellschafterklage in Betracht gezogen wird, könnte daran liegen, daß *socius* hier nicht im Sinn von Gesellschafter, sondern im Sinn von Miteigentümer zu verstehen ist.

Pomponius D 17.2.39 nicht *e contrario* schließen dürfe, daß die Teilungsklage durch die Gesellschafterklage ausgeschlossen sei, Pomponius äußere sich lediglich nicht dazu. Bezüglich der von Trebatius und Labeo gegebenen *actio in factum* vermutet er kontroverse Entscheidungen; die Gewährung einer *actio in factum* anstelle einer *actio communi dividundo* sei wiederum vor dem Hintergrund zu sehen, daß dadurch eine Aufhebung der Gemeinschaft verhindert und der Schadenersatzanspruch selbständig eingeklagbar gestaltet werden konnte.[182]

Schafft ein Gesellschafter eine *res communis* dolos beiseite oder verbirgt er sie in Verheimlichungssabsicht, so haftet er sowohl aus dem *furtum* (mit der *actio furti*) als auch (zusätzlich) aus der *actio pro socio* (Ulpian D 17.2.45). Fügt ein *socius* einer gemeinschaftlichen Sache ein *damnum iniuria datum* zu, so bejahen Celsus, Julian und Pomponius eine Haftung aus der *lex Aquilia* (Ulpian D 17.2.47.1), er kann aber nach Paulus D 17.2.48 (*sed nihilo minus et pro socio tenetur*) und Ulpian D 17.2.49 (*si hoc facto societatem laesit, si verbi gratia negotiatorem servum vulneraverit vel occidit*) auch aus der *actio pro socio* in Anspruch genommen werden. Im Gegensatz zur pönalen *actio furti* steht die *actio legis Aquiliae* als *actio mixta*, der auch reipersekutorischer Charakter zukommt, nach den allgemeinen Regeln im Verhältnis der alternativen (elektiven) Konkurrenz zur *actio pro socio*. Daß in all diesen Stellen die *actio communi dividundo* keine Erwähnung findet, ändert für DROSDOWSKI nichts daran, daß die hier angesprochenen Rechnungsposten des Schadenersatzes prinzipiell auch über die Teilungsklage hätten geltend gemacht werden können, weil der Schaden jeweils an der *res communis* verursacht worden sei.[183]

Anderes gelte freilich für die Schadenersatzpflicht eines *socius*, der zur Unzeit gekündigt hat und durch einen ungünstigen Verkauf gemeinsamer Sachen einen Schaden für die Gesellschaft herbeiführt. Dieser hafte für den Schaden durch den unzeitgemäßen Verkauf nur nach Gesellschaftsrecht (wegen Verstoßes gegen die unter den *socii* zu wahrende *bona fides*), nicht aber aus der Teilungsklage, weil die im Miteigentum stehenden Sachen als solche ja nicht beschädigt worden seien. Im Rahmen einer eingehenden Exegese von Paulus D 17.2.65.5 arbeitet DROSDOWSKI heraus, daß in dem von Paulus behandelten Fall (*nam si emimus mancipia inita societate, deinde renunties mihi eo tempore, quo vendere mancipia non expedit, hoc casu, quia deteriorem causam meam facis, teneri te pro socio iudicio*) die gemeinsam gekauften Sklaven im Miteigentum der Gesellschafter gestanden hätten, daß sie aber nach der unzeitgemäßen Kündigung veräußert worden seien, sodaß es nun nicht mehr um die

182 DROSDOWSKI, Actio pro socio und actio communi dividundo (1998) 78.

183 DROSDOWSKI, Actio pro socio und actio communi dividundo (1998) 80.

Aufteilung von Miteigentum, sondern lediglich um den Schaden durch den ungünstigen Verkaufszeitpunkt gehe, welcher ausschließlich mit der *actio pro socio* verfolgbar sei.[184]

Den Abschluß der exegetisch behandelten Stellen zu den Schadenersatzansprüchen bildet Paulus D 17.2.17.pr: *sed et socius qui alienaverit contra pactionem accipit committit et tenetur societatis aut communi dividundo iudicio.* Bei der *pactio*, gegen die der veräußernde *socius* verstößt, handelt es sich nach der überwiegenden Meinung, der sich DROSDOWSKI anschließt, um ein *pactum ne intra certum tempus res communis dividatur* (etwa im Sinne von Ulpian D 17.2.16.1, dem von den Kompilatoren unmittelbar vorangestellten Fragment). DROSDOWSKI geht weiters davon aus, daß für Paulus (wie für Ulpian D 17.2.16.1) eine Veräußerung entgegen dem Teilungsverbot - anders als man dies für Sabinus und Plautius vermutet - nicht unwirksam gewesen sei. Damit scheide aber der pactumwidrig veräußernde Gesellschafter aus der Miteigentumsgemeinschaft aus, sodaß eine Sanktionierung seines Verhaltens über die *actio communi dividundo*, von der D 17.2.17 pr spricht, nicht möglich sei. Zur Lösung dieses Widerspruches meint DROSDOWSKI, daß es sich bei der *actio communi dividundo* um eine analoge *actio communi dividundo utilis* handle; da diese aber wiederum nur subsidiär gewährt wurde, sofern keine *actio pro socio* zur Verfügung steht, ergänzt er den überlieferten Paulus-Text folgendermaßen: *sed et socius qui alienaverit contra pactionem accipit committit et tenetur societatis aut <, si socii non fuerunt, utili> communi dividundo iudicio.*[185] Meiner Meinung nach erscheint es fraglich, ob diese Konjekturen wirklich erforderlich sind: Mit der einfachen Annahme, daß abgesehen von der veräußerten Sache noch weitere *res communes* unter den Gesellschaftern vorhanden sind, ließe sich die Gewährung der *actio communi dividundo* ohne Schwierigkeiten in Einklang bringen. Auch die von DI PORTO[186] angeführte Differenzierung zwischen einem möglicherweise in D 17.2.17 pr zugrundegelegten (dinglich wirkenden?) *pactum ne vendere liceat* und dem in D 17.2.16.1 diskutierten *pactum ne dividat*, welches ein (dinglich wirkendes?) Verkaufsverbot nur in der Interpretation des Sabinus enthalten haben könnte, erscheint nach wie vor überlegenswert.[187]

---

184 DROSDOWSKI, Actio pro socio und actio communi dividundo (1998) 84.

185 DROSDOWSKI, Actio pro socio und actio communi dividundo (1998) 89.

186 DI PORTO, Impresa collettiva e schiavo „manager" in Roma antica (1984) 156 ff.

187 Siehe dazu oben im vorangegangenen Kapitel D.

7. Exkurs: Das Haftungsmaß bei communio und societas

Ein Aspekt, der von DROSDOWSKI ausgespart bleibt, aber gerade unter dem Gesichtspunkt der Konkurrenz von *actio pro socio* und *actio communi dividundo* Beachtung verdienen würde, ist die Frage des Haftungsmaßes. DROSDOWSKI geht durchgehend davon aus, daß von einem Gesellschafter Schäden, die ein anderer *socius* an einer *res communis* zufügt, sowohl mit der Gesellschafterklage als auch mit der Teilungsklage geltend gemacht werden können, wir es also hier mit dem „überschneidenden Teil" der beiden Zuständigkeitsbereiche zu tun haben. Dabei stellt sich aber die Frage, ob der Haftungsmaßstab bei *societas* und *communio* ident ist, oder nicht. DROSDOWSKI entzieht sich der Problematik elegant, indem er von „zu vertretenden Schäden" schreibt, ohne darauf einzugehen, welche Verschuldensgrade jeweils zu vertreten sind.

Bei der *communio* gab es nach klassischem Recht wohl eine Haftung für *dolus* und *culpa*[188], was sich für den Bereich der *actio familiae erciscundae* durch Ulpian D 10.2.16.4[189] und Paulus D 10.2.25.16[190] belegen läßt. Ein Argument für diesen Haftungsmaßstab bietet ua die Parallele zur Haftung aus der *lex Aquilia*, die - wie oben erwähnt - mit den Teilungsklagen bei Schädigung einer *res communis* durch einen Gemeinschafter konkurrierend zusteht, sodaß die Annahme der Übernahme der aquilischen *culpa*-Haftung bei der Miteigentumsgemeinschaft naheliegt.[191]

Bei der *societas* hingegen dürfte die ursprüngliche *dolus*-Haftung[192] erst im Laufe der Klassik um Fälle der *culpa*-Haftung (und vereinzelt der Haftung für

188 Vgl Pomponius 13 ad Sab D 10.3.20: ... *quidquid enim culpa socii amissum est, eo iudicio continetur*; Ulpian 29 ad Sab D 50.17.23: ... *societas et rerum communio et dolum et culpam recipit*; vgl auch African 7 quaest D 10.3.9: ... *haec ita, si neutrius culpa intervenerit* ....

189 Ulpian 19 ad ed D 10.2.16.4: *sed et si dolo vel culpa quid in usum fructum ab uno ex heredibus factum sit, hoc quoque in iudicium venire Pomponius ait: nam et omnia, quae quis in heredidate dolo aut culpa fecit, in iudicium familiae erciscundae veniunt* ...

190 Paulus 23 ad ed D 10.2.25.16: *non tantum dolum, sed et culpam in re hereditaria praestare debet coheres.*

191 KASER, Römisches Privatrecht I (2. Aufl.1971) 505; dazu auch LAFFELY, Responsabilité du „socius" et concours d'actions dans la société classique (Thèse Lausanne 1979) 78 ff.

192 Von einer bloßen *dolus*-Haftung „für die Gesellschaft der mittelklassischen Zeit" geht hingegen etwa WIEACKER, Haftungsformen des römischen Gesellschaftsrechts, ZRG-RA 54 (1934) 35 ff, aus, der seine These aber nur mit weitreichenden (und nicht überzeugenden) Interpolationsannahmen aufrechterhalten kann; ähnlich auch ARANGIO-RUIZ, Responsabilità contrattuale in diritto romano (2. Aufl.1935) 43 ff, der immerhin eine *culpa*-Haftung für „certe ipotesi particolari" zugesteht. Die These der bloßen *dolus*-Haftung geht vor allem auf LUDWIG MITTEIS, Römisches Privatrecht bis auf die Zeit Diokletians (1908) 324 f, 330, zurück; kritisch zu ihr schon MANIGK, in: Pauly-Wissowa,

custodia)[193] erweitert worden sein. Daß noch zu Zeiten Ulpians eine Haftung für *dolus* und *culpa* keineswegs völlig unbestritten war und eine kasuistische Diskussion jedenfalls in der Hochklassik bestand, läßt sich aus Ulpian D 17.2.52.2 ableiten:

> *utrum ergo tantum dolum an etiam culpam praestare socium oporteat, quaeritur. et Celsus libro septimo digestorum ita scripsit: socios inter se dolum et culpam praestare oportet. si in coeunda societate, inquit, artem operamve pollicitus est alter, veluti cum pecus in commune pascendum aut agrum politori damus in commune quaerendis fructibus, nimirum ibi etiam culpa praestanda est: pretium enim operae artis est velamentum. quod si rei communi socius nocuit, magis admittit culpam quoque venire.*

Ulpian stellt hier die Haftung für *dolus* und *culpa* zunächst als Frage in den Raum[194] und zitiert sodann (nach der üblichen Lesart[195]) Celsus mit der allgemein gehaltenen Aussage, daß Gesellschafter untereinander für *dolus* und *culpa* haften. Wie sich aus dem Fortlauf des Textes ergibt, dürfte aber auch Celsus keine generelle Haftung für *culpa* bejaht haben[196], sondern diese insbesondere

---

Real-Encyclopädie der Altertumswissenschaften, s.v. societas, 2. Reihe, 5. Halbband (1927) Sp 776 f.

193 Ulpian 31 ad ed D 17.2.52.3.

194 Ob das *quaeritur* darauf hindeutet, daß die Frage für Ulpian selbst noch unentschieden war, oder ob diese Formulierung nur zur Einleitung des Referats der Argumentation des Celsus dient, zu dessen Zeit jedenfalls noch keine generelle Haftung für *dolus* und *culpa* gegolten haben dürfte, ist offen. Ich halte aber letzteres für wahrscheinlicher, zumal Ulpian in einer Reihe von Texten als Vertreter einer Haftung für *dolus* und *culpa* (Ulpian D 13.6.5.2; D 17.2.52.4 in fine; D 17.2.52.11; D 50.17.23) bzw für *neglegentia* (D 16.2.10 pr;) bei der *societas* erscheint. Dafür, daß Ulpian sich der celsinischen Entscheidung der Sonderfälle bedient, um eine generelle *culpa*-Haftung zu bejahen, tritt auch HAUSMANINGER, Diligentia quam in suis, FS Kaser (1976) 270, ein.

195 Siehe jetzt aber den ansprechenden Vorschlag von CARDILLI, L'obbligazione di praestare e la responsabilità contrattuale in diritto romano (1995) 454 ff, der den Text folgendermaßen strukturiert: *et Celsus libro septimo digestorum ita scripsit: socios inter se dolum et culpam praestare debet, si in coeunda societate, inquit, artem operamve pollicitus est.* Die Aussage des Celsus zur Haftung für *dolus* und *culpa* wäre demnach von vornherein auf die speziellen Fälle des Versprechens einer bestimmten kunsthandwerklichen Fertigkeit bzw Arbeitsleistung zu beziehen. Zu den Fragen der Haftung (insbesondere des Arbeitsgesellschafters) jetzt umfassend auch SANTUCCI, Il socio d'opera in diritto romano (1997) 193 ff.

196 Gegen die Annahme einer allgemeinen *culpa*-Haftung bei Celsus ua auch WIEACKER, ZRG-RA 54 (1934) 45 f, sowie ARANGIO-RUIZ, Responsabilità 48 f; HAUSMANINGER, FS Kaser (1976) 270 f. WIEACKER nimmt aber für die Arbeitsgesellschafter nicht überzeugend eine *custodia*-Haftung (anstelle einer *culpa*-Haftung!) an. WIEACKER und ARANGIO-RUIZ

für zwei Konstellationen akzeptiert haben. Zum einen bejaht er die *culpa*-Haftung für Fälle, in denen der eine *socius* Sachen übernimmt und eine besondere Kunstfertigkeit bezüglich seiner Arbeitsleistung zugesichert hat (*si in coeunda societate artem operamve pollicitus est*). Zum anderen spricht er[197] sich eher für eine *culpa*-Haftung aus, wenn der Gesellschafter eine gemeinschaftliche Sache beschädigt hat (*quod si rei communi socius nocuit, magis admittit culpam quoque venire*). Hier erscheint es nicht zu gewagt, die Vermutung aufzustellen, daß die im Rahmen der *communio* gegebene *culpa*-Haftung Anstoß für die Bejahung einer *culpa*-Haftung auch im Rahmen der *societas* gewesen sein dürfte.[198] Eine Bestätigung für diese Vermutung findet sich in der Katene Ulpian 30 Sab D 17.2.47.1, Paulus 6 Sab D 17.2.48, Ulpian 31 ed D 17.2.49. Die Verletzung oder Tötung eines *servus communis*, der für eine *societas* tätig ist, führt nach Meinung von Celsus, Julian und Pomponius zu einer Haftung aus der *lex Aquilia* (D 17.2.47.1), Paulus betont für diesen Fall aber auch eine Haftung aus der *actio pro socio* (D 17.2.48: *sed nihilo minus et pro socio tenetur*), was die Kompilatoren mit dem Beispiel des Ulpian illustrieren, daß ein *negotiator servus* verletzt oder getötet wurde. Nachdem die Haftung aus der lex Aquilia *dolus* und *culpa* umfaßt und Paulus im konkreten Fall auch (konkurrierend zur *actio legis Aquiliae*[199]) eine *actio pro socio* bejaht, dürfte er – zumindest für diesen Fall der Beschädigung einer *res communis* – auch im Rahmen der *societas* eine Haftung für *dolus* und *culpa* vertreten haben.[200]

Eine Besonderheit der Haftung der Gesellschafter stellt der von Gaius D 17.2.72[201] postulierte subjektive Sorgfaltsmaßstab der *diligentia quam in suis*

---

postulieren darüberhinaus für die Variante mit der Beschädigung der *res communis* eine bloße *dolus*-Haftung.

197 ZIMMERMANN, The Roman Law of Obligations (1990) 463, nimmt hingegen an, daß Ulpian von sich selbst in der dritten Person spricht und schreibt diese Entscheidung Ulpian zu.

198 So auch TALAMANCA, Societas, ED 42 (1990) 856 bei Fn 454.

199 Vgl Paulus 6 ad Sab D 17.2.50.

200 Freilich hätte die Bemerkung des Paulus ursprünglich in einem ganz anderen Zusammenhang stehen und erst von den Kompilatoren in den überlieferten Sinnzusammenhang gebracht worden sein können. Palingenetische Anhaltspunkte dafür fehlen aber. D 17.2.48 wird von LENEL, Palingenesia I (1889) Paulus Nr 1736, als ursprünglich mit D 17.2.50 verbunden konstruiert, wo es um die Konkurrenz von *actio legis Aquiliae* und *actio pro socio* geht.

201 Gaius D 17.2.72: *Socius socio etiam culpae nomine tenetur, id est desidiae atque neglegentiae. culpa autem non ad exactissimam diligentiam dirigenda est: sufficit etenim talem diligentiam communibus rebus adhibere, qualem suis rebus adhibere solet, quia qui parum diligentem sibi socium adquirit, de se queri debet.*

rebus dar, welcher in die justinianischen Institutionen (Inst 3.25.9)[202] übernommen wurde. Dabei stellt sich die Frage, wie sich diese Haftung für *diligentia quam in suis rebus* zu der (zumindest schon von Celsus in manchen Fällen bejahten) *culpa*-Haftung verhält. Ist die Haftung für *culpa in concreto* als vorsichtige Haftungserweiterung des Gaius im Hinblick auf die an sich gegebene *dolus*-Haftung[203] anzusehen, oder als Milderung[204] einer (vereinzelt bereits bejahten) Haftung für *culpa in abstracto*? Denkbar wäre schließlich auch noch, daß in den von Celsus diskutierten Fällen ein objektiver Sorgfaltsmaßstab gegolten hat, ansonsten aber (als allgemeine Regel) der subjektive Maßstab der *diligentia quam in suis*. Der durch Gaius D 17.2.72 und Inst 3.25.9 belegte Standpunkt, es bestehe eine *culpa*-Haftung, diese sei unter Gesellschaftern jedoch auf die *diligentia quam in suis rebus* zu beziehen, dürfte sich in der Klassik noch nicht einhellig durchgesetzt haben; zumindest fehlt ein entsprechender Hinweis in den verallgemeinernden Ausführungen der Spätklassiker (Ulpian D 13.6.5.2; D 50.17.23; Paul D 17.2.65.9; PSent 2.16).[205]

---

202 Inst 3.25.9: *Socius socio utrum eo nomine tantum teneatur pro socio actione, si quid dolo commiserit, sicut is qui deponi apud se passus est, an etiam culpae, id est desidiae atque neglegentiae nomine, quaesitum est: praevaluit tamen etiam culpae nomine teneri eum. culpa autem non ad exactissimam diligentiam dirigenda est: sufficit enim talem diligentiam in communibus rebus adhibere socium, qualem suis rebus adhibere solet. nam qui parum diligentem socium sibi adsumit, de se queri debet.*

203 So va HAUSMANINGER, FS Kaser (1976) 275.

204 Dafür spricht, daß die Begründung des Gaius (*qui parum diligentem socium sibi admisit, de se queri debet*) darauf gerichtet zu sein scheint, eine Erklärung dafür zu bieten, warum hier keine objektive *culpa*-Haftung gegeben ist, und nicht darauf, warum hier für mehr als bloß für *dolus* gehaftet wird (vgl freilich auch Gaius D 44.7.1.5). Dementsprechend meint MAYER-MALY, De se queri debere, officia erga se und Verschulden gegen sich selbst, FS Kaser (1976) 244, daß „das de-se-queri-Argument nur als Begründung einer diese culpa-Haftung einschränkenden Maxime sinnvoll" sei.

ZIMMERMANN, Law of Obligations (1990) 463, deutet die Aussage des Gaius hingegen als „remarkable sign of proactive thinking, for a further extension of the liability appears to have been in the air", Gaius habe also eine Haftungserweiterung (*culpa in concreto*-Haftung gegenüber bloßer *dolus*-Haftung) vertreten, zugleich aber einer zukünftigen Entwicklung (objektive *culpa*-Haftung) entgegenwirken wollen. Als „further extension" sieht ZIMMERMANN va die *culpa*-Haftung für Beschädigung einer *res communis* (D 17.2.52.2 in fine), die er – meines Erachtens zu Unrecht – Ulpian zuschreibt. Tatsächlich kennt aber schon Celsus zumindest in einzelnen Fällen eine objektive *culpa*-Haftung.

205 Daraus läßt sich ein Argument gegen die Vermutung KASERS, Römisches Privatrecht I (2. Aufl. 1971) 576 Fn 48, diese Verallgemeinerungen seien nachklassisch, gewinnen: Als justinianisch läßt sich doch im Hinblick auf Inst 3.25.9 die Haftung für *diligentia quam in suis rebus* festmachen (durch die die möglicherweise zunächst von Gaius als Einzelmeinung vertretene subjektive Sorgfaltspflicht als allgemeine Regel präsentiert wird); demgegenüber fehlt in den von KASER als unklassisch verdächtigten Quellen gerade der Bezug zur *diligentia quam in suis rebus*. Ähnlich auch TALAMANCA, Societas ED 42

Läßt sich bezüglich Celsus in Ulpian D 17.2.52.2 ein Einfluß der *culpa*-Haftung der Miteigentümer auf das Haftungsregime bei der *societas* vermuten, so könnte man umgekehrt auch fragen, ob nicht der Maßstab der *diligentia quam in suis rebus* seinerseits in Fällen, in denen *actio pro socio* und *actio communi dividundo* bei Schädigung gemeinsamer Sachen konkurrieren, vom Gesellschaftsrecht auf das Gemeinschaftsrecht „ausgestrahlt" hat. In diesem Zusammenhang ist wohl der - sicherlich nicht intakt überlieferte - Paulus-Text D 10.2.25.16[206] zu sehen, in dem im Zusammenhang mit Erbengemeinschaft und einer Gemeinschaft von Vermächtnisnehmern auch von *diligentia quam in suis rebus* die Rede ist. Egal aber, ob man annimmt, daß der dortige Hinweis auf die *diligentia quam in suis rebus* nachklassischen Ursprungs ist[207], oder - was mE eher anzunehmen ist - infolge einer radikalen und sinnstörenden Textkürzung jedenfalls mißverständlich überliefert ist: In beiden Fällen ist das Durchschlagen der subjektiven Sorgfaltspflicht für Fälle einer *communio sine societate* (wie die im überlieferten Text behandelten) äußerst unwahrscheinlich.[208] Bei Fällen einer *communio cum societate* könnten zumindest einzelne Juristen dies aber bejaht haben, da das Argument, welches bei Gesellschaftern zur Begründung angeführt wird (*de se queri debet*) im Rahmen der *bona fides* auch bei der schuldrechtlichen Auseinandersetzung im Teilungsverfahren beachtlich wäre.

(1990) 855 bei Fn 449 („l'opinione, per chiamarla così, ufficiale dei compilatori, recepita nelle Istituzioni imperiali, era che, oltre che per dolo, il socio rispondesse per colpa, identificata però con la cosidetta culpa in concreto").

206 Paulus D 10.2.25.16: *Non tantum dolum, sed et culpam in re hereditaria praestare debet coheres, quoniam cum coherede non contrahimus, sed incidimus in eum: non tamen diligentiam praestare debet, qualem diligens pater familias, quoniam hic propter suam partem causam habuit gerendi et ideo negotiorum gestorum ei actio non competit: talem igitur diligentiam praestare debet, qualem in suis rebus. eadem sunt, si duobus res legata sit: nam et hos coniunxit ad societatem non consensus, sed res.*

207 Für Interpolation etwa LUDWIG MITTEIS, Römisches Privatrecht bis auf die Zeit Diokletians (1908) 332 Fn 54; für nachklassichen Ursprung etwa HAUSMANINGER, FS Kaser (1976) 277.

208 Es sei denn, man sieht in der Begründung, die zur Verneinung der objektiven *culpa*-Haftung aus einer *actio negotiorum gestorum* angegeben wird (*quoniam hic propter suam partem causam habuit gerendi et ideo negotiorum gestorum ei actio non competit)* jenen Gesichtspunkt, der Paulus veranlaßt haben könnte, für jegliche *communio* den aus dem *societas*-Recht herrührenden Maßstab der *diligentia quam in suis* einzuführen.
Daß Paulus ein solches Ergebnis aus einem weiten *societas*-Begriff, der sämtliche Fälle einer *communio* mitumfaßt, gewonnen haben könnte, erscheint aber im Hinblick darauf, daß er (etwa in der von DROSDOWSKI, Actio pro socio und actio communi dividundo 23 ff, behandelten Stelle D 17.2.65.13) sehr wohl zwischen *communio* und *societas* im technischen Sinn unterscheidet, nicht anzunehmen zu sein.

8. Aufwendungsersatzansprüche als Gegenstand von Teilungs- und Gesellschafterklage

Bei den Aufwendungsersatzansprüchen der Miteigentümer/Mitgesellschafter werden zunächst Texte behandelt, die mit Aufwendungen zur Reparatur eines gemeinschaftlichen, einsturzgefährdeten Hauses zu tun haben. In einer eingehenden Analyse von Gaius D 39.2.32 kommt DROSDOWSKI zum Ergebnis, daß in diesem Fall ein Schulenstreit bestanden habe, ob solche Verwendungen nur zum Ersatz im Rahmen der *actio pro socio* und *actio communi dividundo* berechtigen (wofür sich Gaius und die von ihm mit *nostri praeceptores* angesprochene Sabinianische Schule aussprechen), oder ob hier auch die Möglichkeit besteht, daß der eine Miteigentümer vom anderen eine *cautio damni infecti* verlangen konnte (was nach Gaius *plerisque placet*). Die beiden Auffassungen sind laut DROSDOWSKI mit einer unterschiedlichen Handhabung des Kriteriums der Subsidiarität der *cautio damni infecti* zu erklären: Für die Sabinianer erscheint die Möglichkeit des Aufwandersatzes über Teilungs- bzw Gesellschafterklage als ausreichend, um den spezifisch nachbarrechtlichen Behelf auszuschließen. Daß die Prokulianer dennoch den nachbarrechtlichen Behelf zulassen, liege daran, daß Gesellschafter- und Teilungsklage jeweils eine Beendigung der Gemeinschaft implizierten[209], sodaß sich diesbezüglich zwischen ihnen und der *cautio damni infecti* ein wesentlicher Unterschied bestehe, wodurch sich Raum für die Gewährung der *cautio damni infecti* ergeben habe.[210]

Die von Ulpian D 17.2.52.10 referierte *oratio divi Marci* (derzufolge anteiliger Aufwendungsersatz zuzüglich Zinsen binnen 4 Monaten bzw danach die Abtretung des Eigentumsanteils verlangt werden konnte), habe dem Miteigentümer, der das schadhafte Gebäude wiederhergestellt hat, gegen die passiven Miteigentümer darüberhinaus zusätzliche Ansprüche zuerkannt, ohne aber die Möglichkeit, Aufwendungsersatz über *actio pro socio* und *actio communi dividundo* zu begehren, zu beseitigen.[211] Aus diesem Grund habe

---

[209] Gerade umgekehrt schließt RAINER, Der paries communis im klassischen römischen Recht, ZRG-RA 105 (1988) 509 ff, aus D 39.2.32, die Sabinianer hätten in diesem Fall schon in klassischer Zeit eine *actio communi dividundo manente communione* (sowie eventuell auch eine *actio pro socio manente societate*) bejaht. Vgl auch TAFARO, Il giurista mediatore tra istanze sostanziali e schema processuale: l' „actio ex cautione damni infecti", Index 5 (1974/75) 90 Fn 41.

[210] DROSDOWSKI, Actio pro socio und actio communi dividundo (1998) 97.

[211] DROSDOWSKI, Actio pro socio und actio communi dividundo (1998) 98 ff.

auch Papinian eine Gesellschafterklage auf das Interesse bejaht (*potest tamen pro socio agere ad hoc, ut consequatur quod sua intererat*).[212]

Werden zur Reparatur eines *communis rivus* Aufwendungen getätigt, so bejaht Cassius laut Ulpian D 17.2.52.12 Ersatz über die *actio pro socio*. Unter *communis rivus* sei hier ein Kanal auf einem fremden Grundstück zu verstehen, der mehreren zur Ausübung einer *servitus aquaeductus* diene, und nicht - wie häufig angenommen - als Kanal auf einem gemeinschaftlichen Grundstück, weshalb auch nur von der Gesellschafterklage, und nicht von der Teilungsklage die Rede ist.[213]

Einer originellen, aber nicht überzeugenden Deutung unterzieht DROSDOWSKI Paulus D 10.3.19.2: *Si per eundem locum via nobis debeatur et in eam impensa facta sit, durius ait Pomponius communi dividundo vel pro socio agi posse: quae enim communio iuris separatim intellegi potest? sed negotiorum gestorum agendum.*

Paulus kritisiert hier die Meinung des Pomponius, demzufolge Aufwendungen, die einer von zwei an einem Grundstück Wegeberechtigten getätigt hat über eine Teilungsklage oder eine Gesellschafterklage eingefordert werden können, als *durius*.[214] Seine Ablehnung begründet er mit der Schwierigkeit, sich eine *communio iuris* hinsichtlich zweier getrennter Servituten, die sich auf dasselbe Grundstück beziehen, vorzustellen. In seiner eigenen Lösung bejaht Paulus einen Ersatz über die *actio negotiorum gestorum*.

Nach DROSDOWSKI soll der wahre Grund der Entscheidung des Paulus nicht in der Ablehnung einer *communio iuris*[215] zu suchen sein (durch die der

---

212 Papinian hat den Fall vor Augen, daß die Viermonatsfrist verstrichen ist, was sich daraus ergibt, daß er zur Begründung seiner Entscheidung das schützenswerte Interesse an der Erlangung der Aufwendungen anstelle des (Allein-)Eigentums an der *insula* anführt (*finge enim malle eum magis suum consequi quam dominium insulae*). Ob man auch vor Ablauf der Viermonatsfrist mit der *actio pro socio* klagen konnte, wie DROSDOWSKI zu beweisen sucht (aaO 100), erscheint angesichts des mit Zinsen und *privilegium exigendi* ausgestatteten Anspruchs aus der *oratio*, keine sehr praktische Frage.

213 DROSDOWSKI, Actio pro socio und actio communi dividundo 103 ff. In vielen anderen Fällen führt DROSDOWSKI die Nichterwähnung einer (von ihm erwarteten) *actio communi dividundo* auf die „Breviloquenz" oder „brachylogische Formulierungen" der römischen Juristen zurück.

214 Rein sprachlich ist freilich nicht auszuschließen, daß schon Pomponius die Lösung als *durius* kritisiert hat und die folgende Argumentation von ihm stammt.

215 Daß die Argumentation hinsichtlich der nicht gegebenen *communio iuris* nur ein vorgeschobener Grund sei, ergibt sich angeblich daraus, daß der Mangel einer *communio iuris* lediglich die Teilungsklage, nicht aber die Gesellschafterklage ausschließe (aaO 110). Dagegen ist zu sagen, daß der von Paulus bei der Beurteilung des konkreten Falles von zwei getrennt erworbenen und ausübbaren Servituten empfundene Mangel der Gemeinschaftlichkeit genauso Schwierigkeiten hinsichtlich der Annahme einer *societas* bereitet (worin besteht der gemeinschaftliche Zweck?).

Ausschluß der *actio pro socio* nicht erklärlich sei), sondern in der Absicht, eine Klagemöglichkeit für den Aufwendungsersatz bereitzustellen, der nicht zur Beendigung der Gemeinschaft führen muß: „Offenbar hat das Wegerecht den Gesellschaftern dazu gedient, ein Unternehmen zu betreiben, dessen Fortbestand Paulus trotz des Konflikts um die Erstattung der aufgewendeten Kosten gewährleisten wollte."[216] Daß das Wegerecht dazu dient, ein gemeinsames Unternehmen zu betreiben, ist aber nicht nur keineswegs „offenbar", sondern vom Text in keiner Weise gedeckt. Die Problematik des Falles liegt vielmehr gerade darin, ob in der Tatsache, daß zwei Personen am selben Grundstück separat Servituten haben, genug „gemeinschaftliche Substanz"[217] zu erblicken ist, um eine *communio iuris* und damit eine (analoge) Teilungsklage oder die Annahme einer diesbezüglichen *societas* zu rechtfertigen. Warum hingegen bei einer (von DROSDOWSKI als unzweifelhaft vereinbart angenommenen) *societas* zum Betrieb eines Unternehmens Paulus die dogmatisch höchst anfechtbare Entscheidung getroffen haben soll, *societas*-konnexe Aufwendungen im Zusammenhang mit einer *servitus viae* unter den Gesellschaftern mit der Klage wegen Geschäftsführung ohne Auftrag auszugleichen, ist nicht einsichtig.

Anders als Paulus zeigt Julian D 43.20.4 keine Hemmungen, bei Bestehen mehrerer (getrennt erworbener) Servituten bei Streitigkeiten über die Ausübung der Dienstbarkeiten unter den Berechtigten eine *actio communi dividundo utilis* zu gewähren:

> *Lucio Titio ex fonte meo ut aquam duceret, cessi: quaesitum est, an et Maevio cedere possim, ut per eundem aquae ductum aquam ducat: et si putaveris posse cedi per eundem aquae ductum duobus, quemadmodum uti debeant. respondit: sicut iter actus via pluribus cedi vel simul vel separatim potest, ita aquae ducendae ius recte cedetur. sed inter eos, quibus aqua cessa est, non convenit, quemadmodum utantur, non erit iniquum utile iudicium reddi, sicut inter eos, ad quos usus fructus pertinet, utile communi dividundo iudicium reddi plerisque placuit.*

An diesem Text erscheint vor allem der „tiefgreifende Funktionswandel"[218] der (analogen) Teilungsklage bemerkenswert. Julian geht es ja nicht um die Teilung des gemeinschaftlichen Rechts, sondern um die Regelung der

---

216 DROSDOWSKI, Actio pro socio und actio communi dividundo (1998) 110; ähnlich schon J. A. C. THOMAS, Concurrence of Actions with actio pro socio, The Irish Jurist 7 (1972) 159.

217 So sieht etwa auch SEILER, Der Tatbestand der negotiorum gestio im römischen Recht (1968) 299, das Problem des Falles im Mangel „an einem aufteilungsfähigen gemeinschaftlichen Gegenstand".

218 DROSDOWSKI, Actio pro socio und actio communi dividundo (1998) 108.

Ausübung des Rechts (*quemadmodum uti debeant*). Dennoch gewährt er aus Gerechtigkeitserwägungen heraus ein *utile iudicium*, welches wohl mit der im letzten Satz beim Vergleichsfall mehrerer Nießbrauchsberechtigter herangezogenen analogen Teilungsklage zu identifizieren ist. Die richterliche Festlegung der Ausübung der Rechte läßt sich mit der (von DROSDOWSKI beharrlich vertretenen) notwendigen Liquidationswirkung der Teilungsklage nicht in Einklang bringen. Daß Julians Entscheidung sich nicht völlig durchgesetzt haben dürfte, ergibt sich aus der oben diskutierten Stelle D 10.3.19.2. Der Grund dafür scheint aber nicht darin zu liegen, daß spätere Juristen den Funktionswandel der Teilungsklage für unakzeptabel gehalten hätten, sondern in der Fraglichkeit einer *communio iuris* bei separat erworbenen Dienstbarkeiten. Festhalten wollen wir, daß der Julian-Text (sofern er echt ist) ein Argument gegen die Annahme einer starren Front der Klassiker in der Frage der notwendigen Beendigungswirkung einer Teilungsklage darstellt.

Einen schönen Beleg für die Konkurrenz von *actio pro socio* und *actio communi dividundo* bietet Gaius D 45.3.28.1: Wenn ein *servus communis* aufgrund einer Sache eines Miteigentümer aus einer Stipulation etwas erhält, so erwerben die Miteigentümer nach den allgemeinen Regeln quotenmäßig daran Eigentum; zugunsten des Miteigentümers, dessen Sache verwendet wurde, findet aber ein Ausgleich über Teilungs- oder Gesellschafterklage statt.[219]

Die Funktion von *actio pro socio* und *actio communi dividundo* als konkurrierende Regreßklagen bei Gesamtschuldverhältnissen[220] behandelt DROSDOWSKI als eigene Untergruppe der Verwendungsersatzansprüche.[221] Betreiben mehrere *socii* eine *taberna* unter Einsatz eines gemeinschaftlichen Warenbestandes (*merx communis*) und setzen sie einen *servus communis* (an dem sie unterschiedliche Anteile haben) als *institor* ein, so bejaht Julian laut Ulpian D 14.3.13.2 eine solidarische Haftung jedes Gesellschafters für Geschäftsschulden des Sklaven *exemplo exercitorum et de peculio actionis*. Im Innenverhältnis soll dabei ein Rückgriff über *actio pro socio* oder *actio communi dividundo* stattfinden (*et quidquid is praestiterit qui conventus est, societatis iudicio vel communi dividundo consequetur*). Der Frage, in welcher Weise die von Julian im Hinblick auf das Außenverhältnis diskutierten unterschiedlichen Berechnungskriterien (je nach Anteil am *servus communis*,

---

219 DROSDOWSKI, Actio pro socio und actio communi dividundo (1998) 111 ff.

220 Die Funktion der *actio communi dividundo* als Regreßklage setzt aber nicht unbedingt ein Gesamtschuldverhältnis voraus, wie sich etwa aus der (von DROSDOWSKI nicht behandelten) Diokletianischen Konstitution C 4.2.12 ergibt.

221 DROSDOWSKI, Actio pro socio und actio communi dividundo (1998) 115 ff.

oder an der *merx communis*, oder nach gleichen Teilen?) für den Regreß im Innenverhältnis relevant sind, geht DROSDOWSKI leider nicht nach. Daß solidarische Haftung nach außen und Regreßmöglichkeit über Gesellschafter- oder Teilungsklage bei Einsetzung eines *institor* nicht auf die *praepositio* eines *servus communis* beschränkt ist, sondern daß dazu bereits eine *merx communis* ausreicht, läßt sich aus Paulus D 14.3.14 erschließen.[222]

Fungieren mehrere Gesellschafter als Reeder (*exercitores*), so haften sie für Geschäftsschulden ihres Kapitäns (*magister navis*) mit der *actio exercitoria* solidarisch (Ulpian D 14.1.1.25, Gaius D 14.1.2, Paulus D 14.1.3). Als Regreßklage erwähnt Paulus D 14.1.3 lediglich die *actio pro socio*, bei Miteigentum am Schiff (*navis communis*) soll aber laut DROSDOWSKI[223] – ähnlich wie bei der Anknüpfung an die *merx communis* in Paulus D 14.3.14 – auch ein Regreß über die Teilungsklage möglich gewesen sein.

Eine solidarische Außenhaftung, die allerdings *dumtaxat de peculio* begrenzt ist, besteht auch, wenn einem gemeinschaftlichen Sklaven ein gemeinschaftliches Sondervermögen (*peculium commune*) eingeräumt wurde, was von Gaius D 15.1.27.8 mit der internen Ausgleichsmöglichkeit über Gesellschafter- und Teilungsklage gerechtfertigt wird: *nec res damnosa futura est ei, qui condemnatur, cum possit rursus ipse iudicio societatis vel communi dividundo quod amplius sua portione solverit a socio sociisve suis consequi.* Während für das Außenverhältnis nur der Wert des *peculium* maßgeblich ist, spielt für den internen Ausgleich laut Julian (D 15.1.27.8) die Frage, bei welchem der Gesellschafter sich Teile des Sondervermögens befinden, sehr wohl eine Rolle. Hingegen ist bei separat erteilten und rechtlich getrennt gehaltenen Sondervermögen (*peculia separata*) für das Ausmaß der Haftung der Miteigentümer des *servus communis* gegenüber Dritten gemäß Ulpian D 15.1.15 nur das *peculium* des jeweiligen Beklagten maßgeblich. Ein zufälliger Untergang der zum *peculium* gehörigen Sachen, welcher nach der Verurteilung eines Miteigentümers aus der *actio de peculio* erfolgt, spielt für den internen Ausgleich jedenfalls keine Rolle (Julian D 10.3.25; African D 10.3.9[224]). Daß auch bei solidarischer Haftung der Miteigentümer im Zusammenhang mit Delikten des *servus communis* grundsätzlich ein Regreß unter Miteigentümern über Teilungsklage und Gesellschafterklage konkurrierend möglich ist, zeigen D 9.4.10 und D 9.4.6.1.

---

222 DROSDOWSKI, Actio pro socio und actio communi dividundo (1998) 121.

223 DROSDOWSKI, Actio pro socio und actio communi dividundo (1998) 125.

224 Daß African D 10.3.9 die Wendung *utile erit iudicium communi dividundo* gebraucht, bedeutet nicht, daß er eine analoge Teilungsklage gewährt; *utile* ist hier im Sinne von „nützlich, statthaft“ gebraucht (DROSDOWSKI 130).

Schließlich widmet sich DROSDOWSKI dem Regreß bei solidarischer Haftung mehrerer Bewohner aufgrund der *actio de deiectis vel effusis*. Gemäß Paulus D 9.3.4 kann der Bewohner, der vom Geschädigten in Anspruch genommen wurde, einen Teil des Schadens über eine Klage aus dem Gesellschaftsvertrag oder eine *actio utilis* verlangen. Überzeugend legt DROSDOWSKI dar, daß die Bewohner des *cenaculum*, für die im konkreten Fall die solidarische quasideliktische Haftung und die Frage des internen Ausgleichs diskutiert wird, nicht Miteigentümer des Hauses sind, sodaß deshalb ein Regreß über die *actio communi dividundo* nicht in Betracht kommt. Nicht ganz konsequent erscheint es aber, wenn er mit der neueren Literatur D 9.3.4 als klassisch ansieht und dennoch in seiner Gesamtschilderung der Entwicklung des Regreßrechts die „generelle Verbindung der Gesamtschuld mit einem Regreßverhältnis der Gesamtschuldner untereinander" unter Berufung auf KASER als justinianisch qualifiziert. In der von ihm bezogenen Stelle bei KASER geht dieser noch von einer Fragwürdigkeit der Klassizität von D 9.3.4 aus.[225] Sofern man ebendiese Stelle aber für klassisch hält, bietet sie einen Beleg für die (freilich vereinzelte) Gewährung einer eigenen Regreßklage für den Fall einer Solidarschuld, in dem mangels *societas* und *communio* ansonsten eine Rechtsschutzlücke bestünde. Daß – über die ehedem als interpoliert und neuerdings wieder als klassisch angesehenen Belege – im justinianischen Recht eine Verallgemeinerung in Richtung Gewährung eigener Regreßklagen bei Solidarschuld stattgefunden haben soll, ist quellenmäßig hingegen nicht nachzuvollziehen.[226]

9. Ausgleich von Nutzungen als Gegenstand von Teilungs- und Gesellschafterklage

Als dritte Kategorie von *praestationes personales*, die den Gegenstand sowohl einer *actio pro socio* als auch einer *actio communi dividundo* bilden können, sind Nutzungen zu nennen, die aus der gemeinsamen Sache gezogen werden. Wird durch einen *servus communis* gemeinsam etwas aus einer Stipulation erlangt, wobei für den Erwerb eine im Alleineigentum eines der Gesellschafter stehende Sache verwendet wurde, so fällt der Erwerb ins Miteigentum aller. Gaius D 45.3.28.1 bejaht in diesem Fall aber einen internen Ausgleich über Gesellschafter- oder Teilungsklage. Umgekehrtes gilt, wenn der *servus*

---

225 Vgl KASER, Das römische Privatrecht Bd II (2. Aufl. 1975) 457. Für Interpolation etwa der von KASER zitierte Beitrag von WESENER, Die Durchsetzung von Regreßansprüchen im römischen Recht, Labeo 11 (1965) 353.

226 Im justinianischen Recht wird zur Lösung des Regreßproblems vorwiegend auf eine *cessio necessaria* der Klagen des Gläubigers an den einzelnen Solidarschuldner gegriffen; erinnert sei nur an das durch Nov. 4 gewährte sogenannte *beneficium cedendarum actionum*.

communis durch Erbringung von Dienstleistungen nur für einen einzelnen der Miteigentümer etwas erwirbt; hier ist der Erwerb des einzelnen intern zu vergemeinschaften.

Kein Ausgleich unter den Miteigentümern findet freilich in dem Fall statt, in dem ein Miteigentümer einem *servus communis* etwas vermacht, ohne diesem die Freiheit zu schenken. Ein solches Legat erwirbt der Miteigentümer des Verstorbenen allein, ohne daß dem Erben (als Rechtsnachfolger im Miteigentumsanteil des Erblassers) ein Anteil zusteht (Ulpian D 17.2.63.9; Julian D 33.5.11). DROSDOWSKI argumentiert überzeugend, daß hier nicht nur ein Ausgleich über die Gesellschafterklage ausscheidet (was sich aus D 17.2.63.9 ergibt), sondern auch eine Vergemeinschaftung dieses Legats im Rahmen der *actio communi dividundo*.[227]

10. Sonderfälle

Ein Sonderfall einer Klagenkonkurrenz von *actio pro socio* und *actio communi dividundo*, der sich nicht in die bislang behandelten Kategorien Schadenersatz, Aufwendungsersatz oder Nutzenausgleich einordnen läßt, betrifft die Konstellation, daß ein Miteigentümer mit einem *servus communis*, dem ein *peculium* eingeräumt worden war, kontrahiert und aus diesem Geschäft gegen die Miteigentümer vorgehen will. Paulus D 15.1.20 zufolge gibt es keine *actio de peculio* unter Miteigentümern; Ulpian D 15.1.19.2 *in fine* ist zu entnehmen, daß hier die Gesellschafterklage oder Teilungsklage als Klagen ausreichend seien. Schade ist, daß DROSDOWSKI[228] hier keinen Bezug zu den an anderer Stelle[229] diskutierten Problemen der solidarischen Außenhaftung mittels *actio de peculio* und insbes Julian-Gaius D 15.1.27.8 herstellt. Dort bejaht Julian nämlich für den Fall der solidarischen Außenhaftung (aufgrund einer *actio de peculio* eines Dritten) im Rahmen des anschließenden internen Ausgleichs über Gesellschafter- oder Teilungsklage eine Beschränkung auf den beim beklagten *socius* vorhandenen Teil des – im ersten Prozeß mit dem Dritten für das Ausmaß der Verurteilung maßgeblichen – *peculium*. Es wäre zu überlegen, ob diese materielle Übernahme der Haftungsgrundsätze der *actio de peculio* im Rahmen der *actio pro socio* bzw *actio communi dividundo* auch dann zur Anwendung kommt, wenn ein *socius* Ansprüche aus einem von ihm selbst mit dem Pekuliarsklaven geschlossenen Geschäft geltend machen möchte.

---

[227] DROSDOWSKI, Actio pro socio und actio communi dividundo (1998) 146 ff.

[228] DROSDOWSKI, Actio pro socio und actio communi dividundo (1998) 148 f.

[229] DROSDOWSKI, Actio pro socio und actio communi dividundo (1998) 126 ff.

Sodann widmet sich DROSDOWSKI zwei Fallgestaltungen aus dem Nachbarrecht, welche Ulpian D 17.2.52.13 behandelt: In der ersten Variante geht es darum, daß zwei Eigentümer benachbarter Grundstücke vereinbaren, je einen halben Fuß Land beizusteuern, um eine gemeinsame Stützmauer zu erbauen und zu unterhalten. Nach Errichtung des *paries communis* weigert sich der eine, den anderen auf der gemeinsamen Mauer etwas abstützen zu lassen. Mela bejaht hier nach dem Bericht des Ulpian eine *actio pro socio*. DROSDOWSKI meint im Hinblick auf Ulpian D 10.3.12, daß in einem solchen Fall auch die Teilungsklage und das *interdictum uti possidetis* als Rechtsbehelfe zur Verfügung gestanden wären. BERGER vertrat hiezu (meines Erachtens sehr plausibel), daß man sich hier die Teilungsklage nicht unbedingt als auf Aufhebung der Gemeinschaft, sondern auf richterliche Festsetzung einer Nutzungsregelung gerichtet vorzustellen habe.[230] Diese Auffassung impliziert freilich eine gewisse Entfernung von dem von DROSDOWSKI hochgehaltenen Dogma des reinen Liquidationscharakters der Teilungsklage. Folglich versucht er, diesem Problem zu entgehen, indem er den *iudex* „einem der Nachbarn das Alleineigentum an der Mauer zuweisen" läßt, was in diesem Fall (nur?) deshalb möglich sein soll, weil „auf Grund des Widerspruchs nicht an die gemeinschaftliche Mauer angebaut worden ist".[231] Daß aber die Lösung des Konflikts in diesem Fall darin bestehen soll, daß der Teilungsrichter unter Umständen demjenigen, der die *immissio* des anderen vereinbarungswidrig verhindert, das Alleineigentum zuspricht, erscheint wertungsmäßig nicht überzeugend. Auch daß für den Fall der *adiudicatio* an den durch den Widerspruch behinderten Nachbarn, es weniger problematisch sein soll, wenn bis dahin nur der andere eine *immissio* hinsichtlich des *paries communis* getätigt hat, als wenn beide die Gebäude abgestützt hätten, ist nicht erfindlich.

Die in D 17.2.52.13 erörterte zweite Variante betrifft die Vereinbarung zweier Nachbarn, ein angrenzendes Grundstück gemeinsam zu erwerben, um den ungestörten Lichteinfall zu sichern. Wurde einem der beiden das Grundstück übergeben und weigert er sich in der Folge, der Vereinbarung zu entsprechen, wird eine *actio pro socio* bejaht. Die Nichterwähnung der Teilungsklage in diesem Zusammenhang ist nach DROSDOWSKI darauf zurückzuführen, daß nur derjenige, dem das Grundstück übergeben worden war, Eigentümer desselben geworden ist.

---

230 BERGER, Zur Entwicklungsgeschichte der Teilungsklagen im klassischen römischen Recht (1912) 238 f. Auch RAINER, ZRG-RA 105 (1988) 502, meint, daß die *actio communi dividundo* hier auf Beseitigung des Widerspruchs unter Aufrechterhaltung der Miteigentumsgemeinschaft gerichtet war.

231 DROSDOWSKI, Actio pro socio und actio communi dividundo (1998) 151.

Den Schluß dieses Abschnitts bildet eine eingehende Exegese des berühmten *quadriga*-Falles Celsus-Ulpian D 17.2.58 pr:

> *Si id quod quis in societatem contulit extinctum sit, videndum, an pro socio agere possit. tractatum ita est apud Celsum libro septimo digestorum ad epistulam Cornelii Felicis: cum tres equos haberes et ego unum, societatem coimus, ut accepto equo meo quadrigam venderes et ex pretio quartam mihi redderes. si igitur ante venditionem equus meus mortuus sit, non putare se Celsus ait societatem manere nec ex pretio equorum tuorum partem deberi: non enim habendae quadrigae sed vendendae coitam societatem. ceterum si id actum dicatur, ut quadriga fieret eaque communicaretur tuque in ea tres partes haberes, ego quartam, non dubie adhuc socii sumus.*

DROSDOWSKI geht es darum zu zeigen, daß hier in keiner der Varianten Miteigentum an den Pferden begründet worden ist. Richtig an seinen Ausführungen ist, daß die Bildung von Miteigentum für die Lösung der Frage der Gefahrtragung nicht wesentlich ist: Auch wenn kein Miteigentum an den Pferden gebildet worden sein sollte, der Gesellschaftszweck aber auf das gemeinsame Betreiben der *quadriga* gerichtet war, erscheint eine gemeinsame Gefahrtragung im Rahmen der *societas* sachgerecht.[232] Das allein schließt aber nicht aus, daß in einer der von Celsus diskutierten Varianten sehr wohl Miteigentum gebildet wurde (und zwar in der mit *ceterum si id actum dicatur* eingeleiteten Variante[233]). DROSDOWSKI meint, daß für den Fall des Miteigentums für einen Ausgleich über die *actio pro socio* gar kein Raum bliebe: Sollte das eine (gemeinschaftliche) Pferd gestorben sein, so stünden eben die drei anderen Pferde (im Verhältnis ¼ zu ¾) im Miteigentum; ein von einem der beiden *socii* dem anderen zu leistender Ausgleich bestehe dabei nicht. Die Aufteilung der drei überlebenden Pferde hätte vielmehr mit der Teilungsklage zu erfolgen, eine Gesellschafterklage sei in diesem Fall

---

232 Eine solche Lösung entspricht dem Fall der Einbringung *quoad sortem* (als Gegensatz zu einer Einbringung *quoad dominium*), bei der schuldrechtlich eine Beitragsleistung als gemeinsame (im Hinblick auf Gefahr, Lasten und Nutzen etc) betrachtet wird, obwohl sie sachenrechtlich einem der Gesellschafter alleine zugeordnet bleibt.

233 Nach der hier vertretenen Deutung diskutiert Celsus nicht nur die beiden unterschiedlichen Gesellschaftszwecke *quadrigam vendere* und *quadrigam habere*, sondern bei der Vereinbarung *quadrigam habere* neben dem Fall, bei dem so wie unter der Variante des *quadrigam vendere* kein Miteigentum (wohl aber ein weitergehender Gesellschaftszweck) vorliegt, auch jenen (nunmehr sachenrechtlich anders gelagerten) Fall, daß der konkreten Abrede zufolge Miteigentum an den Pferden im Verhältnis 1/4 zu 3/4 gebildet wurde (*ceterum si id actum dicatur, ut quadriga fieret eaque communicaretur tuque in ea tres partes haberes*).

„funktionslos".[234] Demgegenüber ist aber anzuführen, daß die von Celsus für den Fall des *quadrigam habere* ins Auge gefaßte Klagemöglichkeit aus der *actio pro socio* trotz Untergangs des einen Pferdes sich nicht auf den Fortbestand der Gesellschaft unter dem Gesichtspunkt des Weiterverfolgens des Gesellschaftszweckes beziehen muß (sodaß man sich etwa die Frage stellen müßte, ob ein anderes viertes Pferd gemeinsam anzuschaffen sei etc)[235], sondern auf die - von Celsus ja ausdrücklich angesprochene - Frage, ob denn der Tu aus dem Erlös der allenfalls verkauften überlebenden drei Pferde ein Viertel dem Ego zu leisten habe. Hat Tu aber an diesen Pferden (als verfügungsbefugter Miteigentümer) wirksam Eigentum an einen Dritten übertragen, so stellt sich nicht mehr die Frage einer *actio communi dividundo*, sondern nur mehr jene nach dem Ausgleich über das Gesellschafterverhältnis!

11. Klagenkonkurrenz und Teilkonsumption

Der Schlußabschnitt des Buches von DROSDOWSKI[236] setzt sich mit der prozessualen Konkurrenz von *actio pro socio* und *actio communi dividundo* auseinander. Im Mittelpunkt stehen dabei die - einander scheinbar widersprechenden - Aussagen von Proculus-Paulus D 17.2.38.1 (*altera actione alteram tolli Proculus ait*) und Ulpian D 17.2.43 (*si actum sit communi dividundo, non tollitur pro socio actio*). In diesem Zusammenhang setzt sich der Autor insbesondere kritisch mit LEVYS[237] Thesen zur Frage der Konkurrenz

---

234 DROSDOWSKI, Actio pro socio und actio communi dividundo (1998) 156.

235 So aber MAYER-MALY, Quadriga, Estudios d'Ors II (1987) 856, und DROSDOWSKI, Actio pro socio und actio communi dividundo (1998) 154. Auch die Aussage, Celsus habe sich primär der Frage des Fortbestands der Gesellschaft, Ulpian hingegen der Frage der Gefahrtragung gewidmet, sie hätten mithin das Problem „aus verschiedenen Blickwinkeln" betrachtet (DROSDOWSKI 154 Fn 414) erscheint mir nicht zutreffend: Nach dem Bericht des Ulpian beschäftigte Celsus nicht nur die Frage des Fortbestandes der Gesellschaft, sondern sehr wohl auch die Frage der Aufteilung des Erlöses der übrigen Pferde (*non putare se Celsus ait societatem manere ... nec ex pretio equorum tuorum partem deberi*). Ulpian wiederum stellt eingangs die Frage der Klagemöglichkeit trotz Untergangs des Gesellschafterbeitrags, was ebenfalls sowohl die Frage des Andauerns der Gesellschaft als Schuldverhältnis als auch die Gefahrtragungsfrage umfassen kann. Da Ulpian sich in der Folge auf das Referat des celsinischen Traktats beschränkt, ist meines Erachtens eine echte Divergenz der Gesichtspunkte schwerlich auszumachen.

236 DROSDOWSKI, Actio pro socio und actio communi dividundo (1998) 162 ff.

237 LEVY, Die Konkurrenz der Aktionen und Personen im klassischen römischen Recht Bd I (1918) 148 ff; Bd II (1922) 139 ff.

von *actio pro socio* und *actio communi dividundo* auseinander, wobei er sich teilweise auf die Arbeiten von LIEBS[238] stützen kann.

Geht man davon aus, daß sich *actio pro socio* und *actio communi dividundo* gegenständlich nicht völlig decken, sondern nur teilweise miteinander konkurrieren, ist nach DROSDOWSKI eine Aussage, daß die Geltendmachung der einen Klage die andere beseitige (D 17.2.38.1) nicht als generelle Aussage zu verstehen, sondern eben nur auf jenen Bereich zu beziehen, in dem die Streitgegenstände der beiden Klagen übereinstimmen.[239] DROSDOWSKI bejaht für diesen „überschneidenden Bereich" eine Teilkonsumption der Klagen: Wird ein solcher Anspruch in der *actio pro socio* erledigt, so ist er für eine nachfolgende *actio communi dividundo* konsumiert (dasselbe gelte *vice versa*, wenn zunächst eine Teilungsklage geltend gemacht wurde); für Ansprüche, die im Rahmen der ersten Klage nicht geltend gemacht werden können, tritt hingegen keine Konsumptionswirkung ein.[240] Die Konsumptionswirkung tritt bei einem *iudicium legitimum* im Sinne von Gaius Inst 4.104 *ipso iure* ein, bei sonstigen Verfahren (den *iudicia imperio continentia*) muß sie durch *exceptio rei iudicatae vel in iudicium deductae* geltend gemacht werden.[241] Während DROSDOWSKI bei einem *iudicium legitimum* die Konsumption materiellrechtlich versteht, sodaß „das der Klage zugrundeliegende, in der *intentio* umschriebene materielle Forderungsrecht"[242] nach der im ersten Prozeß erfolgten *litis contestatio* für den Folgeprozeß als erloschen anzusehen ist, sieht er bei einem *iudicium imperio continens* keine Möglichkeit für den *iudex*, ohne förmliche *exceptio* einen allfälligen Vorprozeß zu berücksichtigen.[243] Wenn die *exceptio rei iudicatae vel in iudicium deductae* erhoben wird, könne der *iudex* den Gegenstand des zweiten Prozesses um das verringern, was Gegenstand des ersten Prozesses war, „sodaß der Exzeptionstatbestand nicht begründet ist und der völlige Prozeßverlust vermieden wird".[244]

LEVY hingegen hatte die Vorstellung einer Teilkonsumption für das klassische Recht kategorisch abgelehnt, da eine solche in Widerspruch zum

---

238 LIEBS, Die Klagenkonsumption des römischen Rechts, ZRG-RA 86 (1969) 169 ff, bes 180 ff; DERSELBE, Die Klagenkonkurrenz im römischen Recht (1972) 171 ff, 208 f, 252 ff.

239 Einen solchen Fall hat denn auch D 17.2.38.1 vor Augen, wo es um Impensen hinsichtlich einer den Gesellschaftern gemeinschaftlichen Sache bzw um die Aufteilung von Nutzungen aus der gemeinschaftlichen Sache geht.

240 DROSDOWSKI, Actio pro socio und actio communi dividundo (1998) 165 f.

241 DROSDOWSKI, Actio pro socio und actio communi dividundo (1998) 169 ff.

242 DROSDOWSKI, Actio pro socio und actio communi dividundo (1998) 166.

243 DROSDOWSKI, Actio pro socio und actio communi dividundo (1998) 171.

244 DROSDOWSKI, Actio pro socio und actio communi dividundo (1998) 172.

aktionenrechtlichen Denken stünde. Vor die (aus seinen eigenen Prämissen erwachsene) Alternative gestellt, entweder *eadem res* für *actio pro socio* und *actio communi dividundo* anzunehmen und damit eine volle Konsumptionswirkung einer der beiden Klagen für die andere bejahen zu müssen, oder aber die Identität der Streitgegenstände zu verneinen (und damit auch die Konsumption prinzipiell zu leugnen), entscheidet sich LEVY für letzteres. Die praktische Insuffizienz dieser Lösung für den materiell konkurrierenden Bereich der beiden Klagen sucht er dadurch auszugleichen, daß er eine weitgehende richterliche Ermessensübung des *iudex* beim zweiten Verfahren im Rahmen des *officium iudicis* annimmt.

DROSDOWSKIS Lösung über die Teilkonsumption scheint gegenüber LEVYS Deutung die quellenkonformere, indem sie insbesondere die Aussage von Proculus in D 17.2.38.1[245] einleuchtend einzuordnen hilft. In D 17.2.38.1 geht es um Aufwendungen und Nutzungen hinsichtlich von *res communes* der Gesellschafter. Diese Ansprüche können sowohl im Teilungs- als auch im Gesellschafterverfahren geltend gemacht werden, konkurrieren also zur Gänze. Folglich ist die Entscheidung des Proculus für den konkreten Fall verständlich, da eine „Nachforderung", wie sie in D 17.2.43 von Ulpian bejaht wird, hier gar nicht in Frage kommt. Proculus und Ulpian müssen sich nach dieser Deutung nicht widersprechen, sie behandeln einfach zwei unterschiedliche Fälle: einen mit einer vollständigen Konkurrenz, und einen mit einer bloß teilweisen.

Der Gegensatz der Auffassungen LEVYS und DROSDOWSKIS erweist sich bei näherer Analyse aber als gar nicht so groß, möglicherweise besteht er sogar bloß in der unterschiedlichen begrifflichen Rekonstruktion ein und desselben Vorgangs: LEVY leugnet die Möglichkeit einer Teilkonsumption im klassischen Recht, nimmt aber eine „judiziale Konsumption" durch die Ermessensausübung des *iudex* an; mit dem Argument des aktionenrechtlichen Denkens verneint er also die Vorstellbarkeit einer Teilkonsumption, erwartet aber dann vom *iudex* ein Vorgehen, welches die Vorstellung einer (zumindest materiellen) Teilkonsumption gerade voraussetzt.

DROSDOWSKI wiederum geht von einer materiellen Teilkonsumption (*ipso iure* oder *ope exceptionis*) aus, verneint aber weitgehend die Ermessensfreiheit des *iudex* im Hinblick auf den Streitgegenstand.[246] Was im ersten Prozeß bereits hätte geltend gemacht werden können, sei im folgenden Verfahren aufgrund der Teilkonsumption ausgeschlossen. Bestehen und Umfang der Teilkonsumption festzustellen, obliegt aber dem *iudex;* dh auch

---

245 Dieser Teil von D 17.2.38.1 wird von LEVY, Klagenkonkurrenz II (1922) 139 f, als justinianisch angesehen.

246 DROSDOWSKI, Actio pro socio und actio communi dividundo (1998) 179.

nach DROSDOWSKIS Modell kommt die entscheidende Rolle zur Lösung der Konkurrenz- und Konsumptionsfrage dem *iudex* zu. Der dabei insbesondere im Rahmen eines *bonae fidei iudicium* dem *iudex* eingeräumte Ermessensspielraum wird von DROSDOWSKI in seinem Bestreben, sich von LEVYS Theorie der richterlichen Ermessensübung zu unterscheiden, ein wenig zu restriktiv gesehen. Wenn die Parteien zB zuerst lediglich eine Aufteilung des Miteigentums durch *adiudicatio* im Teilungsverfahren betreiben und die schuldrechtlichen Ausgleichsansprüche bewußt dem Gesellschafterverfahren vorbehalten, damit diese gemeinsam mit den übrigen gesellschaftsvertraglichen Ansprüchen abgehandelt werden, soll es nach DROSDOWSKI nicht mehr möglich sein, diese schuldrechtlichen Ansprüche (die im ersten Verfahren einvernehmlich nicht geltend gemacht wurden, wohl aber hätten geltend gemacht werden können) in der nachfolgenden *actio pro socio* zu berücksichtigen. Hier erscheint die Formulierung von Ulpian D 17.2.43 eine flexiblere Handhabung erwarten zu lassen. Dieser entscheidet für den Fall, daß zunächst mit *actio communi dividundo* vorgegangen wurde und sodann mit *actio pro socio: hoc minus ex ea actione consequitur, quam ex prima actione consecutus est.*[247] Mit anderen Worten: Was im Teilungsprozeß erledigt wurde, ist nicht mehr Gegenstand des Gesellschafterprozesses. Die Festlegung dessen, was als erledigt anzusehen ist, obliegt aber wiederum dem *iudex* des zweiten Verfahrens.

DROSDOWSKIS allgemeine Charakterisierung des Verhältnisses von *actio pro socio* und *actio communi dividundo* und seine Lösung des Problems ihrer Teilkonkurrenz über das Modell der Teilkonsumption erscheinen jedenfalls insgesamt sehr plausibel und belegen in eindrucksvoller Weise, daß das Zusammentreffen von *societas* und eines im Miteigentum der *socii* stehenden Gesellschaftsvermögens ein Phänomen darstellt, welches nicht nur in konkreten Gesellschaftsverhältnissen vorgekommen sein muß, sondern auch hinsichtlich der damit verbundenen spezifischen Rechtsfragen von der römischen Jurisprudenz wahrgenommen und diskutiert wurde.

---

247 Zurecht wendet sich DROSDOWSKI, Actio pro socio und actio communi dividundo (1998) 168, gegen die Interpolationsverdächtigungen dieses Textteils, denenzufolge in der Formulierung *consecutus est* ein Hinweis auf die justinianische Solutionskonkurrenz zu sehen sei, weshalb hier ein Widerspruch zur klassischen Konsumptionslehre vorliege, welche auf die *litis contestatio* abstellt. Zu seiner Argumentation ließe sich noch hinzufügen, daß Ulpian einen Fall vor Augen haben könnte, in dem die Konsumption kraft *exceptio rei iudicatae* geltend gemacht wurde; bei dieser sollen ja - wie DROSDOWSKI selbst an anderer Stelle (aaO 170) hervorhebt - auch die Klassiker auf das Urteil und nicht auf die Klageerhebung abgestellt haben; vgl KASER/HACKL, Das römische Zivilprozeßrecht (2. Aufl. 1997) 302, 379.

F. Resümee und Schlußfolgerungen

a) Den Ausgangspunkt für eine vertiefte Analyse der Gestaltungsmöglichkeiten hinsichtlich der Vermögensordnung bei der *societas* bildete die Vermögensvergemeinschaftung bei der *societas omnium bonorum*. D 17.2.1.1 zufolge werden bei einer Gesellschaft, die das gesamte Vermögen der *socii* umfaßt, alle Sachen der Gesellschafter (*omnes res quae coeuntium sunt*) bei Vertragsabschluß sofort Miteigentum der Gesellschafter (*continuo communicantur*). Wie in Auseinandersetzung mit der kontroversen neueren Literatur gezeigt werden konnte, ist die Wendung *continuo communicantur* in D 17.2.1.1 sehr wohl als sachenrechtliche Vergemeinschaftung aller körperlichen Sachen der *socii* mit Abschluß der *societas omnium bonorum* zu verstehen. Die Gegen-These von einer bloßen schuldrechtlichen Einbringung *quoad sortem* (im Sinne eines Gegensatzes zu einer *quoad dominium*) wie sie von CORNIOLEY und GUARINO vertreten wurde, erscheint insbes mit D 17.2.3 pr unvereinbar.

Zum Verständnis der rechtlichen Konstruktion dieser Vermögensvergemeinschaftung wurde sodann Gaius D 17.2.2 herangezogen. Entgegen vielfachen Verdächtigungen in der interpolationenkritischen Romanistik konnte palingenetisch der auch bei Gaius ursprünglich gegebene Bezug dieses Fragments zur *societas omnium bonorum* und seine wahrscheinliche Authentizität aufgezeigt werden. In inhaltlicher Hinsicht ergibt sich aus Gaius D 17.2.2, daß bei der *communicatio bonorum* im Sinne von D 17.2.1.1 der Erwerb des Miteigentums der Gesellschafter nicht im Hinblick auf speziell genannte Sachen, sondern *generaliter* erfolgt, also eine Ausnahme zum sachenrechtlichen Spezialitätsgrundsatz vorliegt.

Für die dogmatische Deutung des in der Literatur häufig als *transitus legalis*, bezeichneten Vermögensübergangs in D 17.2.1.1 wird von der romanistischen Literatur sowohl eine Art Besitzkonstitut, als auch die Annahme einer eigenen Rechtsregel (*transitus legalis* ieS) in Betracht gezogen. Die Einordnung als *traditio* bei Gaius spricht aber eher dafür, daß die römischen Juristen den *transitus legalis* als einen Fall des Eigentumserwerbs durch derivativen Besitzerwerb (wenngleich mit Besonderheiten) gesehen haben. Dabei mag der Erwerb des Mitbesitzes für den Erwerb der Miteigentumsanteile teilweise real (im Rahmen der regelmäßig in diesen Fällen vorkommenden umfassenden Lebensgemeinschaft der *socii*), teilweise aber durch eine Art Besitzkonstitut erfolgt sein. Der Hinweis auf eine stillschweigend angenommene Übergabe (*tacita traditio*) könnte dabei auf einen Entwicklungsvorgang deuten, in dem der Vertragspraxis eine besondere Rolle für die Anerkennung des *transitus legalis* (den man bei Ablehnung einer eigenen Rechtsregel für diese Vermögensvergemeinschaftung vielleicht eher als *transitus socialis* oä bezeichnen sollte) zugekommen ist.

Exegesen einer Reihe von anderen Fragmenten zur *societas omnium bonorum* ergaben weiters, daß die sachenrechtliche Vergemeinschaftung gem D 17.2.1.1 sich bloß auf das gegenwärtige Vermögen der *socii omnium bonorum* bezieht, bezüglich jeglichen zukünftigen sonstigen (nichtdeliktischen) Erwerbs dagegen - bei der *specialiter* als *societas omnium bonorum* geschlossenen Vereinbarung - eine schuldrechtliche Verpflichtung zur Vergemeinschaftung (D 17.2.3.1) besteht, welche nötigenfalls mittels *actio pro socio* durchsetzbar war.

b) Sowohl *transitus legalis* als auch die sachenrechtliche Vergemeinschaftung später erworbener Sachen belegen, daß zumindest bei der *societas omnium bonorum* eine Einbringung der Beiträge *quoad dominium* erfolgte und dabei *ex causa societatis* (und nicht bloß *in occasione societatis* wie zB beim gemeinsamen Kauf einer Sache) Miteigentum übertragen wurde. Besonders wesentlich erscheint, daß hinsichtlich der nach Begründung der *societas omnium bonorum* erworbenen Sachen zwar keine „automatische" sachenrechtliche Vergemeinschaftung festgestellt werden konnte, wohl aber gesellschaftsrechtlich begründete Vergemeinschaftungspflichten. Der dabei entwickelte Mechanismus einer aus dem Gesellschaftsvertrag resultierenden und mittels *iudicium societatis* allenfalls durchsetzbaren Beitragspflicht belegt, daß es bei der *societas* nicht nur die Einbringung von (Mit-)Eigentum (*quoad dominium*) gab, sondern daß diese auch im Rahmen der *actio pro socio* einklagbar war.

Aufgrund des - im Zweiten Hauptteil herausgearbeiteten - „fließenden Übergangs" der societas-Formen im klassischen römischen Recht ließen diese Ergebnisse hinsichtlich der Universalgesellschaften die Übertragbarkeit auf andere, gegenstandsmäßig eingeschränktere Gesellschaftsformen erwarten. Tatsächlich erwies sich, daß auch dort die Einbringung von Sachen *quoad dominium* im Rahmen von Gesellschaftsverhältnissen nachweisbar ist.

Zwar ist bei den Partikulargesellschaften Miteigentum der *socii* keineswegs ein notwendiges Element, es ist aber umgekehrt auch keineswegs ausgeschlossen: für eine Reihe von Fällen ist Miteigentum der *socii* und uU auch eine gesellschaftsrechtliche Verpflichtung zur Begründung von Miteigentum belegbar.

c) Konkrete Beispiele hiezu finden sich zunächst allgemein beim gemeinsamen Ein- und Verkauf von Sachen im Rahmen von Händlergesellschaften. Dabei zeigt sich, daß in der römischen Praxis solche Handelsgesellschaften zwar als reine Innengesellschaften organisiert sein konnten (vgl D 17.2.74), daß aber auch das gemeinsame Kaufen und Verkaufen von Waren, bei dem die *socii* nach außen hin als Personengemeinschaft auftraten, vorkam. Letzteres ist insbesondere bei den Sklavenhändlergesellschaften (*societates venaliciorum*) zu beobachten.

Auch bei den Finanzgesellschaften der *argentarii* weist vieles darauf hin, daß bei diesen nicht nur die *socii* nach außen hin Solidarschuldverhältnisse begründeten, sondern daß das Gesellschaftsverhältnis auf der sachenrechtlichen Ebene zur Bildung eines im Miteigentum stehenden Gesellschaftsvermögens führte, welches als *pecunia communis* bzw als *arca communis* vom sonstigen Privatvermögen der *socii* unterschieden war.

Aber auch bei *societates alicuius rei* konnten Fälle einer Miteigentumsbildung beobachtet werden: wenn etwa Gesellschafter zunächst im Alleineigentum stehende Pferde vergemeinschaften, um die daraus gebildete *quadriga* gemeinsam zu bewirtschaften; oder wenn ein Gesellschafter einen ursprünglich in seinem Alleineigentum stehenden Sklaven einem *socius* ins Miteigentum überträgt, der diesen ausbilden soll, wobei der aus der Ausbildung des Sklaven erwartete Profit geteilt werden soll; oder wenn Miteigentum an Grenzstreifen, einer gemeinschaftlichen Grenzmauer (*paries communis*) gebildet wird.

Die Bildung von Miteigentum im Rahmen der *societas* erscheint somit als eine von der konkreten Vereinbarung der Parteien abhängige Möglichkeit des römischen Gesellschaftsvertragsrechts. Eine generelle Aussage dahingehend, daß die Bildung eines im Miteigentum stehenden Gesellschaftsvermögens bei der römischen *societas* „typisch" oder „atypisch" sei, läßt sich daher sinnvollerweise nicht treffen. Im Vordergrund steht auch hier für die römische Jurisprudenz die konkrete Vereinbarung der Parteien und der von ihnen verfolgte Gesellschaftszweck.

d) Daß ein im Miteigentum der *socii* stehendes Gesellschaftsvermögen nicht nur *realiter* vorgekommen ist, sondern spezifische Rechtsprobleme des Zusammentreffens von Miteigentum und *societas* von den römischen Juristen auch als solche wahrgenommen wurden, zeigt sich schließlich auch bei der Diskussion von Kündigungs- und Teilungsbeschränkungen einerseits sowie der Behandlung der prozessualen Konkurrenz von *actio pro socio* und *actio communi dividundo* andererseits.

Hinsichtlich von Teilungsbeschränkungen (*pacta ne intra certum tempus res communis dividatur*) setzt sich zwar in der Spätklassik die Auffassung durch, daß solche die sachenrechtliche Verfügungsmöglichkeit eines *socius* über seine Miteigentumsanteile nicht aufheben; immerhin wird aber seine Dispositionsmacht insofern eingeschränkt, als das von ihm eingegangene Versprechen, die Miteigentumsgemeinschaft für eine bestimmte Zeit nicht durch Erheben der Teilungsklage aufzuheben, auch seinen Individual-rechtsnachfolger bindet. Dinglich wirkende Veräußerungsverbote hinsichtlich eines im Miteigentum stehenden Gesellschaftsvermögens sind zumindest für die Frühklassik belegbar (Sabinus in Ulpian D 17.2.16.1), wurden aber wohl auch in der Spätklassik anerkannt, sofern die Parteien nicht nur die Teilung, sondern überhaupt die Veräußerung für eine bestimmte Zeit ausschlossen.

Das Verhältnis der Teilungsklage zur Gesellschafterklage läßt sich im Einklang mit der rezenten Monographie von DROSDOWSKI als ein solches der Teilkonkurrenz beschreiben: Schuldrechtliche Ansprüche aus der Abrechnung der Miteigentumsgemeinschaft (auf die *res communis* bezügliche Ansprüche auf Aufwendungsersatz, Schadenersatz etc) lassen sich in beiden Klagen geltend machen und bilden somit den überschneidenden Bereich der beiden Rechtsbehelfe; sonstige schuldrechtliche Ansprüche aus der *societas* sind dagegen bloß in der *actio pro socio* geltend zu machen, während die *adiudicatio* des Eigentums der *res communis* an einen der Miteigentümer der *actio communi dividundo* vorbehalten ist.

Literaturverzeichnis

ADLER Karl, Zur Entwicklungslehre und Dogmatik des Gesellschaftsrechts (Berlin 1895).

ALBANESE Bernardo, La successione ereditaria in diritto romano antico, Annali del Seminario Giuridico della Università di Palermo 20 (1949) 125.

ALBERTARIO Emilio, I nuovi frammenti di Gaio, in: Per il XIV Centesimo della codificazione giustinianea (1934) 515 = Studi di diritto romano Bd 5 (1937) 462.

ALBERTS Martin, Die Gesellschaft bürgerlichen Rechts im Umbruch (Frankfurt/Main 1994).

AMELOTTI Mario (mit MIGLIARDI ZINGALE Livia), Una società di trasporto nella Grande Oasi, Studi di storia antica in memoria di Luca De Regibus (Genua 1969) 167 = Scritti Giuridici (Turin 1996) 87.

ANDERBRÜGGE Klaus, Völkisches Rechtsdenken (1978).

ANDREAU Jean, La vie financière dans le monde romain. Les métiers de manieurs d'argent (IVe siècle av. J. C. – IIIe siècle ap. J. C.) = Bibliothèque des écoles francaises d'Athènes et de Rome, Fasc. 265 (Rom 1987).

ANDREAU Jean, Activité financière et les liens de parenté en Italie romaine, in: Jean Andreau/H. Bruhns (Hg), Parenté et stratégies familiales dans l'Antiquité romaine, Collection de l'École francaise de Rome 129 (Rom 1990) 501.

ANDREAU Jean, L'impresa finanziaria romana, Labeo 42 (1996) 267.

ANGERER Susanne, Die Gefahrtragung bei den sogenannten Innominatkontrakten, FS Wesener (Graz 1992) 7.

ANKUM Hans, Societas omnium bonorum and dos in Classical Roman Law, Israel Law Review 29 (1995) 105.

APATHY Peter, Animus novandi. Das Willensmoment beim römischen Schulderneuerungsvertrag = Linzer Hochschulschriften, Band 9 (Wien 1975).

ARANGIO-RUIZ Vincenzo, Responsabilità contrattuale in diritto romano (2. Aufl. Neapel 1933, Nachdruck 1958).

ARANGIO-RUIZ Vincenzo, Il nuovo Gaio. Discussioni e revisioni, BIDR 42 (1934) 571.

ARANGIO-RUIZ Vincenzo, Frammenti di Gaio, in: Pubblicazioni della Società Italiana per la ricerca dei Papiri greci e latini in Egitto (Hg), Papiri greci e latini XI (1935) 1.

ARANGIO-RUIZ Vincenzo, „Societas re contracta" e „communio incidens", Studi in onore di Salvatore Riccobono IV (Palermo 1936) 355.

ARANGIO-RUIZ Vincenzo, La società in diritto romano (Neapel 1950).

ARIAS BONET Juan Antonio, Societas Publicanorum, AHDE 10 (1948 - 49) 270.

ARICÒ ANSELMO Giuseppina, „Societas inseparabilis" o dell'indissolubilità dell'antico consorzio fraterno, Annali del seminario giuridico Palermo 46 (2000) 77

ARNÒ Carlo, Il contratto di società (Turin 1938).

AUBERT Jean-Jacques, Business Managers in Ancient Rome. A Social and Economic Study of Institores, 200 B.C. -A.D. 250 = Columbia Studies in the Classical Tradition 21 (Leiden 1994).

ASCHEUER Annette, Der Anteil des Gesamthänders am Gesamthandsvermögen = Schriften zur Rechtsgeschichte 53 (Berlin 1992).

BADIAN Ernst, Rezension zu Cimma, Ricerche sulla società di Publicani, Gnomon 56 (1984) 45.

BADIAN Ernst, Zöllner und Sünder. Unternehmer im Dienst der römischen Republik (Übersetzung und ergänzte Neuauflage von: Publicans and Sinners, Ithaca/London 1972) (Darmstadt 1997).

BANNON Cynthia J., The Brothers of Romulus. Fraternal Pietas in Roman Law, Literature, and Society (Princeton 1997).

BASEDOW Jürgen, Anforderungen an eine europäische Zivilrechtsdogmatik, in: Reinhard Zimmermann (Hg), Rechtsgeschichte und Privatrechtsdogmatik (Heidelberg 1998) 79.

BEAUCHET Ludovic, Histoire du droit privé de la République Athénienne, Bd IV: Le droit des obligations (1897).

BEHRENDS Okko, Die Rechtsformen des römischen Handwerks, in: Herbert Jankuhn/Walter Janssen/Ruth Schmidt-Wiegand/Heinrich Tiefenbach (Hg), Das Handwerk in vor- und frühgeschichtlicher Zeit = Abhandlungen der Akademie der Wissenschaften in Göttingen, Philologisch-Historische Klasse, Dritte Folge, Nr. 122 (Göttingen 1981) 141.

BEHRENDS Okko, Von der Freirechtsbewegung zum konkreten Ordnungs- und Gestaltungsdenken, in: Ralf Dreier/Wolfgang Sellert (Hg), Recht und Justiz im "Dritten Reich" (1989) 34.

BEHRENDS Okko, Otto Lenel - Positivismus als Haltung und Methode, in: Otto Lenel, Gesammelte Schriften , Bd I (Neapel 1990) XIII.

BEHRENDS Okko, Das Werk Otto Lenels und die Kontinuität der romanistischen Fragestellungen, Index 19 (1991) 169.

BEHRENDS Okko, Franz Wieacker, Zeitschrift für Rechtsgeschichte - Romanistische Abteilung (ZRG-RA) Bd 112 (1995) XIII.

BEHRENDS Okko, Franz Wieacker, in: Jahrbuch der Akademie der Wissenschaften in Göttingen 1995, 254.

BEKKER Ernst Immanuel, Zweckvermögen, insbesondere Peculium, Handelsvermögen und Aktiengesellschaften, Zeitschrift für das gesamte Handelsrecht 4 (1861) 499.

BEKKER Ernst Immanuel, Zur Lehre vom Rechtssubjekt: Genuss und Verfügung - Zwecksatzungen, Zweckvermögen und juristische Personen, Iherings Jahrbücher für die Dogmatik des bürgerlichen Rechts 12 (1873) 1.

BELOW Karl-Heinz, Der Arzt im römischen Recht (München 1953).

BENKE Nikolaus, Zum Eigentumserwerb des Unternehmers bei der „locatio conductio irregularis", ZRG-RA 104 (1987) 156.

BENKE Nikolaus, Zu Papinians actio ad exemplum institoriae actionis, ZRG-RA 105 (1988) 592.

BENKE Nikolaus, Rezension von Aubert, Business Managers in Ancient Rome, ZRG-RA 113 (1996) 506.

BERGER Adolf, Zur Entwicklungsgeschichte der Teilungsklagen im klassischen römischen Recht (Weimar 1912).

BERGER Adolf, Note critiche ed esegetiche in tema di plagio, BIDR 45 (1938) 267.

BERGER Adolf, Encyclopedic Dictionary of Roman Law = Transactions of the American Philosophical Society, New Series-Volume 43, Part 2 (Philadelphia 1953, Nachdruck 1991).

BESELER Gerhard, Beiträge zur Kritik der römischen Rechtsquellen, Heft 3 (Tübingen 1913).

BESELER Gerhard, Beiträge zur Kritik der römischen Rechtsquellen,Heft 5 (Tübingen 1931).

BESELER Gerhard, Beiträge zur Kritik der römischen Rechtsquellen, ZRG-RA 66 (1948) 265.

BESELER Gerhard, Fruges et Paleae, Scritti in onore di Contardo Ferrini III (1948) 256.

BETTI Emilio, Istituzioni di diritto romano II/1 (Padua 1960).

BIANCHINI Mariagrazia, Studi sulla societas (Mailand 1967).

BIANCHINI Mariagrazia, "Societas iuris gentium" e "societas iuris civilis tantum", Annali della Facoltà Giuridica di Genova 11 (1972) 92.

BIANCHINI Mariagrazia, Diritto commerciale nel diritto romano, in: Digesto delle discipline privatistiche (sez. comm.) IV (Turin 1989) Sp. 320.

BIERMANN Johannes, Traditio ficta. Ein Beitrag zum heutigen Civilrecht auf geschichtlicher Grundlage (Stuttgart 1891).

BISCARDI Arnaldo, La genesi della nozione di comproprietà, Labeo 1 (1955) 154.

BISCARDI Arnaldo, Diritto greco antico (Varese 1982).

BLAUROCK Uwe, Europäisches Privatrecht, JZ 1994, 270.

BLAUROCK Uwe, Europäisches und deutsches Gesellschaftsrecht - Bilanz und Perspektiven eines Anpassungsprozesses, ZEuP 1998, 460.

BOLLA-KOTEK Sibylle von, Untersuchungen zur Tiermiete und Viehpacht im Altertum (München 1940, 2. unveränderte Aufl. 1969).

BONA Ferdinando, Società universale e società questuaria generale in diritto romano, SDHI 33 (1967) 366.

BONA Ferdinando, Contributi alla storia della „societas universorum quae ex quaestu veniunt“ in diritto romano, Studi Grosso 1 (1968) 383.

BONA Ferdinando, Studi sulla società consensuale in diritto romano (Mailand 1973).

BONA Ferdinando, „Societates publicanorum“ e le società questuarie nella tarda repubblica, in: Matteo Marrone (Hg), Imprenditorialità e diritto nell'esperienza storica, (Palermo 1992) 13.

BONFANTE Pietro, Istituzioni di diritto romano (8. Aufl. Mailand 1925).

BONFANTE Pietro, Corso di diritto romano II/2 (1928).

BONIFACIO Franco, Studi sul processo formulare romano I. - Translatio iudicii (Neapel 1956).

BOUCOURECHLIEV Jeanne/HOMMELHOFF Peter (Hg), Vorschläge für eine Europäische Privatgesellschaft. Strukturelemente einer kapitalmarktfernen europäischen Gesellschaftsform (Köln 1999).

BRASSLOFF Stephan, Textkritisches zu römischen Rechtsquellen, Wiener Studien - Zeitschrift für klassische Philologie 24 (1902) 563.

BRASSLOFF Stephan, Intestaterbrecht und Noterbrecht der Frauen in der Zeit der römischen Republik, in: Brassloff, Studien zur römischen Rechtsgeschichte I (Wien 1925) 35.

BRAUNEDER Wilhelm, Europäisches Privatrecht: historische Wirklichkeit oder zeitbedingter Wunsch an die Geschichte? = Centro di studi e ricerche di diritto comparato e straniero, Saggi, conferenze e seminari 23 (Rom 1997).

BRETONE Mario, Servus communis (Neapel 1958).

BRETONE Mario, „Consortium“ e „communio“, Labeo 6 (1960) 163.

BRETONE Mario, Geschichte des römischen Rechts. Von den Anfängen bis Justinian (München 1992).

BRUNT Peter A., Publicans in the Principate, in: Roman Imperial Themes (Oxford 1990) 354.

BÜRGE Alfons, Retentio im römischen Sachen- und Obligationenrecht = Zürcher Studien zur Rechtsgeschichte 3 (Zürich 1979).

BÜRGE Alfons, Römisches und Romanistisches zum Unternehmensrecht, Wirtschaft und Recht (1980) 133.

BÜRGE Alfons, Vertrag und personale Abhängigkeiten im Rom der späten Republik und der frühen Kaiserzeit, ZRG-RA 97 (1980) 105.

BÜRGE Alfons, Fiktion und Wirklichkeit: Soziale und rechtliche Strukturen des römischen Bankwesens, ZRG-RA 104 (1987) 465.

BÜRGE Alfons, Rezension von Di Porto, Impresa collettiva e schiavo „manager“ in Roma antica, ZRG-RA 105 (1988) 856.

BÜRGE Alfons, Der Witz im antiken Seefrachtvertrag. Beobachtungen zur Vertragspraxis im antiken Mittelmeerraum, Index 22 (1994) 389.

BÜRGE Alfons, Rezension von Petrucci, Mensam exercere, ZRG-RA 114 (1997) 506.

BÜRGE Alfons, Zum Edikt De Edendo, ZRG-RA 112 (1995) 1.

BÜRGE Alfons, Vom Beitrag des römischen Rechts zur Entwicklung des französischen und europäischen Privatrechts im 19. Jahrhundert, in: Recht und Gesetz im deutsch-französischen Dialog/Loi et Droit dans le dialogue franco-allemand (Köln 1998) 33 -48.

BÜRGE Alfons, Der Text als Problem des Kontextes, ZRG-RA 115 (1998) 150.

BUCKLAND William Warwick, A Text-Book of Roman Law from Augustus to Justinian, 3rd edition revised by Peter Stein (Cambridge 1963).

BURDESE Alberto, Rezension von Di Porto, Impresa collettiva e schiavo „manager“ in Roma antica, Labeo 32 (1986) 204.

BYDLINSKI Franz, Die Risikohaftung des Arbeitgebers (Wien 1986).

BYDLINSKI Franz, Juristische Methodenlehre und Rechtsbegriff (2. Aufl. Wien 1991).

BYDLINSKI Franz, System und Prinzipien des Privatrechts (Wien 1996).

CANNATA Carlo A., Una casistica della colpa contrattuale, SDHI 58 (1992) 414.

CANNATA Carlo A., Sul problema della responsabilità nel diritto privato romano, IVRA 43 (1992) 1; IVRA 44 (1993) 1.

CANCELLI Filippo, Società – Diritto romano, NNDI 17 (1970) 495.

CARDILLI Riccardo, L'obbligazione di „praestare“ e la responsabilità contrattuale in diritto romano (II sec.a.c. - II sec.d.c) (Mailand 1995).

CARONI Pio/DILCHER Gerhard, (Hg), Norm und Tradition – Welche Geschichtlichkeit für die Rechtsgeschichte? (Köln 1998).

CHURUCCA Juan de, Die Gerichtsbarkeit des praefectus urbi über die argentarii im klassischen römischen Recht, ZRG-RA 108 (1991) 304.

CIMMA Maria Rosa, Ricerche sulle società di publicani (Mailand 1981).

CIULEI Georges, Les triptyques de Transylvanie = Studia Amstelodamensia ad Epigraphicam, Ius Antiquum et Papyrologiam pertinentia XXIII (Zutphen 1983).

COARELLI Filippo, „Magistri Capitolini" e mercanti di schiavi nella Roma repubblicana, Index 15 (1987) 175.

COING Helmut, Europäisches Privatrecht, Bd I: Älteres Gemeines Recht (München 1985), Bd II: 19. Jahrhundert (München 1989).

COING Helmut, Europäisierung der Rechtswissenschaft?, NJW 1990, 937.

COING Paul, Études historiques sur le droit de Justinien, Bd I (Paris 1912).

COLLINET Paul, Les nouveaux fragments de Gaius, RHD 13 (1934) 96.

CORNIL Georges, Du Mancipium au Dominium, Festschrift Paul Koschaker I (Weimar 1939) 404.

CORNIOLEY Pierre, De la „communicatio rerum" dans la societas omnium bonorum, FG von Lübtow (1970) 493.

CORNIOLEY Pierre, L' „aliud genus societatis", Index 1 (1970) 306.

COSTA Emile, Le orazioni di diritto romano di M. Tullio Cicerone (Bologna 1899).

CROOK J. A., Women in Roman Succession, in: Beryl Rawson (Hg), The Family in Ancient Rome. New Perspectives (London-Sydney 1986) 58.

DAUBE David, Rezension zu Wieacker, Societas, English Historical Review (1938) 276.

DAUBE David, Societas as Consensual Contract, Cambridge Law Journal Vol. 6 (1938) 381 = Collected Studies in Roman Law, hg von David Cohen und Dieter Simon, Bd 1 (Frankfurt/Main 1991) 37.

DAUBERMANN Erich A., Die Sachgesamtheit als Gegenstand des klassischen römischen Rechts vornehmlich unter dem Blickwinkel von Veränderungen in ihrer Zusammensetzung (Frankfurt/Main 1993).

DE MARTINO Francesco, Exercitor, Novissimo Digesto Italiano VI (1960) 1088.

DE MARTINO Francesco, Wirtschaftsgeschichte des alten Rom (München 1985, Übersetzung von „Storia economica di Roma antica" 1979 - 80)

DE ROBERTIS Francesco M., La responsabilità contrattuale nel diritto romano dalle origini a tutta l'età postclassica (Bari 1998).

DEL CHIARO Emile, Le contrat de société en droit privé romain sous la République et au temps des jurisconsultes classiques (Paris 1928).

DERNBURG Heinrich,, Pandekten, Bd 1 (Berlin 1884), Bd 2 (Berlin 1886), Bd 3 (Berlin 1887).

DI PORTO Andrea, Impresa collettiva e schiavo „manager" in Roma antica (II sec.a.C. - II sec. D. C.) (Mailand 1984).

DI PORTO Andrea, Filius, servus e libertus, Strumenti dell'imprenditore romano, in: Matteo Marrone (Hg), Imprenditorialità e diritto nell'esperienza storica (Palermo 1992) 231.

DI PORTO Andrea, Il diritto commerciale romano. Una „zona d'ombra nella storiografia romanistica e nelle riflessioni storico-comparative die commercialisti, in: Nozione

Formazione e Interpretazione dall'età romana alle esperienze moderne, Ricerche dedicate a Filippo Gallo III (Neapel 1997) 413.

DROSDOWSKI Thomas, Das Verhältnis von actio pro socio und actio communi dividundo im klassischen römischen Recht = Schriften zur Rechtsgeschichte, Heft 72 (Berlin 1998).

EGGER Rudolf, Die Stadt auf dem Magdalensberg – Ein Großhandelsplatz. Die ältesten Aufzeichnungen des Metallwarenhandels auf dem Boden Österreichs = Österreichische Akademie der Wissenschaften, Phil.-hist. Klasse, Denkschriften, 79. Band (Wien 1961).

EILERS Wilhelm, Gesellschaftsformen im altbabylonischen Recht = Leipziger Rechtswissenschaftliche Studien, Heft 65 (Leipzig 1931).

EIN Ernst, Le azioni dei condomini, BIDR 39 (1931) 71.

EIßER Georg, Rezension zu Wieacker, Societas, ZRG-RA 59 (1939) 643.

ENGELMANN Helmut / KNIBBE Dieter, Das Zollgesetz der Provinz Asia. Eine neue Inschrift aus Ephesos = Epigraphica Anatolica 14 (1989).

ERNOUT Alfred / MEILLET A., Dictionnaire étymologique de la langue latine. Histoire de mots (4.Aufl. Paris 1967).

FABER Wolfgang, Risikohaftung im Auftrags- und Arbeitsrecht (Wien 2001).

FADDA Carlo, Istituti commerciali nel diritto romano, Introduzione (Neapel 1903, Nachdruck 1987).

FADDA Carlo, Consortium, collegia magistratuum, communio, in: Studi in onore di Biagio Brugi (1910) 143.

FERRINI Contardo, Le origini del contratto di società, Archivio Giuridico 38 (1887) 3 - 32 = Opere di Contardo Ferrini III (1929) 17.

FINLEY Moses I., Die antike Wirtschaft (3. Aufl. München 1993).

FLACH Dieter, Die sogenannte Laudatio Turiae. Einleitung, Text, Übersetzung und Kommentar (Darmstadt 1991).

FLUME Werner, Rechtsakt und Rechtsverhältnis. Römische Jurisprudenz und modernrechtliches Denken = Rechts- und staatswissenschaftliche Veröffentlichungen der Görres-Gesellschaft, Neue Folge 56 (Paderborn 1990).

FÖLDI András, Remarks on the legal structure of enterprises in Roman law, RIDA, 3e série 43 (1996) 179.

FRANCIOSI Gennaro, Ancora sul „consortium", Labeo 37 (1991) 271.

FRANCIOSI Gennaro, Corso istituzionale di diritto romano (Turin 1994).

FRANZEN Martin, Privatrechtsangleichung durch die Europäische Gemeinschaft (Berlin 1999).

FREZZA Paolo, Actio communi dividundo, Rivista italiana per le scienze giuridiche N.S. 7 (1932) 3.

FREZZA Paolo, Rezension von Arangio-Ruiz, Societas re contracta e communio incidens, SDHI 1 (1935) 188.

FREZZA Paolo, L'istituzione della collegialità in diritto romano, Studi in onore di Siro Solazzi (1948) 507.

FUHRMANN Manfred (Hg), Marcus Tullius Cicero, Die Prozessreden, Bd 1 (Darmstadt 1997).

GALGANO Francesco, Storia del diritto commerciale (3. Aufl. Bologna 1993).

GALLO Filippo, Negotiatio e mutamenti giuridici nel mondo romano, in: Matteo Marrone (Hg), Imprenditorialità e diritto nell'esperienza storica (Palermo 1992) 133.

GAMAUF Richard, Die Kritik am Römischen Recht im 19. und 20. Jahrhundert, in: Orbis Iuris Romani II (1996) 33.

GAMAUF Richard, Sex and Crime im römischen Recht. Zu einem Fall nichtsanktionierter sexueller Gewalt (D 47.2.39 Ulp 41 Sab), in: Martin Polaschek/Anita Ziegerhofer (Hg), Recht ohne Grenzen - Grenzen des Rechts (Frankfurt/Main 1998) 21.

GAMAUF Richard, Rezension zu Querzoli, Il sapere di Fiorentino, ZRG 116 (1999) 345.

GANDOLFI Giuseppe, Studi sull'interpretazione degli atti negoziali in diritto romano = Università di Milano, Pubblicazioni della Facoltà di Giurisprudenza, Serie II, Studi di diritto romano, Nr. 2 (Mailand 1966).

GANDOLFI Giuseppe, Damnum commune, Studi Volterra III (1971) 527.

GARDNER, Jane F., Being a Roman citizen (London - New York 1993).

GAUDEMET Jean, Étude sur le régime juridique de l'indivision en droit romain (Paris 1934).

GAUDEMET Jean, Les communautés familiales (Paris 1963).

GAUDEMET Jean, Institutions de l'Antiquité (2. Aufl. Paris 1982).

GAUDEMET Karl Ernst, Ausführliches lateinisch-deutsches Handwörterbuch, bearbeitet von Heinrich Georges, Bd I, A - H (8. Aufl. Hannover - Leipzig 1913), Bd II, I - Z (8. Aufl. Hannover - Leipzig 1918).

GERNHUBER Joachim, Das völkische Recht - Ein Beitrag zur Rechtstheorie im Nationalsozialismus, Festschrift für Eduard Kern (1968) 167.

GIARDINA Andrea, Il mercante nel mondo romano, in: Andrea Giardina/A.Gurevic, Il mercante dall'Antichità al Medioevo (Rom - Bari 1994) 3.

GIARO Tomas, Excusatio necessitatis nel diritto romano (Warschau 1982).

GIARO Tomas, Über methodologische Werkmittel der Romanistik, ZRG-RA 105 (1988) 180.

GIARO Tomas, Geltung und Fortgeltung des römischen Juristenrechts, ZRG-RA 111 (1994) 66.

GIARO Tomas, Europäische Privatrechtsgeschichte, Ius Commune (1994) 1.

GIARO Tomas, Rechtsanwendung, Rechtsfortbildung und römische Rechtsgeschichte, Ricerche Filippo Gallo III (1997) 493.

GILDEMEISTER Joachim, Das beneficium competentiae im klassischen römischen Recht (1986).

GIRARD Paul Frédéric, Manuel élémentaire de Droit Romain (7. Aufl. Paris 1923).

GLAUTIER M. W. E., A Study in the Development of Accounting in Roman Times, RIDA 3e série 19 (1972) 311.

GLÜCK Christian Friedrich, Ausführliche Erläuterung der Pandekten XV/2 (Erlangen 1814).

GOFAS Dimitri C., Quelques observations sur un papyrus contenant un contrat de société (PUG II Appendice 1), Studi in onore di Arnaldo Biscardi II (Mailand 1982) 499.

GOFAS Dimitri C., Further Remarks on PUG II, App. 1 = PUG I, 20, in: A.H.S. el-Mosalamy, Proceedings of the XIXth International Congress of Papyrology, Cairo 2-9 Sept 1989 (Cairo 1992) 341.

GORDON William M., Studies in the transfer of property by traditio (Aberdeen 1970).

GREENIDGE A. H. J., Infamia - its place in Roman Public and Private Law (Oxford 1894).

GRÖSCHLER Peter, Die tabellae-Urkunden aus den pompejanischen und herkulanensischen Urkundenfunden = Freiburger Rechtsgeschichtliche Abhandlungen, Neue Folge, Band 26 (Berlin 1997).

GRÖSCHLER Peter, Actiones in factum. Eine Untersuchung zur Klage-Neuschöpfung im nichtvertraglichen Bereich = Freiburger Rechtsgeschichtliche Abhandlungen, Neue Folge, Band 39 (Berlin 2002).

GROTH Frank, Die analoge Anwendung von OHG-Recht auf BGB-Gesellschaften (Frankfurt/Main 1994).

GUARINO Antonio, Solutio societatis, Labeo 14 (1968) 139 ff = Studi Grosso III (1969) 1 = Neudruck in: Guarino, La società in diritto romano (1988) 121.

GUARINO Antonio, Dissensus sociorum, Studi Volterra V (1971) 135 = Archivio Giuridico 175 (1968) 212 ff = Neudruck in: Antonio Guarino, La società in diritto romano (Neapel 1988) 157.

GUARINO Antonio, Societas consensu contracta (Neapel 1972) = Atti Accad. Sc. mor. e pol. Napoli 83 (1972) 261 = Neudruck in: Antonio Guarino, La società in diritto romano (Neapel 1988) 1.

GUARINO Antonio, La condanna nei limiti del possibile (2. Aufl. Neapel 1978) 26 = La condanna limitata del socius, in: Antonio Guarino, La società in diritto romano (Neapel 1988) 195.

GUARINO Antonio, Relazione di sintesi, in: Matteo Marrone (Hg), Imprenditorialità e diritto nell'esperienza storica (Palermo 1992) 307.

GUARNERI-CITATI Andrea, Indice delle parole frasi e costrutti ritenuti indizio di interpolazione nei testi giuridici romani (2. Aufl. Mailand 1927).

GUARNERI-CITATI Andrea, Conferimenti e quote sociali in diritto romano, BIDR 42 (1934) 166.

GUARNERI-CITATI Andrea, Supplemento I all'Indice delle parole frasi e costrutti ritenuti indizio di interpolazione nei testi giuridici romani, Studi in onore di Salvatore Riccobono I (1936) 701.

GUARNERI-CITATI Andrea, Supplemento II all'Indice delle parole frasi e costrutti ritenuti indizio di interpolazione nei testi giuridici romani, Festschrift Paul Koschaker I (1939) 117.

GUREVIC Aaron, Il mercante nel mondo medievale, in: Andrea Giardina/Aaron Gurevic, Il mercante dall'Antichità al Medioevo (Rom - Bari 1994) 61.

GUTIÉRREZ-MASSON Laura, Del „consortium" a la „societas", Bd 1: „Consortium ercto non cito" (Madrid 1987, Neudruck 1994); Bd 2: „Societas omnium bonorum" (Madrid 1989, Neudruck 1991).

HÄGERSTRÖM Axel, Der römische Obligationenbegriff im Lichte der allgemeinen römischen Rechtsanschauung I. (Uppsala - Leipzig 1927).

HARBURGER Isidor, Das constitutum possessorium im römischen und heutigen Rechte (1881).

HARTKAMP Arthur S. et al (Hg), Towards a European Civil Code (Dordrecht 1994, 2. Aufl. 1998).

HAUSMANINGER Herbert, Diligentia quam in suis, FS Kaser 1976, 265.

HAUSMANINGER Herbert, P. Iuventius Celsus, ANRW 15 (1976).

HAUSMANINGER Herbert, Rechtsvergleichende Notizen zur „diligentia quam in suis", FS Baltl (Graz 1978) 283.

HAUSMANINGER Herbert, Celsus gegen Proculus, 3. FS v. Lübtow (Berlin 1991).

HAUSMANINGER Herbert, Id quod actum est als Argumentationsfigur bei Celsus, in: FS für Gunter Wesener (Graz 1992) 159.

HAUSMANINGER Herbert, Proculus v. Labeo, Israel Law Review 29 (1995) 130.

HAUSMANINGER Herbert, Das Schadenersatzrecht der lex Aquilia (5. Aufl. Wien 1996).

HERNANDO LERA Julio, El contrato de sociedad. La casuistica jurisprudential clasica (Madrid 1992).

HELMS Dietmar, Die Europäische Privatgesellschaft. Rechtliche Strukturen und Regelungsprobleme einer supranationalen Gesellschaft des Gemeinschaftsrechts (Köln 1998).

HEYSE Gabriele, Mulier non debet abire nuda. Das Erbrecht und die Versorgung der Witwe in Rom (Frankfurt am Main 1994).

HEUMANN Hermann Gottlieb / SECKEL Emil, Handlexikon zu den Quellen des römischen Rechts (9. Aufl. Jena 1907, Nachdruck Graz 1971)

HÖBENREICH Evelyn, „Negotiantes" - „Humiliores" in un testo di Ulpiano, Labeo 42 (1996) 242.

HÖBENREICH Evelyn, Annona. Juristische Aspekte der stadtrömischen Lebensmittelversorgung im Prinzipat (Graz 1997).

HÖCKMANN Olaf, Antike Seefahrt (München 1985).

HOFFMANN Hans Joachim, Die Abstufung der Fahrlässigkeit in der Rechtsgeschichte (Berlin 1968).

HOMMELHOFF Peter, Zivilrecht unter dem Einfluß europäischer Rechtsangleichung, AcP 192 (1992) 71.

HOMMELHOFF Peter/HELMS Dietmar (Hg), Neue Wege in die Europäische Privatgesellschaft (Köln 2001).

HONORÉ Tony, Ulpian (Oxford 1982).

HONORÉ Tony, Emperors and lawyers (2. Aufl. Oxford 1994).

HONSELL Heinrich, Quod interest im bonae-fidei-iudicium. Studien zum römischen Schadenersatzrecht = Münchener Beiträge zur Papyrusforschung und antiken Rechtsgeschichte 55 (München 1969).

HORAK Franz, Rationes decidendi. Entscheidungsbegründungen bei den älteren römischen Juristen bis Labeo = Studien zur Rechts-, Wirtschafts- und Kulturgeschichte V (Innsbruck 1969).

INDEX INTERPOLATIONUM, Index interpolationum quae in Iustiniani Digestis inesse dicuntur, hg von Ernst Levy und Ernst Rabel, 3 Bde und 1 Supplement (Weimar 1929 - 1935).

JAKAB Eva, Praedicere und cavere beim Marktkauf. Sachmängel im griechischen und römischen Recht (München 1997).

JAKAB Eva, Berenike vor Gericht. Apokeryxis, Gesellschaft und Buchführung in P. Oxy. XXII 2342, Tyche 16 (2001) 63.

JOHNSTON David, Limiting liability: Roman Law and the Civil Law Tradition, Chicago-Kent Law Review 70 (1995) 1515.

JOHNSTON David, The Renewal of the Old. Inaugural Lecture (Cambridge 1996) = 56 Cambridge Law Journal (1997) 80.

JÖRDENS Andrea, Vertragliche Regelungen von Arbeiten im späten griechischsprachigen Ägypten (Heidelberg 1990).

KALB Wilhelm, Die Jagd nach Interpolationen in den Digesten (Nürnberg 1897, Nachdruck in: Wilhelm Kalb, Das Juristenlatein, Aalen 1984) .

KALSS Susanne/MEISSEL Franz-Stefan, Der europäische Gedanke im Gesellschaftsrecht, in: Susanne Kalss/Franz-Stefan Meissel (Hg), Zur Geschichte des Gesellschaftsrechts in Europa (Wien 2003).

KASER Max, Römisches Recht als Gemeinschaftsordnung = Recht und Staat in Geschichte und Gegenwart, 126 (Tübingen 1939).

KASER Max, Infamia und ignominia in den römischen Rechtsquellen, ZRG-RA 73 (1956) 220.

KASER Max, Stellvertretung und „notwendige Entgeltlichkeit“, ZRG-RA 91 (1974) 146.

KASER Max, Das römische Privatrecht, Band 1: Das altrömische, das vorklassische und klassische Recht (2. Aufl. München 1971); Band 2: Die nachklassischen Entwicklungen (2. Aufl. München 1975).

KASER Max, Neue Literatur zur „societas“, SDHI 41 (1975) 278.

KASER Max, Römische Rechtsquellen und angewandte Juristenmethode = Forschungen zum Römischen Recht 36 (Wien 1986).

KASER Max, Ius gentium (Köln 1993).

KASER Max/HACKL Karl, Das römische Zivilprozeßrecht (2. Aufl. München 1996).

KLINGENBERG Georg, Rezension zu Cimma, Ricerche sulle società di publicani, ZRG-RA 99 (1982) 403.

KLINGNER Friedrich, Ciceros Rede für den Schauspieler Roscius, Sitzungsberichte München, Philosophisch-historische Klasse 1953, 4 (München 1953) = Klingner, Studien zur griechischen und römischen Literatur (Zürich-Stuttgart 1964) 547.

KLOFT Hans, Die Wirtschaft der griechisch-römischen Welt. Eine Einführung (Darmstadt 1992).

KNEIßL Peter, Mercator – negotiator. Römische Geschäftsleute und die Terminologie ihrer Berufe, in: Münsterische Beiträge zur antiken Handelsgeschichte II, 1/1983, 73.

KNÜTEL Rolf, Contrarius consensus (Köln 1968).

KNÜTEL Rolf, Stipulatio poenae – Studien zur römischen Vertragsstrafe (Köln 1976).

KNÜTEL Rolf, Die Haftung für Hilfspersonen im römischen Recht, ZRG-RA 100 (1983) 340.

KNÜTEL Rolf, Römisches Recht und deutsches Bürgerliches Recht, in: Walther Ludwig (Hg), Die Antike in der europäischen Gegenwart (1993) 43.

KNÜTEL Rolf, Rechtseinheit in Europa und römisches Recht, ZEuP 1994, 244.

KNÜTEL Rolf, Ius commune und Römisches Recht vor Gerichten der Europäischen Union, JuS 1996, 768.

KNÜTEL Rolf, „Nicht leichter, aber umso reizvoller" - Zum methodologischen Vermächtnis Max Kasers, ZRG-RA 115 (1997) 33.

KOBLER Franz, Der Teilbau im römischen und geltenden italienischen Recht mit Berücksichtigung des französischen Rechts (Marburg 1928).

KOSCHAKER Paul, Adoptio in fratrem, Studi Riccobono III (Palermo 1936) 359.

KOSCHAKER Paul, Europa und das römische Recht (4. Aufl. München 1966).

KOZIOL Helmut, Österreichisches Haftpflichtrecht, Bd 1: Allgemeiner Teil (3. Aufl. Wien 1997).

KOZIOL Helmut/WELSER Rudolf, Grundriß des bürgerlichen Rechts, Bd 1 (10. Aufl. Wien 1995), Bd 2 (10. Aufl. Wien 1996).

KÖTZ Hein, Europäisches Vertragsrecht I (1996).

KRANJC Janez, Die actio praescriptis verbis als Formelaufbauproblem, ZRG-RA 106 (1989) 434.

KRAMER Ernst A., Europäische Privatrechtsvereinheitlichung, JBl 1988, 477.

KREJCI Heinz, Gesellschaftsrechtliche Probleme der Bau-Arge, in: Heinz Krejci (Hg), Das Recht der Arbeitsgemeinschaften in der Bauwirtschaft (Wien 1979) 34.

KREJCI Heinz, Empfiehlt sich die Einführung neuer Unternehmensformen? Partnerschaft, Verein, Konzern - Zur Harmonisierung und Modernisierung des Gesellschafts- und Unternehmensrechts, Gutachten für die Verhandlungen des 10. Österreichischen Juristentages (Wien 1988).

KREJCI Heinz, Erwerbsgesellschaftengesetz (Wien 1991).

KRELLER Hans, Kritische Digestenexegesen zur Frage des Drittschadenersatzes, ZRG-RA 66 (1948) 45.

KRIECHBAUM Maximiliane, Dogmatik und Rechtsgeschichte bei Ernst Immanuel Bekker (Ebelsbach 1984).

KRÜGER Hugo, Die Herstellung der Digesten Justinians und der Gang der Excerptionen (Münster 1922).

KÜBLER Bernhard, Das Utilitätsprinzip als Grund der Abstufung bei der Vertragshaftung im klassischen römischen Recht, Sonderabdruck aus der Festgabe der Berliner juristischen Fakultät für Otto Gierke zum Doktorjubiläum (Breslau 1910) 1.

KÜBLER Bernhard, Das Intestaterbrecht der Frauen im alten Rom, ZRG-RA 41 (1920) 15.

KUNKEL Wolfgang, Diligentia, ZRG-RA 45 (1925) 266.

KUNKEL Wolfgang, Fides als schöpferisches Element im römischen Schuldrecht, Festschrift für Paul Koschaker, Band II (1939) 1.

KUNKEL Wolfgang, Ein unbeachtetes Zeugnis über das römische consortium, Annales de la Faculté de Droit d'Istanbul (Gedächtnisband für A. B. Schwarz) 4-5 (1954) 56.

KUNKEL Wolfgang, Herkunft und soziale Stellung der römischen Juristen (2. Aufl. München 1967).

LABRUNA Luigi, Römisches Marktrecht und Expansionspolitik, FS Ankum I (1995) 223.

LAFFELY Étienne, Responsabilité du „socius“ et concours d'actions dans la société classique (Thèse Lausanne 1979).

LAMBERTI Francesca, „Tabulae Irnitanae“ - municipalità e „Ius Romanorum“ (Neapel 1993).

LANDO Ole / BEALE Hugh (Hg), The Principles of European Contract Law (Dordrecht 1995).

LANFRANCHI Fabio, Appunti sul „consortium“ familiare nei retori romani, SDHI I (1935) 373.

LAST Adolf, Fragen der Besitzlehre (Jena 1913); auch erschienen in: Jherings Jahrbücher für die Dogmatik des bürgerlichen Rechts, Band 62, Neue Folge 26, 1; Band 63, Neue Folge 27, 71.

LASTIG Georg, Beiträge zur Geschichte des Handelsrechts, Zeitschrift für die gesamte Handelsrechtswissenschaft (ZHR) 24 (1879) 387.

LEIST Burkhard W., Zur Geschichte der römischen societas (Jena 1881).

LENEL Otto, Partheiabsicht und Rechtserfolg, JheringsJB 19 (1881) 154.

LENEL Otto, Palingenesia iuris civilis, Band I und II (Leipzig 1889).

LENEL Otto, Das Sabinussystem = Sonderdruck aus der Festgabe für Rudolf von Ihering, 1 (Straßburg 1892).

LENEL Otto, Selbstdarstellung in: Hans Planitz (Hg), Die Rechtswissenschaft in Selbstdarstellungen (1923) 133.

LENEL Otto, Interpolationenjagd, ZRG-RA (1925) 17.

LENEL Otto, Das edictum perpetuum. Ein Versuch zu seiner Wiederherstellung (3. Aufl. Leipzig 1927).

LENEL Otto, Zu D. 17,2,52 § 2, ZRG-RA 49 (1929) 462.

LEVY Ernst, Neue Bruchstücke aus den Institutionen des Gaius, ZRG-RA 54 (1934) 258.

LEVY Ernst, Weströmisches Vulgarrecht: Das Obligationenrecht (1956).

LEVY Ernst, Die Konkurrenz der Aktionen und Personen im klassischen römischen Recht, Bd I (1918), Bd II/1 (1922).

LÉVY-BRUHL Henri, Nouvelles études sur le très ancien droit romain (Paris 1947).

LIEBS Detlef, Die Klagenkonsumption des römischen Rechts, ZRG-RA 86 (1969) 169.

LIEBS Detlef, Die Klagenkonkurrenz im römischen Recht. Zur Geschichte der Scheidung von Schadensersatz und Privatstrafe (Göttingen) 1972.

LIEBS Detlef, Römische Rechtsgutachten und „Responsorum libri“, in: Gregor Vogt-Spira, Strukturen der Mündlichkeit in der römischen Literatur (Tübingen 1990) 83.

LITEWSKI Wieslaw, Das „beneficium competentiae“ im römischen Recht, St. Volterra IV (1971) 469.

LITEWSKI Wieslaw, Remarques sur la dissolution de la société en droit romain, RHD 50 (1972) 70.

LITEWSKI Wieslaw, Römisches Seedarlehen, IVRA 24 (1973) 112.

LITEWSKI Wieslaw, Les effets juridiques du pactum ne societate abeatur, RIDA 3e série XXV (1978) 279.

LÜBTOW Ulrich von, Catos leges venditioni et locationi dictae, in: Symbolae Raphaeli Taubenschlag dedicatae, Bd III, EOS XLVIII.3 (Warschau 1957) 227 = Lübtow, Gesammelte Schriften, Abteilung I: Römisches Recht, Band 3 (Rheinfelden-Freiburg-Berlin 1989) 1.

LÜBTOW Ulrich von, Catos leges venditioni et locationi dictae - Nachtrag, in: Studia iuris antiqui, Fasc. 1 (Warschau 1958) = Lübtow, Gesammelte Schriften, Abteilung I: Römisches Recht, Band 3 (Rheinfelden-Freiburg-Berlin 1989) 240.

LÜBTOW Ulrich von, Catos Seedarlehen, FS für Erwin Seidl (Köln 1975) 103.

LUIG Klaus, The History of Roman Private Law and the Unification of European Law, ZEuP 1997, 405.

MACCORMACK Geoffrey, Aquilian Culpa, in: Daube noster (1974) 201.

MACCORMACK Geoffrey, „Dolus", „Culpa", „Custodia" and „Diligentia". Criteria of Liability or Content of Obligation, Index 22 (1994) 189.

MANIGK Alfred, Societas, in: Pauly/Wissowa, Real-Encyclopädie der Altertumswissenschaften (1927) Sp. 772.

MARRONE Matteo (Hg), Imprenditorialità e diritto nell'esperienza storica, Erice 22 - 25 novembre 1988 (Palermo 1992).

MASCHI Carlo Alberto, Disertiones. Ricerche intorno alla divisibilità del consortium nel diritto romano antico (Mailand 1935).

MASELLI Giorgio, Argentaria. Banche e Banchieri nella Roma repubblicana - Organizzazione, prosopografia, terminologia (Bari 1986).

MASPERO Jean (Hg), Catalogue général des antiquités égyptiennes du Musée de Caire. Papyrus grecs d'époque byzantine, Bd II (Kairo 1913, Neudruck Mailand und Osnabrück 1974).

MASI DORIA Carla, Die Societas Rutiliana und die Ursprünge der prätorischen Erbfolge der Freigelassenen, ZRG-RA 106 (1989) 358.

MASI DORIA Carla, Civitas - operae - obsequium (1993).

MATEO Antonio, Manceps, redemptor, publicanus. Contribucion al estudio de los contratistas públicos en Roma (Cantabria 1999).

MAYER-MALY Theo, Locatio conductio. Eine Untersuchung zum klassischen römischen Recht = Wiener Rechtsgeschichtliche Arbeiten, Bd IV (Wien 1956).

MAYER-MALY Theo, Rezension von Thielmann, Die römische Privatauktion, in: TR 31 (1963) 126.

MAYER-MALY Theo, Gemeinwohl und Necessitas, Festschrift für Adalbert Erler (1976) 135.

MAYER-MALY Theo, De se queri debere, officia erga se und Verschulden gegen sich selbst, Festschrift für Max Kaser (1976) 229.

MAYER-MALY Theo, Rezension zu Di Porto, Impresa collettiva e „schiavo-manager", IVRA 35 (1984) 115.

MAYER-MALY Theo, Quadriga, in: Estudios de derecho romano en honor de Alvaro D'Ors, Bd 2 (1987) 853.

MAYER-MALY Theo, Renuntiatio, in: Ars boni et aequi, FS Waldstein (1993) 261.

MEISSEL Franz-Stefan, Deutsche Rechtsgeschichte im nationalsozialistischen Staat, in: Ulrike Davy et al (Hg), Nationalsozialismus und Recht. Rechtssetzung und Rechtswissenschaft in Österreich unter der Herrschaft des Nationalsozialismus (Wien 1990) 412.

MEISSEL Franz-Stefan, Miteigentum und ABGB-Gesellschaft, Gedächtnisschrift für Herbert Hofmeister (Wien 1996) 419.

MEISSEL Franz-Stefan, Zur Konkurrenz von actio pro socio und actio communi dividundo, Orbis Iuris Romani - Journal of Ancient Law Studies V (1999) 142.

MEISSEL Franz-Stefan, Litterarum obligatio, in: Der Neue Pauly 7 (1999) 357.

MEISSEL Franz-Stefan, Rezension zu Gianni Santucci, Il socio d'opera in diritto romano, ZRG-RA 117 (2000) 554.

MENGONI Luigi, L'Europa dei codici o un codice per l'Europa? = Centro di studi e ricerche di diritto comparato e straniero, Saggi, conferenze e seminari 7 (Rom 1993).

MERCOGLIANO Felice, „Diligentia quam in suis" per i giuristi romani classici, Index 19 (1991) 379.

MEYER Paul M., Juristischer Papyrusbericht IV, ZRG-RA 46 (1926) 305.

MEYER-TERMEER A.J.M., Die Haftung der Schiffer im griechischen und römischen Recht = Studia Amstelodamensia ad Epigraphicam, Ius antiquum et Papyrologicam pertinentia XIII (Zutphen 1978).

MISERA Karl-Heinz, Der Nutzungstausch bei Nachbarn und Miteigentümern, ZRG-RA 94 (1977) 267.

MISERA Karl-Heinz, Akzession und Surrogation zufolge einer adiudicatio, ZRG-RA 103 (1986) 383.

MISERA Karl-Heinz, Zur Gefahrtragung bei der römischen societas, Iuris professio. Festgabe für Max Kaser (Wien 1986) 201.

MISERA Karl-Heinz, Liquidation einer Gesellschaft mit einem Scheinerben – Zur Veräußerung gemeinschaftlicher Sachen, Festschrift für Hubert Niederländer (Heidelberg 1991) 107.

MISERA Karl-Heinz, Klagen manente societate. Zu Klagemöglichkeiten der Gesellschafter bei bestehender Gesellschaft im klassischen römischen Recht, FS Nirk (1992) 697 = Studia et Documenta Historiae Iuris (SDHI) 60 (1994) 395.

MITTEIS Ludwig, Trapezitika, ZRG-RA 19 (1898) 198.

MITTEIS Ludwig, Römisches Privatrecht bis auf die Zeit Diokletians (Leipzig 1908).

MOMMSEN Theodor, De Collegiis et sodaliciis Romanorum (Kiel 1843).

MOMMSEN Theodor, Das römische Staatsrecht II/1 (Leipzig 1887).

MONIER Raimond, Les nouveaux fragments des Institutes de Gaius (P.S.I. no. 1182) et leur importance pour la connaissance du Droit romain (Paris 1933).

MONTANARI Massimo, Impresa e responsabilità. Sviluppo storico e disciplina positiva (Mailand 1990).

MÜLLER-GRAFF Peter Christian, Privatrecht und Europäisches Gemeinschaftsrecht (2. Aufl. Baden-Baden 1991).

MÜLLER-GRAFF Peter Christian, Gemeinsames Privatrecht in der Europäischen Gemeinschaft (Baden-Baden 1993, 2. Aufl. 1999).

NELSON Hein L. W., Überlieferung, Aufbau und Stil von Gai Institutiones, Studia Gaiana VII (Leiden 1981).

NELSON Hein L. W./MANTHE Ulrich, Gai Institutiones III 88 - 181. Die Kontraktsobligationen. Text und Kommentar, Studia Gaiana VIII = Freiburger Rechtsgeschichtliche Abhandlungen, Neue Folge, Band 35 (Berlin 1999).

NICOLET Claude, L'ordre équestre à l'époque républicaine, Band 1: Définitions juridiques et structures sociales (Paris 1966).

NICOLET Claude, Le monumentum Ephesenum et la délimitation du portorium d'Asie, MEFRA 105 (1993) 929.

NICOLET Claude, Censeurs et publicains. Économie et fiscalité dans la Rome antique (Paris 2000).

NÖRR Dietrich, Die Entwicklung des Utilitätsgedankens im römischen Haftungsrecht, ZRG-RA 76 (1956) 68.

NÖRR Dieter, Zur sozialen und rechtlichen Bewertung der freien Arbeit in Rom ZRG-RA 82 (1965) 67.

NÖRR Dieter, Divisio und Partitio. Bemerkungen zur römischen Rechtsquellenlehre und zur antiken Wissenschaftstheorie, = Münchener Universitätsschriften - Juristische Fakultät - Abhandlungen zur rechtswissenschaftlichen Grundlagenforschung, Bd 4 (Berlin 1972).

NÖRR Dieter, Mandatum, fides, amicitia, in: Dieter Nörr/Shigeo Nishimura (Hg), Mandatum und Verwandtes. Beiträge zum römischen und modernen Recht (Berlin 1993) 13.

OBERHAMMER Paul, Zum Anwendungsbereich der Solidarhaftung von „Handelsleuten" gem § 1203 ABGB, RdW 1996, 572 .

OBERHAMMER Paul, Die Gesellschaft nach bürgerlichem Recht - eine Gesamthandgesellschaft? JBl 1997, 624.

OPPIKOFER Hans, Das Unternehmensrecht in geschichtlicher, vergleichender und rechtspolitischer Betrachtung (Tübingen 1927).

Van OVEN Iulius Christian, Rezension zu Durry, Éloge funèbre d'une matrone romaine, Tijdschrift voor rechtsgeschiedenis 18 (1950) 80.

Van OVEN Iulius Christian, Societas in tempus coita, Studi in onore di Vincenzo Arangio-Ruiz, Bd II (1953) 453.

PAULUS Christoph, Die Verrechtlichung der Familienbeziehungen in der Zeit der ausgehenden Republik und ihr Einfluß auf die Testierfreiheit, ZRG-RA 111 (1994) 425.

PEPPE Leo, Posizione giuridica e ruolo sociale della donna romana in età repubblicana (Mailand 1984).

PERNICE Alfred, Marcus Antistius Labeo. Das römische Privatrecht im ersten Jahrhunderte der Kaiserzeit, Bd 1 (Halle/Saale 1873, Neudruck Aalen 1963).

PERNICE Alfred, Parerga I. Zum römischen Gesellschaftsvertrage, ZRG-RA 3 (1882) 48.

PERNICE Alfred, Parerga II. Beziehungen des öffentlichen römischen Rechtes zum Privatrechte, ZRG-RA 5 (1884) 1.

PERNICE Alfred, Parerga III. Zur Vertragslehre der römischen Juristen, ZRG-RA 9 (1888) 195.

PERNICE Alfred, Parerga VIII. Über wirtschaftliche Voraussetzungen römischer Rechtssätze, ZRG-RA 19 (1898) 82.

PERNICE Alfred, Parerga IX Der privatrechtliche Standpunkt in der Lehre der römischen Juristen, ZRG-RA 19 (1898) 140.

PEROZZI Silvio, Istituzioni di diritto romano, Bd II (2.Aufl. Rom 1928).

PETRUCCI Aldo, Mensam exercere. Studi sull'impresa finanziaria romana (II secolo a.C. - metà del III secolo d.C.) (Neapel 1991).

PIELER Peter E., Byzantinische Rechtsliteratur, in: Herbert Hunger (Hg), Die hochsprachliche profane Literatur der Byzantiner, Bd 2 (München 1978) 341.

PIELER Peter E., Das römische Recht im nationalsozialistischen Staat, in: Ulrike Davy et al (Hg), Nationalsozialismus und Recht. Rechtssetzung und Rechtswissenschaft in Österreich unter der Herrschaft des Nationalsozialismus (Wien 1990) 427.

PIELER Peter E., Die Rechtsliteratur, in: Lodewijk Engels/Heinz Hofmann (Hg), Neues Handbuch der Literaturwissenschaft, Bd 4: Spätantike (Wiesbaden 1997) 565.

PINELES Stanislaus, Die communio pro diviso, Grünhuts Zeitschrift für das Privat- und öffentliche Recht der Gegenwart 29 (1902) 689.

PIRO Isabella, „Consortium", „heredium" e storia dello „ius gentilicium", Labeo 45 (1999) 268.

PFLÜGER Heinrich Hackfeld, Ciceros Rede Pro Q. Roscio comoedo (Leipzig 1904).

POGGI Agostino, Il contratto di società in diritto romano classico, 2 Bde (Turin 1930 - 1934, Nachdruck Rom 1972).

POLAY Elemer, Ein Gesellschaftsvertrag aus dem römischen Dakien, Acta Antiqua Academiae Scientiarum Hungaricae 8 (1960).

PRINGSHEIM Fritz, Stephanos zu D 17.2.52.6, ZRG-RA 45 (1925) 491.

PRINGSHEIM Fritz, Id quod actum est, ZRG-RA 78 (1961) 1.

PUCHTA Georg Friedrich, Besitz, in: Weiske's Rechtslexicon, Bd II (1839) 63 = Kleine civilistische Schriften (1851) 439.

PURPURA Gianfranco, Ricerche in tema di prestito marittimo, Annali del Seminario Giuridico della Università di Palermo 39 (1987) 187.

QUERZOLI Serena, Il sapere di Fiorentino. Etica, natura e logica nelle Institutiones (Neapel 1996).

RABEL Ernst, Erbengemeinschaft und Gewährleistung - Rechtsvergleichende Bemerkungen zu den neuen Gaiusfragmenten, in: Mnemosyna Pappulias (Athen 1934) 187 = Gesammelte Aufsätze IV (1971) 549.

RAINER Johannes Michael, Bau- und Nachbarrechtliche Bestimmungen im klassischen römischen Recht (Graz 1987).

RAINER Johannes Michael, Der Paries communis im klassischen römischen Recht, ZRG-RA 105 (1988) 488.

RAINER Johannes Michael, Superficies und Stockwerkseigentum, ZRG-RA 106 (1989) 327.

RANIERI Filippo, Der europäische Jurist, Ius commune 17 (1990) 9.

RANIERI Filippo, Eine Dogmengeschichte des europäischen Zivilrechts?, in: Reiner Schulze, Europäische Rechts- und Verfassungsgeschichte (Berlin 1991) 89.

REMIEN Oliver, Möglichkeiten und Grenzen eines europäischen Privatrechts, Jahrbuch Junger Zivilrechtswissenschaftler 1991, 11.

RICCOBONO Salvatore, Dalla communio del diritto quiritario alla comproprietà moderna, in: Essays in Legal History (Oxford 1913) 33.

RICCOBONO Salvatore, Traditio ficta, ZRG-RA 33 (1912) 259; ZRG-RA 34 (1913) 159.

RICCOBONO Salvatore, Dal diritto romano classico al diritto moderno. A proposito del fr. 14 D. X. 3 Paulus „ad Plautium", Annali Palermo 3-4 (1917) 165.

RIEDLER Andreas, Gesamt-und Teilgläubigerschaft im österreichischen Recht (Wien 1998).

RIEDLER Andreas, Gesellschafterkompetenz bei Forderungen einer Gesellschaft bürgerlichen Rechts (§ 1203 S 2 ABGB), JBl 1999, 638.

RIES Gerhard, Die neubabylonischen Bodenpachtformulare (Berlin 1976).

ROSTOWZEW Michail, Geschichte der Staatspacht in der römischen Kaiserzeit bis Diokletian (Leipzig 1902).

ROSTOVTZEFF Michael, The Social and Economic History of the Roman Empire (2. Aufl. Oxford 1957).

ROTH Hans-Jörg, Alfeni Digesta. Eine spätrepublikanische Juristenschrift = Freiburger Rechtsgeschichtliche Abhandlungen, Neue Folge, Band 32 (Berlin 1999).

ROTONDI Giovanni, La misura della responsabilità nell' „actio fiduciae", Rivista Italiana per le Scienze Giuridiche 51 (1912) 137 = Scritti Giuridici II (Mailand 1922) 137.

ROUGÉ Jean, Recherches sur l'organisation du commerce maritime en Méditerranée sous l'Empire Romain (Paris 1966).

ROUGÉ Jean, Prêt et société maritimes dans le monde romain, in: The Seaborne Commerce of ancient Rome, Studies in Archeology and History, Memoirs American Academy in Rome (Rom 1980) 292.

RUPPRECHT Hans-Albert, Kleine Einführung in die Papyruskunde (Darmstadt 1994).

RÜTHERS Bernd, Die unbegrenzte Auslegung - Zum Wandel der Privatrechtsordnung im Nationalsozialismus (Frankfurt/Main 2. Aufl 1973).

RÜTHERS Bernd, Entartetes Recht. Rechtslehren und Kronjuristen des Dritten Reiches (München 1988).

SACCONI Giuseppina, Studi sulle obbligazioni solidali da contratto in diritto romano = Università di Roma, Pubblicazioni dell'Istituto di Diritto Romano e dei Diritti dell'Oriente mediterraneo XLV (Mailand 1973).

SAMTER Richard, Das Verhältnis zwischen Scaevolas Digesten und Responsen, ZRG-RA 27 (1906) 151.

SAN NICOLÒ Mariano, Ägyptisches Vereinswesen, 2 Bände (München 1913, 2. Aufl. 1972).

SAN NICOLÒ Mariano / PETSCHOW Herbert, Babylonische Rechtsurkunden aus dem 6. Jahrhundert v. Chr. (München 1960).

SANFILIPPO Cesare, Sulla irrilevanza del rapporto sociale nei confronti dei terzi, IVRA 2 (1951) 159.

SANTALUCIA Bernardo, Verbrechen und ihre Verfolgung im antiken Rom (Lecce 1997)

SANTARELLI Umberto, Mercanti e società tra mercanti, Lezione di storia del diritto (2. Aufl. Turin 1992).

SANTARELLI Umberto, Società commerciali, credito e mercatura, in: Matteo Marrone (Hg), Imprenditorialità e diritto nell'esperienza storica (Palermo 1992) 73.

SANTORO Raimondo, Potere ed azione nell' antico diritto romano, Annali del Seminario Giuridico della Università di Palermo 30 (1967) 103.

SANTORO Raimondo, Il contratto nel pensiero di Labeone, Annali del Seminario Giuridico della Università di Palermo 37 (1983) 5.

SANTUCCI Gianni, La societas nella casistica giurisprudenziale romana, Archivio Giuridico 215 (1995) 149.

SANTUCCI Gianni, Il socio d'opera in diritto romano. Conferimenti e responsabilità = Dipartimento di scienze giuridiche, Università di Trento, XXVIII (Mailand 1997).

SAVIGNY Friedrich Carl von, Das Recht des Besitzes. Eine civilistische Abhandlung (6. Aufl. Giessen 1837).

SAVIGNY Friedrich Carl von, System des heutigen Römischen Rechts, Bände I - IX (Berlin 1840 - 1851).

SCARANO USSANI Vincenzo, „Privilegium exigendi" e ideologia della città negli anni di Marco Aurelio, Labeo 29 (1983) 255.

SCARANO USSANI Vincenzo, Le forme del privilegio. Beneficia e privilegia tra Cesare e gli Antonini (Neapel 1992).

SCHERMAIER Martin Josef, Materia. Beiträge zur Frage der Naturphilosophie im klassischen römischen Recht = Forschungen zum Römischen Recht 39 (Wien-Köln-Weimar 1992).

SCHERMAIER Martin Josef, Rezension von Erich A. Daubermann, Die Sachgesamtheit als Gegenstand des klassischen römischen Rechts, ZRG-RA 112 (1995) 602.

SCHIAVONE Aldo, Giuristi e nobili nella Roma repubblicana (Rom 1987).

SCHINDLER Karl-Heinz, Consultatio veteris cuiusdam iurisconsulti, Mnemeion Solazzi (1964) 272.

SCHINDLER Karl-Heinz, Justinians Haltung zur Klassik. Versuch einer Darstellung an Hand seiner Kontroversen entscheidenden Konstitutionen = Forschungen zum Römischen Recht 23 (1966).

SCHMIDLIN Bruno (Hg), Vers un droit privé européen commun? – Skizzen zum gemeineuropäischen Privatrecht = Beiheft zur Zeitschrift für Schweizerisches Recht, Heft 16 (1994)

SCHMIDT Karsten, Gesellschaften bürgerlichen Rechts, welche Änderungen und Ergänzungen sind im Recht der BGB-Gesellschaft geboten?, in: Gutachten und Vorschläge zur Überarbeitung des Schuldrechts, Band III (Köln 1983) 413.

SCHMIDT Karsten, Der Partnerschaftsgesetzentwurf, JBl 1988, 749.

SCHMIDT Karsten, Gesellschaftsrecht (3. Aufl. Köln 1997).

SCHÖNBAUER Ernst, Zur Erklärung der lex metalli Vipascensis, ZRG-RA 45 (1925) 352.

SCHRAGE Eltjo J.H., Colonia partiaria. Zum Rechtsbegriff der Teilpacht aus der Sicht der Glossatoren, in FS Feenstra (1985) 393.

SCHULZ Fritz, Überlieferungsgeschichte der Responsa des Cervidius Scaevola, Symbolae Friburgenses in honorem Ottonis Lenel (1935) 143.

SCHULZ Fritz, Sabinusfragmente in Ulpians Sabinus-Commentar (Halle 1906).

SCHULZ Fritz, Classical Roman Law (Oxford 1951, Nachdruck Aalen 1992).

SCHULZE Reiner/ZIMMERMANN Reinhard, Basistexte zum Europäischen Privatrecht (Baden-Baden, 2. Aufl 2002).

SEIDL Erwin, Papyrologie und Interpolationenkritik an den Digesten, Annales Universitatis Saraviensis 8 (1959) 21.

SEIDL Erwin, Römisches Privatrecht (Köln 1963).

SELB Walter, Das Problem des relativen „dolus" in D 16.3.32, Synteleia Arangio-Ruiz II (1964) 1173.

SELB Walter, Actiones in factum und Formeltechnik, Festschrift Demelius (1973) 223.

SELB Walter, Formulare Analogien in „actiones utiles" und „actiones in factum" am Beispiel Julians, Studi Biscardi III (1982) 315.

SELB Walter, Mehrheiten von Gläubigern und Schuldnern = Handbuch des Schuldrechts, Bd 5 (1984).

SERRAO Feliciano, Sulla rilevanza esterna del rapporto di società in diritto romano, Studi Volterra 5 (Mailand 1971) 743 = Serrao, Impresa e responsabilità a Roma nell'età commerciale (Pisa 1989) 65.

SERRAO Feliciano, Impresa e responsabilità a Roma nell'età commerciale (Pisa 1989).

SIBER Heinrich, Schuldverträge über sittenwidrige Leistungen, Studi Bonfante IV (1930) 103.

SIMON Dieter, Byzantinische Hausgemeinschaftsverträge, FG Sontis (1977) 91.

SIMON Dieter, Vorwort zu Wieacker, Ausgewählte Schriften I (1983) VII.

SIMON Dieter, Die deutsche Wissenschaft vom römischen Recht nach 1933, in: Michael Stolleis/Dieter Simon (Hg), Rechtsgeschichte im Nationalsozialismus (1989) 161.

SIMON Dieter, Franz Wieacker, Rechtshistorisches Journal 13 (1994) 1.

SIMON Dieter, „Die animus-besessene Spätzeit", Rechtshistorisches Journal 14 (1995) 253.

SIMSHÄUSER Wilhelm, Stadtrömisches Verfahrensrecht im Spiegel der lex Irnitana, ZRG-RA (1992) 163.

SOLAZZI Siro, Glosse a Gaio, Studi in onore di Salvatore Riccobono I (Palermo 1936) 71 = Per il XIV Centenario della Codificazione Giustiniana (Pavia 1934) 295.

SOLAZZI Siro, Societas e communio, Atti dell'Accademia di Napoli 57 (1935) 127.

SOLAZZI Siro, L'estinzione dell'obbligazione nel diritto romano, Bd I (2. Aufl. Neapel 1935).

SOLAZZI Siro, Tutoris auctoritas e consortium, SDHI 12 (1946) 7.

STEINWENTER Artur, Aus dem Gesellschaftsrechte der Papyri, Studi in onore di Salvatore Riccobono I (Palermo 1936) 487.

STEINWENTER Artur, Fundus cum instrumento. Eine agrar- und rechtsgeschichtliche Studie = Abh Akad Wien, Phil-hist Kl, SB 221.1 (1942).

STURM Fritz, Gesellschafterausgaben für Weib und Würfel, IVRA (1979) 78.

STURM Fritz, Droit romain et identité européenne, RIDA 3e série 41 (1994) 147.

SZLECHTER Emile, Le contrat de société en Babylonie, en Grèce et à Rome - Étude de Droit comparé de l'Antiquité (Paris 1947).

TAFARO Sebastiano, Il giurista mediatore tra istanze sostanziali e schema processuale: l'„actio ex cautione damni infecti", Index 5 (1974/75) 66 .

TALAMANCA Mario, Contributi allo studio delle vendite all'asta nel mondo classico (1954).

TALAMANCA Mario, Obbligazioni (Storia - Diritto romano), in: Enciclopedia del diritto 29 (Mailand 1979) 1.

TALAMANCA Mario, Dévéloppements socio-économiques et jurisprudence romaine à la fin de la République, Studi in onore di Cesare Sanfilippo VIII (1987) 773.

TALAMANCA Mario, Costruzione giuridica e strutture sociali fino a Quinto Mucio, in: Società romana e produzione schiavistica III. Modelli etici, diritto e trasformazioni sociali (1981) 15 (Text), 304 (Fußnoten).

TALAMANCA Mario, Istituzioni di diritto romano (Mailand 1990).

TALAMANCA Mario, Società (Diritto romano), in: Enciclopedia del diritto 42 (Mailand 1990) 814.

TAUBENSCHLAG Raphael, Die societas negotiationis im Rechte der Papyri, ZRG-RA 52 (1932) 64.

TAUBENSCHLAG Raphael, The Law of Greco-Roman Egypt in the Light of the Papyri (1944).

TELLEGEN Jan Willem, Was there a consortium in Pliny's letter VIII 18 ?, RIDA 3e série 27 (1980) 295.

THIELMANN Georg, Die römische Privatauktion – zugleich ein Beitrag zum römischen Bankierrecht = Berliner Juristische Abhandlungen, Bd 4 (Berlin 1961).

THIERY Gottfried, Die Gesellschaft bürgerlichen Rechts als Unternehmer. Vermögens- und Haftungsordnung (Wien 1989).

THILO Ralf Michael, Der Codex accepti et expensi im Römischen Recht. Ein Beitrag zur Lehre von der Litteralobligation (Göttingen 1980).

THOMAS Joseph A. C., An Aquilian Couplet, Studi in onore di Biondo Biondi, Bd II (1965) 169.

THOMAS Joseph A. C., Concurrence of Actions with actio pro socio, The Irish Jurist 7 (1972) 151.

THOMAS Joseph A. C., Solutio societatis ex actione and dissensus sociorum (1974) 48 Tulane Law Review 1099.

THOMAS Philip J, Another Interpretation of an unintelligible Text, in: Summa Eloquentia. Essays in honor of Margaret Hewett (Kapstadt 2002) 228.

TONDO Salvatore, Il consorzio domestico nella Roma antica, Atti e memorie dell'Accademia toscana di scienze e lettere „La Colombaria“ (1975) 131.

TONDO Salvatore, SDHI 60 (1994) 601.

TORRENT Armando, Consideraciones sobre la "societas omnium bonorum", Rivista Italiana per le scienze giuridiche 11 (1963 - 1967) 205.

TORRENT Armando, Consortium ercto non cito, AHDE 34 (1964) 479.

TORRENT Armando, Notas sobre la relacion entre communio y copropriedad, Studi Grosso II (1968) 95.

TREGGIARI Susan, Roman Marriage. Iusti coniuges From the Time of Cicero to the Time of Ulpian (1991).

TRUMPLER, Die Geschichte der römischen Gesellschaftsformen. Untersuchungen über die Anfänge des modernen Gesellschafts- und Korporationsrechts, mit einem Geleitwort von Josef Kohler (Berlin 1906).

ÜRÖGDI Georg, Publicani, Paulys Realencyclopädie Supplementband XI (1969) Sp. 1184.

VELASCO Carmen, La posicion del obligado en la societas consensual (Sevilla 1986).

VIGNERON Roger, Societates publicanorum, Labeo 30 (1984) 80.

VOCI Pasquale, „Diligentia", „custodia", „culpa". I dati fondamentali, SDHI 56 (1990) 29.

WAASER Max, Die colonia partiaria des römischen Rechts (Berlin 1885).

WACKE Andreas, Actio rerum amotarum = Forschungen zum Römischen Recht 17 (Köln - Graz 1963).

WACKE Andreas, Das Besitzkonstitut als Übergabesurrogat in Rechtsgeschichte und Rechtsdogmatik. Ursprung, Entwicklung und Grenzen des Traditionsprinzips im Mobiliarsachenrecht = Neue Kölner Rechtswissenschaftliche Abhandlungen, Heft 77 (Köln 1974).

WACKE Andreas, Errantis voluntas nulla est. Grenzen der Konkludenz stillschweigender Willenserklärungen, Index 22 (1994) 267.

WACKE Andreas, Die adjektizischen Klagen im Überblick, ZRG-RA 111 (1994) 280.

WALDE Alois/HOFMANN J. B., Lateinisches etymologisches Wörterbuch, Bd 1 (3. Aufl. Heidelberg 1938), Bd 2 (3. Aufl. Heidelberg 1954).

Van WARMELO Paul, Aspects of joint ownership in Roman Law, TR 25 (1957) 125.

WASZYNSKI Stefan, Die Bodenpacht. Agrargeschichtliche Papyrusstudien (Leipzig 1905).

WATSON Alan, Consensual societas between Romans and the Introduction of formulae, RIDA 3e Série, Tome IX (1962) 431 = Legal origins and legal change (London 1991) 175.

WATSON Alan, Some Cases of Distortion by the Past in Classical Roman Law, TR 31 (1963) 69.

WATSON Alan, The Law of Obligations in the later Roman Republic (1965).

WATSON Alan, The notion of equivalence of contractual obligation and classical roman partnership, Law Quarterly Review 97 (1981) 275.

WEGNER Michael, Untersuchungen zu den lateinischen Begriffen socius und societas (Göttingen 1969).

WEISS Egon, Untersuchungen zum neuen Gaius, FS Fritz Schulz (1951) 79.

WELSER Rudolf, Die Gesellschaft bürgerlichen Rechts als Gläubiger und Schuldner, GesRZ 1978, 141; GesRZ 1979, 15.

WENGER Leopold, Die Quellen des römischen Rechts = Österreichische Akademie der Wissenschaften, Denkschriften der Gesamtakademie 2, Band 2 (Wien 1953).

WIEACKER Franz, Haftungsformen des römischen Gesellschaftsrechts, SZ-RA 54 (1934) 35.

WIEACKER Franz, Zum neuen Gaius-Funde, Deutsche-Juristenzeitung 40 (1935) Sp 953.

WIEACKER Franz, Die Struktur der Sabinusmasse, ZRG-RA 55 (1935) 292.

WIEACKER Franz, Societas. Hausgemeinschaft und Erwerbsgesellschaft - Untersuchungen zur Geschichte des römischen Gesellschaftsrechts (Weimar 1936).

WIEACKER Franz, Das Kitzeberger Lager junger Rechtslehrer, Deutsche Rechtswissenschaft I (1936) 74.

WIEACKER Franz, Das antike römische Recht und der neuzeitliche Individualismus, Zeitschrift für die gesamte Staatswissenschaft (=ZgStW) 101 (1941) 167.

WIEACKER Franz, Hausgemeinschaft und Erbeinsetzung. Über die Anfänge des römischen Testaments, FS Siber 1 (Leipzig 1941).

WIEACKER Franz, Das Gesellschafterverhältnis des klassischen Rechts, ZRG-RA 69 (1952) 302.

WIEACKER Franz, Rezension zu Arangio-Ruiz, La società in diritto romano, ZRG-RA 69 (1952) 488.

WIEACKER Franz, Rezension zu Collinet, La génése du Digeste, ZRG-RA 71 (1954) 468.

WIEACKER Franz, Textstufen klassischer Juristen (=Abhandlungen der Akademie der Wissenschaften in Göttingen, Phil.-hist. Klasse F. 3, Nr. 45) (Göttingen 1960, Nachdruck 1975).

WIEACKER Franz, Cicero als Advokat. Vortrag gehalten vor der Berliner Juristischen Gesellschaft (Berlin 1965) (=Schriftenreihe der Juristischen Gesellschaft Berlin 20).

WIEACKER Franz, Privatrechtsgeschichte der Neuzeit (2. Aufl 1967).

WIEACKER Franz, Solon und die Zwölftafeln, Studi in onore di Eduardo Volterra III (Mailand 1971) 757.

WIEACKER Franz, Zur gegenwärtigen Lage der romanistischen Textkritik, in: La critica del testo (= Atti del secondo congresso internazionale della Società italiana di storia del diritto), Bd 2 (Florenz 1971) 1099.

WIEACKER Franz, Zur Technik der Kompilatoren, ZRG-RA 89 (1972) 293.

WIEACKER Franz, Textkritik und Sachforschung, SZ-RA 91 (1974) 1.

WIEACKER Franz, „Wandlungen der Eigentumsverfassung" Revisited, Quaderni fiorentini per la storia del pensiero giuridico moderno, 5 - 6 (1976/77) 841.

WIEACKER Franz, Rezension zu Antonio Guarino, Societas consensu contracta, in: IVRA 24 (1973) 243.

WIEACKER Franz, Zur Methodik der Rechtsgeschichte, FS Fritz Schwind (1978) 355 = Ausgewählte Schriften I (1983) 27.

WIEACKER Franz, Römische Rechtsgeschichte. Quellenkunde, Rechtsbildung, Jurisprudenz und Rechtsliteratur. Abschnitt 1. Einleitung, Quellenkunde, Frühzeit und Republik (München 1988) (= Handbuch der Altertumswissenschaft. Rechtsgeschichte des Altertums 10.3.1.1).

WIEACKER Franz, Zur Herstellung der Digesten - Rahmenbedingungen ihrer Rekonstruktion, in: Festschrift für Wolfgang Waldstein (Stuttgart 1993) 417.

WIEACKER Franz, Vom Umgang des Romanisten mit den Nachbardisziplinen der Altertumswissenschaft. Notwendigkeit, Anwendungsbedingungen und Grenzen, Index 22 (1994) 3.

WIESMÜLLER Klaus, Exercitor, Paulys Realencyclopädie der classischen Altertumswissenschaft, Supplementband 12 (1970) Sp. 365.

WILLVONSEDER Reinhard, Die Verwendung der Denkfigur der „conditio sine qua non" bei den römischen Juristen = Wiener Rechtsgeschichtliche Arbeiten, Band 14 (1984).

WILLVONSEDER Reinhard, Rezension zu Jördens, Vertragliche Regelungen von Arbeiten im späten griechischsprachigen Ägypten (1990), ZRG-RA 112 (1995) 483.

WOLF Joseph Georg, Franz Wieacker, Studia et Documenta Historia Iuris (SDHI) 60 (1994) 763 = Göttinger Universitätsreden (1995) 17.

ZIMMERMANN Reinhard, The Law of Obligations. Roman Foundations of the Civilian Tradition (1990).

ZIMMERMANN Reinhard, Das römisch-kanonische ius commune als Grundlage europäischer Rechtseinheit, JZ 1992, 8.
ZIMMERMANN Reinhard, Römisches Recht und Europäische Rechtseinheit, in: Walther Ludwig (Hg), Die Antike in der europäischen Gegenwart = Veröffentlichungen der Jungius-Gesellschaft 72 (1993) 151.
ZIMMERMANN Reinhard,Savignys Vermächtnis - Rechtsgeschichte, Rechtsvergleichung und die Begründung einer Europäischen Rechtswissenschaft, JBl 1998, 273.
ZIMMERMANN Reinhard, Europa und das römische Recht, AcP 202 (2002) 243.

Quellenverzeichnis

1. Juristische Quellen

1.1. Vorjustinianische Quellen

1.2. Justinianische Quellen

1.3. NachjustinianischeQuellen

2. Literarische Quellen

3. Urkunden und Inschriften

Wiener Studien zu Geschichte, Recht und Gesellschaft
Viennese Studies in History, Law, and Society

Herausgegeben von Nikolaus Benke

Band/Vol.	1	Richard Gamauf: Ad statuam licet confugere. Untersuchungen zum Asylrecht im römischen Prinzipat. 1999.
Band/Vol.	2	Ilse Reiter: Ausgewiesen, abgeschoben. Eine Geschichte des Ausweisungsrechts in Österreich vom ausgehenden 18. bis ins 20. Jahrhundert. 2000.
Band	3	Franz-Stefan Meissel: Societas. Struktur und Typenvielfalt des römischen Gesellschaftsvertrages. 2004.

www.peterlang.de

Printed by
CPI books GmbH, Leck

Kolibri 360 GmbH
Ferdinand-Jühlke-Straße 7
99095 Erfurt, Deutschland
produktsicherheit@kolibri360.de